KB212494

무無가 일체다

옮긴이 ● 대성(大晟)

선불교와 비이원적 베단타의 내적 동질성에 관심을 가지고 라마나 마하르쉬의 '아루나찰라 총서'와 마하라지 계열의 '마하라지 전서'를 집중 번역하면서, 성엄선사의 『마음의 노래』, 『지혜의 검』, 『선의 지혜』, 『대의단의 타파, 무방법의 방법』, 『부처 마음 얻기』, 『비추는 침묵』 등 '성엄선서' 시리즈와 『눈 속의 발자국』, 『바른 믿음의 불교』를 번역했다. 그 밖에도 중국 허운선사의 『참선요지』와 『방편개시』, 감산대사의 『감산자전』, 혜능대사의 『그대가 부처다: 영어와 함께 보는 육조단경, 금강경구결』 등을 옮겼다.

무가 일체다 – 스리 니사르가닷따 마하라지의 핵심 가르침

지은이 | 니사르가닷따 마하라지
영역자 | 모한 가이똔데
옮긴이 | 대성(大晟)
펴낸이 | 이효정
펴낸곳 | 도서출판 탐구사

초판 발행일   2015년 9월 25일
개정증보판 발행일   2023년 6월 27일

등록 | 2007년 5월 25일(제208-90-12722호)
주소 | 04097 서울 마포구 광성로 28, 102동 703호(신수동, 마포벽산 e솔렌스힐)
전화 | 02-702-3557 **Fax** | 02-702-3558
e-mail | tamgusa@naver.com

값은 뒤표지에 있습니다. 잘못된 책은 바꾸어 드립니다.

ISBN 978-89-89942-60-3 03270

무(無)가 일체다

스리 니사르가닷따 마하라지의 핵심 가르침

합본 별책 : 초기의 가르침

니사르가닷따 마하라지 말씀
모한 가이똔데 영역(英譯)
대성(大晟) 옮김

탐구사

Nothing is Everything : The Quintessential Teachings of Sri Nisargadatta Maharaj

First Edition, 2014; Second Edition, 2016
Copyright © 2014 Jayashri M. Gaitonde

with *Nisargadatta Maharaj*: The Earliest Discourses

First Edition, 2019
Copyright © 2017 Jayashri M. Gaitonde

Published by Zen Publications,
60 Juhu Supreme Shopping Centre,
Gulmohar Cross Road No. 9, JVPD Scheme,
Juhu, Mumbai 400 409. INDIA.

Korean translation copyright © 2023 Tamgusa Publishing.

이 책의 한국어판 저작권은 Zen Publications와의 계약에 의해 도서출판 탐구사에 있습니다.
저작권법에 의해 보호되는 저작물이므로, 책의 내용 전부나 일부를 무단 전재하거나 복사하는 것은 허용되지 않습니다.

This Korean edition is published by agreement with Zen Publications, Mumbai, India.

차 례

무가 일체다

합본 별책 : 초기의 가르침

무無가
일체다

일러두기

1. 본문의 괄호 안에 있는 말 중 본문과 같은 크기의 글자로 된 것은 원문에 있는 것이고, 본문보다 작은 글자로 된 것은 역자가 문맥을 보충한 것이다.
2. 본문에서 **돋움체**로 표시된 말은 원문에서 대문자로 시작하거나 대문자로만 표기된 것과, 핵심 용어들 중 옮긴이가 부각한 것이다. 원문에서 이탤릭체로 강조한 단어는 **약간 굵은 글씨**로 표시했다.
3. 각주들 중 역주는 *T*.(Translator의 약자)로 표시했다.

감사의 말

내가 스리 니사르가닷따 마하라지님을 만날 수 있게 해 주신 단 한 분을 언급하지 않는다면 내 도리를 다하지 못한 것이 될 것이다. 고인이 되신 나의 큰누님 수난다 라마짠드라 쁘라부 여사가 나를 마하라지님께 데려갔다. 두어 해 동안 그것을 피해 보려고 애썼지만, 누님은 내켜하지 않는 나를 바꿔놓기 위해 나에게 마하라지님의 저작들을 읽어보게 했다. 급기야 누님은 마치 아이를 데려가듯 내 손을 잡고 마하라지님께 데려가야 했다. 마하라지님과의 첫 만남으로 누님의 일은 끝났다. 왜냐하면 바로 우리의 첫 만남에서 오랜 세월 헤어져 있던 상태가 해소되었기 때문이다.

수난다 여사께 이 책을 바친다. 그분이 힘써 주지 않았다면 내 삶은 모든 의미와 목적을 잃고 말았을 것이다.

모한 가이똔데(Mohan Gaitonde)

영역자의 말

나는 매우 운이 좋게도 스리 니사르가닷따 마하라지님과 5년 동안 삿상 (satsang)을 가질 수 있었다. 1978년부터 1981년까지 매일 오후 5시부터 6시 30분 사이의 저녁 대담 때 내가 통역자였던 것이다.

마하라지님은 방문객들의 특정한 질문에 대한 당신의 답변을 우리가 통역하기를 기대하지 않으셨다. 또 우리가 (통역을 할 때는) 어떤 단어도 빠트리지 않는 문자적 통역을 해야 한다고 고집하셨다. 당신이 말씀하셨다. "질문이 있을 때는 **무상지**無相地(Nirvikalpa)[관념 작용에서 벗어난 상태]에서 답변이 나옵니다." 그 답변은 이러한 (마하라지의) 말씀에 대한 문자적 통역이 있을 때에만 그 질문자에게 적절한 충력衝力(impact)을 갖게 될 것이다. 마하라지님은 이 문제에서 매우 엄격하셨다.

마하라지님께는 모든 방문객이 당신과 동일했다. 당신은 단순한 상상과 개념들이 사람들에게 끼치는 폐해를 보고 놀라워하셨다. 우리가 어지러운 꿈에 시달리는 사람을 깨우고 싶어 하듯이, 마하라지님은 사람들의 진정한 깨어남을 위해 그들의 개념들을 타파하기 위한 깊고 진지한 노력을 보여주셨다. 당신의 **진정한 이해**를 나누어주려는 그 가차 없는 열정을 모든 구도자가 인정했다.

오전 대담 때와는 달리 저녁에는 방문객들의 질문이 적었다. 아마 저녁에는 방문객들이 휴식하면서, 마하라지님이 자진하여 말씀하시는 것을 듣기 좋아해서 그랬을 것이다. 마하라지님은 말씀을 시작한 뒤에, 혹시

의심나는 점이 있으면 질문을 해 보라고 말씀하시곤 했다. 새로 온 사람들이 있을 때는 그들이 먼저 질문을 하기도 했다.

마하라지님이 오래, 예컨대 한 번에 5분 이상 말씀하실 때는 당신의 친존親存(presence)에서 모든 말을 통역하기는 어려웠다. 그 대담들이 카세트에 담겼다가 이제 하나도 빠짐없이 축자逐字 번역으로 나오게 되었다. 미국인 저자들이 엮은 책들은 영어 통역에 전적으로 의존하고 있는데, 그 통역문들이 완전하지 않다. 독자들은 본 번역이 흥미롭고 유익하다고 느낄지 모른다.

우리는 새로운 독자가 이 자료를 무조건 받아들일 거라고 기대할 수 없다. 그러나 의구심을 가진 독자라고 해도, 만일 이 책이 그의 진지한 사고를 자극하는 데 도움이 된다면 크게 보람 있는 일이라 하겠다.

이 책에는 반복되는 말씀들이 많지만 그대로 두었다. 무지의 깊은 잠에서 깨어나려면 그런 말씀을 반복해서 들을 필요가 있기 때문이다.

마하라지님은 당신의 제자들에게 단순히 가르침을 아는 것에 만족하지 말라고 경고하셨다. 들은풍월로 영적인 토론에는 능할 수 있겠지만 말이다. 말을 떠나서 "내가 있다(I Am)"를 명상하는 것이 중요함을 당신은 거의 매일같이 강조하셨다. 그 명상은 스스로를(자아를) 드러내는 과정이며, 우리를 진아지眞我知로 이끌어준다.

이 책의 내용은 저녁시간 대담의 녹음 기록만 가지고 만든 것이다. 책을 낼 생각으로 이 대담들을 녹음하지는 않았다. 녹음을 한 주된 동기는 마하라지님이 대삼매大三昧에 드신 뒤에도 당신과 지속적인 삿상(satsang)을 갖기 위한 것이었다. 이제까지 그 목적은 달성되었고, 끝까지 계속될 것이다.

지금까지 출간된 마하라지님의 거의 모든 대담집을 다 읽었다고 해도, 이 저녁 녹음들 중 어떤 부분은 모든 영적인 독자들에게 완전히 새롭고 한층 신선하게 다가오리라고 본다. 그래서 이 새 책을 내게 되었다.

이 대담을 녹음할 수 있도록 녹음기를 마련해 주신 N. 바나자 박사와, 매일 저녁 알뜰히 녹음기를 조작해 준 내 아내 자야스리(Jayashri)에게 감사드린다.

모한 가이똔데

머리말

모한 가야뜨데 님과 자야스리 여사님[마하라지님의 저녁 대담 통역자들]에게서 스리 니사르가닷따 마하라지의 이 녹음 대화집 『무가 일체다』에 머리말을 써 달라는 부탁을 받은 것은 참으로 영예로운 일이다.

스리 니사르가닷따 마하라지의 말씀을 풀어 말한다면 "존재성이 비존재가 되고 비존재가 존재가 되는 공간인 그 가장자리에 머무르라"이다.

내가 이제까지 만난 마하라지님의 모든 제자들이 다 그렇겠지만, 자신들이 사랑하는 스리 니사르가닷따 마하라지에 대해 그들이 가진 존경과 헌신과 감사는 이루 말로 표현할 수가 없다.

거의 35년에 걸쳐 '당신의' 가르침은 그 직접성, 정확성 그리고 말로 표현할 수 없는 그것(That)을 가리키고 묘사하는 능력을 가진 충력衝力으로 '나의 환적 존재'를 홍수처럼 뒤덮고 계속 압도하고 있다.

스승이자 영적인 멘토로서의 스리 니사르가닷따 마하라지는 당신이 접촉한 모든 사람의 전체 노선을 변화시키고 형성했다. 아주 솔직히 시인하건대 나는 당신을 만났을 때, 당신과 함께한 그 시간이 촉매 작용을 하면서 일으키게 될 그 비상한 충력을 짐작하지 못했고 상상할 수조차 없었다. 마하라지님의 말씀을 풀어서 말하면 이러하다.

"깨달은 사람의 말은 허비되지 않는다. 그것은 씨앗처럼 싹이 틀 적절한 때를 기다리겠지만, 일단 심어지고 나면 열매를 맺게 될 것이다."

마하라지님의 가르침에 머리말을 쓰면서 나는 진 던(Jean Dunn)[마하라지의 서양인 제자]이 이렇게 말한 것이 떠오른다. "마하라지님이 말씀하신 문장 하나하나가 하나의 우파니샤드 같았다." 마하라지님이 가르치는 스타일과 당신의 가르침을 간략히 묘사해 보기 전에, 먼저 내가 당신과 가졌던 대화를 들려 드려야겠다. 바라건대 이 대화가 당신의 진면목과 당신이 나오시는 원천, 그리고 '당신을 통해' 나타나는 가르침을 엿보는 하나의 창이 되었으면 한다.

우선 나는 다른 여느 사람들과 같이 마하라지님을 한 분의 '깨달은' 존재로 여겼고, 그래서 당신을 그렇게 대우하고 바라보았다.

그러나 곧 나는 마하라지님이 한 '사람'이 아니고 '깨달은' 한 존재도 아니라고 평가하게 되었다.

예를 들어 1970년대 말의 어느 날 내가 당신께 질문을 하나 드렸다.

마하라지님은 (아주 열렬하게!) 이렇게 답변하셨다.

"그대는 자신이 한 사람이라고 생각하고, 그래서 마하라지도 한 사람이라고 생각합니다. 그대는 자신이 한 개체이거나 한 신이라고 생각하고, 그래서 마하라지도 한 개체이거나 한 신이라고 생각합니다. 마하라지는 한 사람이거나 개체이거나 신이 아닙니다!"

마하라지는 우주적 의식인 것이다

나는 이 '체험'이 '나의 의식'을 변화시켰고, 일어나는 것처럼 보이는 사건들을 내가 이해할 수 있게 해 주었다는 말밖에 할 수 없다. 마하라지님을 한 사람도 개체도 신도 아니고 우주적 의식 그 자체라고 평가하는 것은, 근 45년 동안 봄베이[뭄바이] 그란트 로드(Grant Road) 인근의 케뜨와디(Khetwadi) 지역에 있는 그 작은 방에서 가르침을 펼친 이 스승과 그 가르침을 조명하는 데 도움이 될지 모른다.

니사르가닷따 마하라지의 말씀을 풀어 말하면 이렇다. "그대는 제가 한 사람이고 그대도 한 사람이며, 서로 대화를 나눈다고 생각합니다. 실은 의식만이 있을 뿐입니다."

마하라지의 독특함

문제는 무엇이 니사르가닷따 마하라지를 이제껏 내가 만나본 다른 어떤 스승과도 그토록 다른 분으로 만드는가였다.

우선 당신과의 첫 만남 때 나는 사실 그 방 안에서 당신을 발견하지 못했다. 왜인가? 왜냐하면 내가 만나본 모든 스승들의 경우에는 '에너지'가 시공 안의 특정한 지점에서 쏟아져 나오는 것처럼 보였지만, **마하라지**님의 경우에는 엄청난 양의 '에너지', 어떤 자력이 나를 당신의 존재에게로 끌어당겼지만, 그 '에너지'는 당신에게서 개인적으로 나오는 것 같지 않았기 때문이다. 더욱이 당신은 너무나 평범하게 보였다. 긴 수염에 흰 옷을 입었거나 삭발한 머리에 오렌지색 승복으로 몸을 감싼 모습이 아니었다. 오히려 당신은 그 동네에 사는 누구나 입는 그런 옷을 입었고, 그런 동네 사람 인상이었다. '당신'은 당신 자신에게 주의를 끌어당김이 없이("그대는 한 사람이 아니다" 또는 "어떤 사람도 없다"고 종종 말씀하셨기 때문에), 비디(*beedi*)[텐두(*tendu*) 잎에 만 가느다란 인도식 담배]를 피우며 바닥에 그냥 앉아 계셨다. 어떤 영적인 게임도, 가식도, 위계질서도, 조직도 없었고, 절대적으로 아예 어떤 게임도 없었다.

당신은 언젠가 이렇게 말씀하셨다.

"저는 학인學人[1]들을 모으려고 여기 있지 않습니다."

역설적으로, 그것은 전반적으로 우리가 자석에 끌리듯이 '당신'에게 끌리게 되는 효과를 가져왔다. 나는 당신의 '존재 방식(*bhaav*)'에 경외감을

---

1) *T.* 여기서 '학인(students)'이란, 특정한 스승에게서 영적인 개념과 깨달음의 원리들을 배우는 사람들을 말한다. 느슨한 의미에서의 제자들을 가리킨다.

느꼈고, 깊은 존경심을 가지고 당신이 말씀하시는 한 마디 한 마디를 '섭취하고' 흡수하려고 노력했다.

마하라지님을 그토록 독특하게 만드는 또 한 가지는, '당신'이 결코 무엇도 나에게 요구하지 않고 나에게서 원하지 않았다는 것이다. 한 마디로 '당신'은 결코 무엇도 내게서 **필요로 하지** 않았다. 당신은 전적으로 학인, 헌신자 혹은 제자 중심적이었지 구루 중심적이지 않았다. 또한 당신은 나를 어떤 모델이나 역할 또는 신념체계에 맞춰 넣으려고도 하지 않았다. 이런 모든 점으로 인해 당신은 전적으로 신뢰할 만한 분이었고, 그래서 나는 당신이 늘 '내 **곁에**' 계심을 알았다.

마하라지님의 또 한 가지 독특한 면은, '영적인 공부(spirituality)'를 '**그대가 누구인지를 발견하기**'로 본 나의 첫 이해에 당신이 다시 불꽃을 점화해 주었다는 것이다. 그것이 늘 내 소망과 이해의 핵심에 있기는 했으나, 어느새 나는 옆길로 빠져 문화적·영적 신화들을 신봉하고 있었고, '영적인 게임'이 가치가 있다고 솔깃하게 믿고 있었다. 그래서 나도 모르게 '**내가 누구인지를 발견하기**'와 (내면으로) '**들어가기**'에서 벗어났고, '**틀에 맞추기**' 속으로 더 들어가 있었던 것이다.

마하라지님의 또 다른 측면은 당신의 비상한 직접성과, 마치 (질문자들과) 대결하듯이 가르치는 스타일이었다. 마하라지님은 우리에게서 어떤 것도 원하거나 필요로 하지 않으셨고, 우리가 (자기 나라로) 돌아가서 어떤 센터를 발족하거나 사명을 띤 조직의 일원이 되게 하실 필요가 없었다. 그래서 말씀이 직접적이고 거침없었다. 당신의 가르침 스타일은 워낙 직접적이어서 (내가 더없이 신성하게 여겨 의문시하지 않던 개념들과 대결하실 때는) 종종 그 '고통'이 나를 압도했다. 그러면서도 그것은 비상하게 의문을 밝혀주고, 나를 비워주고 자유롭게 해주었다. 한 마디로 그것은 사람을 **해방시켰다**.

만일 우리가 질문을 하면 명료하고 직접적인 답변을 얻거나 내 경우에는 하나의 물음, 하나의 '탐구 물음'을 얻었는데, 그것이 나를 '더 깊이' 몰고 갔다. 선禪의 공안公案 같은 레이저 광선으로 가리켜 보이고 집중시 키면서 내 물음에 물음을 던지는 당신의 방식은, 나의 주의를 빨아들이 는 동시에 나의 개념들을 해체했다.

니사르가닷따 마하라지: '내가 있다'에 대한 이 믿음, 그것은 무엇에 의존합 니까? ⋯ 그대가 있다는 이 믿음과 신념, 그것은 무엇에 의존해 있습니까?

당신이 제시했던 탐구를 그 정도의 치열함으로 '받아들이고' 내관하면 그 질문이 해소될 뿐 아니라 그 답변도 '내면에서' 드러나는 것이었다. 더 욱 놀라운 것은 이내 그 질문, 그 답변 그리고 우리가 애초에 그 질문을 한 자신이라고 생각했던 '나'가 무無(nothingness) 속으로 해소되어 버린 상 태라는 것이었다.

니사르가닷따 마하라지: "저의 말이 여러분 안에 심어지면 그것이 다른 모 든 말과 개념들을 파괴할 것입니다."

여담이지만, 나는 과거에 많은 스승들과 함께 있었다는 착각을 가지고 있었다. 만일 누가 '깨달았다'면 어떤 식으로든 '가르칠' 수 있을 거라고, 즉 가르침을 전달하고 전수할 수 있을 거라고 잘못 상상하고 있었다. 그 러나 그것이 참되지 않다는 것을 이해하게 되었다. '깨달음'과 가르치는 능력 사이에 아무 상관관계가 없다는 것을 인식한 것이다. 마하라지님이 가르치는 능력과 '깨달음'을 겸비했다는 것은 아주 비범하고 가슴 후련한 일이었는데, 나는 곧 그것이 매우 드문 일이라는 것을 알게 되었다.

이 사건-가르침(happening-teaching-일상적 사건들을 통한 가르침)은 압도적으로 강력했다. 마하라지님은 배우는 사람 각자를 '그들이 있는 곳에서' 만나셨 다. 참으로 '가르치는 스승'이 그의 문화적 비유들을 놓아버리듯이, 당신은 자신의 문화적 비유와 방향 표지들을 질문하는 사람에게 맞추어 표현하셨다. 그래서 한 서양인(글쓴이)에게는 그 가르침의 전수가 흠잡을 데 없는 것이 되고, 하나의 환희로운 체험이 되었다. 왜냐하면 그토록 소중히 붙들고 있던 개념들이 떨어져 나가고 텅 빈 충만함이 드러날 때는, 마치 '내면에서' 전구들이 나가 버리는 것과 같았기 때문이다.

그런 다음 당신은 큰 '의도의 힘'으로, 구도자들로 하여금 그것을 넘어서 자신이 누구이며 무엇인지에 대한 개념을 놓아버리게 하셨다. 이런 식으로 당신의 답변들과 탐구에 집중된 질문들의 밀도는, 우리가 어떤 상태에 있든―혹은 있다고 상상했든―우리를 그 상태에서 벗어나게 했다.

마하라지님의 놀라운 점은, 깨달음과 가르치는 능력이 이렇게 결합되면서 '우리'에게 딱 들어맞고 '우리의' 문을 열어줄 그런 '길'이나 '입구'를―그것이 무엇이든―직접 가리켜 보이신다는 것이다. 바꾸어 말해서, 다른 많은 스승들은 모든 학인이나 헌신자에게 하나로 다 통하는 동일한 행법·처방 또는 공식을 제시했지만, 마하라지님은 어떻든 그 질문자에게 맞춤한 답변을 주었다는 것이다. 그런데 당신이 우리에게서 무엇도 필요로 하거나 원치 않았다는 바로 그 이유 때문에, 당신의 직접성·명확성·진정성이 마치 하나의 바이러스처럼 우리 안으로 들어와서 우리의 개념들과, 자신이 개념을 가지고 있다고 믿는 그 '나'를 철거하는 것이었다.

니사르가닷따 마하라지: "저는 여러분의 모든 개념을 폭파하여, 여러분을 무개념의 상태에 들게 하고 싶습니다."

가르침

스리 니사르가닷따 마하라지의 가르침은 조금 떨어져서 보면 매우 단순했다. 아주 간략한 전반적 맥락은 다음 두 가지였다.

1) **비이원론**(*Advaita*)[불이不二, 곧 '둘 아닌 하나의 본체'를 뜻하는 산스크리트 용어]. 물론 궁극적으로는 '하나'도 없다.

2) **베단타**(*Vedanta*)['네띠, 네띠(*neti, neti*)', 곧 '이건 아니다, 이건 아니다'의 산스크리트 용어]. 일체[이름과 형상들(*nama-rupa*)]를 내버려라.

이것이 일반적 맥락이었고, 그와 함께 다음과 같은 것이 있다.

1) 그대가 누구인지를 발견하라.

2) "내가 있다" 안에 머무르고 다른 일체를 놓아버려라. 혹은 "내가 있다"를 꽉 붙들고 다른 일체를 놓아버려라.

3) 그대가 자기라고 생각하는 그 어떤 것도 그대가 아니다.

니사르가닷따 마하라지의 말씀을 풀어서 말한다면, "그대가 누구인지를 발견하기 위해서는 그대가 누구 아닌지를 발견해야 한다"는 것이다.

"내가 있다"를 넘어서

한 학인이 마하라지께 "당신은 누구십니까?"라고 여쭈자 마하라지님이 답변하셨다. "지각하거나 인식할 수 있는 그 어떤 것도 아닙니다."

바꾸어 말해서, 만일 그대가 그것을 지각하거나 인식할 수 있다면 그것은 그대가 아니며, 따라서 그것을 내버리라는 것이다.

'영적인' 정보[영적인 개념들]를 더 모으기 위해 그곳에 와 있던 사람들에게는 이렇게 말씀하셨다. "만일 그것을 잊어버리거나 기억할 수 있다면 그것은 그대가 아닙니다. 그러니 그것을 내버리십시오."

간단히 말해서, 지각 가능하고 인식 가능한 모든 것을 "**이건 아니다, 이건 아니다**" 하고 내버리라는 것이다. 그리고 "**절대자에 이르는 입구인 의식 안에 머무르라**"는 것이다.

언뜻 생각하면 그것은 간단해 보인다. 비유하자면 마치 양파 껍질을 계속 까면 아무것도 남지 않듯이, 마음이 자신을 벗겨가기 시작한다. 혹은 실꾸리에서 실오라기 하나를 당기는 것과 같다. 실을 감는 가닥을 발견하여 그것을 당기면 실꾸리는 풀려나갈 것이다. 그와 마찬가지로 마하라지님은 '그대의' 주의를 '그대의' 개념들 혹은 '그대'가 있는 상태로 돌리게 하고, 그렇게 하여 마음과 그것이 가장 아끼는 개념들이 풀려나가게 한다. (그리고 정말이지 마하라지님은 우리의 줄을 당기는 법을 아신다!)

절대자

마하라지님을 더욱 독특하게 하는 점은 당신이 절대자, 곧 "내가 있다"와 '의식' 이전의 상태에 대해 이야기하셨다는 것과, 기본적으로 "내가 있다"와 '의식'은 그것(절대자)이 아니라는 것이었다. 그래서 당신이 거듭거듭 되풀이하신 현재 진행형 말씀은 "의식 이전"이었다. 이 이해는 내가 당시에 들어 보았거나 읽어 본 그 어떤 것도 멀리 넘어선 것이었다.

실토하건대 1970년대에는 내가 '의식 이전'을 분명하게 이해하지 못하고 있었다. 그러나 훨씬 뒤에 깨닫게 된 것은, 우리가 자신을 그 안에 혹은 그것에 접해 있다고 느끼는 의식의 상태를 통해서만, 혹은 그것을 가지고서만 무엇을 보거나 이해할 수 있다는 것이었다. 바꾸어 말해서 그것은 개념들에 의해 형성되는 렌즈인데, '나'는 그것을 통해 무엇을 보거나 이해한다고 상상한다. 그 상상적 '나'는 관념, 즉 생각·기억·정서·연상·지각 등의 상상적 렌즈를 통해서만 무엇을 보거나 이해할 수 있다. 이와 같이 그 '나'[하나의 '나'가 있다는 환상]는 그 자신의 환상들을 볼 수 있을 뿐이다. 이 때문에 그 환상적인 '나'는 자신이 자기라고 상상한 자의 관점에서, 그 '나'가 상상한 그런 사람으로서의 **마하라지님**을 평가할 수 있을 뿐이다.

나는 그것을 간단히 표현해서 **공**空이라고 한다. 우리는 **공**空을 마치 바깥의 허공처럼 상상하거나 그에 대한 어떤 상像이나 경험을 가질지 모른다. 그러나 비어 있음이나 허공은 그것이 대표하는 모습이 아니다. 요컨대 **마하라지님**은 '나'가 지각하거나 인식할 수 있는 그 무엇도 넘어서 있었다. 2007년에 내가 뭄바이를 마지막으로 방문했을 때 **마하라지님**의 오래된 제자들 중 한 분이 이렇게 말했다. "우리가 그분을 어떻게 이해할 수 있었겠습니까? 그분은 우리를 멀리 넘어서 있었습니다."

니사르가닷따 마하라지: "그대가 이해하는 일체를, 그대는 그대가 가진 개념들을 통해서 이해할 수 있을 뿐입니다."

다시 한 번 되풀이하지만 **마하라지님**의 가르침 스타일은 비타협적이고, 가차 없고, 끈질기고, 집요했다. 당신은 요점을 고수하면서 결코 거기서 벗어나지 않았고, 지각 가능하고 인식 가능한 모든 것은 "**그대가 있다**", 곧 "**내가 있다**"라는 믿음에 의존해 있다는 점을 반복하여 강조했다. 궁극적으로 그 "**내가 있다**"가 자연스럽게 해소되면, **마하라지님**이 말씀하시듯이 "**그대는 없다.**" 이와 같이, 누가 던지는 질문들이 있는 것같이 보이기는 했지만 그 질문에 답변한 것은 누구였던가?

니사르가닷따 마하라지: "그 절대의 상태에서 저는 "**내가 있다**"는 것조차도 모릅니다."

당신과의 이러한 문답은 워낙 획기적인 것이어서 오늘날에도 그 말씀들의 직접성은 형언할 수 없는 것으로 남고, 나는 말문이 막히고, 텅 비워지고, 경탄하게 된다. 여러분이 예상할 수 있겠지만, 이런 짧은 머리말에 당신의 가르침 스타일과 가르침을 요약하기는 매우 어렵다.

그래서 이것은 하나의 작은 시도일 뿐이라고 이해해 주기 바란다. '나의' 해석인 것이다. 당신의 제자들 중 고작 한 사람이 쓴 빙산의 일각, 하나의 견해, 하나의 창窓일 뿐이다. 이 글 공양물은 **있지 않은 목소리인 니사르가닷따 마하라지**의 비할 바 없는 음성에 대한 하나의 얇은 조각, 하나의 작은 묘사에 지나지 않는다.

어쩌면 최선의 마무리는, 당신이 (방안을) 왔다 갔다 하기 시작하면서 나에게 이렇게 소리치신 때를 회상해 보는 것이리라.

"탄생도 없고, 죽음도 없고, 사람도 없어요.

그것은 다 하나의 개념이고, 하나의 환幻입니다!"

당신이 이 강력하고 활기찬 초점을 나에게 향하셨을 때, 당신의 손에서 '빛'이 흘러나와 '나'를 관통했다.

그날의 기억은 33년이 넘도록 나와 함께하고 있다.

이 가르침이 여러분의 가슴 속에서 집을 발견하기를.

내 스승님이신 스리 니사르가닷따 마하라지님께

존경과 사랑의 마음으로

절합니다.

니사르가닷따 마하라지 끼 자이(Ki Jai)!

2012년 7월 11일

캘리포니아 압토스에서

스티븐 월린스키(Stephen Wolinsky)

서언

자이 구루(Jai Guru) …

이 책은 **사드구루**(참스승) 스리 니사르가닷따 마하라지님과의 살아 있는 삿상(satsang)이다. 더욱이 1979년부터 1981년까지 **마하라지**님과 함께하는 특권을 가졌던 저녁 시간 통역자 모한 가이똔데 씨가 스리 니사르가닷따 님과의 이 희유한 대화를 옮겨써서 책으로 출간했다면 어찌 그렇지 않겠는가? 가이똔데 씨가 **마하라지**님이 쓰신 마라티어에 해박한 탓에 독자들이 **마하라지**님의 지혜 말씀의 진정한 의미를 발견하기가 한결 쉽다는 점에서 이 책은 특별한 중요성을 갖는다. 그리고 **마하라지**님과 삿상 기회를 가졌던 사랑하는 동문 형제 스티븐 월린스키 박사는 친절하게도 차세대 진리 추구자들의 이익을 위해 **마하라지**님의 가르침에 대해 머리말을 써 주셨다.

가이똔데 씨와 월린스키 박사 두 분과 교류할 수 있었던 것은 나에게 특권이었다. 무엇보다 이 서언을 쓸 기회를 주신 모한 가이똔데 씨와 자야스리 여사께 감사드린다. 이 서언을 통해 **사드루구 니사르가닷따 마하라지**님에 대한 나의 고마움을 표할 수 있다는 것은 즐거운 일이다.

사드구루의 말씀은 만일 그것을 심사숙고하고 반추해 본다면, 사람을 깨우고 병을 영구히 근절하는 효능을 가지고 있다. **니사르가닷따 마하라지**는 말한다. "진지한 구도자는 이 **지**知를 듣기만 해도 해탈할 수 있다." 니사르가닷따 마하라지가 1933년에 당신의 스승인 싯다라메쉬와르 마하라지를 만난 뒤에도 그런 일이 일어났다.

이미 집에 도착한 모든 사람들은 이 책을 읽지 않을 것이 분명하다. 병이 없는 사람은 치료를 받으러 의사를 찾아갈 일이 없을 것이고, 이미 졸업한 사람은 다시 입학 지원을 하지 않을 것이다.

이 책은 진리를 탐색하고 있는 열렬한 구도자들과, 니사르가닷따 마하라지로부터 오랫동안 약을 받아먹고 있는 사람들을 위한 것이다. 그러나 이런 약들의 목적이 무엇인가? 그저 약을 다량으로 축적하기 위한 것인가, 아니면 병과 그 약을 영원히 없애기 위한 것인가? 여러 해 동안 니사르가닷따 마하라지의 책을 읽어 왔고, 그런 책을 읽는 데 대한 '충성심'을 자부하는 사람들을 보거나 만날 때 나는 가장 깊은 연민을 느낀다. 그도 그럴 것이, 그 약들을 얼마나 오래 계속 먹을 수 있겠는가? 나는 종종 그 구도자 자신의 내면에 어떤 연결고리가 빠져 있다고 느낀다.

이 책을 통해서 니사르가닷따 마하라지는 다시 한 번 '궁극의 약'을 내놓고 있다. 비록 다른 쟁반에 담기기는 했지만 말이다. 내가 보기에 니사르가닷따 마하라지는 어떤 처방을 내놓고 열렬한 구도자가 직관적으로 분별하고 그것에 대한 지속적인 성찰과 내관으로 깨닫기를 기대하기보다는, 약의 효과를 묘사하고 있다. 그러나 이런 질문이 일어난다. "최고의 지혜 말씀에 대한 내관內觀만으로 충분한가?"

우리가 지금까지 다양한 대화를 통해 니사르가닷따 마하라지의 최고의 가르침을 보아 오기는 했으나, 당신이 어떻게 스승을 만난 지 3년이라는 짧은 시간에 '깨달았는지'는 간과되고 있다! 니사르가닷따님이 밟아간 길은 여전히 알려지지 않고 있다. 니사르가닷따 마하라지를 통해서 드러나는 지혜는 그 자신의 내관을 통해서뿐만 아니라 당신의 스승과 그분의 가르침에 대한 당신의 헌신·정성·순복을 통해서도 드러난다. 당신의 진지함과 열성과는 별개로 당신의 스승에 대한 분명한 믿음은 소홀히 다루어지고 있지만, 사실 그것은 스승이 나누어주는 지혜를 소화시키면서 실질적으로 당신의 진아를 깨닫게 하는 자연효소 역할을 하였다. 예리한 구도자라면 이 방향 표지를 분명히 흡수할 거라고 나는 확신한다.

　나는 종종 마하라지님의 가르침을 정규적으로 읽는 구도자들이 당신의 직접적인 말씀에도 불구하고 명료한 이해가 없이 헷갈려하는 것을 보고 놀란다. 성실한 독자들은 이 책을 읽기 전에 한두 가지를 숙고해 볼 수 있을 듯하다. 첫째, 니사르가닷따님은 '누구'에게 이야기하고 있는가? 그리고 니사르가닷따님을 읽거나 그의 말씀을 듣는 것은 '누구'인가? 하는 점이다. 니사르가닷따님은 "나는 의식에게 이야기하지 몸-마음에게 이야기하지 않는다"고 가차 없이 말씀해 왔기 때문이다. 이 방향 표지를 가지고 이 책을 읽을 구도자는 분명히 어떤 독서도 넘어서고, 어떤 필요도 넘어서게 될 것이다. 그것이 마하라지님의 가르침이 갖는 유일한 목적이자 전체 목적이다.

　무無가 일체이다. 혹자는 그것이 어떻게 가능한지 물을지 모른다. 모든 사람이 '어떤 것'을 추구하면서 시간을 낭비하고 있지 않은가? 왜 그런가? 그럴 수 있다. 왜냐하면 우리 각자가 자신을 '어떤 사람'으로 여기기 때문이다. 그러나 그것은 결코 '어떤 사람'이 '어떤 것'을 발견하는 문제가 아니다. 사실 우리가 하나의 몸일 뿐이라고 여기고 확신하는 것이 우리 자신의 실제 모습을 깨닫는 데 1차적 장애이다. 그대가 무無를 받아들일 준비가 될 때, 지금 이 순간이 충만되고 일체를 내놓을 준비가 된다!

　어찌된 셈인지 '무無'라는 단어는 구도자의 관심을 끌지 못하는 반면, '일체'라는 단어는 그를 압도한다. 왜 그런가? 이 '무無'에 대해 왜 그렇게 많은 두려움이 있는가? 비록 잠시 동안이나마 우리가 존재하지 않는다는 생각은 부존재에 대한 공포를 낳는 듯하다. 모든 사람이 매일 밤 깊은 잠 속에서 '별개의 자아'가 존재하지 않는 그 상태를 즐기는데도 말이다. 무無에 대한 두려움은 죽음에 대한 두려움이고, 그것은 다시 '알 수 없는 것'에 대한 두려움이다. 구도자가 이 무無 아래에 숨겨진 비밀을 인식하지 못하다 보니 '구도자 없는' 궁극적 이해의 문들을 닫지 않을 수 없게 된다. 요컨대 무無라는 단어는 그 사람을 밀어내고 일체라는 단어는 그를 끌어당긴다. 왜냐하면 이 외관상의 모순들을 그가 액면 그대로 지각하기 때문이다. 이 모순들은 외부적으로 존재하지 않고, 오히려 구도자의 마음 속에 있는 내적인 분열로서 존재한다.

성실한 구도자들이 용기를 내어 무無가 일체라는 궁극의 신적인 역설과 대면할 수 있도록 니사르가닷따 마하라지께서 축복을 쏟아주시기를.

만일 여러분이 진정으로 무無에 대해 준비되어 있다면 이 책은 하나의 완벽한 시금석이다. 니사르가닷따 마하라지의 마지막 가르침에 집중하고 있는 이 책은, 우리가 누구인가에 대한 이해의 추구를 영원히 종식시킴으로써 그 추구를 확실히 초월하게 해줄 것이다.

사드구루 스리 니사르가닷따 마하라지로부터 나온 이 원초적 방향 표지들의 꽃다발을 여러분 모두에게 드리는 것은 큰 즐거움이다. 그것(That)은 아무것도 빠짐이 없고 아무것도 더 필요한 것이 없는 영원한 상태이다. 공부에 대한 체험도, 체험에 대한 공부도 그것을 드러내 주지 못한다. 그것은 그 두 가지 이전이자 너머이다. 여러분과 여러분의 진아 사이의 어둠이라는 관념적 거리를 영구히 말소하는 신적인 빛이 곧 사드구루이다. 그 무엇도 사드구루의 은총과는 겨룰 수 없다.

참스승께 순복을(*Satguru Sharan*)
사랑과 함께,

니틴 람(Nitin Ram)
(*Self Calling: Self Reminder Meditations*의 저자)

추구냐 이해냐?

추구는 어떤 이성에 기초하나
이해는 그 무엇도 없다네!

추구는 노력과 목적이 있으나
이해는 자연발로적이고 애씀이 없다네!

추구 안에는 이해가 없으나
이해 안에는 '추구자'가 없다네!

추구는 추구자 · 추구 · 추구 대상으로 이루어지나
이해 안에는 이 3요소가 아예 없다네!

탐색은 탐색 · 탐색자 · 탐색 대상으로 이루어지나
이해는 바로 그 '탐색자'를 부인한다네!

추구는 단계 · 간격들로 이루어지고 어떤 행법들일 수 있으나
이해는 영원하며 그런 것들에 구애받지 않는다네!

추구는 어떤 목표가 있으나
이해의 성품은 그 자체 목표가 없다네!
추구는 청문 · 독서 · 성찰에 의해 지탱되나
이해는 스스로를 지탱한다네[독립적이라네]!

추구에서는 수집한 지식을 잊어버림에 대한 두려움이 지배하나
이해에는 이해했다는 생각조차도 없다네!
추구의 배경은 이원성이나
이해는 토대가 없는 비이원성이라네!

추구는 늘 변하는 상태인 반면
이해는 '상태 없는' 상태라네!

추구에서는 자물쇠가 존재하고 열쇠를 찾아야 하나
이해에서는 자물쇠와 열쇠가 결코 분리되지 않았다는 분명한 확신이 지배
한다네!

자이 구루(Jai Guru)

니틴 람

1. 왜 삶은 투쟁으로 가득 차 있는가?

1979년 11월 26일

방문객: 저는 당신께 질문을 하고 있고 당신께서는 답변을 하고 계십니다. 당신께는 이 모든 것이 중요하지 않은 질문인 것 같습니다. 당신께는 무엇이 중요한지 여쭤 봐도 되겠습니까?

마하라지: 그대의 세간적 경험에서는 무엇이 가장 중요합니까?

방: 모르겠습니다.

마: 그대는 '그대가 있다'는 것, 그대가 존재한다는 것을 알게 되었습니다. '그대가 있다'는 사실보다 더 중요한 것이 무엇입니까? 가장 중요한 것은 그대의 존재성(beingness) 곧 의식입니다. 그러나 그 "내가 있다"라는 것은 그대의 음식-몸(food body)의 성질입니다. 의식이 존재하는 한 그대는 세간적 지知를 얻고 그것을 자랑스러워할 수도 있습니다. 그러나 그 모든 것은 몸 안의 음식 즙(food juices)1)이 촉촉한 동안에만 지속될 것입니다. 그 즙들이 고갈되면 **바수데바**(Vasudeva), 곧 자신의 존재성을 냄새 맡는 자가 사라질 것입니다.

방: 저의 이른바 존재(existence)는 음식 즙에 달려 있군요.

마: 그대가 본국으로 돌아가면 사람들이 묻겠지요. "거기서 어떤 지知를 얻었습니까?" 그대는 뭐라고 답변하겠습니까?

방: (침묵.)

마: 이 모든 것은 같은 이름인 **지**知, 곧 **냐나**(jnana)입니다. 그 너머는 비**냐나**(Vijnana) 혹은 **빠라브라만**(Parabrahman)입니다. 아이 의식, 곧 개인적 영혼이 일어나면서 **미현현자**(the unmanifest)가 현현했습니다.

---

1) T. '음식 즙'은 '음식 기운'과 같으며, 음식에 들어 있는 에너지의 정수이다. 영역자는 마하라지가 '음식 기운'의 의미로 사용한 같은 단어를 문맥에 따라 '음식 즙'으로도 표기하고 있다.

방: 제가 그 아이이군요.

마: 여기 있을 때는 그대 자신의 체험에 대해서만 이야기하십시오. 그대의 세계를 그대가 아는 것은 그대의 아이 의식(child consciousness) 아닙니까? 만일 그 아이 의식이 나타나지 않았다면 그대가 지금 무슨 질문을 했겠습니까?

방: (침묵.)

마: 처음에 의식이 나타나는데, 그것은 허공과 같고 **자기사랑**(self-love)을 가지고 있습니다. 그것은 존재애愛(love to exist)입니다. 어떤 사람이 여기 오든, 아무리 학식이 있든, 저는 무엇이 왔는지 알고 그것을 붙듭니다. 그것이 없으면 그 사람도 저도 이야기를 못하겠지요.

방: 그 아이 의식을 어른 의식으로 바꾸는 것이 가능합니까?

마: 그것은 허공을 어떻게 늘리느냐고 묻는 것과 같습니다. 건물들을 허무십시오. 그러면 허공이 늘어날 것입니다. 존재성은 음식 즙들의 성질입니다. 그것들이 사라지면 존재성은 비非존재의 상태로 들어갑니다. 아이 의식은 지知가 아니라 무지입니다. 의식 이전에는 "내가 있다"는 지知가 없습니다. 그것이 **비냐나** 혹은 **빠라브라만**입니다. 이 미현현의 비존재 상태에서 아이 의식이 나타납니다. 그것이 어떻게 지知가 될 수 있습니까? 의식은 물질적 지知입니다. 왜냐하면 그것은 **사뜨와**(sattva), 곧 음식 즙의 성질이기 때문입니다. **사뜨와** 없이는 의식이 나타날 수 없습니다.

방: 저는 태어났으니 복이 없습니까? 의식은 하나의 축복 아닙니까?

마: 존재성이 그 비존재 상태에서 나타나는 것은 최대의 실수입니다.

방: 부부들이 생식을 해서는 안 된다는 말씀입니까?

마: (영어로) 본인이나 잘하십시오(Look at you).

방: 왜 삶은 투쟁으로 가득 차 있습니까?

마: 그대는 5대 원소들 간의 투쟁을 분명히 보았겠지요. 그 투쟁은 궁극적으로 땅 위로 가라앉습니다. 쌀, 밀 등의 알곡 하나하나가 5대 원소로

이루어져 있습니다. 이 투쟁이 그대의 음식 재료 속으로 들어갑니다. 모든 산 존재들은 이 음식을 같이 먹고, 그와 함께 투쟁을 공유합니다.

우리가 술을 마시면 그 영향을 받듯이, 음식 안의 투쟁에 의해서도 영향을 받습니다.

2. 명상이란 무엇인가?
1979년 11월 27일

마하라지: 우리의 '존재의 느낌'은 몸이 없습니다. 그것을 브라만이라고 합니다. 여러분이 알지 못하는 가운데서도 "나는 브라만이다"라는 염송이 여러분 안에서 진행됩니다.

브라만으로서의 자신의 참된 정체성을 깨닫는 사람은 영적인 구도자들에 의해 숭배됩니다.

저 브라만, 곧 신이 여러분의 참된 형상입니다. 이 정체성에는 죽음이 없습니다. 여러분에게 죽음의 공포가 있는 것은 몸-정체성(body identity) 때문입니다. 만일 여러분이 지금 제 이야기를 듣는 대로 믿음을 계발하면 결코 죽음을 경험하지 않을 것입니다. 그러면 영적인 문제에 대해 누구에게 물어볼 필요도 없겠지요. 대신 사람들이 진리를 구하여 여러분을 찾아올 것입니다.

방문객: 명상이란 무엇입니까?

마: 그대의 참된 정체성을 시야에서 놓치지 않는 것이 명상입니다. 그대의 믿음 속에 몸-정체성이 설 자리가 없어야 합니다. 그대의 의식을 모든 신들의 신으로서 깨달을 때, 그대 자신이 무한하고 무변無邊함을 발견

할 것입니다.

방: 신은 저보다 위대하지 않습니까?

마: 그대의 의식이 곧 신이 있다는 증거입니다. 그대가 없다면 신의 위대함을 인식할 자가 누가 있습니까? 이 사실을 잊지 마십시오.

의식을 아는 자에게는 죽음이 없습니다. 그는 지복스러운 상태에서 자기 몸을 버립니다.

방: 우리의 세계에는 성취의 즐거움이 있습니다.

마: 그러나 실패의 위험과 두려움이 그에 수반됩니다. 최악의 두려움은 죽음에 대한 두려움입니다.

뱀의 유령들이 숨겨진 보물들을 지키고 있다고 합니다. 적절한 공양물로 그 유령들을 즐겁게 한 뒤에 그 보물에 손을 대야 합니다. 잘못 다루다가는 여러분이 죽을 수 있습니다.

마찬가지로, **진아지**(Self-knowledge)를 얻기 위해서는 여러분의 몸-정체성을 공양물로 바쳐야 합니다. 그런 뒤에 진아가 몸에서 자유로워집니다. 그러면 몸의 최후(죽음)가 지복스럽습니다.

방: "나는 몸이 아니다"라고 염하는 것은 도움이 되겠습니까?

마: 그대가 실제 있는 그대로의 그대여야 합니다. 그대는 의식이지 남자나 여자가 아닙니다. 그대는 빛을 아는 자입니다. 그대가 빛의 명료함을 판단할 수 있지 그 반대는 아닙니다.

방: 마야(Maya), 즉 환幻의 영향력은 어떤 것입니까?

마: 마야는 그대에게 그 몸의 형상을 베풀었습니다. 그러나 그대의 **참스승**(Sadguru)을 만나면, 그는 그대에게 의식의 형상을 베풉니다. 처음에는 그대가 '몸을 아는 자'였는데, 그것이 '의식을 아는 자'로 바뀌었습니다. 그 상태를 **비냐나**(초월적인 순수한 의식) 혹은 **빠라브라만**이라고 합니다.

방: 그것은 현상계를 넘어서 있습니까?

마: 현상계는 5대 원소로 인해 있습니다. 그대가 그것의 일부인 동안은

신체적 괴로움이 있습니다. 스승의 무한함을 보는 제자는 스승이 곧 자신의 형상임을 깨닫습니다. 자신의 스승을 빠라마뜨마(Paramatma)로 보는 제자는 그것이 곧 그 자신임을 깨닫습니다.

방: 진인(Jnani)의 지知에는 어떤 일이 일어납니까?

마: 그 지知는 진인 속으로 해소되거나 합일됩니다. 진인은 해소되지 않습니다. 진인에게는 생시와 잠의 상태가 없습니다. 그는 이름과 형상이 없습니다. 이런 것들은 진아지를 얻을 때까지는 남아 있으나 그 너머에서는 없습니다. 이 모든 것은 아주 쉽지만 이해하기 매우 어려워 보입니다. 그것을 깨달을 수 있는 사람은 드뭅니다. 몸을 초월해야 할 뿐만 아니라 그대의 의식마저 초월해야 합니다. (그렇게 되면) 그대는 모든 지知를 넘어섭니다. 낡은 정체성들을 의도적으로 배척하지 않아도 이 모든 변화가 일어납니다.

넘실대는 광대한 물 덩어리 같은 지고의 의식에서 (존재들의) 의식이 생겨납니다. 뿌루샤(Purusha)는 우주적 영靈인데, 뿌라(Pura)는 '홍수'라는 뜻입니다. 뿌루샤는 주시자일 뿐입니다. (존재들의) 모든 활동은 요가-마야(Yoga-Maya), 곧 요가적 환幻에 기인합니다.

청하지 않았어도 마야는 행위하기 위해 형상을 취합니다. 진정한 행위는 생명기운(vital breath)에 기인하고, 생명기운은 5대 원소에 기인합니다. 5대 원소와 세 가지 구나(Gunas)[사뜨와(sattva)·라자스(rajas)·따마스(tamas)]에 쁘라끄리띠(Prakriti)와 뿌루샤를 합치면 10가지가 됩니다. 이것들이 나의 지식기관과 행위기관입니다. 사뜨와, 곧 음식기운으로 인해 의식이 나타나고, 모든 괴로움은 이 의식으로 인해 있습니다. 의식으로 인한 이 모든 사건과 경험은 청하지 않은 것이고 터무니없습니다. 저는 이 모든 사건에 가담하지 않고 있습니다.

방: 제가 이해할 수 있도록 당신의 상태를 묘사해 주실 수 있습니까?

마: 말로는 저를 묘사할 수 없습니다. 그것에는 말과 그 의미가 전적으

로 부적절합니다. 그대도 그것입니다.

방: 그렇다면 이 몸-정체성이 어떻게 있습니까?

마: 그 정체성이 언제 일어났습니까?

방: 기억은 안 나지만, 그것은 제가 태어난 뒤일 수밖에 없습니다.

마: 그대가 태어날 때 그대가 존재했습니까?

방: 제가 태어났고 부모님이 저의 탄생을 축하했으니, 저는 그곳에 존재했을 것이 분명합니다.

마: 그래서 그것은 그대가 아는 게 아니라 하나의 추론일 뿐이지요.

방: 정말 그렇습니다.

마: 그대의 삶에서 가장 이른 사건을 회상해 보십시오. 그때 몇 살이었습니까?

방: 나이아가라에 갔던 기억이 나는데, 그때 제가 네 살이었습니다.

마: 그것이 그대의 정체성의 시작입니다. 그 나이 무렵에 그대는 어머니를 알아보았을 것이 분명합니다. 어머니는 그대에게 윌슨이라는 이름과, 그대는 여자아이가 아니라 남자아이라고 말해 주었습니다.

방: 만일 제가 **빠라마뜨마**라면, 어머니가 말해 주기 전에 제가 저 자신에 대해서 알았어야 합니다.

마: 빠라마뜨마는 비존재의 상태에 있습니다. 그것은 그대의 깊은 잠 경험과 유사합니다.

방: 그는 늘 깊은 잠 속에 있습니까?

마: 그는 결코 자지 않습니다. 그래서 생시라는 용어도 그에게는 해당되지 않습니다.

방: 아주 흥미롭습니다. 부디 그것에 대해 더 말씀해 주십시오.

마: 그대가 어머니 자궁 속에서 잉태될 때, 그것이 현현(manifestation-존재성의 출현)의 시작이었습니다. 그 이전에는 그대가 미현현이었고, 비존재의 상태에 있었습니다. 잉태된 뒤에도 비존재 상태는 지속되었습니다. 그대

의 현현은 성냥을 그으면 빛이 갑자기 나타나는 것과 비슷합니다. 빛만이 있습니다. 그 전에 아무것도 없었고, 그 후에도 아무것도 없습니다. 이름과 형상을 가진 그대의 정체성은 네 살 때부터 작동하기 시작했습니다. 그대의 출현이 비존재의 상태에서 나오기 때문에, 그대는 영(zero)에서 앎을 시작해야 했습니다. 그대는 자신이 무엇인지 몰랐습니다. 그대에게 가장 가까운 것은 그대의 몸이었습니다. 당연히 그대는 자신이 그 몸이라고 느꼈고, 어머니와 여타 사람들이 그것을 확인해 주었습니다. 그 역일 수도 있지요. 즉, 어머니가 그대에게 그 몸이 그대이고 그것의 이름은 윌슨이라고 말해 주었습니다. 그대는 거기에 확인 도장을 찍을 수밖에 없었습니다.

살아 있는 그 형상이 출현한 뒤에 **빠라마뜨마**는 그 이름과 형상을 받아들이고, 주위에서 일어나는 일들에 적응합니다. 무슨 일이 일어나고 왜 일어나는지는 그가 모릅니다.

그 형상의 전체 삶은 불이 켜진 성냥개비와 같아서, 그 불이 지속되는 동안은 계속됩니다. 5대 원소에 어떤 형상이 있습니까?

방: 아니요.

마: 이 모든 것에 대해 어떤 창조주도 없습니다. 모두 하나의 자연발생적 사건입니다.

형상들이 존재성을 가지고—**자기사랑**, 곧 존재애(love to be)를 가지고—출현할 때까지는 아무 문제가 없습니다. 생명과 함께 생존투쟁이 시작됩니다. 산 존재들(living beings-중생들)의 모든 활동은 그 존재성을 유지하기 위한 것입니다. 여기에는 자기 몸을 보호하고 음식을 찾는 것이 포함됩니다. 이것 말고는 그들이 자신의 기원에 대해 전혀 모릅니다. 우주적 바탕(쁘라끄리띠)과 우주적 정신(뿌루샤)은 몸이 없지만, 그것들로 인해 모든 살아 있는 몸들이 생겨납니다. 이 모든 세간적 연극은 청하지 않은 것이고, 그럴 어떤 필요도 없는 것입니다. 저는 제 몸이 5대 원소의 결합이라고 말합니다. 이것은 그대의 몸을 포함한 모든 형상들에 해당됩니다. 그대는 그것을 압니다. 그대의 몸은 공간을 점유하는데, 허공은 몸의 일부입니다. 몸 안에 공기도 있습니다. 체온은 열(불)이 있음을 보여줍니다. 몸의 대부분은 물이고 나머지 내용물은 모두 흙에서 옵니다. 전체 몸은 의식의 음식이며, 의식은 음식기운(food essence)의 성질입니다.

전체 존재계 속에서 괴로움은 의식에 기인할 뿐입니다.

방: 탄생은 신의 선물이라고 합니다.

마: 그것은 그대 자신의 체험입니까?

방: (침묵.)

마: 그것은 누군가의 일시적 즐김의 결과인데, 나는 그로 인해 백년간 고통 받아야 합니다. 그렇지 않습니까? 왜 누군가의 행위로 인해 내가 고통 받아야 합니까? 왜 벌을 받아야 합니까? 이것은 한 예일 뿐입니다.

5대 원소에서 나오는 다양한 형상의 의식의 한 흐름이 있습니다. 5대 원소는 고통 받지 않습니다. 형상들만 의식 때문에 고통 받습니다. 인간의 형상에는 괴로움이 더 많습니다. 미래는 밝을 것이고, 나는 그 때문에 살아야 한다는 희망 때문입니다. 이 모든 것은 **원초적 환(幻)**의 유희입니다. 그대는 병이 나면 어떤 약을 먹습니다. 그대의 병이 죽었습니까?

방: 그 병이 사라졌기에 제가 살아났습니다.

마: 병은 죽지 않았지만 그대의 고통은 끝났습니다. 이 모든 것을 요약하자면, 우리는 언제부터 비참해졌습니까?

방: 우리의 지각성(knowingness-'내가 있다'는 앎)이 출현한 때부터입니다.

마: 그렇지요. 자, 이 지각성은 불행입니까, 쾌락의 바다입니까?

방: (침묵.)

마: 미래에 대한 희망은 인간 형상에게만 있습니다. 그러나 인간 형상 속에, 미래에 잘살 수 있는 구체적인 개체의 어떤 존재(삶)가 있습니까?

내가 내 존재를 지속하기를 원하지만 무엇으로서 말입니까? 어떤 유형의 존재입니까? 누가 저에게 답을 주겠습니까?

탄생은 한 인간 형상의 탄생이 아니라, 인간 형상 속에서의 불행의 탄생입니다. 그렇지 않습니까?

방: (침묵.)

마: 5대 원소, 세 가지 **구나**, 우주적 바탕과 우주적 정신—이 10가지 모두의 한 결합이 있는데, 그 핵심에 "나는 맛본다"가 있습니다. 저에게는 어떤 지知도 없지만, 방문객이 오면 그가 아무리 학식이 있고 자만심에 가득 차 있어도 저는 그가 아무것도 모른다는 것을 압니다.

우리가 클로로포름의 영향 하에서 의식이 없을 때 수술이 이루어집니다. 의식을 회복하면 통증을 느낍니다. 우리의 모든 세간적 활동은 우리의 반半의식 상태에서 일어납니다. 우리가 고통을 느끼는 것은 나중에 더 잘 지각하게 되었을 때입니다.

방: 어떻게 당신 자신을 깨달으셨습니까?

마: 저는 스승님께 완전한 믿음을 가지고 있었습니다. 저는 당신의 말씀 안에 머물렀습니다. 그 나머지 일어난 일은 자연발생적이었지요.

방: 당신의 스승님이 하신 말씀을 저희가 알 수 있겠습니까?

마: "그대가 곧 존재하는 모든 것이다. 현재 그대는 의식이다. 신·이스와라(Ishwara) 등은 그대의 실체의 이름이다." 이런 말씀들은 저를 완전히 변화시키기에 충분했습니다.

방: 당신의 현재 삶에 대해서 좀 더 말씀해 주십시오.

마: 저는 자립적입니다. 외부의 어떤 은총이나 지원도 필요하지 않습니다. 누가 저를 보호해서 제가 있는 것이 아닙니다. 저는 우주가 몇 번이나 해체되는 속에서도 영향 받지 않고 남아 있던 그것입니다.

방: 그러나 저희처럼 너무나 단순해 보이십니다.

마: 저를 찾아오는 사람들은 그들 자신의 개념으로 저를 판단하겠지요.

방: 왜 대부분의 사람들은 영적인 공부의 종착점으로 가지 않습니까?

마: 그들은 진리를 추구하는 것이 아니라, 평안과 행복만 추구합니다. 그것을 얻으면 그들은 만족하고 거기에 안주합니다.

3. 아무것도 존재하지 않지만, 존재하는 것처럼 보인다

1979년 11월 28일

마하라지: "나는 몸이 아니고, 몸은 음식기운일 뿐이다. 나는 의식이 아니며, 의식은 음식기운의 성질이다." 이렇게 나아가야 합니다.

방문객: 그러면 저는 누구입니까?

마: 그대는 '알려지는 것'이 아니라 '아는 자'입니다.

방: 무지의 원인은 무엇입니까?

마: 그것은 마야(Maya), 곧 환幻 때문입니다. 그것 때문에 일종의 멍한 상태와 지성의 흐릿함이 있습니다. 말을 사용하는 것은 더 나은 이해를 위해서입니다. 명상 속에서는 말이 없고 이해만 있습니다.

방: 진보된 구도자는 무엇을 발견합니까?

마: 그는 자신이 마야도 아니고 브라만도 아니라는 것을 압니다.

방: 진인은 어떤 나무나 '산 존재'(중생)의 죽음을 보면 괴로워합니까?

마: 그대가 괴로워하는 것은 그대의 존재가 한 몸에 국한되어 있기 때문입니다. 진인(Jnani)은 무한하고 광대무변합니다. 따라서 (그에게는) 어떤 고통도 없습니다. 바다에는 수십억 개의 파도가 있습니다. 그러나 바다는 영향을 받지 않습니다.

방: 저의 괴로움은 그 산 형상(living form)이 죽어갈 때 제가 그것과 하나

임을 느끼기 때문입니다.

마: 그것을 극복하려면 **진아**(Self)가 무한함을 알아야 합니다.

방: 산 존재들은 어떤 존재성(existence)도 가지고 있지 않다고 말할 수 있습니까?

마: 아무것도 존재하지 않지만, 일체가 존재하는 것처럼 보입니다. 그 존재성은 햇빛과 같습니다. 그것은 사라지지, 죽지 않습니다. 사물들은 나타나고 사라집니다. 어떤 파괴도 없습니다. 그래서 **진인**은 사건들에 방해받지 않습니다.

방: 그러니까 우리가 고통 받는 것은 우리의 오해 때문이군요.

마: 이웃한 두 마을의 경우를 들어 봅시다. 두 마을 사람들은 자기 업무나 다른 활동을 할 수 있겠지요. 그러나 한 마을이 다른 마을을 압니까? 뿌네(Pune)가 뭄바이를 압니까? 뿌네가 인근에 있는 아마드나가르 읍을 압니까? **마야·브라마·빠라브라만** 같은 이름들은 뿌네·뭄바이 등과 같습니다. 뭄바이·뿌네에 해당되는 것은 **브라만·마야** 등에도 해당됩니다. 뭄바이 사람들이 뿌네 사람들과 싸울 수도 있지만, 뭄바이가 뿌네에게 무슨 좋은 일이나 나쁜 일을 했습니까? 뭄바이·뿌네와 같은 도시들은 아무것도 하지 않지만 사람들이 생업 활동을 하듯이, **빠라브라만**은 아무것도 하지 않지만 모든 일이 **그것의** 친존에서 일어납니다.

뭄바이에는 뭄바데비(Mumbadevi)라는 사원이 있습니다. 사람들이 그 신상神像(뭄바데비 여신의 상)을 만들었지요. 숭배를 받으면 그 여신이 사람들의 소원을 들어줍니다.

마찬가지로 모든 마을에는 사람들이 건립한 사원이 있고, 마을 이름을 따서 이름 붙인 신들이 있습니다. 뭄바데비는 뭄바이의 여신(devi)이라는 뜻입니다. **빠라브라만**은 완전합니다. 그것은 형상이 없고, 따라서 몸이 없고 사지가 없습니다. **그것은** 그대에게 아무것도 기대하는 것이 없고, 그대를 기쁘게 해 줄 필요도 없습니다.

방: 저의 안에 있는 **빠라브라만**을 어떻게 깨달을 수 있습니까?

마: 그러자면 몸 없는 상태 안에 머무르는 법을 배워야 합니다. 그대의 몸-정체성을 가지고는 설사 무수한 생을 태어난다 해도 깨달을 가망이 없습니다. 몸-정체성이 끝까지 남아 있을 것입니다. 그대의 존재는 몸과 독립해 있다는 것과, 제가 그것을 그대에게 가리켜 보이고 있다는 것을 늘 기억하십시오. 모든 것이 그대의 믿음에 달렸습니다.

방: 저는 당신께 완전한 믿음이 있습니다.

마: 그대가 현재 존재하고 있다는 경험은 병病과 같습니다. 저는 이 존재성(beingness) 없이 존재했습니다. 저의 모든 활동은 이 병을 즐기기 위한 것이 아니라, 그것을 참을 만한 것으로 만들기 위한 것입니다. 깊은 잠조차도 이 병에 대한 하나의 약입니다. 저의 **진**아는 이 병이 없습니다.

방: 수백 명의 사람들이 당신의 가르침에서 이익을 얻었겠습니다.

마: 저는 이 **지**知를 많은 사람들에게 나눠주기 위해 많은 노력과 기력을 쏟아 왔습니다. 그러나 그들이 그것을 가지고 무엇을 하고 있는지는 저에게 묻지 마십시오.

방: 부디 설명해 주십시오.

마: 그들은 자신들의 세간사로 바쁩니다. 그들이 달리 무엇을 할 수 있습니까? (이런 가르침에서) 이익을 얻기 위해서는 먼저 근기가 되어야 합니다. 모든 사람을 A, B, C부터 가르친다는 것은 불가능합니다.

우리의 형상과 정체성은 매순간 변하고 있습니다. 유년기에서 노년기에 이르기까지 너무나 많은 단계들이 왔다가 지나갔습니다. 이 늙은 몸도 떨어져나갈 것입니다. 항상 변하고 있는 것에 대해 왜 걱정합니까? 그대 자신이 항상 변하고 있는데, 그대가 배우거나 소유하는 그 모든 것이 어떻게 그대와 함께 남아 있겠습니까?

4. 그대는 그 몸에 국한되어 있지 않다

1979년 11월 29일

방문객: 영적인 진보를 위해 저의 세간적 삶을 포기해야 합니까?

마하라지: 그대의 몸-정체성을 포기하십시오. 그대는 그 몸이 아니라는 것을 늘 기억하십시오. 그런 다음 그대가 하고 싶은 것을 하십시오.

방: 명상을 해야 합니까?

마: 그대가 몸이 아니라는 오롯한 자각(full awareness)을 가지고 머무르는 것이 명상입니다. 그대가 몸이 아님을 아는 것은 그대의 **의식** 때문입니다. 처음에는 그대가 몸이 아니라는 것을 알면서 **의식**이 그대의 형상이 되게 하십시오.

방: 제가 몸이라는 것을 잊어버리기가 어렵습니다.

마: 과거는 잊어버리십시오. 지금 그대는 여기 있고, 그대가 무엇인가에 대해 듣고 있습니다. 믿음을 가지십시오. 그러면 필요한 일이 서서히 일어날 것입니다.

방: 해탈열망자(*mumukshu*)와 수행자(*sadhaka*) 간의 차이는 무엇입니까?

마: 해탈열망자에게는 몸이 있지만, 수행자에게는 몸이 없습니다. 그대의 몸-정체성 때문에 죽음과 환생이 그대에게 해당됩니다.

방: 구도자와 진인 혹은 **싯다**(*siddha*)의 차이는 무엇입니까?

마: 싯다는 궁극을 성취했습니다. 자신이 이름과 형상을 가진 몸이 아니라는 데 대해 추호의 의심도 없습니다. 그는 더 이상 한 개인이 아니고, 남자도 여자도 아닙니다.

방: 영적인 힘들을 가진 사람이 **싯다**입니까?

마: 아닙니다. 진아 안에 자리 잡고 있는 사람이 **싯다**입니다.

방: 진인은 자신이 진인이 되기 전에 가졌던 무지를 기억합니까?

마: 해가 어둠을 모르듯이, 진인은 무지를 모릅니다.

방: 진아지를 얻는 것 이상으로 저는 고통을 없애고 싶습니다.

마: 그러자면 무지를 없애야 합니다. 그러고 나면 그대에게 죽음도 없고 환생도 없을 것입니다. 진아지는 해돋이와 같습니다. 사물들을 있는 그대로 명료하게 보게 됩니다.

방: 저의 몸이 태어났지, 제가 태어난 건 아닙니다.

마: 그대의 형상은 의식, 곧 지知이며, 탄생의 무지는 그것을 접촉할 수 없습니다. 따라서 그대에게 탄생의 경험이란 없습니다.

　모든 무지를 없애기 위해서는 의식을 알고 있어야 합니다. 진아가 그 자신을 알고 있어야 합니다.

방: 소위 죽음에 이르면 무슨 일이 일어납니까?

마: 생명기운과 마음이 몸을 떠납니다. 의식은 무한하고 일체에 편재하기 때문에 어디로 갈 여지가 없습니다. 가기 전에 그것은 이미 있습니다. 그것은 의식하는 상태에서 무의식의 상태가 될 뿐입니다. 그것은 불을 없애면 뜨거운 물이 식는 것과 같습니다.

방: '몸 없는 존재(videhi)'란 무엇입니까?

마: 사뜨와인 음식-몸 때문에 "내가 있다"는 것을 내가 알게 됩니다. 그것은 내가 몸이라는 의미가 아닙니다. '나'는 몸과 별개이고 일체에 편재합니다. 몸은 하나의 형상이 있고, 하나의 이름이 붙습니다. 그러나 이름과 형상은 '나'에게 해당되지 않습니다.

방: 아뜨마(Atma), 곧 진아에게는 어떤 '내가 있음' 혹은 '나라는 맛'이 있습니까?

마: 아닙니다. 순수한 존재(Being)만 있지요. 그것은 비이원적 상태입니다. 몸-정체성과 함께 별개의 한 형상을 가진 '나'가 옵니다. 그러면 '나'와 '내 것'이 뒤따릅니다. 그의 모든 경험들을 그는 자신의 지知로 여깁니다. 이 모든 것이 속박으로 이어집니다.

방: 우리는 죽었다던 사람이 화장터로 실려 가다가 되살아난 이야기를 듣습니다. 사람이 죽었다는 확실한 표지는 무엇입니까?

마: 기다렸다가 그 사람의 피부를 관찰해볼 필요가 있습니다. 만일 피부가 부풀어 오르기 시작하는 것이 보이면, 그것은 생명기운이 그 몸을 떠났다는 하나의 확실한 표지입니다. 부풀어 오르지 않았으면 몸 안에 생명기운이 있는 것이고, 그러면 되살아날 수도 있습니다.

방: 제가 앞에 계신 당신을 보는데, 어떻게 당신께서는 태어나지 않았다고 말씀하십니까?

마: 만일 우리가 태어났다면 우리의 탄생에 대해서 알고 있어야 합니다. 그대의 탄생에 대해서 알고 있습니까?

방: 아니요.

마: 그대는 남들이 말해 주는 것은 뭐든 믿는 습관을 형성했습니다. 저는 그렇게 하지 않습니다. 저는 제가 태어났다는 것을 저에게서 확인받는 서류에 서명하지 않겠습니다.

생시 이전의 잠의 상태가 존재하지 않는다면 생시 상태가 가능합니까?

방: 아니요.

마: 생시는 지知이고 잠은 무지입니다. 잠은 생시 상태에게 그것이 존재하고 한동안 지속될 힘을 줍니다.

한 상태에 늘 다른 상태가 뒤따릅니다.

방: 그것은 우리가 몸 안에 있는 동안은 우리가 자고 있다는 뜻입니까?

마: 그대는 그 몸에 국한되어 있지 않습니다. 그대는 도처에 있습니다. 그 한계는 그대의 상상입니다. 잠이 반드시 있어야만 지知, 곧 생시 상태가 뒤따릅니다. 모든 인간 형상은 무지의 자식입니다. 여기서 그칩시다. 이제 우리가 저녁 **바잔**(bhajans)을 해야 할 시간이니 말입니다.

5. 언제부터 그대가 있고, 무엇 때문에 있는가?

1979년 11월 30일

마하라지: 여러분은 여러분이 있다는 것, 여러분이 존재한다는 것을 압니다. 그 기억은 여러분의 몸이 가진 음식 기운의 성질입니다. 만일 그 음식 즙이 촉촉함을 잃으면 여러분의 존재성은 사라질 것입니다. 그 음식 즙을 **사뜨와**(sattva)라고 하는데, 그것의 성질은 **의식**, 곧 존재성입니다. **사뜨와**라는 말은 사뜨(sat)[존재]와 뜨와(tva)[그대]로 이루어져 있습니다. 그것은 여러분이 실은 존재(existence)라는 것을 의미합니다. 살아 있는 모든 형상 안에서 의식은 늘 생명기운을 수반합니다. 모든 활동은 생명기운으로 인해 일어납니다.

우리가 자기가 있다는 것을 아는 것은 음식-몸 때문입니다. 그러나 누가 알게 되는지는 말할 수 없습니다. 이런 점에서 우리의 모든 사고는 하나의 상상 혹은 개념일 뿐입니다. '아무개 씨'는 하나의 개념입니다.

이것은 여러분 모두에게 해당됩니다. 여러분은 이름과 형상이 없습니다. 여러분은 자신이 그 몸이고, 그 몸에 주어진 이름이 자기 이름이라고 상상합니다. 만일 여러분에게 이름을 지어주지 않았다면, 무엇을 여러분의 이름이라고 말했겠습니까?

방문객: 말할 것이 없습니다.

마: 여러분은 자신의 이름을 받아들였습니다. 그렇게 하라는 말을 거듭해서 들었기 때문입니다. 이름은 여러분을 부를 때나, 학교·대학·은행 계좌 등과 같은 실제적 목적에는 유용하지요.

방: 제가 느끼기에 분노와 증오가 커지고 있고, 몸-마음에서 초연한 상태로 있는 저의 능력은 약해지고 있습니다.

마: 그대에게 몸이 없을 때는 분노와 증오라는 문제가 없습니다. 그대의

존재의 느낌은 그대가 아닙니다. 그것은 음식-몸의 성질입니다. 이것을 제대로 이해하십시오.

방: 그러나 제가 걱정하는 이유는 저의 정신적 제어력이 약해지고 있기 때문입니다.

마: 그대 자신에 대한 참된 지知가 그대의 문제에 대한 유일한 해법입니다. 그 지知가 있으면 그대의 희망·욕망·갈망들이 사라질 것입니다. 그와 함께 분노와 증오도 사라질 것입니다. 그대가 자신을 무無형상으로 볼 때는 그대의 모든 문제들이 안식처를 잃을 것입니다.

방: 몸-마음을 자신과 동일시하는 것과, 존재성을 자신과 동일시하지 않는 것 간의 차이는 무엇입니까?

마: 아무 차이가 없지요.

방: 저의 원래 질문으로 돌아가도 되겠습니까?

마: 그대의 소위 탄생 이전에 어떤 질문이 있습니까? 한 아이가 태어날 때 그 아이의 원래 질문은 무엇입니까? '우리가 있다'는 우리의 앎[우리의 의식]은 물질적 지知입니다. 그렇지 않습니까?

새로 태어난 사람에게는 존재의 느낌이 잠복해 있었는데, 그것의 발달 과정은 처음 3, 4년 동안에 일어납니다. 사람들은 그 아이 의식, 곧 의식의 기원이라는 뿌리를 보지 않고 별 관련 없는 질문들을 하고 있습니다.

그대는 의식의 뿌리에 대해 생각해 본 적이 있습니까?

방: (침묵.)

마: 몇 달 동안 그 아이의 몸은 하나의 살덩어리입니다. 음식 물질 외에 뭐가 있습니까? 언제부터 그대가 있고, 무엇 때문에 있습니까? 무엇 때문에 그 뿌리, 곧 아이가 나타났습니까? 그 의식의 원인은 무엇입니까?

몸 물질이 촉촉한 동안은 생명이 있습니다. 그 촉촉함이 사라지면 어떤 생명도 없을 것입니다. 우리가 여기서 이야기하는 것을 그대는 제대로 평가하지 못할지도 모릅니다.

6. 의식, 1차적 환幻

1979년 12월 1일

마하라지: 여러분의 존재는 성냥개비를 그었을 때 불빛이 나타나는 것과 같습니다. 이전에 아무것도 없고 이후에도 아무것도 없습니다.

여러분은 어떤 장비로 탐색을 시작하려고 합니까? 빛[의식]이 소멸되면 다 끝나 버립니다. 이전과 이후에 아무것도 없지요.

현재 제가 경험하고 있는 것은 물질적 지知입니다. 존재성은 음식-몸의 성질입니다. 저는 제 관점에서 이 이야기를 하고 있습니다. 지금 저는 저의 존재성을 경험하고 있습니다. 제가 그것을 지속시키기 위해 어떤 통제력을 가지고 있습니까? 저는 한 순간도 더 그것을 지속시킬 필요가 없습니다. 존재성과 더불어 저는 세계를 경험합니다. 세계는 경험할 만큼 했지요. 제가 신을 탐색하기 시작했을 때, 저로서는 저 자신의 기원, 제 의식의 기원을 탐색하는 것으로 족했습니다. 제가 존재하지 않았던 때가 있었습니다. 지금은 제가 존재합니다. 이것이 다 무엇입니까? 저의 부존재—소위 탄생 이전에 제가 존재하지 않았다는 것의 의미는 무엇입니까? 제가 탐색한 것은 그것이 전부였습니다. (명상 속에서) 저의 부모 등이 보였는데, 그것은 TV에서 연속극을 보는 것과 같았습니다. 저는 그 의미를 이해했습니다. 요컨대, 저는 저의 부존재에서 존재로의 이행을 탐구했습니다. 저로서는 저의 부존재 상태에서 어떻게 존재성이 나타났는지를 알아내는 것이 중요했습니다. 누가 백 년 전에는 제가 어떠했느냐고 묻는다면, 제가 어떻게 답변할 수 있습니까? (그때는) 저의 존재성이 없었습니다.

신은 위대할지 모르지만, 제가 부존재에서 존재로 출현한 것보다는 저에게 덜 중요했습니다.

어제 제가 방문객들에게 세계에 대한 우리의 경험은 투쟁으로, 과도한 투쟁으로 가득 차 있다고 말했습니다. 그에 대해 여러분은 뭐라고 말하겠습니까? 과거에 두 번의 세계대전을 포함하여 수백 번의 전쟁이 있었습니다. 이 세계에서 여러분이 한 번이라도 어떤 평화를 본 적이 있습니까? 투쟁은 나라들 사이에만 있는 것이 아닙니다. 각 나라 안에도 있고, 각 개인 안에도 있습니다. 그렇지 않습니까? 저는 저의 행복이나 번영을 위해 투쟁하지 않았고, 제 존재성의 기원을 발견하기 위해서만 투쟁했습니다. 또 저의 존재성은 시간이 한정되어 있어 언제든지 사라질 수 있습니다. 이런 상황에서, 신이 아무리 위대한들 제가 그에게서 무엇을 기대할 수 있겠습니까?

　제가 저의 존재성에 대해 어떤 통제권이 있었다면, 신에게도 그에 걸맞은 중요성을 부여했겠지요. 신은 저를 잘살게 해 줄지도 모릅니다. 그러나 제가 저의 존재성을 언제든 잃을 수 있다면, 그것이 무슨 소용 있습니까? 제가 없을 때는 어떤 문제도 없었습니다. 존재의 느낌은 청하지 않은 것이었고, 시간이 한정되어 있고, 음식 기운에 의존해 있습니다.

　우리의 지각성(knowingness)은 우기雨期와 같이 계절적입니다. 그 계절은 60년 내지 백 년 간 지속됩니다. 이것은 저의 견해입니다. 여러분은 얼마든지 그것을 스스로 점검해 봐도 됩니다.

　저의 존재는 저에게 얼마나 쓸모가 있을까요? 이런 견해들은 평범한 사람을 위한 것이 아닙니다. 그런 사람은 (이런 말을 들으면) 희망·욕망·열망을 잃어버릴지 모릅니다. 삶은 하나의 투쟁이고, 야망과 용기와 기력을 요합니다. 이런 지知는 사람을 투쟁에 부적합하게 만들겠지요. 사람은 먼지를 금으로 바꿔놓는(불가능을 가능케 하는) 능력이 있어야 합니다. 이런 세간적 자질들은 세계를 경험하기 위한 필수요건입니다. 그렇지 않으면 마치 세계가 없는 것처럼 살게 되겠지요. 희망과 욕망이 줄어들면 여러분의 세계도 희미해져서 존재하지 않는 것처럼 될 것입니다.

삶을 유지하기 위해서는 상황이 요구하는 무엇이든 할 준비가 되어 있어야 합니다. 그러자면 어떤 사람들은 나라를 다스려야 하고, 어떤 사람들은 화장실 청소를 해야 하며, 어떤 사람들은 생존을 위해 구걸이라도 해야 합니다. 지각성을 유지하기 위해서 이 모든 것을 해야 합니다.

지각성은 미래의 행복에 대한 희망도 주는데, 그것이 모든 활동의 추진력입니다. 어쨌든 사람이 원하는 것은 존속하는 것, 있는 것, 존재하는 것입니다. **자기사랑**, 곧 존재애가 있습니다. 그것이 사라지면 안 되지요.

바그완(바가반) 스리 크리슈나는 『바가바드 기타』에서 아르주나에게 **우파니샤드**의 요지를 설명해 주었습니다. 이것을 진인 냐네스와르(Jnaneshwar)가 마라티어로 번역했습니다. 그 책을 『냐네스와리(*Dnyaneswari*)』라고 합니다. 그러나 그의 형이자 스승인 니브루띠나트(Nivruttinath)는 그것이 하나의 번역일 뿐 독창적 저작은 아니라 했습니다. "이제 너 자신의 뭔가를 써 봐라." 그래서 냐네스와르는 『감로의 체험(*Amrutanubhava*)』이라는 책을 썼습니다. **불멸자**를 깨달은 냐네스와르가 그것을 말로 표현한 것입니다. 죽음은 아예 없습니다. 이것을 깨달은 그는 **대삼매**(Mahasamadhi) [몸을 벗는 것]에 들었고, 이때 그는 불과 21세였습니다. 이것이 다 무엇입니까? 누가 이런 식으로 생각합니까? 불멸不滅이 무엇입니까? 그것은 이른바 죽음을 주시하는 것입니까? 냐네스와르는 죽음을 전혀 경험하지 않았습니다. 그것이 여기[나의 경우]에도 있습니다. 저는 전혀 태어나지 않았는데 어떻게 죽을 수 있습니까? 만일 탄생이 없었다면, 이 형상은 어떻게 나타났습니까? 그것이 (명상 속의) 투시透視 화면에서 보였습니다. 저는 그것을 하나의 **화물**化物(Chemical)이라고 부릅니다. 우리 스승님의 스승이신 스리 바우사헵 마하라지(Shri Bhausaheb Maharaj) 님의 사진이 있습니다. 누가 그 사진을 찍었고, 무엇이 그것을 붙들고 있습니까? 그분은 도띠(dhoti) 하나만 걸치고 있습니다. 그런데 그 사진이 워낙 살아 있습니다. 백 년 간이나 그 사진을 붙들고 있는 것은 무엇입니까? 저는 그것을 하나의 '화물化物'이라고 부릅니다.

이 세계 안의 모든 겉모습들은 이 '화물' 때문에 있고, 활동들은 '기물機物(Mechanical-몸과 사물현상을 움직이는 원리)' 때문에 있습니다. 어떤 신도, 어떤 헌신자도 없고, 어떤 마야도, 어떤 브라만도 없습니다.

여러분은 이런 모든 것에 대해 뭐라고 말하겠습니까? 하나의 산 형상이 어떻게 그 자신과 같은 산 형상을 낳습니까? 인간에게서 인간을, 사자에게서 사자를, 당나귀에서 당나귀를 말입니다. 마음을 가진 화물 에너지가 이런 사진들을 찍고, 그 에너지 자체가 그 형상을 취합니다. 그 형상의 모든 기술과 성장은 '기물機物'로 인한 것입니다.

우리는 모든 발전에 훈련이 필요하다고 생각합니다. 자, 아주 성질이 못된 가난한 소년의 예를 들어 봅시다. 그가 진인의 지위에 오르면 사람들이 그를 숭배합니다. 고대의 왕들은 쉽게 잊히지만 사람들은 이 진인을 기억하고 숭배합니다. 이 모든 일이 어떻게 일어났습니까? 어떤 사람이 그렇게 했거나, 그 일이 일어나게 도왔습니까? 그의 이름으로 사원이 건립되고, 그 위에 1톤이 나가는 황금 돔이 있습니다. 뿌네에는 장글리 마하라지(Jangli Maharaj)라는 진인이 살았는데, 그것은 '정글 출신의 진인'이라는 뜻입니다.

이른바 탄생이란 생시 상태, 잠의 상태 그리고 지각성의 출현입니다. 이 세 가지 상태가 있는 한 갈증과 허기가 있고, 그것을 충족하기 위한 활동들이 진행될 것입니다.

과거에 많은 화현(신의 화신)들이 일어났습니다. 그러나 창조·유지·파괴를 누가 멈출 수 있겠습니까? 저는 제가 아는 것을 전혀 자부하지 않습니다. 제가 어떤 것에 대해 통제권이 있습니까? 브라마·비슈누·마헤쉬[시바]조차도 오래 지속되는 어떤 일을 하지 못했습니다. 제가 '화물력(Chemical Power)'이라고 부르는 것을 일러 지고의 의식 혹은 원초적 환幻(Moola-Maya)이라고 합니다. 행동이나 활동은 사뜨와·라자스·따마스 때문에 있고, 그것이 마음의 변상變相(mental modifications)을 가져옵니다. 그 활동들에 대한 주시하기가 일어나는 것은 **사뜨와**—곧 "내가 있다"는 소식 때문입니다. 모든 사건은 그 세 가지 성질(사뜨와·라자스·따마스)에 기인하며, 그 안에는 '여러분'도 '저'도 없습니다. 시간 한계들은 **마하뜨 따뜨와**(Mahat Tattwa), 곧 '큰 실재'에 의해 결정됩니다. **브라마·비슈누·마헤쉬**는 수백만 년 동안 존재합니다. 긴 시간이지만 무한하지는 않지요. 그것은 **큰 실재**의 **사뜨와** 성질이 이런 신들에게 얼마나 오래 지속되는지를 말해줍니다. 그 모든 신들의 전체 삶들―몇 십억 년―이 **원초적 환**幻의 한 순간에 해당되는데, 이는 그 모든 것이 거짓임을 의미합니다.

브라마·비슈누·마헤쉬의 수명은 서로 다릅니다. 저는 그 수명들을 시계라고 부릅니다. 즉, **브라마**라는 이름의 시계는 얼마나 오래 똑딱거렸느냐입니다. **비슈누**라는 이름의 시계는 열 배나 더 오래 똑딱거렸고, **마헤쉬**의 시계는 **비슈누**의 그것보다 열 배나 오래 똑딱거렸습니다. **원초적 환**幻이라는 이름의 시계가 단 한 번 똑딱거리면 그 셋 모두의 시간을 합친 것과 맞먹습니다. 그런 다음 그들 모두는 어떻게 되었습니까? 아무것도 없습니다. 모두 환幻이었기 때문입니다.

저는 지난 40년간 이야기를 해 왔습니다. 수많은 방문객들이 있었습니다. 지금 그들은 무엇을 하고 있습니까? 그들은 모두 자신의 가정사로 바쁩니다. 그것이 그들의 첫 번째 임무이고, 그들은 그것을 해야 합니다. 그것이 필름 안에 들어 있으니(정해진 운명이니) 그렇게 될 수밖에 없습니다.

제가 영적인 **지**知를 계속 설해야 합니까? 제가 이야기할 때 제 앞에 무엇이 있습니까? 다른 사람들도 이야기를 하지만, 그들 앞에 무엇이 있습니까? 그들은 누구의 정보를 주고 있습니까?

저의 존재성이 아무리 오래 간다 해도 언젠가 사라질 수밖에 없습니다. 이것이 다 무슨 소용 있습니까? 비존재의 상태에서 존재성이 나타났습니다. 만일 제가 그것을 알았다면 저의 존재성이 나타나도록 허용하지 않았겠지요. 저 자신을 그것과 떨어져 있게 했을 것입니다. 그러나 그것은 제가 알지 못하는 가운데 나타났습니다. 저는 그것이 왜 그렇고, 어떻게 그런지를 알아야 했습니다.

먼저, 저의 존재성이 출현한 데 대해 신에게 물어보아야겠다는 생각이 들었습니다. 그러나 저의 비존재 상태에서 신이 어디 있었습니까? 많은 신들이 저를 찾아와 도움을 주겠다고 했습니다. 그러나 저는 그들에게 말했습니다. 당신이 아무것도 주지 않아도 내가 이미 소유한 것만으로도 내게는 충분하다고 말입니다.

제 경우, 저의 존재 외에 일체가 저의 통제 아래 있는데, 저의 존재는 실은 하나의 비존재입니다. 저에게는 탄생도 죽음도 없습니다. 저는 어떤 행위에 의해 접촉되지 않습니다. 그것이 무엇을 의미합니까? 사람들이 이런 식으로 생각합니까? 도처에서 우리가 보는 것은 맹목적 추종뿐입니다. 이런 배경을 가지고 저는 하루에 네 번 **바잔**(계보 스승들에 대한 예공 의식)을 하고 있습니다.

7. 그대의 첫 생일에 그대는 없었다

1979년 12월 2일

마하라지: 그대는 자신의 속박을 언제 알게 되었습니까?
방문객: 이미 제가 속박 속에 있게 된 뒤입니다.
마: 그대가 그것이 될 때, 알게 됩니다. 추측은 아무 소용없습니다.

우리는 모두가 이야기하는 것을 듣습니다. 아이조차도 이야기를 합니다. 한동안은 모든 것이 올바르고 정돈되어 있습니다. 그러나 모든 이야기의 합계는 영(zero)입니다.

'나' 자신이 '나'에 대해 알아야 합니다. 내 존재성이 어떻게 비존재 상태에서 나타났는지를 말입니다. 많은 사람들이 여기 와서 그들의 **구루**에 대해 이야기합니다. 저는 그들에게 말합니다. "저도 압니다. 그대의 **구루**는 산만큼이나 위대합니다. 그는 그대가 그를 아는 것보다 더 위대합니다. 그를 떠나지 마십시오."라고 말입니다. 실제로는 아무것도 없습니다. 일체를 합계하면 영이 됩니다. 과거에 수많은 일들이 일어났습니다. 그러나 오늘날 무엇이 있습니까? 마치 아무 일도 일어나지 않은 것과 같습니다. 좋거나 나쁜 어떤 일도 일어난 적이 없습니다. 누구에게 어떤 일도 일어나지 않을 것입니다. 이 모든 것이 저에게는 매우 분명합니다. 그러니 왜 그들을 동요하게 만듭니까?

나를 모르는 어떤 사람이 내 정보를 (나에게) 줍니다. 그것이 어떻게 가능합니까?

방: (침묵.)

마: 그대는 판사입니다. 판결을 내리십시오. 저의 존재성이 출현하기 전에 저는 비존재 상태에 있었습니다. 그렇지 않다면 제가 그것을 막았겠지요. 제가 왜 이 청하지도 않은 존재성의 출현을 위해 아홉 달 동안 더러운 곳에―즉, 어머니의 자궁 속에 들어앉아 있어야 합니까? 얼마나 역겨운 곳입니까!

일어나는 모든 일을 제가 받아들여야 할 이유는 없었습니다. 저 화물이 아홉 달 동안 제 몸을 만들고 있었습니다. 저 악취 나는 곳에 있는 것을 여러분이라면 허용했겠습니까? 그런 일이 일어난다는 것을 사전에 알고 있어야만 그것을 멈출 수 있겠지요. 그런 일들은 비존재 상태에서만 일어날 수 있습니다.

건물 하나를 짓는 데 수백만 루피가 들었습니다. 완공하는 데 10년이 걸렸습니다. 오늘이 그 준공식입니다. 그와 마찬가지로, 여러분의 존재성이 출현하기 시작했을 때, 그 출발점은 무엇이었습니까?

점성가가 (아이의 미래에 대한) 예언을 하기 위해 분만 일시를 기록합니다. 진정한 탄생은 잉태 일시이지 분만 일시가 아닙니다. 기록하는 시간에 9~10개월의 오차가 있습니다. 그 예언이 어떻게 실현될 수 있겠습니까? 그러나 사람들은 그것을 믿습니다. 그들은 행성들의 위치가 갓난아이에게 영향을 미치게 되어 있다고 말합니다. 저는 우리가 둘레(Dhule-마하라슈트라 주 북부의 도시) 인근의 시르뿌르를 방문했을 때 한 노老점성가에게 이 오차를 지적한 적이 있습니다. 자신이 존재한다는 여러분의 믿음(graha)은 출발점이 무엇입니까?[마라티어 단어 '그라하(graha)'는 '행성'과 '믿음'이라는 두 가지 뜻이 있다.] 여러분의 미래에 영향을 주는 것은 행성들의 위치가 아닙니다. 점성학에 대한 그 믿음이 여러분에게 영향을 줍니다. 여러분은 자신의 **의식**이 (그런 것을) 믿게 만드는데, (사실은) **의식**이 **신** 그 자체입니다. **의식**이 믿는 것은 뭐든 일어납니다. 점성학을 믿는 것은 숨겨진 큰 힘을 잘못 쓰는 것입니다. 여러분은 점성학의 예언에 인정 도장을 찍고 스스로 문제를 자초합니다.

여러분이 믿지 않는 것은 여러분을 괴롭힐 수 없습니다. 임신한 힌두 여인들은 월식을 보지 않습니다. 그것이 태아에게 악영향을 미친다고 믿기 때문입니다. 같은 월식을 두고, 임신한 무슬림 여인들은 어떤 악영향도 없다고 봅니다. 월식의 악영향을 믿지 않습니다. 힌두 여성들이 겁을 내는 것은, 월식을 보고 기형아를 분만한 사례들이 있기 때문입니다.

우리가 있다, 우리가 존재한다는 믿음은 언제 시작되었습니까? 그것은 우리가 삶 속의 어떤 사건들을 기억하기 시작한 때부터입니다. 예컨대 학교에 들어가거나, 부모님이나 선생님에게 매를 맞거나, 처음으로 자전거를 타거나, 처음으로 생일잔치를 즐긴 때입니다. 그 전에도 그런 모든 사건이 일어나고 있었지만, 여러분의 존재성이 없는 가운데 일어났습니다. 이 첫째 날은 여러분이 약 세 살에서 다섯 살 사이였을 때입니다.

존재성이 출현하기 이전의 여러분의 상태는 여러분이 잉태되기 열흘 전과 같았습니다. 그래서 저는 여러분의 첫 번째, 두 번째, 그리고 아마도 세 번째 생일잔치 때는 여러분이 없었다고 말합니다. 태어난 것은 그 음식 물질이지 여러분이 아닙니다. 여러분이 온 것은(존재성이 출현한 것은) 그 몸이 태어난 뒤 3년에서 5년 사이였습니다.

그대는 자신이 지知를 부여받았다고, 그리고 자신이 브라만을 깨달았다고 느낍니다. 그러나 그대는 주안점을 등한시하고 있는데, 그것은 그대의 참된 정체성입니다. '이야기하고 있는 자'를 고려하지 않는다면 그대의 이야기는 아무 의미가 없습니다.

무지한 사람들이 라마와 크리슈나에 대해 이야기할 때는 봐줄 수 있습니다. 그들은 자신의 실체가 뭔지에 대해 들은 바가 없고, 무지가 이야기를 하고 있을 뿐입니다. 그러나 그대가 라마와 크리슈나에 대해 이야기할 때는 라마와 크리슈나가 이야기하고 있다는 것을 기억해야 합니다.

빠라마뜨마(Paramatma) 혹은 빠라브라만은 늘 존재하지만, 그것의 존재는 비존재와 같습니다. 바꾸어 말해 그것은 알 수 없는 상태에서 존재합니다. 그래서 만일 어떤 진인이 (사람들의) 눈에 띄지 않고 존재한다면, 그것은 완벽한 상태를 이룬 것입니다.

빠라브라만에서 나온 5대 원소, 세 가지 구나, 쁘라끄리띠와 뿌루샤가 있습니다. 그 안에 해와 달과 모든 별들이 포함됩니다. 제가 비존재 상태에 있었을 때는 이 모든 창조계가 일어나지 않고 있었습니다. 저의 존재성이 출현하면서 일체가 출현했습니다. 저의 비존재는 하나의 완전한 상태입니다. 그것은 존재성이 없는, 무無시간적이고 오염되지 않은 빠라브라만입니다. 그것은 진리이고, 늘 존재합니다. 모든 존재 가운데서 늘 존재하는 것이라고는 여러분이 단 한 가지도 지적할 수 없습니다.

8. 의식, 형상 없는 신

1979년 12월 3일

마하라지: 신이 여러분에게 백 년 이상의 장수를 베풀어 주시기를. 그 세월 동안 여러분의 정체성은 계속 변해갈 것이고, 어떤 정체성도 최후까지 여러분에게 붙어 있지 않을 것입니다. "나는 이랬어, 저랬어"라고 여러분은 말하겠지요. 결국 아주 늙은 사람으로서의 정체성도 사라질 것입니다. 만일 모든 정체성이 때에 따라 변했다면, 여러분이 성취한 것, "이것이 나다"라고 말할 수 있는 것이 무엇입니까? 여러분은 어떤 분명한 정체성을 가지고 자신의 소유물을 유지하고 즐기려 합니까?

여러분은 이 온 세상에서 변치 않는 것을 단 한 가지라도 지적할 수 있습니까? 이런 배경을 가지고, 진인은 모든 지知를 내다 버립니다. 그는 지知에서 벗어나 있습니다.

음식-몸 없이는 의식이 출현할 수 없습니다. 바꾸어 말해서, 존재성이 출현하려면 하나의 음식-몸 형상이 필수요건입니다. 시간이 가면서 수백만의 몸들이 나타납니다. 이 모든 몸들은 시간이 한정되어 있습니다. 그들의 시간이 끝나면 그 몸들은 다시 5대 원소에 합일됩니다. 의식이 출현하는 것은 **쁘라끄리띠**(*Prakriti*)[우주적 바탕]와 **뿌루샤**(*Purusha*)[우주적 정신] 사이의 상호적 끌림 때문입니다. 의식과 함께 세계 경험이 나타납니다. (쁘라끄리띠와 뿌루샤의) 그 상호적 사랑이 세계를 살아 있게 합니다.

방문객: 요기는 어떻게 삼매(*samadhi*)에 듭니까?

마: 요기는 여섯 차크라(*chakras*-바퀴 모양의 영적 중심), 즉 척추에 있는 물라다르(*Muladhar*) · 스와디스탄(*Swadhishthan*) · 마니뿌르(*Manipur*) · 아나하뜨(*Anahat*) · 비숫다(*Vishuddha*) · 아갸(*Adnya*)[혹은 아냐(*Ajna*)]를 닫고, 머리 속의 사하스라르(*Sahasrar*)라는 중심에 거주합니다. 자, 부디 저에게 말해

주십시오. 그대의 현재 형상을 야기한 것은 무엇입니까?

방: 저는 또 하나 질문이 있습니다. 죽은 뒤에는 우리가 어디로 갑니까?

마: 충격적인 소식을 들으면 사람이 의식을 잃습니다. 그 사람이 어디로 갔습니까? 그는 의식을 되찾기 때문에 그것을 죽음이라고 하지는 않습니다. 이른바 죽음에서는 의식이 다시 나타나지 않습니다. 의식은 어디도 가지 않습니다. 몸이 의식의 현현에 부적합해지는 것입니다.

방: 저희가 다른 사람들에게서 듣는 말은 사뭇 다릅니다.

마: 진인에게서는 말이 **무상지**無相地(*Nirvikalpa*)나 직접적 지각에서 나옵니다. 그것은 상상하거나 배운 지知가 아닙니다.

방: 당신께서는 다른 **구루**나 **마하트마**들에 대해 좀처럼 말씀하지 않으십니다.

마: 그대를 깨우기 위해 저는 그대를 그대의 기원으로 데려갑니다. 저는 아이 의식에 대해서 이야기하는데, 처음에는 그 속에 존재성이 잠복해 있습니다. 설익은 망고가 시간이 가면서 익듯이, 그 아이 의식에서 존재성이 나타납니다. 저는 아이 의식을 알았고, 그래서 그에 대해 이야기합니다. 제가 어떻게 남들을 비판할 수 있습니까? 제가 어떤 사람을 비판할 때는 그를 무엇으로 여겨야 합니까? 그의 겉모습대로, 즉 개인적 영혼으로 여겨야 합니까, 아니면 그의 **참된 성품**으로 여겨야 합니까? 그의 키·체중·피부색을 고려해야 합니까? 저는 누구도 비판할 수 없습니다. 판단에서의 무지만이 비판을 가져올 수 있습니다.

저는 거듭거듭, 몸의 형성은 모르는 사이에 일어나며, 지각성은 3년 내지 5년 뒤에 온다는 것을 말씀드리고 싶습니다. 그·그녀·그것 혹은 누구라는 것은 저 지각성입니다. 우리는 자신의 지각성을 알기 위해 외부의 도움을 얻지 않습니다. 전적으로 자기 자신에게 의지해야 합니다. 아이는 그 무엇도 될 수 있습니다. 가난할 수도 있고 부유할 수도 있고, 무지할 수도 있고 **진인**이 될 수도 있습니다. 그러나 일체를 일어날 수 있게 해 준 그 뿌리에 무엇이 있었습니까? 어떤 일이 일어나는 씨앗 또는 뿌리는 무엇입니까? 그 뿌리 또는 씨앗은 모두에게 동일합니다. 그것은 5대 원소로 이루어진 식물에서 나온 음식 즙에서 비롯됩니다. 우리의 의식은 그 섭취되고 소화된 음식 즙 안에 거주합니다.

음식 안에서 생명기운으로 인한 움직임이 시작되며, 그것은 의식 곧 존재의 느낌을 수반합니다. 생명기운의 언어가 마음입니다. 음식-몸만이 형상을 갖지만 그것은 누구의 정체성도 될 수 없습니다. 나머지 모든 것, 즉 생명기운·마음·의식은 형상이 없습니다. 거기에는 희다, 검다, 키가 크다, 작다가 없습니다. 의식을 마하뜨-따뜨와(Mahat-tattva)[큰 실재]·브라마수트라(Brahmasutra)·히라냐가르바(Hiranyagarbha)라고도 합니다.

우리가 존재한다는 느낌이 없다면 이스와라, 즉 하느님을 어떻게 인식할 수 있겠습니까? 내가 나 자신의 기원을 알았는데, 다른 존재의 기원을 찾을 필요가 있습니까? 저는 어떤 스승이나 성자나 진인도 결코 만나러 가지 않습니다. 누가 저에게 어떤 마하트마를 만나 보라고 하면 저는 그 사람에게 그의 스승이 정말 산과 같이 위대하다고 말해 줍니다.

내가 근원에 있을 때는 남들도 동일합니다. 모든 산 존재에게는 음식-몸이 있고, 생명기운과 더불어 존재의 느낌이 있습니다. 모든 산 존재의 탄생이란 생시 상태, 잠, 그리고 존재의 느낌이 출현하는 것입니다. 자신들의 기원에 대한 이 단순한 진리를 이해하거나 받아들이지 못하는 사람은 지知를 찾아서 여기저기 다닙니다. 그들은 자기 자신의 운명을 상상하고 그것을 설정합니다. 그리고 그에 따라 고통 받습니다.

여러분은 자신의 개념에 의해 속박되거나 교살됩니다. 자기 자신의 기원을 모르는 사람이 어떻게 남의 기원을 알 수 있겠습니까? 그러나 사람들은 구루가 되고, 누구도 추종자들을 거느릴 수 있습니다. 아무리 위대한 지知라 해도, 만일 그것이 자기 자신의 근원에 대한 지知를 포함하지 않고 있다면 모든 지知가 다 쓸모없습니다.

어떤 **스승**의 위대함을 추종자 수를 헤아려 판단할 수 있다고 하면, 방대한 지식을 가진 사람도 마찬가지로 위대해질 수 있겠지요.

가장 대단한 것은 여러분의 **의식**이며, 그것이 없으면 여러분이 이 대단한 세계를 발견할 수도 없다는 것을 늘 기억하십시오. 지각성이 없다면 여러분이 무엇을 알 수 있습니까? 지각성이 없다면, 여러분에게 어떤 고통이나 즐거움이 있습니까?

아이는 무슨 말이나 할 수 있습니다. 그러나 그 나이 때에는 모든 것이 완벽한 상태에 있습니다. 우리가 무엇을 평가할 때는 시대와 나이를 고려해야 합니다. 어떤 **진인**이 하는 말도, 그의 신체적 성품을 알고 나면 그것은 완전한 상태에 있습니다. 여기서 여러분은 **진인**이 이제 자신은 몸이 아니라는 것을 알고 있다는 것을 유념해야 합니다. 그래서 그가 하는 말이 **진리**인 것입니다.

여러분은 역사 속에서 여러 사람이 했던 많은 말들을 읽습니다. 그 말이 나온 시대에 주목해야 합니다. 그 당시에는 맞는 말이었습니다. 시간의 효과로 말하면, 그런 말을 한 당시에는 그것이 가져올 결과와 고통에 대한 고려가 없었다는 것입니다. 시간이 그 사건들이 일어날 동기를 제공합니다. 지금 제가 바닥에 앉아 있다가 일어나기 위해서는 두 손의 도움을 받아야 합니다. 이것이 바로 시간이 경과한 효과입니다. 변화들은 지나가는 국면에 따라서 일어납니다. 젊은이는 코끼리와도 싸울 수 있습니다. 그 또한 하나의 지나가는 국면입니다. 그 젊은이도 나중에는 그럴 수 없겠지요. 이런 국면들은 어디서 결정됩니까? 이른바 탄생 때, 아스트랄체(astral body-미세신) 안에서 필요한 변화가 일어납니다.

미래의 모든 사건은 세계에 의해 결정되는 것이 아니라, 아스트랄체 안에서 결정됩니다. (그 안에서) 미래의 모든 사건들이 필름에 찍힌 후, 지나가는 국면들에 따라 펼쳐질 준비가 됩니다.

여든세 살이 되니 저도 찻잔을 두 손으로 받쳐야 합니다. 저에게 무슨 문제가 있습니까? 83년 전에 나타난 그 아이에게 노화가 일어날 만큼 일어난 것입니다. 저는 그것을 "하르 하르 마하데오(Har Har Mahadeo)", 즉 "다 끝나가고 있다"고 말합니다.[2] 의사가 하는 일이 무엇입니까? 환자 몸 안의 **의식**을 붙들어 두려고 하는 것—그것이 사라지지 않게 하려는 것입니다. 어떤 이유로든 영양이 **의식**에 도달하지 못하면 그것은 몸 안에 머무를 수 없습니다. 의식은 음식 기운의 성질이기 때문에, 음식을 제대로 공급하는 것이 필수입니다.

사물을 보려면 빛이 필요합니다. 이 빛은 여러분의 몸 안에서, 즉 위장 안에서 태워지는 음식에 의해 공급됩니다. **의식**은 빛나고 신적인 것인데, 그것을 **바그완**(Bhagwan-신) 혹은 **바수데오**(Vasudeo-신)라고 합니다. 소화된 음식이 여러분의 존재성을 지탱합니다. **지고의 의식**, 혹은 **큰 실재**가 여러분의 음식 물질 안에 거주합니다. "내가 있다"는 여러분의 기억이 손상되지 않게 유지하는 데는 음식이 필요합니다.

제가 마치 없는 것처럼 존재한 때가 있었습니다. 생존을 위한 어떤 투쟁도 없었습니다. 그 상태에서 시간이 한정된 현재의 상태가 나타났는데, 그것은 (음식에 의한) 유지를 필요로 합니다. 저는 문제가 없는 상태에서 문제가 있는 상태로의 이행의 비밀을 압니다.

저의 존재성이 존재하지 않던 때가 있었습니다. 그러다가 그 존재성의 출현을 알게 되었습니다. 저는 그것의 목격자(주시자)입니다. 그 모름의 상태에서 현재의 앎의 상태로의 이행, 그 자체가 하나의 기적입니다. 이 이행이 어떻게 일어났는가? 그것이 제가 본 것의 전부입니다.[3] 이 이행은 모든 산 형상에 해당됩니다. 그러나 인간 형상을 한 이들 중에서도

---

2) *T.* 영역자에 따르면 Har Har Mahadeo는 Hari 혹은 Mahadeva로도 불리는 시바를 염하는 말이다. 전쟁에 나간 인도인들이 목숨 걸고 전투에 임할 때 이와 같이 '시바'를 불렀던 데서 유래한 말로, 어떤 일이 끝나갈 때 관용적으로 쓰는 표현의 하나이다.
3) *T.* 비존재에서 존재로, 모름에서 앎—실은 무지이지만—으로의 이행 과정을 마하라지가 보았다는 것은, **붓다**가 12연기의 근본 무명에서 행·식의 출현을 통찰한 것과 유사하다.

그것이 어떻게 일어났는지 그 비밀을 아는 자는 드뭅니다.

9. 그대의 영원한 상태를 알라

1979년 12월 4일

마하라지: 우리의 존재는 음식 물질이 존재성을 유지시키는 동안만 있는데, 아이 의식이 그 물질로 인해 나타났습니다. 그 물질이 고갈되면 우리의 의식은 사라집니다. 그대는 『아이 앰 댓』을 읽어 보았습니까?

방문객: 예.

마: 진아지를 얻고 나면 존재성을 유지하기가 어렵습니다. 생기가 갑자기 몸을 떠납니다. 스리 크리슈나의 경우, 그는 진아를 완전히 알았음에도 존재성을 지속했지요.

방: 바그완 크리슈나는 깨달음의 최고 경지를 성취했다고 합니다.

마: 그는 모든 면에서 완전합니다. 그는 큰 것이든 작은 것이든 무엇과도 쉽게 섞일 수 있었습니다. 그에게는 어떤 포즈나 자세도 없었습니다. 그는 '**본연상태**(*Sahaja-awastha*)'라고 하는 가장 자연스러운 상태에 있었습니다.

방: 삶은 하나의 순환이라고 합니다. 시작한 데로 돌아간다는 것입니다.

마: 아기는 아무 기억이 없습니다. 누구도 기억하지 못합니다. 아주 늙은 사람은 모든 지식과 기억을 상실합니다. 거의 어린애 같지요. 아이 원리가 존재하는 동안은 그 노인이 살아 있습니다. 그것이 더 이상 존재하지 않으면 주위 사람들이 그 사람을 죽었다고 선언합니다. 그러나 진인은 그것을 '해방'이라고 부르지 죽음이라고 하지 않습니다.

방: 늘 우리의 **의식**을 강조하시는데, 왜입니까?

마: 그대는 백과사전에 든 모든 지식을 가지고 있을지 모르지만, 그대의 최초의 앎은 무엇입니까?

방: 먼저 "내가 있다"는 것을 압니다. 그것이 저의 첫 번째 앎입니다.

마: 만일 그 첫 번째 앎이 없다면, 그대의 나머지 지식이 아무리 위대하다 한들 그것이 모두 무슨 소용 있습니까?

방: 모두 소용 없습니다.

마: 그래서 '그대가 있다'는 앎, 곧 그대의 **의식**에 대한 앎이 중요합니다. 그 앎이 사라진다면 그대가 무엇을 즐길 수 있습니까? 그대는 부자일 수도 있지만, **의식**이 없다면 그 모든 부富가 무슨 소용 있습니까? 그렇다면 무엇이 위대합니까? 부富입니까, **의식**입니까?

방: 저희가 당신에게서 듣는 말씀을 명심하면 그것으로 족합니까?

마: 아니지요. 그것이 말의 수준에 머물러서는 안 됩니다. 소들이 어떻게 풀에서 영양분을 얻는지를 예로 들어 봅시다. 그들은 풀을 먹고, 그것을 씹고, 그런 다음 되새김질을 합니다. 여러분도 듣는 것을 그런 방식으로 소화해야 합니다. 그것을 자기 것으로 만들어야 합니다. 그러고 나면 그것을 기억할 필요가 없겠지요.

방: 제자와 그의 스승 간의 차이는 무엇입니까?

마: 전자는 **아뜨마**이고 후자는 **빠라마뜨마**입니다. 전자는 지知를 가지고 있고 후자는 지知를 초월합니다. 수천만의 역동적 **브라만**들이 **참스승** 안에서 유희합니다.

방: 제가 깊은 잠에서 깨어나면, 먼저 "내가 있다"를 알고 나서 세계를 인식합니다.

마: 그대의 세계는 그대의 **의식** 속에 있습니다. 마치 햇빛이 해 안에 있듯이 말입니다. **의식**이 있을 때는 5대 원소, 세 가지 **구나**, **쁘라끄리띠**와 **뿌루샤**가 있습니다.

방: 만일 제가 워낙 커서 이 큰 의식을 가지고 있다면, 저에게 **진아 깨달음**이 쉽게 와야 합니다.

마: 어떻게 **진아 깨달음**이 그대가 가진 개념의 결과일 수 있습니까?

방: 신은 위대하다고 합니다.

마: 신과 **원초적 환**幻이 위대할지 모르나, 그대의 존재성이 없다면 누가 그 위대함을 인식하겠습니까? 그대의 의식의 위대함을 늘 의식하고 있어야 합니다. 그대는 결코 그 몸이 아닙니다. 그것도 매우 중요합니다.

방: 진리 혹은 절대자는 지知로 충만해 있어야 합니다.

마: 오히려 그것은 지知의 기미를 털끝만큼의 가지고 있지 않습니다. 이 것은 들은 말이 아니라, 저 자신의 영원한 체험입니다. '체험'이라는 말을 쓰는 것은 그대의 이해를 위해서일 뿐입니다. **실재** 안에는 그 말이 있을 자리가 없습니다.

　이 신체적 경험은 저에게 성가신 것입니다. 그것은 길바닥에 놓인 아기를 데려가서 수고롭게 키우는 것과 같습니다. 아기를 데려가는 사람이 그런 데 신경 쓰지 않았듯이, 저는 세계와 세계 경험에 신경 쓰지 않습니다. 그 아기를 키우라는 어떤 강요도 없었지만 연민에 따라 그 일이 일어났습니다. 그대라면 피할 수 있겠습니까?

방: 아니요.

마: 요기와 고행자들은 **진리**를 추구합니다. **영원자**만이 진리라고 불릴 수 있습니다. 그렇지 않습니까?

방: 그렇습니다.

마: 진리와의 연결이 저에게는 아주 평상적입니다. 저의 현재의 존재성은 아픈 뾰루지와 같습니다. 아득한 태곳적부터 저는 **영원자**와 **진리**를 알고 있습니다―그것이 무엇이든 간에 말입니다. (실재는 오직 하나이므로) 누구도 그것의 목격자가 될 수 없습니다.

방: 세상 속의 시기·증오·다툼에 대한 당신의 반응은 어떤 것입니까?

마: 저는 사람들이 남들을 괴롭히고 그들에게 고통을 가하는 것을 싫어합니다. 그러나 사람들은 그들의 잘못된 습쩗을 포기하지 못합니다.

저는 저의 존재성에게 묻습니다. "너는 없었고, 짧은 기간이 지난 뒤에는 사라지게 되어 있다. 너는 무엇을 원하는가? 무엇이 너를 만족시키겠는가? 너는 왜 그렇게 많이 애쓰고 있나?" 여러분의 존재성이 더 이상 존재하지 않게 될 것인데 감각대상들이 무슨 소용 있습니까?

방: 그것은 저희의 존재성에 대한 저희의 경험이기도 합니다.

마: 여러분이 무엇을 보고 무엇을 하든 여러분은 즉시 그것을 아는데, 이른바 탄생 이전에는 그것이 없었습니다.

누구나 직간접적으로든 자신이 속한 종교에 따라서 입문전수入門傳授를 받아 왔습니다. 입문전수를 받는 그 원리(입문자의 존재성, 곧 의식)를 아는 것이 중요하지 않습니까? 그 원리의 본질이 무엇인지를 아는 것이 필요하지 않습니까? 저의 질문에 대해 누가 저에게 답을 주겠습니까?

방: 그런 많은 질문이 저희를 따라다니지만, 지속성 있는 어떤 해법도 없습니다.

마: 모든 산 존재들은 항상 분투하고 있지요. **영원자**와 비교할 때 모든 존재는 일시적입니다. 그것은 아무 실체가 없는 하나의 겉모습일 뿐입니다. 인간의 삶은 침대에 누워 있는 게으른 사람의 백일몽과 같습니다. 인간이 원하는 것은 모두 어떤 비非개체(실재하지 않는 개체)의 욕망들입니다. **영원자**와 비교할 때 어떤 형상의 일시적인 존재도 실은 비존재입니다. 그렇다면 왜 그 모든 수고를 합니까?

현재 내가 존재하기를 원합니다. 있기를 원합니다. 그러나 어떻게 있어야 압니까? 어떻게 보여야 합니까? 어떤 것이 내 성품이어야 합니까? 어떤 형상으로 내가 존재해야 합니까? 인간의 사고는 감정과 전통에 의해 인도됩니다. 그것이 모든 인간 형상의 기원이자 내용이기도 하지요.

방: 최근에 저는 진인 냐네스와르가 짓고 P.Y. 데쉬판데의 주석이 있는

『불멸의 체험(Amrutanubhav)』이라는 책을 읽기 시작했습니다.

마: 데쉬판데 씨에게 "당신이 이런 일을 했다니 대단하다"고 말해 주어야겠군요. 누가 먼저입니까, 경험입니까 아니면 경험자입니까?

방: 물론 경험자가 먼저입니다.

마: 그 경험자의 성품은 무엇입니까? 그리고 불멸에 대한 그의 체험은 어떤 것입니까? 그대의 견해는 무엇입니까?

방: 뭐라고 말씀 못 드리겠습니다. 이제 겨우 몇 쪽 읽었을 뿐입니다.

마: 행동하는 자는 누구입니까? 세 가지 구나인 **사뜨와·라자스·따마스**가 모든 활동을 합니다. 행동하기 위해 그 성질들을 이용하는 것은 누구입니까? **사뜨와**는 5대 원소의 성질인데, 그 원소들 중 첫 번째는 허공입니다. 그 원소들 간의 상호작용 또는 갈등이 결국 지구 표면 위로 내려앉습니다. 그런 다음 다양한 형상을 가진 식물들이 창조됩니다. 거기서 또 다른 산 존재들이 창조됩니다. 이들 가운데 가장 훌륭한 것이 인간의 형상입니다.

영원한 것은 **진리**뿐입니다. 그것에게는 가고 옴이 없고, 나타남과 사라짐이 없습니다. 실재는 오직 하나이므로 그것에 대한 어떤 목격자도 있을 수 없습니다. 진행 중인 것은 세계라고 하는 찰나적인 것입니다. **영원자**에 비해 세간적 존재는 일시적입니다—마치 없는 것처럼.

한 생명의 존속기간 중 모든 경험들은 그 기간에 한정됩니다. 한 생에서 다른 생으로 이어지는 경험들의 연속성이란 없습니다.

영원자는 털끝만큼도 **원초적 환**幻의 접촉을 받지 않습니다. **영원자** 안에는 존재의 느낌, 곧 **의식**이 없습니다. 자신이 축복 받았다고 느끼는 사람은 깨닫지 못합니다. 덕이나 공덕의 관념이 있는 한, **진아 깨달음**을 얻을 가망이 없습니다.

여러분의 현재 상태는 참되지 않습니다. 왜냐하면 그것은 변하고 있고 영원하지 않기 때문입니다. 여러분의 **영원한 상태**를 알아야 합니다.

'내가 아닌 것'이 무엇이었든 저는 그것을 다 내버렸습니다. 저의 소위 존재를 다 처분한 뒤에는 저의 비존재도 처분했습니다. 저는 **영원자**인데, 그것은 이것이나 저것으로 묘사할 수 없습니다.

저의 소견은 스와미 람다스가 그의 책 『다스보드(*Dasbodh*)』에서 이렇게 말하는 것과 부합합니다. "나타난 것이 무엇이었든 그것은 다 사라졌다. 없었던 것이 무엇이었든 그것은 존재하지 않았다. 위 두 가지에서 남은 것이 무엇이었든, 그것은 남았으나 모든 묘사를 넘어서 있다."

이 전 세계 안에서 자신의 참된 **존재**에 대한 목격자를 발견하지 못하는 사람은 희유한 사람입니다. 신의 헌신자는 **신**에 의해 보호받는데, 신은 헌신자들의 목격자입니다. 그러나 **진인**은 자신의 참된 **존재**에 대한 목격자를 발견하지 못합니다. 진인 자신 외에는 어떤 목격자도 발견하지 못합니다.

만일 어떤 방문객이 자기 입장을 주장하면, 저는 그에게 그것을 고수하라고 합니다. 저에게 조건이 하나 있다면, 그가 자신의 입장에 충분히 만족해야 한다는 것입니다. 마음에서 어떤 동요도 일어나면 안 됩니다.

우리의 모든 문제와 그 해법을 찾으려는 우리의 노력은 존재성의 출현에 기인합니다. 깊은 잠 속에서나 **진아 깨달음**을 얻은 뒤에 존재성이 사라지면 그 문제들이 끝납니다.

여러분이 무지할 때는 남들을 해치는 것을 피함으로써 어려움을 최소화할 수 있습니다.

저 **이스와라**는 일자─者(the One-실재) 안에서 죽었습니다. 그런 다음 어떻게 되었습니까? 여기서(마하라지는 손으로 당신 자신을 가리킨다) 일어난 것과 같은 일이 일어났습니다.

제가 하는 말은 이해하기 어렵고, 받아들이기는 한층 더 어렵습니다.

10. 그대의 의식은 하나의 속임수다

1979년 12월 5일

마하라지: 이 세상에서 우리는 사람들의 슬픔을 편의의 문제(자기 편할 대로 선택하는 일)로 간주합니다.

방문객: 그것은 왜 그렇습니까?

마: 남편은 아내가 죽은 것을 보면 고통스러워합니다. 남편이 죽을 때 그 아내를 지켜보면, 마치 곧 남편을 따라갈 것같이 보입니다. 그러나 그녀가 재혼했다는 이야기를 듣고 우리는 충격을 받습니다.

방: 그 이유가 무엇입니까?

마: 여러분은 자신이 무엇인지를 모릅니다. 여러분이 자신이라고 생각하는 것은 여러분의 허락도 없이 모르는 사이에 계속 변해갑니다. 그러니 여러분의 감정과 약속들이 어떻게 변치 않고 머무를 수 있겠습니까?

방: 그건 맞습니다.

마: 그대 자신의 경우, 즉 그대 자신의 과거를 생각해 보십시오. 그대의 현재 상태와 비교해서, 과거에 그대였던 것과 그대의 생각이었던 것을 보면 놀라게 될 것입니다. 그대 자신의 정체성이 시시각각 변하고 있습니다. 겁 없던 젊은이에서, 자리보전하는 늙은이가 되어 임종을 앞두고는 숟가락으로 음식을 떠먹여 주어야 합니다.

그대가 자기라고 생각하는 그 존재에게 무슨 정직성, 무슨 일관성이 있습니까? 그대가 통제하고 있는 그대의 정체성이란 과연 무엇입니까?

방: 저는 요가에 관심이 있습니다.

마: 요가가 무엇입니까? 그것은 그대의 이상理想과 그대의 결합입니다. 그대가 무엇을 얻으려고 노력할 때는, 그것을 얻을 때 그대의 정체성이 무엇이 될지를 생각해 봐야 합니다. 어떤 것을 얻기 위해 오랜 시간이

걸린다면, 그때는 그대가 아무래도 지금의 그대와 같지 않겠지요.

불확실성 때문에 어떤 것을 얻으려고 애쓴다는 것이 무의미해집니다.

만일 그대가 외계의 공간으로 들어간다면, 그리고 어떤 기술적 문제 때문에 지구로 돌아올 수 없다면, 음식 공급이 바닥나게 되어 있습니다. 그럴 때 그대의 존재성은 어떻게 되겠습니까? '그대가 있다'는 그대의 확신, 그것은 어떻게 되겠습니까?

그대의 자기확신은 세계에 의존하고 있습니까, 아니면 그대가 섭취하는 음식 즙에 의존하고 있습니까? 그대의 존재가 그토록 의존적이라면, 무엇을 하려고 애쓰는 것이 무슨 소용 있습니까? 그대의 존재의 증거는 음식 물질에 있습니다. 우리의 존재성은 너무나 의존적이어서 마치 아무 가치가 없는 것과 같습니다.

어떤 사람이 **이스와라**의 환영幻影을 본다고 해도 대단하다고 느낄 필요가 없습니다. 그 환영은 그를 음식 물질에서 독립시켜 주지 않습니다. 음식 즙이 고갈되면 그 존재성은 간다는 말도 없이 떠나 버립니다.

다양한 산스크리트어 단어들이 **진리**를 아는 자들의 영향 하에서 나온 듯합니다. 첫 번째 구나인 **사뜨와**(Sattva)라는 단어를 봅시다. 음식의 정수를 **사뜨와**라고 합니다. 이 단어는 **사뜨**(Sat)와 뜨와(tva)로 나눕니다. 사뜨는 '존재', 뜨와는 '그대'를 뜻합니다. 따라서 **사뜨와**는 '그대'인 존재를 의미합니다. 음식 기운의 성질은 '그대가 있다'는 앎입니다. 그것이 영원한 그대인데, (음식-몸이 출현하면) 그것은 자신이 존재한다는 것을 알게 됩니다. 음식-몸이 없으면 **영원자**는 자신이 존재한다는 것을 모릅니다.

그것은 그대에게 단순한 앎이 아니라 그대 자신이 경험하는 것입니다. 그대의 몸 때문에 그대, 곧 **영원자**는 '그대가 있다'는 것을 압니다. 몸이 없을 때는 그것을 몰랐습니다.

영원자는 자신을 유지하기 위해 음식을 필요로 하지 않습니다. 그러나 **영원자**의 표현인 **의식**은 자신을 유지하기 위해 음식 기운—**사뜨와**—을 필요로 합니다. 의식의 근원을 아는 자는 **영원자**를 깨달으며, **영원자**를 자신의 **영원한 상태**로 깨닫습니다.

방: 존재성이 몸을 떠날 때, 그것을 죽음이라고 부를 수 있습니까?

마: 죽음은 잘못된 단어입니다. 우리는 그것을 해방이라고 부를 수 있습니다. 뜨거운 물이 식을 때 우리는 그것을 죽음이라고 부르지 않습니다. 더 이상 존재성이 없을 때 몸이 식는 것도 그와 비슷합니다. 사람들은 제가 **진인**(*Jnani*)이라고 말합니다. 제가 무엇을 압니까? 저는 '그대가 있다'는 앎, 곧 그대의 **의식**이 하나의 완전한 속임수라는 것을 알 뿐입니다. 그대의 존재성은 용서할 수 없는 것인데도 그대는 그것을 사랑합니다. 이 역설이 속임수입니다. 자리보전 하면서 숨이 넘어가려는 사람조차도 더 살고 싶어 합니다. 기억을 포함해 일체를 잃어 버렸는데도 말입니다. 가까운 가족들도 반복해서 자신을 그에게 소개해야 합니다.

　그대는 큰 공덕을 얻었을지 모르지만, 그것을 가져갈 그대의 궁극적 형상은 무엇이 될까요? 그 물방울이 바다에 합일되면 그것은 자신이 얻은 것과 증명서들을 어디다 간직할 수 있습니까? '그대가 있다'는 앎과 그대가 평생 동안 수집한 앎 사이의 관계는 무엇입니까? '그대가 있다'는 앎 자체가 모름이 되는데 그 축적한 앎이 어디 있습니까? 그대의 존재 자체가 그대의 통제를 벗어난다면, (다른) 어떤 것에 대해 그대가 무슨 통제권을 갖습니까? 우리의 존재성이 마치 결코 존재하지 않은 듯이 사라지는데, 이야기할 무엇이 뒤에 남습니까?

　세상은 역설들로 가득 차 있습니다.

　(침묵.)

마: **아난다**(*Ananda*)[지복]라는 단어가 사다난다(*Sadananda*), 이 아난다, 저 아난다처럼 아무렇게나 사용됩니다. 그러나 **아난다**는 **니르구나**(*Nirguna*)[무성질]인 **절대자** 안에서 설 자리가 없는 성질이라는 것을 기억하십시오. **지복**은 **의식**이 있는 동안만 어떤 자리가 있지, 그 너머에서는 아닙니다.

대다수 사람들은 물질적 이득을 얻으려고 신을 숭배합니다. 그들은 진아지를 필요로 하지 않고, 신은 그들이 원하는 것, 즉 세간적 소유물과 행복을 그들에게 안겨줍니다. 진아지를 찾는 고객은 좀처럼 발견하기 어렵습니다.

의식이 있는 한에서 우리가 죄와 공덕에 대해 생각할 수 있습니다. 의식은 시간이 한정되어 있습니다. 의식이 없을 때, 죄로 인해 고통 받거나 공덕으로 인해 즐거움을 누릴 누가 있습니까?

'그대가 있다'는 것을 알 때, 그대는 그 앎을 가지고 세간적 지식을 계속 축적합니다. '그대가 있다'는 것을 모를 때는 축적할 누가 있습니까?

그대는 자신이 이렇다 저렇다고 생각하지만, 그대가 늘 그런 식으로 생각하면서 존재할 거라고 장담할 수 있습니까?

우리의 모든 행위와 경험들은 시간이 한정되어 있습니다. 지금 진행되고 있는 이 대화를 포함하여, 그 무엇도 우리와 지속적으로 어울려 주지 않습니다.

방: 우리는 아무것도 가져가지 못합니다.

마: 그 무엇도 우리에게 영구히 머무르지 않습니다. 기쁨과 지복에 대해 이야기하는 것, 그것도 하나의 성질인데, 어떤 성질도 우리에게 영구히 머무를 수 없습니다. '우리가 있다'는 것을 우리가 아는 동안은 이런 성질들이 머물러 있지요.

이런 대화들은 무지를 청소하고 맑혀서 **절대자**가 열리도록 하기 위한 빗자루와 같습니다. 대개 사람들은 숭배에 대한 보상을 바라고 **신**을 숭배합니다. **진아지**에는 관심이 없습니다. 사람들이 **바잔**을 부르거나 명상을 하는 것은 그들이 원하는 것을 얻기 위해서입니다. 참된 구도자는 그런 헌신을 싫어하는데, 그런 사람은 드뭅니다. 우리의 존재의 느낌은 신적입니다. 영적인 공부(spirituality)의 궁극적 목적은 **진아**를 알고 진정으로 평화로워지는 것입니다. 구도자들은 영적인 능력(싯디)을 얻으면 거기에 말려드는 경우가 많습니다. 그들은 자신이 궁극을 성취했고, 그걸로 자신의 영적인 공부는 끝났다고 생각합니다.

방: 어떤 외부의 대상에 대해 명상하지 않고 내면의 **진아**에 대해 명상하는 것, 이것도 일종의 숭배입니까?

마: 그것이 **진아**에 접근하는 통상적 전통입니다. 그들이 그렇게 하도록 만드는 것은 그들의 믿음이지요.

궁극의 목적지는 모든 구도자에게 동일합니다. 그러나 어떤 행법들은 달구지를 끌지 않고 미는 것처럼 어렵습니다.

우리는 어떤 행법도 주창하지 않습니다. 『바가바드 기타』를 올바르게 읽는 사람은 그 안에 있는 그 자신의 정보를 읽는 것이지, **크리슈나**의 정보를 읽는 것이 아닙니다. 자기 자신을 불멸의 존재로, **영원자**로 보는 것입니다. 자신을 몸으로 여기는 사람은 해탈열망자(*mumukshu*)로 남지, 구도자가 될 자격은 없습니다.

아뜨마(*Atma*)는 그냥 하나의 단어가 아니라 우리의 실제 면목입니다. (그것을 깨달으면) 우리가 자신의 개인성을 잃고 **진아**로 남습니다.

우리의 존재의 느낌 그 자체가 역동적 **브라만**, 곧 **마야**(*Maya*)입니다. 존재의 느낌이 없는 그대의 존재가 **빠라마뜨만**(*Paramatman*), 곧 **절대자**입니다. 우리가 '우리가 있다'는 것을 알 때 온갖 문제를 가진 세계가 그에 수반됩니다. '그대가 있다'를 모르는 것이 그대에게 안식과 평안을 안겨줍니다. 그대의 주의는 불완전합니다. 주의를 넘어서 있는 것은 원만하고 완전합니다.

방: 우리는 어떤 기대도 없이 행위해야 합니다.

마: 세계는 활동으로 가득합니다. 역동적 **의식**(*Chaitanya*)은 투쟁과 갈등으로 가득 차 있습니다. "내가 있다"가 사라지면 모든 문제가 끝납니다.

방: 영적인 공부에서는 무엇이 궁극입니까?

마: 모든 소위 지知(*jnana*)는 **초월지**(*Vijnana*), 곧 지知를 넘어서 있는 것임

이 드러났습니다. 지知가 곧 비지非知임이 드러났습니다. **빠라브라만**은 무욕이라고 합니다. 그것은 **절대자**가 그 자신에게는 아무 쓸모가 없다는 의미입니다. 남들에게는 그것이 도움이 될지 모르지만.

11. 마야는 자기사랑이다

1979년 12월 6일

마하라지: 자기사랑이 출현하면서 공간이 나타나고 세계가 시작됩니다.

방문객: 그와 함께 몸도 출현하고, 우리는 쾌락을 위해 사물들을 얻으려고 하는 경향이 있습니다.

마: 그것은 아둔하고 어리석은 자의 초기 단계입니다.

방: 우리는 사랑을 계발합니다.

마: 모든 중생은 사랑 혹은 사랑으로 가장된 것에서 태어납니다. 참을 수 없는 괴로움에도 불구하고 존재애가 있습니다. 이 **자기사랑**이 무엇인지를 아는 사람은 해탈하고, 그의 **자기사랑**은 사라집니다.

방: 마야는 사랑과 어떻게 관계됩니까?

마: 마야가 자기사랑입니다. 우리가 '우리가 있다'를 모를 때, 그 상태는 완전한 질서 속에 있습니다. 우리가 '우리가 있다'를 알 때, 그것은 한 개인의 문제가 아니라 하나의 세계적 곤경입니다.

방: 그 때문에 어떤 사람들은 감각적 즐거움이나 욕구 충족을 모두 포기합니다.

마: 스리 크리슈나의 삶에서는 우리가 그것을 발견하지 못합니다. 진인은 집착이 없고, 그래서 세간적 관심사와 문제들에 영향을 받지 않습니다.

방: 다른 사람들은 세간의 대상들에 이끌립니다.

마: 우리의 몸-정체성과 에고가 그 원인입니다. 무지한 사람들은 몸을 의식하지만 순수한 브라만은 그것을 의식하지 않습니다. 아기조차도 자기에게 몸이 있다는 것을 모릅니다.

방: 평안과 고요로 이끌어주는 것은 무엇입니까?

마: 제가 몸이 좋지 않군요. 여기서 그칩시다.

12. "내가 있다"의 근원을 알아내라

1979년 12월 7일

방문객: 무지의 원인은 무엇입니까?

마하라지: '그대가 있다'는 앎이 신뢰할 만한 유일한 앎입니다. 그러나 인간은 모든 출처에서 지식을 수집하고 그 짐을 자기 머리에 이고 다니는 습관이 있습니다. 그는 탄생과 환생에 대한 이야기를 듣습니다. 탄생은 자신이 경험한 것이 아닌데도 그것을 참되다고 여깁니다. 인간의 지식은 개념과 상상으로 가득 차 있습니다.

방: 업業(karma)의 법칙은 어떻습니까? 우리가 금생에 하는 일과 내생에 겪어야 하는 과보 말입니다.

마: 그대가 자신을 몸으로 여기기 때문에 업業의 법칙이 그대에게 영향을 줍니다. 그대는 심지어 거기서 이익을 얻으려고 합니다. 그대 자신이 진아임을 알면 그 법칙은 그대에게 영향을 주지 않을 것입니다.

방: 업의 법칙은 우리를 무섭게 합니다.

마: 우리가 존재한다는 느낌은 음식 기운의 성질이고, 우리는 그 음식

물질의 형상을 우리의 형상으로 여깁니다. 그대의 영원한 성품은 존재의 느낌이 없습니다.

생명기운이 몸을 떠나면 몸은 지각력이 없어집니다. 그것은 불길이 꺼지는 것과 같습니다. 불길이 어디로 갑니까? 몸이 떨어져 나갈 때는 어디로 감이 없습니다. 이른바 탄생에서는 어디서 옴이 없습니다. 진아는 도처에 있습니다. 어느 공간을 떠나서 어디로 가지 않습니다.

(침묵.)

마: 제가 이야기를 할 때는 한 개인에 대해 이야기하지 않습니다. 저는 의식의 성품에 대해서 이야기합니다. 창조·유지·해체의 순환은 방해받지 않고 진행됩니다. 어떤 **마하트마**도, **라마** 혹은 **크리슈나** 같은 어떤 화신도 그 순환을 멈출 수 없습니다. 저는 화신에 대해서 이야기합니다. 어떤 사람을 화신이라고 부르기 이전에 무엇이 있었습니까? 보통 사람에서 화신으로의 변화를 가져오는 것은 무엇입니까? 여러분은 몸이 출현하기 전에 여러분이 무엇이었는지, 그리고 존재하지 않던 "내가 있다"라는 앎이 어떻게 나타나기 시작했는지에 대해 결코 생각해 보지 않습니다.

여러분은 개념들 속에서 사는 데 워낙 습관이 되어 있어서 드라마와 영화를 보면서 즐깁니다. 아무 내용이 없는 누군가의 상상 속에 빠져 버립니다. 그런 식으로 여러분의 귀중한 시간을 보냅니다.

어떤 예언자가 좋아하던 개념들이 그의 추종자들에게는 하나의 종교가 됩니다. 누군가를 추종하지 말고, 호흡에 의존하고 있는 "내가 있다"는 그 확신이 어떻게 출현했는지를 알아내십시오. "내가 있다"의 근원으로 나아가지 않고 **이스와라**와 **브라만**에 대해 이야기하는 것은 아무 가치가 없습니다. 누구나 "내가 있다"가 없었다가 갑자기 출현했다는 것을 압니다. 이제 여러분은 '여러분이 있다'는 것을 압니다. 그 외에 여러분이 아는 것이 무엇입니까? 여러분이 주로 해야 할 일은 "내가 있다"의 근원을 알아내는 것입니다.

꿈 세계를 예로 들어 봅시다. 깊은 잠 속에서 존재의 느낌이 나타날 때, 하나의 새로운 몸과 함께 꿈 세계가 여러분에게 나타납니다.

(침묵.)

마: 이 꿈 세계는 여러분의 의식의 창조물 외에 아무것도 아니지 않습니까?

방: 그렇습니다.

마: 우리는 꿈을 꾸고 있을 때, 자신이 그 꿈 밖에 있고 침대에서 편안히 자고 있다는 것을 잊어버립니다. 실은 그 꿈을 지켜보는 일은 (꿈에 대한) 개입 없이 일어납니다. 꿈속에서도, 괴로워하는 꿈의 몸과의 동일시가 있습니다. 우리가 깨어날 때까지는 그 꿈 세계가 실재하는 것처럼 보입니다. 어떤 때는 우리가 꿈속에서 자신이 죽은 것을 보기도 합니다.

세계는 여러분의 의식 속에서 탄생합니다. 생시 상태의 의식이 이 생시의 세계를 일으키고, 꿈의 의식이 꿈 세계를 일으킵니다.

여러분의 의식이 없을 때는 아무것도 존재하지 않습니다. 그것은 우리의 의식 안에 일체가 들어 있다는 것을 의미합니다.

13. 탄생과 죽음은 하나의 신화이다

1979년 12월 8일

마하라지: 우리의 존재의 느낌은 5대 원소로 이루어진 음식 기운의 성질입니다. 음식-몸이 있을 뿐 어떤 개인도 없습니다. 현상계가 있고, 그 안에 일체가 들어 있습니다. 개인이 없는데 누가 태어나고 누가 죽습니까? 하나의 불길 같은 어떤 나타남과 사라짐이 있을 뿐입니다. 오고 감은 하

나의 신화(그릇된 통념)입니다. 음식 물질인 **사뜨와**가 **구나**, 곧 사뜨와·라자스·따마스라는 성질들에 힘을 부여하고, 그로 인해 활동이 일어납니다. 늙으면 음식-몸이 그 활동에 충분한 힘을 부여하지 못합니다. 체격과 지성의 쇠약을 포함해, 전반적인 쇠약이 나타납니다. 내가 5대 원소가 아니니, 나는 몸일 수 없습니다. 그래서 사뜨와·라자스·따마스의 세 가지 성질은 내 것이 아닙니다.

세 가지 성질 중에서 주된 것은 **사뜨와**입니다. 우리의 존재의 느낌이 그것의 성질입니다. **사뜨와**가 라자스와 따마스에게 빛과 힘을 줍니다.

어떤 것이 타면 빛이 나옵니다. 음식-몸이 타면 **의식**이라는 빛을 일으키는데, 그 안에서 여러분이 세계를 봅니다.

방문객: 아뜨마가 무엇입니까?

마: 그것은 단순히 하나의 말이 아닙니다. 아뜨마는 나뉘지 않은 그대를 의미합니다. 아뜨마, 즉 우리의 존재는 **사뜨와**인 음식 기운의 몸 없이는 느껴질 수 없습니다.

14. 그대의 존재는 빌려온 것이다

1979년 12월 9일

마하라지: 마음을 아는 자는 마음에 영향을 받지 않습니다. 우리가 마음과 관계되는 것은 몸과의 동일시로 인한 우리의 몸-정체성 때문입니다.

방문객: 보통은 우리의 마음이 우리를 통제합니다.

마: 타고 있는 향대를 예로 들어 봅시다. 내가 그 냄새를 맡습니다. 나는 그 향대도 아니고 그 냄새도 아닙니다. 마찬가지로, 내가 내 존재를

냄새 맡는 것은 음식-몸 때문입니다. 나는 몸도 아니고, 존재한다는 느낌[의식]도 아닙니다.

방: 아디 샹까라(Adi Shankara)는 왜 이른 나이에 대삼매大三昧[열반]에 들었습니까?

마: 저는 이 존재한다는 느낌의 지속이나 퇴거와 무관합니다.

숨쉬기는 지속적으로 일어나고 있습니다. 숨은 여러분과 무관하게 몸을 들고 납니다. 여러분이 그 숨이나 생명기운이 아니라면, (마찬가지로) 어떻게 여러분이 마음일 수 있습니까? 여러분은 자기 마음을 볼 수 있기 때문에, 여러분은 그것과 별개입니다.

몸은 5대 원소로 이루어집니다. 여러분이 그 원소들이 아닌데, 어떻게 그 몸일 수 있습니까? 여러분은 무지로 인해 몸의 죽음을 자신의 죽음으로 간주합니다. 그러나 여러분은 몸과 구분되고 몸을 떠나는 그것입니다. 여러분에게 죽음은 없습니다.

저는 이 몸과 그것의 존재에서 아무것도 기대하지 않고, 여러분에게서도 아무것도 기대하지 않습니다. 여러분이 저를 찾아오든 않든 상관이 없습니다.

여러분의 존재는 (5대 원소에서) 빌려온 것이고 시간이 한정되어 있습니다. 그것은 가게 되어 있습니다. 거기서 무엇을 기대할 수 있습니까?

방: 아디 샹까라는 왜 젊은 나이에 떠났습니까?

마: 그대가 그와 같아질 때, 그것을 알게 되겠지요.

방: 일전에 저에게 분노가 다가왔습니다. 제가 화를 냈다는 것은 아닙니다. 그와 같이 분노와 별개인 태도를 지니고 있을 때, 무책임한 행동이 있을 수 있습니까?

마: 그 분노는 마음과 관계됩니다. 그대가 마음입니까? 그대는 무엇입니까? 그 생각들의 흐름을 지켜보는 것은 누구입니까?

방: (침묵.)

마: 자신을 마음과 동일시할 일이 없습니다. 설사 그대가 의식과 자신을 동일시한다 해도 그 또한 사라질 것입니다.

방: 그러나 우리는 이 의식을 필요로 합니다.

마: 의식이 전혀 필요 없는데도, 그대는 자신의 의식 때문에 고통 받아야 합니다.

방: 우리의 모든 필요(욕구)는 의식 때문입니다. 의식이 없으면 필요도 없습니다.

마: 그대는 들은 말을 옮기고 있습니다. 말은 해탈자들을 묘사하지 못합니다.

방: 그러면 저는 무엇을 해야 합니까?

마: 그대가 하고 싶은 것은 하지 마십시오. 그러나 어느 하나도 멈춰지지 않습니다. 설사 그럴 필요가 없다 해도 말입니다. 아침에 그대가 깨어나는 것, 그것은 어디서 일어났습니까?

방: 어떤 사람이 자신은 **진아지**(Self-knowledge)를 가졌다고 확신한다면, 그에 대해 뭐라고 말씀하시겠습니까?

마: 그것은 무지 속에 있다는 확실한 표지標識입니다. 많은 사람이 그들의 **진아 깨달음**을 저에게 확인 받으려고 찾아오지만 그런 확인을 얻지 못합니다.

진아지를 나누어주는 곳이 많이 있습니다. 그러나 여기서 하는 방식은 여러분이 다른 데서는 만나지 못할지 모릅니다.

변화무쌍한 것들 가운데서 변치 않는 것을 관찰해야 합니다. 낮과 밤의 경험은 변화무쌍하며, 불변이 아닙니다. 의존적인 만족은 참되지 않습니다. 참된 만족은 맛이 없습니다. 즉, 참된 만족에는 존재의 느낌이 없습니다. 주시의 대상이 될 수 있는 것은 뭐든 여러분의 참된 **자아**일 수 없습니다.

방: 만일 제가 이해한 것에 제가 완전히 만족하고 있다면요?

마: 그러면 거기에만 있으십시오. 그걸로 충분합니다.

저는 누구도 언짢게 하고 싶지 않습니다. 왜냐하면 저는 언짢음의 원인 자체를 뿌리 뽑기 위해 여기 있기 때문입니다.

누군가가 여기 와서 행복해진다면, 저에게 그의 축복이 필요하겠습니까? 어떤 사람이 언짢은 마음으로 떠난다면, 제가 그에게 사과해야 합니까? 행복해지거나 불행해지는 것은 진아가 아닙니다. 그것은 마음일 뿐이고, 마음은 중요하지 않습니다.

방: 경험들은 변해도 주시자는 그대로 남아 있습니다.

마: 그것은 변하고, 그로 인해 그 주시하기가 일어납니다. 여러분은 망원경을 이용하여 멀리 있는 별을 볼 수 있습니다. 마찬가지로, 의식은 그것으로 여러분이 대상들을 볼 수 있는 하나의 망원경입니다. 그것이 그대의 작업입니까?

방: 그것은 의식의 작업입니다.

마: 주시하기는 (그냥) 일어납니다. 그것을 작업이라고 할 수는 없습니다. 그래서 주시자는 하나의 행위자가 아닙니다.

방: 우리의 몸도 하나의 망원경과 같습니다.

마: 몸은 진흙과 같습니다.

방: 그것은 음식 물질일 뿐입니다.

마: 누가 저를 찾아와도 좋습니다. 제 이야기는 누구를 기쁘게 하기 위한 것이 아닙니다. 어떤 사람은 제가 그의 기대에 반해 이야기하는 것을 볼지도 모릅니다. 듣는 사람은 그의 몸-정체성을 가지고, 남자로서 혹은 여자로서 듣습니다. 그래서 그릇된 이해가 생겨납니다. 제가 어떻게 그 사람의 무지를 지지하여 이야기할 수 있습니까?

여러분의 의견에 부합하든 않든, 저는 진리를 이야기할 것입니다.

꿈속에서 우리는 자신을 다섯 살 난 아이로도 봅니다. 그 아이가 자라서 백 살이 됩니다. 그는 좋고 나쁜 것들을 경험하다가 결국 죽습니다.

그 꿈이 거기서 끝나는 것은 생시 때문입니다. 그 꿈속에서 무엇이 참이고 무엇이 거짓이었습니까? 그 꿈속에서 우리는 심지어 브라마 신을 보기도 합니다. 그 꿈을 지켜보는 동안 그 꿈의 주시자는 잊혔고, 우리는 그 꿈 세계의 한 참여자가 되었습니다. 꿈속의 몸을 포함한 그 꿈 세계가 누구에게 나타났습니까? 주시자는 그 꿈 세계의 일부입니까? 그 꿈 세계를 본 것은 자고 있던 몸입니까, 아니면 꿈속의 몸입니까? 그 꿈이 끝났을 때, 꿈속에서 본 브라마 신은 어떻게 되었습니까? 그가 화신으로 다시 올까요?

방: 그는 결코 존재하지 않았습니다.

마: 그 꿈의 경험에서 무엇이 거짓이었습니까? 깊은 잠 속에서는 저 생시의 느낌이 거짓이었고 어리석은 것이었습니다.

방: 만약 이 생이 똑같이 거짓이라면, 제가 왜 이렇게 태어났습니까?

마: 그대는 거짓말을 하고 있습니다. 알고서는 그대가 결코 태어나지 않았겠지요. 그것은 그대가 모르는 사이에 일어났습니다. 그대가 그것을 안 것은 3년 내지 5년 뒤였습니다. 알면서 누가 자궁 속에 들어가 아홉 달 동안 있으려고 하겠습니까?

15. 지성은 마음의 산물이다

1979년 12월 10일

마하라지: 여러분은 이 세상에서 여러 유형의 형상을 만납니다. 이 모든 것들은 시간이 한정되어 있습니다.

방문객: 이 모든 형상들이 "나는 아무개다"라는 앎을 가지고 있습니까?

마: 그것은 인간들에게만 있지요.

방: 아기는 자신이 아기라는 것을 압니까?

마: 그것을 아는 데는 3년 내지 5년이 걸립니다. 그대가 처음 어머니를 인식한 것은 몇 살 때였습니까?

방: 대략 네 살 때였습니다.

마: 그 전에는 그대가 존재한다는 것조차 몰랐지요.

방: 의식이 잠재해 있었다고 말할 수 있을까요?

마: 그렇지요, 잠 속에서처럼. 수건은 불이 붙을 수 있습니다. 그대의 의식은 이 수건 속의 불과 같았습니다. 이 수건 속에 불이 있습니까?

방: 예, 잠재해 있습니다. 아이들이 말을 합니다. 그것은 지知입니까?

마: 그것은 앵무새와 같습니다. 그들은 자신이 무슨 말을 하는지 모릅니다. 세 살 이전에는 자신의 존재를 아는 지성조차 없습니다. "내가 있다"는 앎이 없으면 '있을' 거라는 어떤 기대도 있을 수 없습니다.

방: 진아지가 있으면, 우리가 의식이 아니라는 것이 분명해집니까?

마: 누가 진아지를 가지고 있습니까? 몸입니까?

방: 아는 자가 하나도 없습니다.

마: 그러면 누가 말을 하고 있습니까?

방: 모르겠습니다.

마: 그렇다면 이 모든 것을 거짓으로 여기십시오.

방: 이 점에 대해 더 설명해 주시기 바랍니다.

마: 지식을 수집한 뒤에 지성이 계발됩니다. 교육이란 지성을 계발하기 위한 것입니다. 적절한 교육과 훈련을 받지 않았다면 어떤 사람을 지성적이라고 할 수 있습니까?

방: 아닙니다.

마: 자기가 '있다'는 것을 모르는 두 살짜리를 가르칠 수 있습니까?

방: 아니요. 마음은 무슨 소용이 있습니까?

마: 지성을 계발하기 위해서는 우리의 마음을 사용해야 합니다. 지성은 마음의 산물입니다.

방: 영적인 마음은 세간적 활동에 하나의 핸디캡 아닙니까?

마: 이 세상에서 성공하려면 마음을 계발해야 합니다. 그대는 뭔가 심오한 것을 묻고 싶어 하지만 묻지 못하는군요.

방: 제가 어떤 질문을 드리면 당신께서 저의 실수를 지적하십니다. 그 실수는 저의 몸-정체성 때문입니다. 이는 여기서의 이 모든 논의가 '아무것도 없다'는 것을 알기 위한 거라는 의미입니까?

마: 이 모든 것은 물질적 이야기, 즉 음식 기운의 한 결과입니다.

(침묵.)

마: 그 궁극의 목적은 무용의 **빠라브라만** 상태를 성취하기 위한 것입니다. 다른 곳(다른 스승들의 아쉬람)에서는 우리가 더 나은 성취를 위해 더욱더 많은 활동 속으로 끌려들게 될 것입니다.

방: '우리가 있다'는 확신은 저희에게 유용합니다.

마: 그거 없이 어떻게 그대가 활동을 하겠습니까?

방: 다른 영적 스승들은 왜 **진리**를 말해주지 않습니까?

마: 그들은 그들 나름의 이해관계가 있습니다. 무용을 증진하면 그들 자신의 영적인 사업이 영향을 받겠지요. 그것이 지속되어야 합니다. 제 이야기를 듣는 사람은 자신의 탄생 자체가 하나의 허구라는 확신을 계발합니다. 그것은 아무 실재성이 없습니다. 분명히 그는 어떤 탄생도, 어떤 죽음도 없다는 것을 압니다. 어떤 오고 감도 없습니다. 그것이 모든 불필요한 활동을 쉽게 합니다.

방: 자신이 태어나지 않았다는 것을 지적으로 아는 것과 그것을 실제로 깨닫는 것, 이 두 가지는 같지 않습니다.

마: 그대는 자신이 지성 이전이라는 것을 이미 알고 있습니다. 그대는 심지어 **의식** 이전이기도 합니다. 백 년 전에도 그대는 있었지만, 아무 의

식도 없었습니다. 동의하지 않습니까?

방: 동의합니다.

마: 영원자는 어떤 의식도 없었다는 것을 압니다. 의식을 통해 알려지는 모든 것은 찰나적입니다. 소위 탄생과 죽음은 찰나적인 것의 일부입니다.

방: 탄생이란 무엇입니까?

마: "내가 있다", 곧 존재의 느낌이 나타나는 것이 소위 탄생입니다. 영원자에게는 존재의 느낌이 없습니다. 탄생은 우리가 자신의 현존을 의식하게 되는 것을 의미합니다. 존재의 느낌이 나타나는 데 자궁 안에서의 아홉 달과 바깥에서의 몇 년이 걸렸습니다. 그것은 음식 물질을 요리할 때 가열을 하고 저어 주면서 맛을 내기 위해 소금·고추 등을 첨가하는 것과 같습니다. "내가 있다"는 맛이 나타나는 데 대략 4년 내지 6년이 걸렸습니다. 그것은 어떤 사람─그·그녀 혹은 그것의 탄생이 아닙니다. 자궁의 내용물은 잠재적인 상태의 "내가 있다"는 앎이었습니다.

16. 궁극적으로 지知는 무지이다

1979년 12월 11일

마하라지: 이른바 '탄생'은 무지의 출현인데, 소위 '죽음'에 이르기까지는 그것이 지배합니다. 이 무지를 알고, 이른바 지知 모두가 쓸모없다는 것을 관찰하는 사람은 드뭅니다. 진인(*Jnani*)은 존재(삶)가 그것이 요구하는 수고만큼의 값어치가 없다는 것을 압니다.

여러분이 여기서 배우는 것은 다른 데서는 듣기 어려울 것입니다. 그런 데서는 여러분이 활동에 말려들 것입니다.

방문객: 브라민들의 순수성과 하층 카스트들의 불가촉성은 어떻습니까?

마: 그런 모든 것은 순전한 무지 속에서 일어나는 일입니다. 진아지 속에는 지知, 심지어 "내가 있다"는 앎조차도 들어설 자리가 없습니다. 그 모든 것이 씻겨나갑니다. 이런 이야기를 어디서 들은 적이 있습니까?

방: 아닙니다.

마: 어떤 스승들에게는 의식이 궁극(상한선)입니다. "그대는 몸이 아니라 역동적 의식(*Chaitanya*)이다." 그들은 의식을 넘어가지 않습니다.

제 스승님조차도 저에게 "너는 의식인 신이다. 그 너머에 있는 것, 그것은 네 스스로 발견해야 한다"고 말씀하셨지요.

방: 진인은 늘 지복 속에 있습니까?

마: 이 몸은 불타고 있습니다. 진아지는 이상한 성질을 가지고 있습니다. 어떤 때는 견딜 수 없습니다.

통역자: 견딜 수 없게 되는 것은 의식입니까?

마: 어떻게 그 질문을 했지요? 의식 말고, 견딜 수 있거나 견딜 수 없게 되는 것이 뭐가 있습니까?

영적인 공부에서 우리는 어떤 비이원성의 상태에 도달합니다. "내가 있다"도 없고 다른 것들도 없습니다. 하나가 있을 때는 다른 것들도 수반되게 되어 있습니다. 진아지는 심오하고 불가사의합니다.

하나가 있을 때는 우리가 많은 것을 필요로 합니다. 아주 최소한의 필수품들만으로 결코 만족하지 못합니다. 존재의 지복을 체험해 보려고는 결코 시도하지 않습니다. 대신 계속 무엇을 얻어서 더 많은 행복을 얻으려고 합니다. 왜 사람들은 더 많은 것을 얻으려고 분투합니까?

통역자: 의식과 평화롭게 지내지 못하고, 활동 속에서 그것을 잊으려고 하는 것입니다.

마: 사람들이 진아의 **지복**(*Atmananda*)으로 만족합니까?

(침묵.)

마: 의식이 주의를 의식하게 됩니까, 아니면 주의가 의식에 주의를 기울입니까? 그대의 체험은 어떤 것입니까?

여러분이 무엇을 알게 되는 것은 의식 때문입니다. 의식 없이 어떤 앎이 있습니까? 그것은(의식, 곧 "내가 있다"는 앎은) 핀으로 찌르는 것처럼 아프지 않습니까? 그것을 잊어버리거나 견딜 만한 것으로 만들기 위해서 우리는 활동에 관여합니다.

스승의 은총 없이 이 곤경을 벗어날 수 없습니다. 우리는 실제로 우리가 아닌 것을 우리 자신으로 여깁니다. 그것이 우리의 모든 괴로움과 불행의 원인입니다. 만일 그대가 모든 것이면 어떤 두려움도 없습니다. 남들의 존재가 두려움의 원인입니다. 어느 누가 이런 식으로 생각합니까?

방: 아니요. 저는 어디서도 이런 말씀을 들은 적이 없습니다.

마: 모든 말은 진아 아닌 어떤 근원에서 나옵니다. 진아는 그 자신의 어떤 언어도 가지고 있지 않습니다. 두 살짜리 아이는 자신의 언어가 없습니다. 아이는 엄마에게 배웁니다. 처음에 우리는 언어에서 벗어나 있습니다. 그러다가 남들에게서 그것을 배웁니다. 우리의 것이 아닌 것은 결국 사라져야 합니다. 만일 우리가 오래 살면 언어가 우리를 떠납니다.

방: 진아는 행복으로 충만해 있습니까?

마: 진아는 슬픔에서 벗어나 있고, 따라서 그것은 행복을 필요로 하지 않습니다. 영원자가 유일한 진리입니다. 비진리는 시간이 한정되어 있습니다. 그것은 오고 갑니다. 무지한 사람들은 삶이 전개되는 대로 살아가는 수밖에 없습니다.

의식은 신적이지만, 그래도 영원자와 무한정 어울릴 수 없습니다. 의식은 영원할 수 없습니다. 진인은 형상을 가진 영원자의 한 표현입니다. 그는 그 형상이 아니고 그렇게 보일 뿐입니다. 그가 곧 영원자입니다.

의식은 진인과 무한정 어울릴 수 없습니다. 그것은 무엇을 뜻합니까?

통역자: 그것은 의식이 진인을 떠나게 되어 있다는 뜻입니다.

마: 형상 속에서 산다는 것은 고통스럽지 않습니까? 삶은 문제들로 가득합니다. 보편적 의식의 경험은 문제들로 가득합니다. 그 외에는 거기에 어떤 손익의 문제도 없습니다. 고통은 무지로 인한 그릇된 정체성에 기인합니다. 우리가 자기 자신을 자신이 아닌 어떤 것으로 여기는 데 대해 벌을 받는 것입니다. 이런 상황에서, 제가 지知를 나눠드려야 합니까?

통역자: 진지한 구도자들은 그것을 필요로 합니다.

마: 진아지를 포함하여 최상의 것을 늘 추구하는 사람들이 더러 있지만, 그것에 대해 대가를 지불할 준비가 되어 있지 않습니다. 그들은 심지어 비디(beedi-인도식 담배)를 아껴두고 남에게 내놓지도 않습니다. 사람들은 와서 듣다가 간다는 말도 없이 대담 도중에 가 버리기도 합니다.

어떤 사람들은 아무 관련 없는 질문들을 합니다. 저는 그들에게 시간과 기력을 낭비하지 말라고 말해줍니다. 존재성이 왜, 그리고 어떻게 출현했는지만 알아내려고 하십시오.

이 존재성은 백 년 전에는 없었습니다. 이것은 여러분이 직접 아는 것입니다. 왜, 그리고 어떻게 그것이 나타났는지도, 책을 찾아보거나 다른 사람들에게 묻지 말고 직접 알아야 합니다.

방: 우리의 지식은 개념들로 가득합니다.

마: 그 개념들이 무지를 유지하고 두려움을 야기합니다.

언젠가 한 스승이 제자들 사이에 앉아 있었습니다. 제자들에게는 화만 (꽃을 꿴 줄)이 가득 든 바구니에 대해 각기 따로 이야기해 두었지요. 제자들은 한 명씩 스승께 화만을 걸어드려야 했습니다. 어떤 의심이 있으면 아무에게도 말하지 않고 화만 걸어드리는 것을 생략할 수 있었습니다.

첫 번째 제자가 바구니 뚜껑을 들어 올리고 화만을 하나 집었지만, 즉시 그것을 바구니 안에 떨어뜨렸습니다. 왜냐하면 그것은 코브라였기 때문입니다. 다른 제자들도 같은 동작을 반복했습니다. 스승에 대해 완전한 믿음을 가지고 있던 마지막 제자는 신선하고 예쁜 꽃들로 만든 화만을 집었습니다. 이 제자는 개념들에서 벗어나 있었고, 그래서 두려움이 없었습니다. 개념들이 망상과 오해를 가져옵니다.

여러분의 존재성(의식)을 신으로 간주하고, 존재의 느낌만 가지고 그것을 숭배하십시오. 그러면 여러분의 존재성이 실제로 신이 될 것입니다. 신은 의식 곧 지知이고, 스승도 지知입니다. 사구나 박띠(Saguna Bhakti)[속성 있는 헌신]에서 이런 숭배를 권장합니다. 이렇게 하여 이 지知를 알 때, 그것의 참된 성품이 무지라는 것이 분명해집니다. 겉보기에 지知로 보이는 것이 근원에서는 순전한 무지입니다.

이렇게 지知가 무지를 제거하면, 남는 것은 완벽한 상태에 있습니다.

방: 그렇다면 사람은 세간에서 어떻게 행동해야 합니까?

마: 그대가 나무 한 그루를 연구하고 싶다면 잎들을 관찰해야 합니까, 뿌리를 관찰해야 합니까?

방: 뿌리입니다.

마: 그대의 질문은 뿌리에서 나오지 않습니다. 만일 누가 별 관련 없는 이야기를 하면, 저는 그를 바로 거기서 비틀어 줍니다.[4]

방: "내가 있다"는 앎이 왜 그렇게 중요합니까?

마: 그것 없이 그대가 그대의 세계에 대한 앎을 얻었습니까? 그렇다면, 어떻게 그것을 과소평가할 수 있습니까?

방: 어떻게 해야 탄생과 죽음의 개념을 없앱니까?

마: 그대의 의식의 기원과 원인을 알면 그대에게 어떤 탄생이나 죽음도 없을 것입니다. 그것은 도둑을 잡는 것과 같습니다. "내가 있다"는 앎이 없었는데, 그것이 갑자기 도둑처럼 들어왔습니다. 여기서 (도둑이 든) 밤은 무지를 의미합니다. **영원자**는 결코 "내가 있다"고 말하지 않았습니다. 들어온 도둑이 "내가 있다"고 말하고 있습니다. 우리는 이 도둑이 어디서

---

4) *T.* 영역자에 따르면, 여기서 '비틀어 준다'는 것은 약간 벌을 준다는 뜻이다.

들어왔는지 알아내야 합니다. 이 도둑(존재성)은 혼자 들어오지 않고 **뿌루샤**[우주적 영]와 **쁘라끄리띠**[우주적 바탕], 즉 남성의 측면과 여성의 측면을 데리고 들어왔습니다. 그런데 이 사건의 의미는 무엇입니까? "내가 있다"는 것, 그게 전부입니다. 그대는 비이원의 상태에 있었는데 거기서는 존재의 느낌이 없었습니다. 이 도둑으로 인해 "내가 있다"와 세계에 대한 경험이 있는 이원성이 시작되었습니다.

(침묵.)

마: 뿌루샤는 침묵의 체험이고 그 안에는 어떤 말도 없습니다. 말은 쁘라끄리띠와 함께 시작되는데 그것은 여성적 측면입니다. 존재의 느낌이 없는 것이 이상적입니다. 존재의 느낌이 출현하면서 활동이 시작됩니다. 깊은 잠 속에서나 삼매(*samadhi*) 속에서는 존재의 느낌이 없고, 만족이 있습니다. 존재의 느낌이 출현하는 것이 갈등의 시작입니다. 그것이 없는 곳에 평안과 고요가 있습니다.

다른 데서는 여러분이 성공과 행복을 위한 임무들을 충실히 준수하라고 배우게 될 것입니다. 여기서 저는 여러분에게 행위의 부질없음을 보여주고, 번뇌의 원인 자체를 제거합니다. 저는 여러분에게, 진정한 만족을 위해서는 행위들이 왜, 그리고 어떻게 필요치 않은지를 보여줍니다.

행위를 하면 한동안은 기분이 더 나을지 모르지만 그런 행위들 중 어느 것도 여러분에게 영원한 만족을 주지 않을 것입니다.

존재의 느낌이 없었을 때는, 존재하려는 갈망을 포함해서 어떤 욕구도 없었습니다. 존재의 느낌이 온갖 욕구를 야기합니다.

사람들이 영적인 공부로 돌아서는 것은 그들 안에 잠재적 상태로 있는 **진아지**가 떠오를 때뿐입니다. 이른바 탄생이 모르는 사이에 일어나듯이, **진아지**의 떠오름도 모르는 사이에 일어납니다.

지知의 떠오름[일출]이 없을 때는 사람들이 영적인 공부에 관심을 갖지 않습니다. 그 잠재적 상태는 이 수건 안에 불이 존재하는 것과 같습니다.

다른 스승들은 여러분에게 완전함을 성취하는 법을 말해주겠지요. 무엇을 하기 이전에 여러분이 이미 완전하다고는 아무도 말해주지 않을 것입니다. 문제는 그것을 직접 아는 것뿐입니다.

(침묵.)

마: (새로 온 방문객에게) 그대는 스승이 없다고 말하지만, 그대의 이야기를 들어보면 스승이 있었던 것 같군요.

방: 정말로 저는 스승이 없습니다.

마: 그대는 뭔가를 숨기고 있습니다. 영적인 공부에서는 솔직하고 열려 있어야 합니다. 그대는 스승(Guru)이라는 용어를 어떻게 이해합니까?

방: 영적인 선생님입니다.

마: 스승은 의식 곧 지知(jnana)를 의미합니다. 그대가 스승을 만났을 때, 스승이 그대의 내면에서 지知를 깨웠습니다. 그래서 그대가 진아지에 대한 관심을 계발한 것입니다. 영적인 공부는 지知의 주고받기입니다. 주는 자인 스승이 지知이고, 받는 자인 제자도 지知입니다.

17. 경전을 읽는 것이 도움이 될 수 있는가?
1979년 12월 12일

마하라지: 사람들은 무지로 인해 자기 몸을 자신과 동일시합니다. 이 정체성은 그 몸이 불에 타거나 매장될 때 끝이 납니다. 그러나 제가 이야기하는 여러분의 실체는 파괴되지 않습니다. 그것은 죽은 몸뚱이와 분리됩니다. 몸을 떠나는 것은 신의 형상입니다. "내가 있다"는 앎이 신입니다. 이 신을 아는 자가 진인입니다.

(침묵.)

마: 우리가 죽음이 존재한다고 믿는 것은 무지 때문입니다. 만일 죽음이 단 하나의 사안에서라도 실재하는 것이라면, 모든 산 존재들이 죽고 없겠지요. 몸이 살아 있는 것은 의식 때문입니다. 몸들은 의식과 분리되기 때문에, 몸에게는 죽음이 있다고 말할 수 있지요. 여러분은 의식이고 몸이 아니므로, 여러분에게 죽음은 없습니다.

세계는 원자처럼 작은 하나의 원인[의식]에서 비롯되었습니다. 겨자씨 하나에서 산 하나를 만들어낼 수 있습니까? 그러나 그런 일이 실제로 일어났습니다. 그래서 이 세계는 거짓입니다. 그렇다 할지라도 사람은 적절히 행동해야 하고, 자기 자신과 자신의 소중한 사람들을 보살펴야 합니다. 만일 세계를 거짓으로 여기고 자기 좋을 대로 행동하면 갈등과 혼란을 부를 것입니다. 온갖 노력에도 불구하고 세계에는 수많은 불행이 있습니다. 만족으로 충만된 삶은 진아 깨달음 이후에만 가능합니다. 저녁 대담은 오후 5시에 시작하여 6시 30분까지 계속됩니다. 질문과 답변이 없으면 사람들이 한 시간 반을 보내기가 매우 지루하겠지요. 마찬가지로, 이 거짓된 세계에서도 참된 행동을 하는 것이 좋습니다. 그럴 때조차도 무엇이 참되고 무엇이 거짓인지 알아야 합니다. 그리고 우리가 이 세계에 왜, 어떻게 존재하는지를 알 때, 우리가 할 일은 끝납니다.

마야는 일체가 거짓임을 우리에게 보여줍니다. 그러나 그녀(마야) 자신이 하나의 속임수입니다.

세계는 우리의 존재성의 빛 안에서 출현합니다. 우리의 존재성을 이스와라, 곧 하느님이라고도 합니다.

방문객: 왜 우리는 그토록 불행합니까?

마: 우리의 꿈 경험을 생각해 봅시다. 만일 어떤 왕이 자신을 거지로 여긴다면 행복할 수 있겠습니까? 이 생시 상태에서도 우리의 상황은 그와 비슷합니다. 우리는 우리가 무엇인지를 모릅니다. 우리는 실제로는 우리

가 아닌 것을 우리 자신이라고 믿습니다. 그러니 어떻게 평안과 고요에 도달할 수 있겠습니까? 우리에게 필요한 것은 올바른 지知이지, 세간적인 것들을 더 많이 획득하는 것이 아닙니다.

방: 우리의 세간적 성공은 일시적 만족을 줍니다.

마: 백 년 전에는 우리가 있다는 것, 우리가 존재한다는 것을 우리가 몰랐습니다. 지금은 우리의 존재를 압니다. 그것이 실수입니다. 우리는 우리의 존재를 참되다고 여깁니다. 우리의 문제는 거기서 시작됩니다. 진아지 안에서는 우리의 존재성이 그것의 모든 문제와 함께 끝이 납니다.

방: 당신의 친존에 있는 것이 너무 좋습니다.

마: 그대는 여기에 계속해서 너무 오래 머물러 있었습니다. 남들에게도 기회를 주어야지요. 다시 한 번 말하지만, 그대는 그 몸이 아니라 역동적 의식인 **진아**(*Chaitanya Atma*)입니다. 그걸로 충분합니다. 이제 더 이상 여기 머무르지 마십시오.

그것은 그대의 아들을 결혼시키는 것과 같습니다. 이제부터 그의 가족을 늘리고 돌보는 것은 그의 일이지 그대의 일이 아닙니다. 존재하는 것은 "내가 있다"는 그대의 앎입니다. 그것은 정직하면서도 부정직합니다. 그것이 **마야**이고, 그것이 **브라만**입니다. 이런 말을 들어본 적 있습니까? 이제 그걸로 됐습니다. 그대는 가도 좋습니다.

빠라브라만, 곧 **절대자**는 무욕입니다. 이 존재성이 그것에게 무슨 소용 있습니까? 진리를 아는 이는 초연하게 머무릅니다. 현자에게는 무언無言이 어울립니다.

방: 경전을 읽는 것이 도움이 될 수 있습니까?

마: 경전을 읽고 혼란에 빠지는 일은 끝이 없습니다. 『마하바라타』에서는 까우라바 일족(Kauravas)과 빤다바 일족(Pandavas)의 기원起源 등이 여러분을 더욱 더 혼란스럽게 합니다. 그러니 그대의 존재성을 빛이자 신으로 알고, 그것에 대해 명상하십시오. 그것으로 족할 것입니다. 그대

의 존재성이 세계의 씨앗입니다. 그것이 그대의 주된 밑천입니다. 그것을 가지고 떠나십시오. 저는 그대에게, 그대의 가장 크고 가장 귀중한 소유물을 가리켜 보이고 있습니다. 그것을 명상하여 자유로워지십시오.

방: 저희는 당신께 아주 고마움을 느낍니다.

마: 어떤 방문객들은 우리한테 지知를 얻고는 그것을 가지고 우리와 다투고 싸웁니다. 그 지知가 그들 자신의 것이라면 별문제겠지만 말입니다.

방: 그것은 미친 사람에게 칼을 주는 것과 같습니다.

마: 깊은 잠 속에서 그대가 잠에서 깨어났다고 착각하면 거짓된 꿈 세계가 생겨납니다. 거짓된 것이 어떻게 참된 것을 생겨나게 할 수 있습니까? 마찬가지로, 생시 세계의 뿌리는 거짓입니다. 그 뿌리는 "내가 있다"입니다. 그것이 어떻게 참된 세계를 생겨나게 할 수 있겠습니까? 그래서 이 세계도 똑같이 거짓입니다.

18. '됨'과 '있음'에서의 초월

1979년 12월 13일

마하라지: 그대는 만트라를 받았습니까?

방문객: 예.

마: 그 만트라는 그대의 참된 정체성을 상기시켜 줍니다. 부모님이 그대에게 어떤 이름을 지어 주었고, 모두가 그 이름으로 그대를 불렀습니다. 이 만트라를 나마 만트라(Nama Mantra)[이름 만트라]라고도 합니다. 왜냐하면 실제 있는 그대로의 그대를 부르기 때문입니다. 이 만트라는 매우 강력하고 효과적입니다.

저의 스승님이 이 만트라를 저에게 주셨고, 그 결과가 전 세계에서 오는 이 방문객들입니다. 그것이 이 만트라의 힘을 보여줍니다. 여러 가지 만트라가 있습니다. 만트라마다 하나의 목적이 있는데, 그것은 그 만트라를 지속적으로 염할 때 성취됩니다.

그대는 자신의 호흡이 어떻게 일어나는지 모릅니다. 그렇다면, 무한한 것을 알기는 얼마나 어렵겠습니까? 지금까지 그대는 많은 사람들에게 많은 것을 물어 보았습니다. 그 최종 결과는 그대가 아직도 무지 속에 있다는 것입니다. 한 가지 질문은 그대가 누구에게도 하지 않았는데, 그것은 '그대가 존재하는지 여부'입니다. 그대는 존재하며, 그것은 그대가 직접 아는 것입니다. 깜깜한 어둠 속에서도 그것을 압니다. 이제 누구에게도 물을 것 없이, 그대 자신을 알려고 노력하십시오. 그대의 밑천은 '그대가 있다'는 앎입니다. 그것을 이용하십시오. 그것에 대해, 그것에 의해 명상하십시오.[5]

방: 저 자신의 언어, 저의 모국어를 사용해도 됩니까?

마: 명상은 말이 없습니다.

한 송이 꽃에서 열매가 나타나는데, 그 열매 안에 씨앗들이 있습니다. 그 꽃이 나타나기 이전에, 그 꽃의 출현을 위해 그 식물 안에서 어떤 일이 일어났습니다. 모든 사람에게는 자신의 존재에 대한 첫 번째 앎이 있습니다. 그 이후에 남들에 대한 앎이 있고 활동의 시작이 있습니다. 우리는 우리가 듣는 소리들의 의미에 기초해 행위합니다. 그 소리를 듣는 자는 몸 안에 있지 않습니다. 몸은 음식 기운으로 만들어집니다. 그것의 성질이 우리의 '존재의 느낌'입니다. 소리를 듣는 자는 그 음식-몸이 아닙니다. 그는 의식을 아는 자입니다.

마: (새로 온 방문객에게) 이 모든 앎이 그대에게 어떤 쓸모가 있습니까?

---

5) T. '그것에 대해, 그것에 의해 명상하라'는 것은 "내가 있다"는 느낌으로써 "내가 있다"는 느낌을 관하라는 것이다. 이것이 "내가 있다"는 자기자각의 명상법, 곧 자기탐구이다.

방: 무지에서 벗어나는 것입니다.

마: 이 지知를 가지면 모든 '됨'에서는 물론이고, '있음'에서도 벗어나게 됩니다. 해야 할 무엇이 그에게 남아 있습니까?

방: 아무것도 없습니다.

마: 진인은 선과 악, 이득과 손실, 탄생과 죽음에서 벗어나게 됩니다. 5대 원소 모두가 의식 속에서 태어나고, 결국 그 속으로 합일됩니다.

어떤 스승들은 의식을 이스와라나 브라만으로 선언하고, 그것이 우리의 실체라고 합니다. 그러나 그것은 궁극의 지知가 아닙니다. 그 지知는 마야, 곧 환幻의 영역 내에 있습니다.

방: 환영幻影은 영적인 진보를 말해줍니까?

마: 사람은 자신의 상상에 따라서 신들의 환영을 볼 수 있습니다. 진인 남데브(Sage Namdev)는 진아 깨달음을 얻기 전에 인간의 형상을 한 신 빗탈(Vitthal)을 보곤 했습니다. 빗탈은 남데브와 함께 놀고 식사를 하기도 했습니다. 남데브에게는 그것이 영적인 공부의 궁극으로 보였습니다. 냐네스와르와 묵따바이(Muktabai) 같은 당대의 다른 진인들은 남데브가 아직 진인이 될 만큼 성숙하지 않았다고 지적했습니다. 궁극자(the Ultimate)는 모든 형상을 넘어서 있습니다. 모든 체험과 환영들은 의식의 영역 내에 있는데, 의식은 음식 기운의 성질입니다. 우리는 '의식을 아는 자'로서의 자신을 깨달아야 합니다. 만일 그대가 음식을 먹지 않는다면, 의식하고 있겠습니까?

방: 아닙니다.

마: 어떤 꿈을 꾸고 있을 때, 그대가 실제로 깨어 있습니까?

방: 아닙니다. 그것은 실제로 깨어난 뒤에 알게 됩니다.

마: 만일 몸이 아직도 그대의 정체성이라면, 그것은 이 모든 지知가 쇠귀에 경 읽기였다는 것을 의미합니다.

이 세간에서 우리는 시적인 상상을 만날 뿐 진리를 만나지 못합니다.

그 누구도 뿌리로 들어가서 **진리**를 발견할 시간이 없습니다.

영화가 너무 인기가 많아졌고 극장들은 발 디딜 틈이 없습니다. 거기에 누군가의 상상 외에 무엇이 있습니까?

예언자 무함마드(Muhammad)는 무슬림들의 일부다처를 옹호했습니다. (당시에는) 남자에 비해 여자들의 비율이 아주 높았고, 여자는 모두 결혼해야 할 필요가 있었습니다. 그것은 무슬림의 인구 증가에도 도움이 될 터였습니다.

이런 모든 사건들이 우리의 마음을 어지럽힙니다. 자기 자신의 내면에서 해답을 발견하려고 하는 사람이 드뭅니다. 그것은 우리의 근원으로 나아가는 것입니다. 우리는 몸이 아니고, 몸은 음식 물질일 뿐입니다. 의식은 음식-몸의 성질입니다. 그래서 우리는 **의식**도 아닙니다. "이 의식 없이 나는 무엇인가?" 이 물음에는 답이 없습니다. **베다**(Veda)조차도 그 지점에서는 침묵합니다. 세계는 음식 한 알에 들어 있습니다. 어떻게 그것이 참될 수 있습니까? 이런 견해를 가지면 초연하고 태연해집니다.

우리는 드라마의 서두에서 기원시祈願詩로 어떤 **신**을 찬양하는 것을 듣습니다. 그 시에는 앞으로 나올 사건들에 대한 어떤 암시가 있습니다. 마찬가지로, 저의 이 병[암]은 가까운 장래에 제가 경험할 일의 충만함을 암시합니다.

마: (한 방문객에게) 무엇이 저에게 좋습니까? 그대는 그것을 과감히 받아들일 수 있습니까?

방: 그러지 못할 것 같습니다.

마: 만일 영원한 잠을 얻는다면 그대는 행복하겠습니까?

방: (침묵.)

마: 일어나는 사건들, 그것은 그대 때문입니까, 아니면 5대 원소에 기인합니까? 어떻게 5대 원소의 평화로운 행동을 기대할 수 있습니까? 어떤 일이 일어나든 그대는 거기서 할 역할이 없습니다.

그대는 몸-정체성 때문에 행복이나 불행을 경험하고, 탄생과 죽음이 있다고 믿을 수밖에 없습니다.

그대의 모든 감각기관은 5대 원소의 기능입니다. 그대의 존재의 느낌 자체가 5대 원소로 이루어진 음식 기운의 성질입니다.

(침묵.)

마: 여러분이 발언하는 단어는 허공의 성질입니다. 신체적 접촉은 공기의 성질입니다. 형상은 열(불)의 성질입니다. 즙은 물의 성질입니다. 냄새는 흙의 성질입니다. 이 모든 감각기관 속의 어디에 여러분이 있습니까?

여러분은 5대 원소로 이루어진 몸을 통제하려 할지 모르지만, 여러분 주위의 무한한 5대 원소를 어떻게 통제할 수 있습니까? 여러분에게 5대 원소가 있지만, 그것들은 외부의 5대 원소로도 작용하고 있습니다.

5대 원소가 모여서 **사뜨와**, 곧 음식 기운을 형성하며, 그 안에 여러분의 존재의 느낌이 있습니다. 어떤 사람이 자신의 존재를 알게 됩니다. 누가 알게 되는지는 말할 수 없습니다. 인간들 속의 그 존재의 느낌이 몸을 자신의 형상으로 인식합니다. 벌레·새·짐승 등 도합 840만 가지 서로 다른 형상들이 있습니다. 모든 형상이 5대 원소에 기인하고, 모든 활동이 5대 원소에 기인합니다. 인간들 속에 행위자로서 '나'가 존재한다는 것은 상상입니다.

이런 현실을 알게 될 때 여러분의 모든 걱정이 끝나고, 여러분의 모든 활동이 종료될 것입니다. **절대자**는 어떤 색깔도, 무늬도, 이름도, 형상도 없습니다. 모든 이름과 형상이 지구상에 출현하는데, 모든 상상과 글쓰기는 인간 형상을 한 **의식**에 기인합니다. 세계는 그 저자들의 개념을 담은 책들로 가득합니다.

우리가 우리 자신이라고 생각하는 것, 그것은 시간과 함께 계속 변해 갑니다. 갓난아이에서 어린이로, 소년으로, 청년으로, 중년으로, 그리고 아주 늙은이로 우리의 정체성은 시간과 함께 변합니다. 어떤 정체성도 안정되어 있지 않고, 우리 자신에 대한 우리의 앎은 그 순간에만 유효합니다. 따라서 어느 때 우리가 우리라고 생각하는 그것은 아무 가치가 없습니다. 그것은 모두 무의미합니다. 그 정체성들은 우리의 것이 아니고 음식 물질의 상태인데, 그 안에 어떤 사람의 존재의 느낌이 들어 있습니다. '내가 있음'이 사라질 때 사람들은 그것을 죽음이라고 부릅니다.

자신의 존재를 안다는 것은 비참한 일이고, 그것(존재성)은 음식-몸의 성질입니다. 우리가 자신의 존재를 모를 때, 그것이 질서 있고 좋습니다.

그대가 '그대가 있다'는 것을 모를 때 어떤 두려움이 있습니까?

방: 전혀 두려움이 없습니다.

마: 내가 나 자신이라고 아는 것, 나는 그것이 아닙니다. 나는 내가 모르는 그것입니다.

더 나아가면, 나는 흙이고 돌입니다. 나는 소화된 음식입니다. 나는 또한 매일 아침에 변기 속에 떨어지는 것입니다. 나는 한 개인이 아니라 사랑이고 감정입니다. 우리는 찰나적인 것을 참되지 않은 것, 하나의 속임수라고 부르기보다 그것을 **마야**, 즉 **환**幻이라고 부릅니다.

우리는 자기가 많이 안다고 자신하는 사람들을 만납니다. 저의 경우, 저는 제가 아무것도 모른다는 것을 압니다.

우리는 누가 백 년을 살았다고 말하기보다, 그가 백 년을 괴로워했다고 말해야 합니다.

여러분은 자기 주위에서 일어나는 사건들의 한 목격자입니다. 동일시가(그 사건들과 자신의 관련성 인식이) 행복이나 불행을 가져옵니다. 목격하기가 없다면 행복이나 불행이 있겠습니까? 누구에게 물을 것도 없이, 여러분은 목격할 그 무엇도 없었던 때가 있었다고 말할 수 있습니다. 그것은 백 년 전 여러분의 경험이었습니다. 그래서 목격하기 자체가 하나의 죄입니다. 그 죄는 한 개인의 죄가 아니라 전 세계의 죄입니다.

사람이 만든 석조 신상神像이 여러분이 욕망하는 것을 들어줍니다. 이 의식은 훨씬 더 강력합니다. 그것을 신으로 숭배하면 그것이 여러분에게 무엇이든 줄 수 있습니다.

진지한 구도자들은 이 지知를 듣는 것만으로도 해탈이 가능합니다. 희생과 고행으로 고통 받을 필요가 없습니다. 모든 거짓 정체성들이 떨어져 나가면, **궁극자**가 더없이 순수한 모습으로 남습니다.

방: 그러면 저는 어떻게 해야 합니까?

마: 그 점에 대해서는 지금 걱정할 필요가 없습니다. 일들이 그대 주위에서 일어나겠지만, 그것은 일어날 필요가 있기 때문입니다.

19. "나는 모른다"가 최상의 존재 상태이다.

1979년 12월 14일

방문객: 저는 진아의 수수께끼 외에는 저의 모든 수수께끼를 풀었습니다.

마하라지: 그대가 있는 그대로의 그대를 볼 때는 어떤 수수께끼도 남지 않을 것입니다. 그대는 자신의 탄생에 대한 직접지가 있습니까?

방: 아니요.

마: 그대의 소위 탄생 이후에 배고픔과 갈증이 시작되었고, 자연히 대소변 보기도 시작되었습니다. 그것은 그대가 한 일이 아니었지요. 그대의 앎 속에 일체가 들어 있습니다. 지각성("내가 있다"는 앎)이 없다면 아무것도 없습니다.

'그대가 있다'는 앎, 곧 그대의 **의식**은 눈에 보이는 모든 형상의 창고입니다. 그대의 전 세계가 그 안에 있습니다. '그대가 있다'는 그대의 기억이 그 몸을 자신과 동일시합니다. 그러나 그 기억은 형상이 없습니다.

그대가 그것을 **아뜨마**, 곧 진아라고 부른다 하더라도, 그 **진아**는 형상이 없습니다.

그대는 자신의 참된 정체성에 대해서 생각해 본 적이 있습니까?

방: 저는 저 자신에게 저의 참된 존재를 상기시키려고 애씁니다.

마: 만약 그대의 몸과 이름이 그대가 아니라면, 그대는 무엇입니까?

방: (침묵.)

마: 몸은 있으라고 하십시오. 다만 그것을 자신과 동일시하지 마십시오. "나는 모른다"가 최선의 태도입니다. 우리는 **실재**를 이것이나 저것으로 지적할 수 없습니다. 우리는 "네띠, 네띠(*neti, neti*)"라고밖에 말할 수 없는데, 그것은 "이건 아니다, 이건 아니다"라는 뜻입니다.

그대가 **진아**를 깨닫게 되면 "나는 이 몸이 아니다"를 되풀이할 필요가 없을 것입니다. 그때는 몸을 하나의 도구로 사용합니다.

깊은 잠 속에서 그대는 몸을 의식합니까?

방: 아니요.

마: 몸과의 동일시는 깨어난 뒤에 일어납니다. 어떤 구도자가 자신의 의식이 5대 원소 전부와 세 가지 성질로 이루어져 있다는 것을 알게 될 때, 그의 근기(성취도에 따른 인격 가치)에 대해 뭐라고 말할 수 있겠습니까? 우리가 화신이라고 부르는 분들, 그들도 지금 그대가 가지고 있는 것과 같은 의식을 가지고 있었습니다. 세계는 그대의 의식 안에서 태어납니다.

방: 이 세상에는 사회 개혁가들이 있는데, 그들은 사람들을 위해 아주 많은 일을 합니다.

마: 그렇지요. 그들은 좋은 일을 합니다. 만일 우리가 지금까지 이 지구 상에 태어난 산 존재들의 수를 헤아려 본다면, 그대가 헤아린 수치는 얼마가 되겠습니까?

방: (침묵.)

마: 그대의 삶 속에서 첫 번째 단어나 문장을 들은 것은 언제였습니까?

그때 그대는 몇 살이었습니까? 지금은 나이가 어떻게 됩니까?

방: 쉰 살입니다.

마: 별로 많지 않군요. 50년 전에 그대는 부모님을 알았습니까? 우리가 우리의 존재에 대해서 생각해 보는 것은 존재성이 출현한 이후이지 그 이전은 아닙니다.

어떤 사람들은 자신이 못할 일이 없다고 생각합니다. 그러나 우리에게 어떤 명확한 정체성이 있어서, 무슨 일이든 실패 없이 할 수 있습니까? 이 세상에서 누가 무한정 지속되는 무슨 개혁들을 할 수 있었습니까?

(침묵.)

마: 우리가 어릴 때는 부모님을 따랐고, 그분들이 시키는 일이면 무엇이든지 했습니다. 지금 여러분의 스승은 여러분에게 이름과 형상이 없다고, 여러분은 바로 지금 이 순간 자유롭다고 말합니다. 왜 그것을 받아들이지 않습니까?

우리의 진화에는 단계가 있습니다. 우리는 자신이 이해하는 대로 이야기합니다. 우리의 이야기는 우리가 있는 그 단계에서 타당합니다. 우리가 진정으로 이해할 때는, 자신이 결코 태어나지 않았다는 것을 압니다. 그럴 때 우리는 자신이 태어난 날짜와 시간에 대해 질문할 수 없습니다. 탄생이 없는데 어떻게 죽음이 일어날 수 있습니까?

방: "내가 있다"는 앎은 음식 물질 속에 있습니까?

마: 음식 즙들은 "내가 있다"는 앎을 가지고 있지 않습니다. 그러나 그것이 한 인간의 몸이 되면 "내가 있다"는 앎이 시작됩니다. 그 이후 괴로움과 생존 투쟁도 시작됩니다. 그 '자기사랑'이 존재하려고 분투하는 것은 자연스럽습니다. 한 형상 안에서 존재의 느낌이 우리도 모르게 출현할 때, 이른바 탄생이 일어납니다.

방: 괴로움을 피할 수 있습니까?

마: 그 일어남 혹은 사건들은 **의식**으로부터 흐르는데, 자신의 개인적 존

재를 느끼는 상상적인 어떤 사람이나 어떤 존재는 그 사건들 때문에 고통 받습니다. 음식-몸은 형상이 있지만 행동은 형상이 없습니다.

"내가 있다"는 얇은 **사뜨와**, 곧 음식 기운의 성질이며, 생시와 잠의 상태가 그에 수반됩니다. 음식-몸이 늙으면 감각기관과 행위기관들이 약해지고 제대로 기능하지 않습니다.

누구에게나 존재의 느낌은 형상이나 이름이 없습니다. 그러나 사람은 그 음식-몸의 형상을 자기 자신의 형상으로 여기고, 그에 붙여진 이름을 받아들입니다. 좋고 나쁜 일들이 일어난다는 것은 모두 개념입니다. 왜냐하면 그런 일이 그에게 일어날 수 있는 그 누구도 없기 때문입니다. 사람은 무지 속에서 자신의 진정한 존재와 현존을 믿습니다. 이 습관은 어릴 때부터 형성되는데, 그것이 쉽게 떠나지 않습니다.

멀리 있어 눈에 보이지 않는 별들도 망원경으로는 볼 수 있습니다. 여러분의 의식은 망원경과 같아서, 그것 때문에 많은 것들이 보일 수 있습니다. 관찰은 의식의 성질이지 관찰자의 성질이 아닙니다. 의식에 대한 주시하기가 관찰자에게 일어납니다. 의식 안에 일체가 들어 있습니다. 그 모든 것에 대한 주시하기가 관찰자에게 일어납니다.

(침묵.)

마: (한 방문객에게) 지금 진행되는 대담은 누구의 성질입니까?

방: 그것은 의식의 성질입니다.

마: 밀과 쌀에서 얼마나 많은 가짓수의 음식을 만들 수 있습니까?

방: 무수합니다.

마: 마찬가지로, 의식 안에서 일어나는 일들에는 끝이 없습니다. 탄생이 무엇입니까?

방: "내가 있다"는 의식의 출현입니다.

마: 모든 것은 의식의 성질이지 의식에 대한 **주시자**의 성질이 아닙니다. **의식**이 전 우주를 점하고 있는데, 그것을 **비슈왐바라**(*Vishwambhara*)라고

합니다. 무수한 사람들과 다른 산 존재들이 지난 세 시대(유가)에 살았습니다. 그들이 어떻게 되었습니까? 지금 그들은 어떻습니까?

방: 그들은 오래 전에 죽었습니다.

마: 저는 그들이 지금 어떤지 압니다. 그들 모두가 그대와 같습니다. 즉, 그대가 이 형상을 취하기 전과 같습니다. 그대의 모든 수수께끼는 의식에 대한 '왜'와 '어떻게'를 알면 즉시 해소될 것입니다. 그대는 그대의 의식이 (백 년 전에는) 없었다는 것을 압니다. 지금은 그것이 있습니다. 그것의 '왜 그리고 어떻게'를 알아야 합니다. 그것을 아는 것이 그대가 할 일입니다. 달리 누가 그것을 알아서 그대에게 말해주겠습니까?

지금 저는 이야기를 하고 있습니다. 누구에게 제가 이 모든 것을 말해주고 있습니까? 저는 남자나 여자에게 이야기하고 있는 것이 아닙니다. 그 탄생 원리에게 이야기하고 있습니다. (남자나 여자 모습의) 그 형상들은 이른바 탄생 이후에 출현했습니다.

그대는 이런 이야기에 참가하지 못합니다. 지知가 없기 때문입니다. 여기서 누가 지知를 가지고 있습니까? 이런 말이 이 외국인 방문객들을 납득시키기 위한 농담입니까?

구도자들은 이런저런 때에 서로 다른 말들을 듣고 혼란스러워합니다. "어제는 그가 그렇게 말했다. 오늘은 전혀 다른 이야기를 한다." 저는 순수한 의식[탄생 원리]에게 이야기하고 있지만, 듣는 사람들은 남자이고 여자입니다. 그래서 오해와 혼란이 생깁니다.

(침묵.)

마: 음식 물질은 산 존재가 아닙니다. 만일 당나귀가 그것을 먹으면 그물질은 당나귀가 됩니다. 원숭이가 먹으면 그것은 원숭이가 됩니다. 탄생 원리는 상상의 산물이 아니고, 여러분[남자나 여자들]이 상상의 산물입니다. 그러니 어떻게 제대로 된 이해가 있을 수 있습니까?

존재계 안에서는 의식보다 더 작거나 더 큰 것이 아무것도 없습니다.

여러분 모두 그것을 "내가 있다"로서 경험합니다. 의식의 장場 안에는 무한한 이름들이 있지만, 의식의 주시자는 이름이 없습니다.

우리가 남들에게 이야기를 할 때는 우리가 선택한 단어들을 사용합니다. 남들은 그들이 선택하는 단어를 사용합니다. 만일 사용되는 단어들에 대해 이견이 있으면 다툼이 생기고 심지어는 싸움이 나기도 합니다. 단어들이 더 험한 단어들을 야기하는데, 현명한 사람이 모두에게 말을 그만하라고 합니다. 그러면 침묵과 평안이 있습니다.

세계는 모든 몸들과 세계가 실재한다는 이해와 함께 작동합니다. 실은 둘 다 거짓이고, 그것이 참된 이해입니다. 몸들과 세계는 같은 5대 원소로 이루어집니다. 자신을 음식-몸과 별개로 보는 사람은 이미 자유롭습니다.

절대자는 이름이 없지만, 우리는 이해하려고 애쓰는 과정에서 **빠라마뜨마**나 **빠라브라만** 같은 이름들을 사용합니다.

(침묵.)

마: 저를 찾아오는 사람들은 저를 이해하기 힘들다고 느낍니다. 한 그룹에서 단 한 명이 저를 올바르게 이해한다면 뭔가 이룬 셈이 되겠지요.

여러분이 보는 것, 즉 이 세계는 인간 지성의 상상이 취한 형상들에 지나지 않습니다. 세계는 인간 형상 안에서 흘러나오는 관념들로 인해 아름다워지고 있습니다. 인간 형상 안의 "내가 있다"라는 개념은 큰 힘을 가졌습니다. 그러나 몸과의 동일시가 죽음이라는 비극을 낳습니다.

방: 일체가 너무나 실제적입니다. 어떻게 그것이 환幻입니까?

마: 절대자의 관점에서는 모든 것이 **마야**, 곧 환幻입니다.

방: 의식의 힘이란 무엇입니까?

마: 이 수건 안에 불이 있지만 보이지 않듯이, 이 **의식** 안에는 큰 힘과 능력들이 있습니다.

방: 이 존재의 느낌이 어떻게 **영원자**에게서 나타났습니까?

마: 우리의 존재의 느낌이 자궁의 내용입니다. 자궁 안에서는 그것이 잠재해 있고, 출산 후 3년 내지 5년까지 계속 그러했습니다. 그것은 설익은 망고가 단맛이 나려면 시간이 걸리는 것과 같습니다. 여러분의 존재성이 성숙을 이루었을 때 여러분은 자기 어머니를 인식하기 시작했습니다. 이 존재(being)는 아주 오래되고 영원한 것이지만 존재의 느낌 없이 있었습니다. 존재의 느낌은 음식-몸을 얻은 뒤에야 나타났습니다. 세 살 내지 다섯 살이 될 때까지는 우리의 존재 상태가 **영원자**의 그것과 같습니다.

방: 왜 진리가 그토록 깨닫기 어려운 것이 되었습니까?

마: 진리는 모두가 얻을 수 있는 것이지만 숨겨져 있습니다. 개미가 모래에 덮여 있던 설탕 결정 하나를 집어 올립니다. 진리가 있는 곳을 알아내고 그것을 깨달으려면 스승의 도움을 얻어야 합니다. 여러분이 듣거나 읽은 모든 개념이 날려가 버릴 때, 진리가 열리고 자유로워집니다.

방: 진인은 왜 그렇게 드물게 발견됩니까?

마: 진아를 깨닫는 사람은 그것을 숨긴다고 합니다. 실제로는 어떤 숨김도 없습니다. 진리를 찾는 진짜 고객이 없기 때문에 진인이 그것을 숨기는 것처럼 보입니다. 진리를 추구하는 사람이 드뭅니다. 다른 사람들은 세간의 사물들을 추구합니다. 그들은 물질적 이득을 위해 신을 숭배합니다. 진인은 그 드문 구도자를 기다리는 인내심으로 충만해 있습니다. 진인 냐네스와르(Jnaneshwar)가 말하기를, 지知는 듣는 사람의 그릇에 따라 전수된다고 했습니다.

방: 마야가 무엇입니까?

마: 우리가 '우리가 있다'는 것을 알면, 그것을 좋아하고 그것을 유지하고 싶어 합니다. 그것이 마야입니다.

방: 세계에 왜 혼란과 혼돈이 있습니까?

마: 진정한 깨어남은 진아를 깨닫는 것입니다. 저 소위 생시는 꿈속의

생시나 다를 바 없습니다. 여러분은 자신의 꿈 세계에서 아무것도 기대하지 않습니다. 왜냐하면 그것은 거짓이기 때문입니다. 그러나 이 세계도 꿈 세계만큼이나 거짓입니다. 여러분은 그것을 참되다고 여기고 이익을 얻기를 기대합니다. 여러분이 진아를 깨달을 때까지는 여러분의 세계 안에 어떤 질서도 없을 것입니다.

방: 우리의 생시가 왜 거짓입니까?

마: '여러분이 있다'는 그 앎이 여러분이 보는 그 세계의 씨앗입니다. '여러분이 있다'는 꿈이 여러분의 꿈 세계를 낳고, '여러분이 있다'는 생시가 이 세계를 낳습니다. '여러분이 있다'는 것 자체가 하나의 환幻이기 때문에 두 세계 다 거짓입니다. '나'는 책을 통해 세계를 경험하지 않습니다. 세계는 '나'의 직접적인 경험입니다. 그것은 '나'의 "내가 있다"는 앎의 성질입니다. 내가 존재하고, 따라서 내가 나의 세계를 봅니다. 세계는 5대 원소로 이루어집니다. 이 원소들은 어떤 지침도 따르지 않습니다. 그것들은 그들 좋을 대로 자유롭게 행동합니다. 그래서 세계가 지금 모습대로입니다.

방: 저는 그런 세계에 태어나지 말았어야 했습니다.

마: 일순간에 수십 수백억의 탄생이 일어납니다. 그것들은 누구의 탄생입니까? 여러분은 그 몸의 형상들에 따라 이름을 부여합니다. 그러나 그들 모두는 아메바에서부터 인간에 이르기까지 840만 가지 서로 다른 종들의 음식-몸 안에서 일어나는 의식의 출현입니다. 이 모든 형상들은 사라지지만 불멸인 의식은 그렇지 않습니다.

방: 왜 그렇게 많은 종교들이 있습니까?

마: 사람은 자기 자신의 개념들을 좋아하고, 남들이 그것을 따르기를 원합니다. 그것이 성공하면 추종자들을 얻습니다. 그것이 (수많은) 교리와 종교들을 가져옵니다.

20. 영원자가 여기서 말을 하고 있다

1979년 12월 15일

마하라지: 인간의 몸은 물론이고 다른 모든 산 형상들도 음식 기운으로 이루어져 있는데, 그 안에 5대 원소가 있습니다. (그 형상들의) 활동은 세 가지 **구나**[성질들]로 인해 일어납니다. 여러분은 그 원소들이 없는 단 하나의 몸이라도 지적해 볼 수 있습니까?

방문객: 아니요. 그것은 가능하지 않습니다.

마: 라마나 크리슈나 같은 화신들도 여기에 예외가 아닙니다.

각 원소는 가늠할 수 없고 무한합니다. 살아 있는 각 형상이나 개인에게 별개의 존재가 있다고 여기는 것은 상상입니다.

그대의 세계가 존재하는 것은 '그대가 있다'는 것을 그대가 알 때입니다. 깊은 잠 속에서는 '그대가 있다'는 것을 모르고, 세계도 없습니다.

우리는 이 지구상에 있는 음식 즙의 결과입니다. 지구가 지知를 가졌습니까?

방: 아니요.

마: 그대는 먼지이고 궁극적으로 먼지로 돌아갑니다. 사람들은 자신의 문제를 해결하기 위해 여기 옵니다. 아마 사람들은 자신의 문제들이 거의 끝나 가려고 할 때 여기에 오겠지요.

방: 진아 깨달음 이후에도 **마야**가 존재합니까?

마: 진인에게는 **마야**가 존재하는지 여부가 중요하지 않습니다. 병자에게 공기를 허공에 사흘간 비빈 뒤에 그 혼합물을 마시라고 했습니다.

이 세상 어느 누구의 말에 지知가 있습니까?

여기 오는 사람들은 자신이 어떤 지知도 얻지 못했고 더 혼란스러워졌다고 불평할지 모릅니다.

영원자가 여기서 단어들을 사용해 말을 하고 있습니다. **영원자**는 찰나적인 것의 일부가 아닙니다.

방: 사람들은 그들의 믿음에 따라 고통 받습니까?

마: 만일 사람들이 어떤 흉한 일이 자신들에게 일어날 거라는 믿음을 표현하면, 저는 그들에게 그것이 그들의 운명이고, 제가 그것을 바꿀 수는 없다고 말해 줍니다.

저로서는 제가 '오고가는 것', '뜨고 지는 것'의 일부가 아니라는 것을 깨닫는 것으로 족합니다.

방: 제가 몸이 아니라면 저의 한계는 무엇입니까?

마: 저는 구도자들에게 자신을 과소평가하지 말라고 말합니다. 그대는 워낙 커서 그대를 에워쌀 만큼 긴 밧줄을 구하기 어렵다는 것을 알 것입니다. 바꾸어 말해서, 누가 오랜 세월에 걸쳐 그대의 주위를 돈다고 해도 한 바퀴를 다 돌지 못할 것입니다. 그대 자신에 대한 그대의 믿음을 모두 상실하기 전에 최대한 빨리 이곳을 떠나는 것이 낫습니다.

무슨 말을 하는 그것은 늘 **의식**이고, 이야기해 볼 수 있는 내용들은 **의식**의 표현입니다.

방: 매 순간 수십 수백억의 탄생이 있습니다.

마: 누가 태어납니까?

방: 인간들, 동물들 등입니다.

마: 아니지요. 모두 **의식**이 다양한 형상으로 태어나는 것입니다. 태아가 숨겨져 있듯이, **히라냐가르바**(*Hiranyagarbha*)[우주적 알]도 숨겨져 있습니다.

위대한 발명을 하는 과학자들이 있습니다. 우주공간으로 나가서 먼 행성들을 연구하는 우주비행사들이 있습니다. 이 대단한 사람들이 그들 자신을 연구하면 무엇을 발견할까요?

방: 아무것도 발견하지 못합니다.

마: 과학자들의 지식은 물질적 지知입니다. '우리가 있다'는 우리의 앎도

음식 물질에 기인합니다. 지금까지 이 과학자들은 음식 물질에서 인간들을 직접 창조하는 데는 성공하지 못했습니다. 그러기 위해서는 남성과 여성의 결합이 필요합니다.

방: 당신께서는 어떤 질문도 마주할 자신이 있으십니까?

마: 전 세계에서 사람들이 저를 찾아와도 저는 아무 걱정할 게 없습니다. 태어난 사람만이 찾아오겠지요. 태어나지 않는 것은 올 수 없습니다. 그리고 태어나는 것은 제가 아주 잘 압니다. 저는 의식이 어떻게 출현했고, 그것이 어디에 자리 잡고 있는지 압니다.

21. 존재하려는 욕구가 그대를 한계 지웠다

1979년 12월 16일

마하라지: 사물들은 있는 그대로입니다. 한 송이 꽃은 있는 그대로이고, 다른 것도 마찬가지입니다. 거기서 더 무슨 조사가 필요합니까?

(침묵.)

마: 먼저 의식이 출현했고, 그런 다음 이 모든 장면들이 나타났습니다. 그 장면 속에서 여러 가지 형상들이 서로 때를 달리하여 출현합니다. 개미에서부터 인간에 이르기까지, 생각의 흐름에 따라 활동들이 나타납니다. 모든 형상 안의 의식은 시간이 한정되어 있습니다. 그 시간이 끝나면 그것은 사라집니다.

여러분이 우기에 풀과 새로운 식물들이 솟아나는 것을 보듯이, 다양한 유형의 산 존재들이 있는 창조계가 있습니다.

인간의 괴로움은 개념들 때문인데, 개념은 실제 사실들과 다를 수 있습니다. 인간은 내면에서 흘러나오는 생각의 흐름에 의해 인도되고 지시받습니다. 그렇게 해서, 별로 중요하지 않던 어떤 사람이 위대한 역사적 인물이 될 수도 있습니다.

방문객: 맞습니다. 내면의 인도가 없이는 우리가 어떤 일도 하지 못했을 것입니다.

마: 스승의 말에 귀를 기울이는 것은 **의식**이지 그대의 마음이 아닙니다. 그대의 **의식**에 주의를 기울이십시오. 그것을 **스승**으로, **신**으로, **브라만**으로 명상하십시오. 우주와 열 가지 방향 모두가 거기서 일어납니다. 이 **진리**를 여러분 자신이 깨달아야 합니다.

  (침묵.)

마: (스승이) 하라고 한 것을 하십시오. 그러면 여러분의 영적인 진보와 물질적 생계가 잘 보살펴질 것입니다. 그 **진리**를 깨닫는 사람은 드뭅니다. 저는 여러분과 똑같습니다. 차이는 깨달음에 있을 뿐입니다. 여러분도 똑같이 **그것**을 성취할 자격이 있습니다.

방: 저희들은 나름의 한계가 있습니다.

마: 여러분은 자신을 한 개인으로 여기는데, 여러분은 개인이 아닙니다. 저는 저 자신이 드러나 있고 광대무변하다는 것을 압니다. '내가 있을' 때 (우주의) 창조·유지·해체도 있습니다. 그러나 저는 어떤 탄생도 어떤 죽음도 없는 **그것**입니다.

  5대 원소는 모든 산 형상들 안에 다 있습니다. 예를 하나 들자면, 공기 혹은 생명기운은 모든 존재 안에 다 있습니다. 제가 **그것**이거나 아니면 **그것**이 제 것인데, 이는 모두에게 공통됩니다. 그것을 **브라만**이라 해도 됩니다. 저는 한 개인이 아니고 나눌 수 없으며, 모두의 안에 존재합니다. 5대 원소의 성질은 저 자신의 성질입니다. 이 모든 성질들이 **자연**(*Nisarga*)을 만듭니다. 모든 **화신**들은 자연 속에서 일어납니다. 모두가 5대 원소와 하나이며, 하나의 개별적 형상을 가지고 있습니다. 여러분에게는 남자와 여자의 모든 형상들이 실재합니다. 저에게는 **쁘라끄리띠와 뿌루샤**조차도 형상이 없습니다. 여러분은 다양한 형상들에 서로 다른 이름을 붙이지만, 형상이 없으면 모두가 하나라는 데 동의합니다.

모든 형상은 시간이 한정되어 있습니다. 무한에 비하면 어떤 시간적 지속도 너무나 짧아서 마치 영(zero)과 같습니다. 그래서 모든 형상들은 언뜻 보이는 모습일 뿐이고 환상입니다. 그들에게는 일시적인 나타남만 있습니다.

진인의 견지에서는, 태어나는 아이와 잉태되기 전의 아이 둘 다 같은 부류에 속합니다. 하나의 일시적 나타남이 영원한 사라짐에 합일됩니다. 나타날 때는 차이가 있지만 사라질 때는 단일성이 있습니다. 꿈들도 나타나서 마음을 어지럽힙니다. 그것들이 실재합니까?

방: 아니요. 저는 신이 무엇인지를 당신에게서 알게 되어 기쁩니다.

마: 아니지요. 이 모든 것은 그대에 관한 정보입니다. 그대는 실제로 무엇입니까? 제 **스승님**은 제가 무엇인지를 저에게 말해 주었습니다. 그것을 제가 그대에게 말해 줍니다. 동의합니까?

방: 예.

마: 제가 보는 세계는 저 자신의 표현입니다. 이 세계에 대해 제가 얻는 모든 정보는 저 자신의 정보입니다. 그대에게는 저 남자와 저 여자가 다릅니다. 드라마에서 여자로 연기하는 남자도 자신이 남자라는 것을 잊어버리지 않습니다. 저에게는 모두가 저 자신입니다. 모든 이름과 형상은 저 자신의 이름과 형상입니다.

브라만은 남자도 아니고 여자도 아닙니다. 그것은 형상이 없습니다. 여러분은 형상을 보고 내용, 즉 **실재**를 잊어버립니다. 어떤 형상도 5대 원소 모두에서 비롯됩니다. 자신을 한 남자나 여자로 여기는 것은 일종의 병입니다. 이런 이야기를 들을 때는 여러분이 자신을 무한하고 광대무변한 존재로 봅니다. 여러분은 작은 하나의 몸에 국한될 수 없습니다.

서서히 여러분 자신을 더 넓게, 더 넓게 보십시오. 그러면 이내 몸과의 동일시라는 병으로 인해 자신이 한 남자나 여자가 되었다는 것을 깨닫게 될 것입니다. 그것은 남들에게 '당신은 무엇'이라고 말해주는 문제가 아니라, 여러분의 **참된** 성품에 대해 내적 확신을 갖는 문제입니다.

크리슈나와 같은 극소수의 사람만이 그 **자신을** 있는 그대로 보고 남들에게 그에 대해 말해줄 것입니다. **크리슈나는** 『기타』에서 그것을 아주 분명히 하고 있습니다. 그는 세계 안에서 그 **자신을** 보며, 모든 것이 그의 정보입니다. **시바·라마·크리슈나와** 같은 이 모든 이름들은 인격화된 **자연의** 이름입니다. 이런 이름들은 **자연의** 행동을 묘사합니다.

5대 원소 각각의 성질이 다른 원소들의 성질과 다르듯이, 자연 속에서 우리는 서로 다른 성질들을 봅니다. 여러분이 (버릇 나쁜) 아이 하나를 바꿔놓지 못할 때, 그 아이의 성질들이 바뀔 수 없는 것임을 인정합니다.

우주적 가족(우주 안의 모든 산 존재들)의 모든 작용은 **쁘라끄리띠**(*Prakriti*)와 **뿌루샤**(*Purusha*)에 기인합니다. **뿌루샤는** 하나의 **주시자**일 뿐이고, 그 작용들은 모두 **쁘라끄리띠**의 소산입니다.

참된 제자는 말합니다. "죽음은 피할 수 없는데, 왜 스승님이 말씀하신 대로 해보고 나서 어떻게 되는지 보지 않는단 말인가?" 위대한 헌신자는 신을 자신의 친구로 대하면서 그에게 이렇게 말합니다. "일체가 당신의 것이고, 당신과 함께만 머물러 있을 것입니다. 왜 제가 거기에 참여할 거라는 것을 의심하십니까?"

(침묵.)

마: 저는 삶을 있는 그대로 관찰하고 거기서 교훈을 얻어 왔습니다. 어떤 형상으로든 우리의 존재(삶)는 더없이 신뢰할 수 없는 것입니다. 오늘 우리와 함께 있는 가까운 가족이 내일은 없을지도 모릅니다. 부모의 외아들이 그들의 목전에서 죽어 넘어질 수도 있습니다.

이것이 존재의 성품인데, 우리는 그것을 바꿀 수 없습니다. 그런 불행에 최소한으로 영향 받도록 우리 자신을 바꿀 수 있을 뿐입니다. 이처럼 존재를 신뢰할 수 없다는 데서 우리는 (매사에) 초연해야 한다는 것을 배웁니다. 그 무엇도 우리의 평안과 고요를 어지럽힐 수 없어야 합니다. 저는 삶의 이런 불확실성을 실제적으로 활용해 왔습니다.

지금까지 저는 알려지는 측면을 여러분에게 이야기했습니다. 여러분이 그에 대해 아무 직접지가 없는 다른 측면은 **진리**입니다. 앞의 것은 드러나 있고(*saguna*), 뒤의 것은 드러나 있지 않고(*nirguna*) 모든 속성이 없습니다. 드러난 것은 무한해 보이지만, 그것은 일시적이고 비非진리입니다. 드러나지 않은 것은 작아 보여도 그것은 영원하고, 그래서 **진리**입니다.

존재하려는 나의 욕구가 나를 한계 지웠습니다. 나의 욕구에 정비례하여 나의 불완전함이 증가했습니다. 존재하려는 욕구가 없었을 때는 내가 무한하고, 참되고, 영원했습니다.

직접 알려지지 않는 그것, 그것이 **진리**입니다. 그에 대해 제가 무슨 말도 할 수 없는 저의 상태, 그것은 완벽한 질서 속에 있습니다. 드러난 것은 일시적입니다. 드러나지 않은 것(Nirguna)은 영원하며, 그것이 **진리**입니다.

방: 영적인 공부는 또한 우리가 이 세상을 살아가는 법을 가르쳐 줍니다.

마: 그렇지요. 일시적인 것을 사랑하지 마십시오. 평안과 고요를 원한다면 말입니다. 만약 그럴 수 있다면, **영원자**를 사랑하십시오. 최소한 여러분의 "내가 있다"를 사랑하십시오. 그것과 우정을 쌓으십시오. 그것은 결코 그대를 혼자 내버려두지 않을 것입니다. 평생 그대와 어울려줄 것입니다. 그것은 가장 가깝고 가장 좋은 **신적 동반자**입니다. 그것이 가장 신뢰할 만한 것입니다.

22. 모든 개인은 상상적 존재이다

1979년 12월 17일

마하라지: 5대 원소 없이는 어떤 생명도 없습니다. 모든 이른바 개인들은 5대 원소에 그들의 존재를 빚지고 있습니다. 모든 사물은 5대 원소 중 둘 이상의 원소로 이루어져 있습니다. 그 원소들이 한데 모여 **사뜨와**, 곧 음식 기운을 형성할 때만 존재의 느낌, 즉 **아뜨마**[자아]가 있습니다. 모든 산 형상들은 시간이 한정되어 있지만 마르깐데야(Markendeya-고대의 리쉬)의 몸과 같은 일부 형상들은 매우 긴 수명을 갖습니다.

자연과 **의식** 안에는 어떤 법칙과 질서도 없습니다. 인간은 질서를 욕망하지만 자연에 대해 통제권이 없습니다. 그래서 인간은 자연에 법칙과 질서가 있다고 추정합니다.

5대 원소, 세 가지 성질, **쁘라끄리띠와 뿌루샤**―이 모두 형상이 없습니다. 이 열 가지로 이루어진 모든 형상들은 상상적 존재입니다.

'나'는 '"내가 있다"는 나의 맛을 얻고 있습니다. 백 년 전에는 그것이 없었습니다. 그러나 지금은 그것이 있습니다. '나'가 첫 번째로 할 일은 이 맛의 '왜 그리고 어떻게'를 알아내는 것입니다.

(침묵.)

마: 저는 **진리**에 대한 이 탐색에서 저의 '나'가 아무 존재성이 없다는 것을 알아냈습니다. 이 '나'는 개인적인 것이 아니라 **보편적인 나**라는 것을 발견했습니다. 진정한 '나'는 어떤 개인성도 없는 전체적 존재의 '나'였습니다. 이것을 발견하자 저의 탐색은 거기서 끝났습니다. 존재한 것은 '나'가 아니라 **브라만**이었습니다. 여러분은 자신의 존재가 중요하다고 느낍니다. 그래서 일체가 여러분에게 중요합니다. 만일 여러분의 존재가 중요성을 상실하면 그 무엇도 여러분에게 아무 중요성이 없습니다.

여러분은 '여러분이 있다'는 것을 알고 있고, 늘 존재하고 싶어 합니다. 자신의 몸과 무한정 함께하고 싶어 합니다. 그러나 그것은 노화와 시간 제한이 있는 음식-몸입니다. 어떻게 그것이 영구히 건강할 수 있습니까?

모든 인간은 두 개의 말단으로 이루어져 있는 것처럼 보입니다. 첫 번째는 고정적 말단, 곧 "내가 있다"의 시작입니다. 두 번째는 활동적 말단인데, 이것은 첫 번째 말단의 유지를 위해 작용합니다.[6] 첫 번째 것이 없으면 두 번째 것은 아무 의미가 없습니다. 두 번째 것은 첫 번째 것에 의존하고 있고 그것을 유지합니다. 두 번째 것은 첫 번째 것이 있는 동안만 작용합니다.

모든 개인들은 상상적 존재이므로, 어떤 사람의 가정사를 비난하는 것은 잘못입니다. 실은 그것은 **전체**, 곧 **브라만**의 일입니다. 그 아스트랄체가 존재계 전체를 점하고 있습니다.[7] 우리가 자신을 몸에 국한시키기는 하지만, 그것은 우리가 실제로 경험하는 것은 아닙니다. 우리는 늘 우리 주위의 일체를 경험하는데, 그 안에 우리의 몸도 존재합니다. 이것은 생시는 물론이고 꿈의 상태에도 해당됩니다. 그래서 우리의 실제 경험은 그렇지 않은데도, 마치 우리가 자신을 몸이도록 강요하려고 애쓰는 것처럼 보입니다. **전체**를 경험하는 것은 한 개인이 아닙니다. **전체**를 경험하는 것은 **전체**, 곧 현상계입니다. 각각의 존재는 별개가 아닙니다. 그것은 늘 열 개로 이루어진 무리―즉, 5대 원소, 세 가지 **구나**, **쁘라끄리띠**, **뿌루샤**와 함께합니다.

방문객: 말이 없이 **지**知를 전수하는 것이 가능합니까?

마: 말을 사용하는 것은 여러분의 이해를 돕기 위해서입니다. 여러분의

---

6) *T.* 영역자의 설명에 따르면, 몸이 태어난 지 3~5년 후 나타나는 "내가 있다"의 출현은 '고정된' 말단이고, 이것을 유지하기 위해 나타나는 거짓 '나'는 '움직이는' 말단이다. 거짓 '나'는 "내가 있다"의 출현과 함께 시작되고, 이 '활동적 말단'이 "내가 있다"를 유지한다.

7) *T.* 여기서는 브라만을 '아스트랄체'(미세한 몸)라고 말한다. 존재계, 곧 세계를 실재의 '거친 몸' 혹은 '현현된 몸'으로 보면, 브라만은 세계에 두루 편재하는 '미세한 몸'으로 볼 수 있다.

무지는 전해 들은 말 때문입니다. 저의 말은 그런 말들을 씻어내기 위한 것입니다. 어떤 방문객들은 말을 사용하여 논쟁을 합니다. 제대로 이해하면 말이 점점 적어지고, 침묵이 점점 많아집니다.

방: "내가 있다"는 앎에 대한 명상은 어떻게 도움이 됩니까?

마: 그대의 몸과 존재의 느낌 외에 이 세상에서 그대의 밑천이 무엇입니까? 누구에게 물을 것 없이 그대가 직접 아는 것이 무엇입니까? 그대는 '그대가 있다'는 것과 세계를 아는데, 그 세계 안에 그대의 몸이 존재합니다. 신이나 브라만에 대해서는 그대가 직접 아는 것이 없습니다.

"내가 있다"는 앎이 먼저고 그 다음에 세계가 옵니다. 그래서 그대의 "내가 있다"는 앎이 중요성에서 으뜸입니다. 그대는 백 년 전에 이 "내가 있다"는 앎이 없었다는 것을 압니다. 지금은 그것이 있습니다. 이 "내가 있다"가 '왜 그리고 어떻게' 출현했는지 알아내는 것이 그대의 첫 번째 임무입니다. 그보다 중요성이 덜한 다른 것들은 나중에 탐색해도 됩니다. "내가 있다"에 대한 명상을 하는 것은 말과 생각에서 벗어나기 위해서입니다.

이 담배 라이터에서 불길은 연소가스에 의해 유지됩니다. 마찬가지로, 그대의 의식은 그대가 먹는 음식을 소화함으로써 유지됩니다. 우리는 몸이 먹는 것을 봅니다. 그러나 그 수혜자는 의식의 빛, 곧 "내가 있다"는 앎의 빛입니다.

방: 진아 깨달음을 얻고 나면 속박은 어떻게 됩니까?

마: 그것을 지知로 보게 됩니다. 그 사람은 자신을, 모든 존재를 비추는 하나의 큰 태양으로 봅니다. 그때까지 그는 자기 마음의 개념들에 싸여 있습니다. 모든 무지와 속박은 듣고 읽은 지식에 기인합니다. 무엇을 듣기 이전의 상태에 있도록 하십시오. 의식 이전의 그 상태에서는 어떤 불행도 없었고, 따라서 행복해질 필요가 없습니다. 그대의 지각성이 불행의 씨앗이며, 그것이 불행으로 가득 찬 그대의 세계를 생겨나게 합니다.

23. 경전의 내용을 의심하는 사람은 매우 적다

1979년 12월 18일

방문객: 우리의 존재성이 출현하기 이전에 우리의 존재는 어떠했습니까?

마하라지: 마치 존재하지 않는 것처럼, 그것은 나타나지 않고 있었지요. 그것의 출현은 우기에 식물이 갑자기 출현하는 것과 같았습니다. 만일 제가 여러분에게 그 식물이 어떤 길로 이동하여 그곳에 출현했느냐고 묻는다면 어떨까요? 식물에게는 어떤 길로 그곳에 온다는 것이 없습니다. 그것은 이미 거기 있었지만 나타나지 않고 있다가, 바로 거기서 나타난 것뿐입니다.

방: 업業(karma)의 법칙은 어떻습니까?

마: 탄생·환생과 업業의 법칙은 모두 **진리**에 대한 무지에 기초한 개념입니다.

모든 형상들은 상상적 존재인데, 그것이 누구의 업業[행위]이고 누구의 탄생·환생일 수 있습니까? 만일 어떤 사람이 참으로 구체적인 형상을 가지고 있다면, 그의 행위로 인해 그 형상으로 고통을 받겠지요.

업業의 법칙은 모든 형상이 실재하고 모든 행위에 대한 기록이 유지된다는 가정에 기초해 있습니다. 모든 형상이 거짓이기는 하나, 그 형상들에서 참된 것은 5대 원소입니다. 이 원소들이 행위에 책임이 있다고 할 수 있고, 벌을 받을 만한 범위에서는 벌을 받아야 합니다.

방: 비진리가 어떻게 **진리**로 확립되었습니까?

마: 경전에는 권위 없는 필자들이 덧붙인 부분들이 있습니다. 그들 대다수는 무지한 사람들이고, 보통은 세월이 흐르면 그들의 책은 무시되었을 것입니다. 그래서 이 필자들은 사람들이 쉽게 받아들일 수 있도록 비야사(Vyasa-베다의 저자) 등의 이름을 저자로 내세웠습니다.

또 경전의 내용에 의문을 갖는 사람은 극소수입니다. 경전들은 당연히 **진리**로 여겨집니다. 설사 **진리**가 아니어도 문제가 되지 않습니다. 보통 사람에게 영적인 공부는 그들의 우선순위에서 맨 끝에 옵니다. 즉시 주의를 기울여야 하는 식품 조달, 오르는 물가, 정치 불안 등과 같은 다른 중요한 문제들이 있습니다. 영적인 공부는 아주 늙을 때까지 미루어도 된다는 것입니다. 그래서 세월이 가면서 의심쩍은 비진리가 **진리**로 자리 잡습니다.

방: 만약 모든 형상이 실재하지 않는다면, 어떤 오고 감이나 나고 죽음이라고 할 것도 없습니다.

마: 세계는 사람들로 가득 차 있고, 인구는 계속 늘어나고 있습니다. 그들이 어디서 옵니까? 그들은 바로 거기서 나타나고 늘어납니다. 그들은 거기서 사라질 것입니다.

　모든 산 존재들은 자유롭게 행위할 수 있습니다. 생식하라는 어떤 강요도 없습니다. 음식-몸들의 증가는 자연발생적으로 일어납니다.

방: 진인 뚜까람(Sage Tukaram)이 말하기를, "나는 **바이꾼타**(Vaikuntha)[비슈누의 거주처][8]에 있었고, 거기서 왔다"고 했습니다.

마: 만일 제가 그를 만나면 물어보겠습니다. "당신은 **바이꾼타**의 어디에 있었습니까?"라고.

　우리는 바로 여기 이 지구상에서 우리의 존재를 알게 되었고, 바로 여기서 사라질 것입니다. **바이꾼타**나 **카일라스**(Kailas)[시바의 거주처]로 가거나 거기서 온다고 할 것이 어디 있습니까?

　우리가 죽은 사람에 대해 '고故'라는 접두사를 덧붙이듯이, 힌두들은 (죽은 사람에게) **바이꾼타바시**(Vaikunthavasi)[바이꾼타 거주자]니 **카일라스바시**(Kailasvasi)[카일라스 거주자]니 하는 접두사를 덧붙입니다.

---

8) 바이꾼타와 카일라스는 아주 인기 있는 개념으로, 복을 지은 사람들이 여기를 떠나면 그곳으로 간다고 생각된다.

여러분이 처음 '여러분이 있다'는 것을 알게 되었을 때와 그것을 안 장소, 그것이 여러분이 출현한 때와 장소를 말해줍니다. 여러분이 어디 다른 데서 온다고 할 것이 없습니다. 마찬가지로, 여러분의 '내가 있음'이 더 이상 존재하지 않을 때 여러분은 **미현현자**에 합일됩니다.

방: 진인(*Jnani*)은 그의 지성을 사용합니까?

마: 그대는 생계를 위해 그대의 지성을 사용합니다. 지성을 아는 자에게는 생계가 자연발생적으로 일어납니다.

방: 태아의 발생처럼 말입니까?

마: 그렇지요. 그는 참으로 독립해 있고(*swatantra*) 자립적입니다. 강조점이 행위자로서의 '나'에 있는 사람은 갈 길이 멀지만, '나' 이전에서 안정되는 사람은 **진아**를 성취합니다. "내가 있다"가 없던 그 상태로 돌아가야 합니다. 그 상태는 완벽한 질서 속에 있습니다.

누구나 음식 즙을 통해 '자기가 있다'는 것을 알게 되지만, 그것을 아는 것은 궁극적으로 누구입니까? 이해하기 위해서는 그에게 어떤 이름, 예컨대 **절대자**라는 이름을 붙여야 합니다. 이는 '그것이 있다'는 것을 알게 되는 것이 절대자임을 의미합니다. 스리 크리슈나는 절대자의 한 표현이었습니다. 그는 생전에 수많은 것을 이야기했습니다. 『바가바드 기타』는 그의 노래지만, **절대자**는 말을 벗어나 있고, 말에 접촉되지 않습니다.

방: 다른 동물들도 개념에 의해 영향을 받습니까?

마: 인간은 듣고 읽어서 개념을 축적합니다. 지성이 없는 다른 동물들은 그런 능력이 없습니다.

방: 크리슈나의 헌신자들(*gopis*)은 그가 죽은 뒤 그를 기억했습니까?

마: 크리슈나의 살아생전에 고삐들은 이미 그들의 개인성을 잃고 **크리슈나**와 하나가 되어 있었습니다. 그래서 이런 질문은 일어나지 않습니다. "내가 있다"는 소식이 사라지면, 남는 것은 **무소식**(*Nivrutta*) 상태입니다.

24. 마음은 지시물이지 독재자가 아니다

1979년 12월 19일

마하라지: 저는 저의 참된 상태, 곧 **절대자** 안에 있습니다. 제가 이 몸 안에 국한되어 있지 않기는 하지만, 몸은 제가 있는 곳을 말해주겠지요. 그것은 몸이 끝날 때까지 계속될 것입니다. 저의 영원한 상태에서는 "내가 있다"는 소식이 없는 존재가 있습니다.

방문객: 당신께서는 우리의 삶을 어떻게 묘사하시겠습니까?

마: 그것은 마음의 변상變相(생각·감정 따위)들로 충만해 있고, 오락거리를 찾고 있습니다. 죽은 쥐의 존재를 그 냄새로 알듯이, 현재 그대는 자신의 현존을 냄새 맡고 있습니다. 그러나 이 냄새 맡기는 시간이 한정되어 있고, (결국) 사라질 것입니다. 백 년 전에는 그대가 자신의 현존을 냄새 맡지 못했습니다. 그것은 소위 탄생 이후에 시작되었습니다. 시작된 것은 언젠가, 소위 죽음이 닥쳤을 때 끝날 수밖에 없습니다.

　그대의 존재를 냄새 맡기 이전에 그대의 욕망과 요구사항들은 무엇이었습니까? 그대의 욕망과 얻음은 끝이 없었지요.

방: 마음은 생명기운과 어떻게 관계됩니까?

마: 마음은 생명기운의 또 다른 이름입니다.

　대기 중에는 공기가 있고 들고나는 호흡이 있습니다. 이 때문에 생명기운이 작용합니다. 이것이 생각의 흐름을 가져오고, 그것을 우리는 마음이라고 부릅니다. 무지한 사람들은 생각의 흐름에 따라서 움직입니다.

방: 진인에게는 마음이 있습니까?

마: 마음이 있지만 매우 희미하고 아득합니다. 그대가 러시아에서 일어난 사소한 사건들에 동요되지 않듯이, 어떤 생각도 **진인**에게 영향을 주지 않습니다.

방: 마음을 전적으로 무시하십니까?

마: 화장실에 가는 것과 같은 문제들에 대해서는 마음의 귀띔을 받아들입니다. 진인의 마음은 발언권이 없습니다. 그것은 (무엇을 알려주는) 하나의 표지로서 봉사할 뿐 독재자가 아닙니다. 마음은 무지한 사람을 부립니다. 바로 지금 우리는, 여기 조용히 앉아 있다가 갑자기 일어나서 떠난 사람을 보았습니다. 누가 그에게 떠나라고 했습니까?

방: 그의 마음입니다.

마: 인간은 자신이 결정자이고 행위자라고 느낍니다. 그는 자신이 모든 산 존재들과 함께 5대 원소의 일부라는 것을 잊어버립니다. 5대 원소들 가운데서 일어나는 일은 결국 지구상에 떨어지고, 인간은 지구의 일부입니다. 인간은 모든 원소들 간의 상호작용 결과에 따라 행위해야 합니다.

방: 스승(Guru)은 이 상호작용을 알고 있습니까?

마: 적절한 행위와 피해야 할 행위를 아는 자가 스승입니다.

방: 우리의 존재 자체가 음식 기운의 성질이라면, 우리의 행위에 대한 어떤 통제권도 우리가 갖기를 기대할 수 없습니다.

마: 우리의 존재의 느낌은, 시작이 있고 끝도 있는 하나의 계절과 같습니다. 우리의 존재는 우리에게 중요하고, (그래서) 우리는 모든 주의사항을 받아들이며, 존재를 유지하기 위해 일정하게 일을 합니다.

방: 당신께서는 어떤 수행법들을 권하십니까?

마: 그대 자신을 몸과 이름에서 분리하며 살려고 노력하십시오. 그대가 그 몸과 이름이 아니라면, 그대는 무엇입니까? 그대가 자신을 한 개인으로 여기기는 하지만, 그대의 "내가 있다"는 앎은 5대 원소와 세 가지 성질의 요가(Yoga)[결합]입니다. 그것은 여덟 가지 요소의 요가, 곧 8지肢 요가(*Ashtanga* Yoga)[9]입니다.

---

9) *T.* 원래 '8지 요가'는 라자 요가지만, 여기서는 '8지 요가'의 개념을 새롭게 제시했다. 즉, 그것은 5대 원소와 세 가지 성질에서 나온 "내가 있다"는 느낌을 자각하는 행법이다.

방: 왜 저는 어떤 신체적 또는 정신적 활동 없이 있기가 힘들다고 느낍니까?

마: 그대는 자신의 존재성을 잊고 싶은데, 그 존재성이 문제가 많기 때문입니다. 깊은 잠 속에서는 존재성이 잊히기 때문에 편안하지요.

방: 이 문제에서 어떻게 벗어납니까?

마: 그대의 존재성을, 즉 그것의 '왜 그리고 어떻게'를 아십시오.

방: 그것을 어떻게 압니까?

마: 그대의 존재성("내가 있다"는 앎)에 대해 명상하십시오. 즉, (존재성을 자각하며) 생각 없이 있으십시오. 그러면 그 존재성 자체가 자신의 모든 비밀을 그대에게 말해줄 것입니다.

방: 저의 신체 형성은 제가 모르게, 저의 허락 없이 일어났습니다. 그것의 최후(죽음)에 대해서는 뭐라고 말씀하실 수 있습니까?

마: 그 최후는 그대가 알면서 함께할지 모르지만, 그것은 또다시 그대의 동의 없이 이루어질 것입니다. 하느님[이스와라]조차도 최후가 있습니다.

방: 마하뜨 따뜨와(Mahat Tattva), 곧 지고한 의식의 중요성은 무엇입니까?

마: 그대의 모든 재산이 그대의 돈의 힘 때문이듯이, 그대의 모든 존재(삶)는 이 **마하뜨 따뜨와**, 곧 순수한 **사뜨와**(shuddha satwa)에 기인합니다. **사뜨와**의 빛이 저물면 모두 끝이 납니다. 그대의 세계는 **사뜨와**의 성질입니다.

방: 바수데오(Vasudeo-바수데바)가 누구입니까?

마: 바스(Vas)는 냄새라는 뜻입니다. 그대는 자신의 존재를 압니다. 이는 그대가 자신의 존재를 냄새 맡는 것은 **의식** 때문이라는 뜻입니다. **의식**이 **신**(Deo)입니다. 빛, 곧 **바그완**(Bhagwan)이 몸 안에 있는 것은 그대가 자신의 존재를 냄새 맡는 동안입니다. 의식이 몸과 분리되면 그 냄새 맡기가 그칩니다. 아무것도 죽지 않습니다.

방: 자기사랑이 무엇입니까?

마: 태어나는 것(존재성, "내가 있다")이 **자기사랑**입니다. 그대는 무슨 수를 써서도 살고 싶어 합니다. 그대는 존재하는 것을 사랑합니다. 자기사랑이 그대의 주된 밑천입니다.

방: 진인은 자기사랑을 가지고 있습니까?

마: 진인은 **자기사랑**의 기원을 아는 자입니다. 그에게는 **자기사랑**이 없습니다. 무지가 **자기사랑**을 지탱합니다. 무지한 사람들은 **자기사랑** 때문에 수많은 고통을 받습니다. **진아 깨달음**을 위한 요가·명상·고행을 포함한 우리의 모든 활동은 **자기사랑**에서 비롯됩니다. **마야(Maya)**가 **자기사랑**입니다. 그대가 삶을 사랑하는 한 **마야**를 제거할 수 없습니다. 그대는 자신의 삶이라는 연극의 감독이 아니라 무력한 배우일 뿐입니다.

방: 이 무지를 어떻게 없앱니까?

마: 노력으로는 그것을 제거하지 못합니다. 그것의 원인을 알 때 그것이 사라집니다.

방: 왜 소수의 사람들만이 **진아지**에 관심이 있습니까?

마: 그 충동은 내면에서 나와야 합니다. 물질적 성취가 많은 것을 안겨주지 못한다는 것을 사람들이 알게 될 때, 그들의 영적인 탐구가 시작됩니다. 가난한 사람들에게는 부富의 덧없음이 다가올 수 없습니다. 그래서 인도인들은 영적인 공부로 향하기에는 갈 길이 멉니다. 여기 오는 사람들 상당수는 자신들의 세간적 문제 때문에 옵니다. 유럽과 미국에서 오는 방문객들은 계속 늘어나고 있지요.

방: 이 몸-정체성을 어떻게 없앱니까?

마: 그대가 무한하고 광대무변하다는 사실을 기억해야 합니다. 훈련과 습관에 의해서, 그대는 자신이 몸에 국한되어 있다고 상상해 왔습니다. 그대가 (자기라고) 상상하는 '어떤 사람'이 문제들로 고통 받습니다. **진인**의 경우에는 고통 받는 어떤 사람이 없습니다.

방: 이 끝없는 말씀은 **마하라지**님께 무척 힘드실 게 분명합니다.

마: 이 송장[육신]은 24시간 내내 불타고 있습니다. 의사들은 저에게 말을 그만하고 약을 먹으라고 합니다. 그러나 그들이 무엇을 압니까? 저에게는 그 치료가 병보다 더 나쁠 것입니다. 아무 통증도 없고 몸이 약할 뿐입니다. 앉아 있을 기력이 없지만, 여러분 앞에 앉는 즉시 저는 이야기를 시작합니다.

방: 우리의 존재의 느낌은 아주 작지만, 광대한 허공을 포함합니다.

마: 크리슈나가 "내가 모든 것이다"라고 했을 때, 그 말은 그의 '내가 있음'이 모든 것이라는 뜻이었습니다. 이것은 누구나 경험하는 것입니다.

크리슈나가 아주 어릴 때에도 많은 요기와 **마하트마**들이 찾아와서 그의 조언과 축복을 청했습니다.

방: 라마와 크리슈나 같은 화신들은 세상 사람들을 위해 아주 많은 일을 했습니다.

마: 그러나 어떤 개혁이 오래 갔던가요? 그들이든 다른 누구든 창조·유지·파괴의 순환을 막을 수 있었습니까? 그들이 5대 원소를 통제할 수 있었습니까?

방: 어떤 위대한 분들은 이러이러한 곳에 다시 오겠다고 선언했습니다.

마: 저는 그런 말을 하지 않겠습니다. 왜냐하면 모든 형상이 저 자신의 형상이고, 눈에 보이는 모든 것이 저의 표현이기 때문입니다.

방: 우리는 시신들을 봅니다. 그런데 어떻게 당신께서는 죽음이 없다고 말씀하십니까?

마: 모든 몸은 5대 원소로 이루어지는데, 그것들이 살아 있는 것은 **의식** 때문입니다. 의식이 분리되면 그 몸 안에 어떤 생명도 없습니다. 의식은 죽지 않고 몸에서 분리될 뿐입니다. 의식이 없기에 그 시신들은 이미 죽었습니다. 그럴 때 누가 죽습니까?

의식은 하나의 도구 역할을 하며, 그것 때문에 **절대자**에게 주시하기가 일어납니다. 의식 없이는 **절대자**가 아무것도 주시할 수 없습니다.

(침묵.)

마: 절대자는 의식이 존재할 때 먼저 의식을 주시하고, 그런 다음 그 내용을 주시합니다. 의식을 브라만이라고 한다면, 그것의 주시자는 빠라브라만입니다.

마: (새로 온 방문객에게) 그대는 몇 년이나 수행을 하고 있습니까?

방: 12년이 넘었습니다.

마: 그대는 이 의식이, 말하자면 백 년 전에는 없었다는 것을 압니까?

방: 예.

마: 그대의 존재성은 시간이 한정되어 있습니다. 시작이 있고 끝도 있습니다. 절대자에게는, 그리고 의식에게는 오고 감이 없습니다. 의식이 나타나고 마지막에는 그것이 몸에서 분리됩니다. 주시하기는 절대자에게 일어나는데, 그러다가 의식이 몸에서 분리되면 일어나기를 그칩니다.

방: 저의 모든 영적인 지식은 무슨 쓸모가 있습니까?

마: 모름의 상태에서 앎의 상태로의 이행이 '왜 그리고 어떻게' 일어나는지 모르면 모든 지식이 쓸모없습니다.

그대의 비행기가 인도에 착륙하면 그대가 도착 시간을 압니다. 마찬가지로, 이번 생에서 그대의 도착 시간은 언제였습니까?

방: 제가 태어난 일시입니다.

마: 아니지요. 그대가 잉태된 때입니다. 그것이 진정한 도착이지 출생한 때가 아닙니다. 그대가 어디서 왔는지는 압니까?

방: 아니요. 그것은 제가 모르게 일어났습니다.

마: 그대의 상태는 잉태 이전, 잉태 기간 중, 그리고 그 잉태 이후 약 3년 동안 동일했습니다. 그대가 자신의 도착을 알게 된 것은 출생 후 3년 내지 5년 이후였습니다.

잉태될 때 그대의 존재는 잠재해 있었습니다. 마치 이 수건 속에 불이 존재하듯이 말입니다. 아이는 자기 엄마를 인식하기 시작한 뒤에 자신의 존재를 알기 시작합니다.

방: 불이 이 의식을 태울 수 있습니까?

마: 아니지요. 불은 몸을 태울 수 있을 뿐입니다. 의식은 그 몸과 분리됩니다. **진아**는 파괴 불가능하고 불사不死입니다. **진아지**는 잉태 이전의 그대의 상태를 아는 것입니다.

방: 우리의 참된 정체성은 무엇입니까?

마: 그것은 시간 속에서도 변하지 않는 **그것**입니다. 우리의 모든 정체성은 시간과 함께 변해 왔습니다. 우리 자신에 대한 우리의 지식 전체가 무의미하지 않습니까?

방: 우리의 모든 기억은 사진 같습니다. 우리의 삶 속에서 지나간 어떤 장면도, 그것을 회상할 때는 하나의 사진 형태로 우리 앞에 나타납니다.

마: 그대가 그 사진들을 찍습니까? 그것은 자동적으로 일어납니다. 우리의 모든 활동이 순조롭게 진행되는 것은 이런 사진들 때문입니다. 그대는 이전에 방문했던 사람과 장소들을 알아볼 수 있지요.

방: 우리는 어떻게 해서 사람의 목소리를 듣고 그를 인식합니까?

마: 그것도 (사진처럼) 기록됩니다.

방: **구루-만트라**(Guru-Mantra-스승이 주는 만트라)를 염하는 것은 무슨 쓸모가 있습니까?

마: 다섯 가지 **쁘라나**(Pranas)[생명기운]의 정화를 포함해 전반적인 정화를 위해서입니다. 생명기운은 단 하나이지만 그 기능에 따라 다섯 가지 **쁘라나**로 나뉩니다. 순수한 구도자는 (그 만트라를 통해) **진아**를 깨닫습니다.

방: 진정한 구도자들이 수적으로 왜 그렇게 적습니까?

마: 소수의 사람들에게만 그런 내적 충동이 있습니다. 그것은 외적으로 계발할 수 없습니다. **진아**의 신적 은총을 받는 사람은 자신의 **참스승**(Sadguru)을 만납니다. 먼저 **진아**의 은총(Atmakrupa)이 있고, 그 다음으로 **스승의 은총**(Gurukrupa), 마지막으로 **진아** 깨달음이 있습니다.

대담하는 니사르가닷따 마하라지. 가운데 안경 쓴 이는 동문인 바이나트 마하라지이다.

방: 서로 다른 형상들 속의 **아뜨마**는 하나입니까, 다수입니까?

마: 아뜨마는 단 하나이지만 여러 가지 형상 속의 "내가 있다"로서 표현됩니다. 5대 원소가 모두 한데 모여야 이 존재의 느낌이 출현합니다. 진아 깨달음을 위해서는 "내가 있다"를 그 자체로써 끌어안아야 합니다.10) 즉, 생각 없이 있어야 합니다. 그것을 명상이라고 합니다.11) 세계를 잊고 그것의 **영혼**, 즉 "내가 있다"를 붙드는 것입니다.

방: 각자가 별개의 한 **아뜨마**를 가지고 있는 것처럼 보입니다.

마: 같은 호수가 뭄바이 사람들에게 물을 공급합니다. 물은 하나지만 그것이 여러 건물의 탱크들을 채우면 각자 그것을 자기 물이라고 합니다.

방: 진리와 비진리를 간략히 어떻게 묘사하시겠습니까?

마: 여러분이 알 수 없는 것이 **진리**이고, 여러분이 알 수 있지만 변하는 것이 비진리입니다.

방: 태어난다는 것은 고통 받는 것입니다. 우리가 태어나지 않고 있을 수 있습니까?

마: 그대가 알지 못하는 가운데 일어나는 일(몸의 탄생과 존재성의 출현)은 그대가 막을 수 없습니다.

방: 최소한 신은 그것을 막아야 합니다.

마: 라마와 크리슈나의 형상을 포함해 모든 산 형상들은 **자연**(Nisarga)의 산물입니다. 신은 이 우주를 창조하지 않았습니다. 하나의 산 형상은 다른 산 형상의 음식입니다. 그것은 잔인한 일 아닙니까? 우리조차도 잔인함을 막기 위해 최선을 다합니다. 신이 그런 모든 일을 할 만큼 그토록

---

10) *T.* 이것은 "내가 있다"는 느낌 자체로써 "내가 있다"를 붙들라는 것이다. 이는 주체와 대상이 '나'라는 느낌 혹은 "내가 있다"는 느낌으로 통일되어 있는 비이원적 '자각'이다.

11) *T.* '생각 없이 있다'는 것은 '감각대상을 붙들지 않고 고요히 머무른다'는 뜻이며, 뒤에서 "세계를 잊는다"는 것도 같은 의미이다. 이렇게 고요히 머무르는 것이 '묵연함'이며, 묵연함과 자각이 동시에 하나로 합쳐진 것이 마하라지가 여기서 말하는 '명상'이다. 선불교의 정혜쌍수定慧雙修가 바로 이것을 의미한다. 요컨대 마하라지의 "내가 있다"의 행법은, 묵연한 자각自覺(=고요한 비춤)인 정혜쌍수를 본질로 하는 묵조선법이다.

잔인합니까? 그런 창조주는 필시 백치 아니면 악마겠지요.

자연재해로 인해 너무나 많은 파괴가 있습니다. 만일 신이 이 우주를 창조했다면, 신경 써서 5대 원소를 통제했겠지요. 어떤 창조주도 없기 때문에 원소들이 통제 없이 마음대로 행동하는 것입니다.

방: 신이 못하면 최소한 브라만이나 빠라브라만이 뭔가를 해야 합니다.

마: 그런 모든 이름은 이해를 돕기 위해 제시하는 것일 뿐입니다. 그런 이름에 상응하는 어떤 형상도 없습니다. 모든 산 형상들이 창조되는 것은 뜨거운 불판에서 부침개를 부칠 때와 같습니다. 그들의 운명은 창조될 때의 음식 기운[사뜨와]의 성질에 따릅니다. 그 성질에 따라 누구는 거지가 되고 누구는 왕이 되겠지요. 말로 묘사할 수 없고 공간을 넘어서 있는 자가 진인입니다. 그에게는 어떤 이름도 어떤 형상도 없습니다.

방: '나라는 맛(I-taste)'의 출현이 탄생이고, 그것의 사라짐이 죽음입니다. 죽은 뒤에는 그 맛이 어디로 가겠습니까?

마: 가스라이터의 이 불꽃이 꺼지면 그것이 어디로 가겠습니까? 그것이 타나난 곳으로 사라지겠지요. 어떤 오고 감도 없습니다. 천당과 지옥은 사람들이 올바르게 행동하도록 하기 위해 현자들이 고안한 관념입니다.

방: 신이 있다는 것을 제가 어떻게 확신할 수 있습니까?

마: 그대는 자신의 존재에 대해 어떤 의심이 있습니까?

방: 없습니다.

마: '그대가 있다'는 것을 아는 것은 그대의 의식 때문입니다. 제가 그대에게 일러 드리지만, 그대의 의식이 신입니다. 신의 존재를 의심한다는 것은 그대 자신을 의심하는 것입니다. 그대의 의식 안에 전 세계가 들어 있습니다.

그대는 크리슈나가 자신의 영혼이라고 말하는 사람들(사이비 구루들)을 많이 만날 것입니다. 그러나 저는 그대에게, (그대의) '나'가 크리슈나의 영혼이라고 말합니다.

방: 어떻게 해야 그것을 압니까?

마: 그대의 **영원한 성품**을 알아내야 합니다. 그러면 신은 물론이고 그대도 존재하지 않는다는 것을 알게 됩니다. 저의 경우에도 그런 일이 일어났습니다. 먼저 **이스와라**가 죽었고, 그런 다음 … (마하라지는 손가락으로 당신 자신을 가리켰다.) (그 상태에서) 그대는 신이 아는 것이면 뭐든지 알고, 신은 그대가 아는 것이면 뭐든지 압니다. '**나**'의 모든 앎이 사라지면 신도 공백이 됩니다.

방: 많은 사람들이 신에 관심을 두고 있습니다.

마: 그것은 삶 속의 불확실성과 두려움 때문입니다. 사뜨와·라자스·따마스의 성질들을 참으로 이해하면, 그대의 모든 두려움이 사라질 것입니다. 그대의 "**내가 있다**"가 그 셋의 성질입니다. 그것들은 죽음이 없습니다. 그렇다면 그대가 어떻게 죽을 수 있습니까? '그대가 있다'를 모르는 것은 죽음이라고 할 수 없습니다. 그것은 깊은 잠 속에서도 일어납니다. (잠들었을 때) 그대가 죽었습니까?

방: 왜 제가 이 몸이 아닙니까?

마: 5대 원소로 이루어진 그 몸은 우주의 일부입니다. 그대는 5대 원소가 아닌데 어떻게 그 몸일 수 있습니까? 그 몸 안에, 그대가 존재한다는 소식이 들어 있습니다. 그대가 그 소식일 수는 없습니다.

방: 저는 꿈속에서조차도 결코 혼자가 아닙니다. "**내가 있다**"는 일체인데, 어떤 사람이나 사물 없이 홀로 있는 것이 가능합니까?

마: 그것은 그대의 "**내가 있다**"가 사라질 때만 가능합니다. 그때는 어떤 다른 사람도, 다른 사물도 없을 것입니다. 그것은 하나의 비이원적 상태입니다.

방: 어떤 때는 우리가 남들 때문에 행복해지거나 불행해집니다.

마: 남들의 존재는 그대에게 의존하고 있습니다. 백 년 전에 그대가 없었을 때는 모두가 없었습니다. 깊은 잠 속에서도 일체가 사라집니다. 그

대에게 의존하는 그 모든 것은 그대에게 행복이나 불행을 안겨줄 수 없습니다. 그대의 존재는 남들에게 의존하지 않습니다.

방: 당신께 죽음이 있습니까?

마: 제가 죽음 없는 상태로 있었습니까? 죽었기에 제가 살아 있습니다. 저는 모든 사람을, 완전히 저 자신으로 봅니다. 그러나 그들은 자신의 믿음을 고수하면서 고통 받습니다. 제가 어떻게 합니까?

(침묵.)

마: 저는 누군가를 어떻게 바라봅니까? 저는 어떤 사람을, 잉태되기 이전의 그 사람으로 봅니다. 그러나 모두가 자신의 개념에 따라서 자기 자신을 인식합니다. 그에 따라 그 사람은 고통 받습니다. **영원자**는 존재하기 위해, 혹은 생존하기 위해 약이 필요하지 않습니다.

방: 태어난 뒤에야 행복이나 불행이 있습니다.

마: 태어남은 생시·잠·지각성(knowingness)의 세 가지 상태가 출현한다는 것을 의미하고, 행동은 사뜨와·라자스·따마스의 세 가지 성질에 의해 이루어집니다. 그 모든 것 안에서 그대는 어디 있습니까? 그대는 (개인으로서의) 그대 자신이 존재한다고 상상하고 고통 받습니다. 행복이나 불행은 상상적 존재의 한 상상일 뿐입니다.

사람의 모든 행위는 슬픔을 경감하는 데 이바지합니다. 어떤 사람이 화가 나서 울거나, 고함을 지르거나, 남들에게 욕을 합니다. 이 모든 행위들은 그 사람의 마음을 가라앉히는 데 도움이 되지요.

방: 병조차도 상상할 수가 있습니다.

마: 사람들이 어떤 신체적 문제를 가지고 저를 찾아올 때가 많습니다. 저는 그들에게 말합니다. "그대에게는 아무 문제가 없습니다. 그것을 잊어버리십시오. 그대에게 어떤 일도 일어날 수 없습니다." 그러면 이 사람들이 약 없이도 치유됩니다. 그것은 믿음 치유입니다.

마: (새로 온 방문객에게) 그대는 '그대가 있다'는 것을 확신합니다. 그 확

신은 무엇에 의존하고 있습니까?

방: 그것은 당신의 말씀들에서 아주 분명합니다.

마: 그것을 정말로 안다면 그대는 불사의 존재가 됩니다.

석유램프 하나를 생각해 봅시다. 사뜨와는 빛인데, 그 빛 안에서 라자스로 인해 활동이 일어납니다. 그리고 그 램프의 유리등에 붙은 검댕은 따마스입니다.[12]

25. 그대의 개념들이 진아를 가리고 있다

1979년 12월 20일

마하라지: 저는 진아에 대해 여러분에게 중요하고 유용한 힌트들을 드리지만 그것을 깨닫는 것은 여러분이 할 일입니다. 부모는 아들이 결혼하도록 도와주겠지요. 그 후에 무엇을 할 것이냐는 그가 할 일이지 부모의 일은 아닙니다. 이 지(知)를 경청하는 것은 살아 있는 동안 죽는 것입니다. 그것은 여러분의 정체성이 죽는 것인데, 그 정체성은 마지막까지 무지한 사람들을 떠나지 않습니다. 겁 많은 사람들은 소멸의 두려움에서 진인 곁을 떠납니다.

사람은 몸에 워낙 집착하여 몸과의 분리조차도 받아들이기 불가능하다고 느낍니다. 그것은 몸이 죽는 것과 거의 매한가지입니다. 참된 구도자에게는 몸이 "나는 무엇인가?"라는 물음의 한 원인일 뿐입니다. 그는 자신이 몸과 별개로 존재하는 데 대해 아무 의심이 없습니다.

---

12) *T.* 이 램프의 비유에서, 사뜨와는 '의식'이고, 라자스는 '행위', 따마스는 '행위의 결과로 인한 괴로움 등'을 말한다.

방문객: 제가 저 자신의 죽음을 알거나 관찰할 수 있습니까?

마: 죽음은 존재의 느낌이 영구히 사라질 때 일어납니다. 존재의 느낌이 없이 어떻게 그대가 죽음을 알겠습니까? 그대는 매일 잠자리에 듭니다. 만일 잠 속에서나 잠 이후에 깨어남이 없으면 그것은 죽음입니다. 잠과 죽음의 차이점은, 죽음에 대해서는 두려움이 있다는 것입니다. 진인에게는 생명기운을 치워버리는 것이 지극히 행복한 일인데, 그것은 여러분이 매일 아침 화장실에서 느끼는 행복감과 비슷합니다.

방: 저는 잠이 오지 않으면 알약을 먹습니다.

마: 마찬가지로, 지각성·생시·잠은 음식 기운이라고 하는 큰 알약의 결과입니다. 탄생이 이 세 가지 상태의 출현 아니고 무엇입니까? 그것들의 사라짐이 죽음입니다.

방: 영적인 지知를 받기에 적합한 사람은 누구입니까?

마: 신체적·정신적·영적인 문제들로 괴로워하는 사람입니다.

방: 만일 금생에 해탈하지 못하면 저는 죽게 됩니까?

마: 지각성·생시·잠은 음식 기운의 성질들입니다. 그대는 그대가 먹는 그 음식입니까?

방: 아닙니다.

마: 그대의 몸이 그대의 음식이지 그대는 음식이 아닙니다. 몸의 죽음은 그대의 죽음이 아닙니다. 몸이 죽은 뒤에는 그대의 지각성이 더 이상 존재하지 않겠지요. 백 년 전에는 그대의 지각성이 없었습니다. 그대가 죽어 있었습니까?

방: 아니요. 제가 깨달았든 못 깨달았든 죽음이란 없다면, (제가) 왜 그 모든 수고를 합니까?

마: 깨달음이 없는 언어적 지知만으로는 두려움을 없앨 수 없습니다. 조반 메뉴를 읽는 것으로는 배를 채울 수 없습니다. (진정한) 지知는 (사람을) 해탈시키는 그것으로 정의됩니다. 그것은 평안과 고요를 가져옵니다. 그

대가 머리에 이고 다니는 짐이 그때는 그대의 탁자 위에 놓이게 될 것입니다.

방: 우리가 더 이상 존재하지 않을 때는, 죽은 이들에게 올리는 공양물을 받을 자가 누가 있습니까?

마: 아무도 없지요. 그 공양물을 올리는 사람들은 (그 행위로) 만족을 얻고, (예공을 올려주는) 사제는 사례금(dakshina)을 얻습니다.

방: 이제 저는 저의 개념들 대부분에서 벗어났습니다.

마: 들은 말에 기초한 그대의 개념들이 **진아**를 가려 왔습니다. 이 지知는 심지어 그대의 "내가 있다"로부터도 그대를 벗어나게 할 수 있어야 합니다. 그것도 하나의 개념이니까 말입니다. 그대의 성경은 지知로 가득하고 성직자는 그것을 설교합니다. 그러나 아무도 그것을 이런 식으로 설교하지는 않지요.

방: 서양에서는 현자들이 **진리**를 이야기할 자유를 누리지 못했습니다.

마: 제가 여기서 이야기를 할 때는 그 결과를 감당해야 합니다. 그것은 하나의 확립된 진실입니다.

방: 그것을 좀 더 분명하게 말씀해 주시겠습니까?

마: (침묵.)

통역자: 마하라지께서는 진인의 말은 매우 강력하다고 말씀하십니다. 그것은 **진인** 자신을 포함하여 듣는 사람들에게 큰 임팩트(impact)를 갖습니다. 당신은 오래 전에 어떤 진인이 살았던 한 순례지에 대해 말씀하신 적이 있습니다. 모든 방문객들이 체험한 그곳의 비밀은, 그들이 그곳에 머무른 지 몇 분 이내에 거기를 떠나야 한다는 것이었지요. **마하라지께서는, 진인의 어떤 바람, 예컨대 "나를 가만히 내버려둬 달라"는 바람은 그의 대삼매 이후에도 작용한다고 말씀하셨습니다.**

진인은 단어를 사용할 때 매우 주의해야 합니다. 좋든 나쁘든 그 말들은 실현되는 효과가 있기 때문입니다.

마하라지께서는 폭죽 터뜨리는 것이 시끄럽고 공기를 오염시키기 때문에 그것을 좋아하지 않으셨는데, 한번은 이렇게 말씀하셨습니다. "이 사람들이 왜 돈과 집들을 불태우는지 모르겠군." 그리고 즉시 당신 자신의 말씀을 이렇게 수정하셨지요. "물론 집들은 불타지 않았지."

마: 예수는 태어나기 전에 형상을 가지고 나타날 것을 알았습니까? 그럴 수가 없지요. 그도 원칙에 예외일 수 없습니다.

방: 당신의 궁극적 발견물에 대해 어떤 증인이 있습니까?

마: 설사 어떤 증인이 있다 해도 그것은 다 거짓말이라고 확신하십시오. 아무 증인이 없는 동안은 그것이 모두 완벽한 상태에 있고 진리입니다. 절대자의 상태에서는 어떤 타자他者도 없습니다. 제가 저 자신의 유일한 증인입니다.

방: 몸-정체성을 상실하는 데는 스승의 도움이 필수요건입니까?

마: 그렇지요. 그 이후에 제자는 스승에게 더 가까워집니다.

　(침묵.)

마: (눈을 감고 있는 새로 온 방문객에게) 여기서 명상하지 마십시오. 눈을 뜨고 들으십시오. 그대 혼자 있을 때, 그대의 부모님이 그대를 인식하지 못했고 그대도 그들을 인식하지 못하던 상태로 나아가서 깊이 명상하십시오.

　그대는 하나의 형상으로 그대가 출현한 것이 자연발생적이었다는 것을 이해합니까?

방: 예. 그것은 제가 모르는 사이에, 저의 협력 없이 일어났습니다.

마: 그대가 전혀 알지 못했다 하더라도, 그대의 신체적 현현은 미현현의 진아인 그대에게서 비롯되었습니다.

26. "내가 있다"는 병에서 어떻게 벗어날 것인가?

1979년 12월 21일

마하라지: 음식 기운으로 인한 현현이 있습니다. 몸이 태어나고, 그와 함께 생시·잠·지각성의 세 가지 상태가 나타납니다.

방문객: '나는 이 몸이 아니다'라는 앎 너머에 뭔가가 있습니까?

마: 그 이후에 그대가 생시·잠·지각성도 아니라는 것을 알게 됩니다. 또 그대에게 어떤 탄생도 없고, 그대는 시작과 끝이 없는 그것이라는 것을 알게 됩니다.

그대의 부모님이 그 몸을 생겨나게 했고, 그 몸 안에서 '그대가 있다'는 소식이 나타났습니다. 부모 각자가 그 소식의 출현에 기여했습니다. 우유에서 버터와 기(ghee)를 얻습니다. 둘 다 우유 속에 잠재해 있습니다. 마찬가지로, 의식은 음식 안에 잠재해 있습니다. 그래서 음식이 그대 몸 안의 의식을 지탱합니다. 그대의 주의[여신 락슈미]가 그대의 의식[신 비슈누]에 봉사합니다.

방: 시바 신의 그림에서는 갠지스 강이 그의 머리에서 흐르는 것이 보입니다.

마: 그러면 그가 어떻게 잠을 잘 수 있습니까? 시바는 큰 스승이고, 그의 말 한 마디 한 마디가 심오한 지知입니다. 그 갠지스 강은 물의 흐름이 아니라 지知의 흐름입니다.

방: 왜 브라마 신은 입이 네 개인 모습으로 그려집니까?

마: 말의 네 유형인 빠라(Para), 빠시얀띠(Pashyanti), 마디야마(Madhyama), 바이카리(Vaikhari)[13]를 나타내기 위해서입니다.

---

13) T. Para는 모든 언어와 의미의 총합인 내면의 단일체, pashyanti는 특정한 단어와 의미의 단일체, madhyama는 내면에서 문자화된 언어, vaikhari는 입으로 말해진 언어이다.

방: 여기서는 모두 말이 없습니다.

마: 겉으로는 여러분이 말이 없어 보이지만, 내면에서는 생각의 흐름이 이어집니다. 어느 누가 생각 없는 상태를 체험합니까?

　(침묵.)

마: 이 세상에서 우리는 수많은 것들을 경험합니다. 어떤 경험이 우리에게 영구적으로 머무릅니까?

방: 아니요.

마: 생명기운과 마음이 떠나고 몸이 떨어져 나가면 그대는 무엇이 될까요? 그대는 존재하는 것(to exist)을 사랑합니다. 그것(존재애)은 어떻게 될까요? 몸-마음이 없으면 그대는 어떻게 보일까요?

　밤낮에 대한 어떤 경험이 있을까요? 가까운 모든 친족에 대한, 그리고 힘들게 번 돈과 소유물에 대한 그대의 걱정은 어떻게 될까요?

방: (침묵.)

마: 그대가 지금 보고 있는 모든 것의 부모는 누구입니까?

방: 의식입니다.

마: "의식 없이는 일체가 쓸모없다." 여러분이 이것을 알면 더 많은 것을 얻겠다고 계속 분투하겠습니까?

방: 우리는 조심해서 의식을 지속해야 합니까?

마: 그러나 그것은 (건강한) 음식-몸의 성질입니다. 의식은 이내 자신의 거주처를 잃을 것입니다. 그것이 지속되는 동안, 의식 없는 그대는 무엇이었는지, 그것이 어떻게 갑자기 출현했는지 알아내려고 노력하십시오.

방: 그것이 의식을 가장 잘 활용하는 것입니다.

마: 만일 내가 물 없이 살 수 없다면, 물은 나의 **아뜨마**[진애]가 됩니다. 의식이 없으면 "내가 있다"가 없습니다. 그렇다면 의식은 나의 진아가 되고, 그것은 나에게 신보다 더 중요할 수밖에 없습니다.

방: 이 모든 것은 진인에게는 물론이고 무지한 사람들에게도 해당됩니다.

마: 무지한 사람은 몸을 자신과 동일시하지만, **진인**은 자신이 몸도 아니고 의식도 아니라는 것을 압니다. 그는 의식이 지속되는 동안 그것을 활용합니다. 그는 의식 이전이고, 늘 그 상태에 있습니다.

방: 구도자는 무엇을 알아내야 합니까?

마: (영어로) '나'가 왜 있지, '나'가 왜 있지?(I why, I why?)

방: 음식 기운의 한 방울 속에서 세계를 보는 것은 하나의 기적입니다.

마: 각 방울, 곧 음식 기운의 알갱이는 의식을 유지하는 데 도움을 줍니다. 그대가 세계를 경험하는 것은 의식 때문입니다. 그래서 그 기적이 일어납니다. 따라서 우리는 **사뜨와**가 전 세계의 아버지-어머니라고 말할 수 있습니다. 세계는 아주 오래되었다고 알려져 있지만, 그 부모는 신선한 즙(음식 기운)의 방울들입니다. 그것은 마치 고무뱀이 물고 나자 독에 중독된 효과가 끝없이 나타나는 것과 같습니다.

방: 세계는 의식 안에 있습니다. 그래서 세계 안에 있는 자로서 의식을 아는 자 또한 의식 안에 있을 수밖에 없습니다.

마: 의식을 아는 자는 의식 안에 있지 않습니다. 의식은 그것을 아는 자, 곧 **절대자**를 알 수 없습니다. 천문학자는 망원경을 이용하여 행성과 별들을 관찰합니다. 관찰자는 망원경과 별개이고, 그래서 그는 망원경도 관찰할 수 있습니다. 마찬가지로, **절대자**는 의식을 이용하지만 그것은 의식 안에 있지 않습니다. 의식에 대한 주시하기가 절대자에게 일어나는데, 그 내용은 (시청자에게) TV 화면에 나타나는 내용과 같습니다. 거기서 절대자를 시청할 수는 없습니다. 그것은 늘 시청자입니다.

그대는 가난한 사람을 어떻게 정의하겠습니까?

방: 가진 것이 적거나 없는 사람입니다.

마: 저는 욕망의 수효로 가난을 판정합니다. 부자들은 욕망이 더 많습니다. 우리는 부자들에게 많은 것을 기대할 수 없습니다. 그들은 베푸는 데 인색하기 때문입니다. 기부를 포함한 부자들의 모든 행동은 더욱 더 많

이 얻는 데로 향해 있습니다.

방: 의식이 있는 한 기대도 있습니다.

마: (영어로) 나는 원한다, 나는 원한다(I want, I want).

방: 원하는 모든 것을 어떻게 끝냅니까?

마: 의식의 기원을 알아야 합니다. 그러면 요구하거나 기대하는 사람이 사라집니다.

방: 태어난 특정한 일시가 있는데, 어떻게 탄생이 없다고 말씀하십니까?

마: 그것은 시간의 탄생이지 갓난아이의 탄생이 아닙니다. 시간이 태어나지 아이가 태어나는 것이 아닙니다. 그대의 **참된 상태**에서는 시간에 대한 어떤 앎도 없습니다. 시간이 시작되었고 그것은 끝이 있을 것입니다. 그대는 시간이 일정 기간 동안 그에게 나타난 **무시간적 존재**입니다. 그대는 밤낮과 계절에서 독립해 있습니다. 그런 것들에 의존해 있는 것은 흐르는 것, 일시적인 것들입니다. 그대는 모든 겉모습들의 **주시자**입니다. 그대는 자신을 그대에게 나타나는 세계 안의 어떤 사람으로 상상합니다. 그래서 고통과 두려움을 경험합니다. 그대의 불행은 그대 자신이 만든 결과입니다.

방: 우리의 앎은 **진아지**와 어떻게 다릅니까?

마: 진정한 앎은 **진아**를 아는 것입니다. 그대의 앎은 물질적 앎입니다. 그대가 무엇을 안다는 것은 음식 즙이라고 하는 물질로 인해 일어납니다. 그대가 아는 것은 5대 원소의 영역 내에 있을 뿐인데, 그 영역도 물질적입니다. 그대는 5대 원소들의 집안일에 대해 알 뿐이고, 이 원소들은 시간이 한정되어 있습니다. 저의 앎은 그와 다릅니다. 저는 그대의 앎에 의존하지 않습니다. 저는 무無시간적입니다. 저는 낮과 밤을 경험한 적이 없고, 완전하고 완벽했습니다. 그대의 나날은 기대와 함께 시작됩니다. 그러니 어떻게 그대가 완전할 수 있겠습니까?

방: "내가 있다"의 문제에서 어떻게 벗어납니까?

마: 우리네 시골 마을에서는 가끔 아이들이 뚜렷한 이유 없이 갑자기 몸이 가렵거나 구토증이 나기도 했습니다. 경험 많은 사람들이 아이의 셔츠를 벗겨보라고 합니다. 그들은 피부에서 벌레를 발견합니다. 그것은 통상 소들을 괴롭히는 벌레(진드기)인데, 그것을 제거하면 가려움과 구토증이 멈춥니다. 마찬가지로, 그대는 "내가 있다"의 원인을 알아내야 합니다. 그래야 그것 없이 편안할 수 있습니다. 그대가 의식의 기원에 대해 무지하기 때문에 그대의 모든 문제가 있는 것입니다. '내가 있음'(에고)이라는 이름의 도둑은 발각되면 사라집니다.

그대가 무엇을 보거나, 맛보거나 하는 것들이 어디서 일어나는지 본 적이 있습니까?

방: 뇌에서 일어납니다.

마: 그것은 머리의 중심에 있는 사하스라르 차크라(*Sahasrar Chakra*)에서 일어납니다.

방: 생명기운과 의식은 어떻게 관련됩니까?

마: 음식 기운 안에 존재의 느낌이 마치 잠든 것처럼 잠재해 있습니다. 생명기운으로 인해 심장 박동이 나타나면 그 존재의 느낌, 곧 의식이 음식 공급을 받으려고 노력합니다.

방: 이름과 형상은 어떤 사람을 확인하는 데 도움이 됩니다.

마: 그러나 몸은 그 사람의 이미지가 아닙니다. 자기사랑이 그의 이미지입니다. 삶이라는 문제가 일어난 것은 그대의 의식이 출현했기 때문입니다. 그러니 그대의 의식을 신으로 숭배하십시오. 그것과 하나가 되십시오. 그렇게 하면 그대에게 필요한 영적인 지知를 얻게 될 것이고, 불행에서 벗어나게 될 것입니다. 그런 헌신자에게는 의식에 대한 지知 전체가 펼쳐집니다.

방: 그의 궁극적 성취는 무엇입니까?

마: 진아에 대한 확신이지요.

방: 그는 다른 구도자들에게도 쓸모가 있겠습니까?

마: 그는 그들에게 지知를 베풀 것이고, 그들의 필요와 근기에 따라 도움을 줄 것입니다.

열성적이지 않은 사람들은 언어적인 지知로 만족합니다. 그들은 (이른바) 구루가 됩니다.

방: 많은 구도자들은 한 스승을 고수하지 않습니다.

마: 한 구도자는 며칠간 저를 찾아온 다음 저를 떠났습니다. 누구나 저에게 쉽게 접근할 수 있었기 때문에 그는 저에게서 별로 인상을 받지 못했습니다. 그는 히말라야 어느 오지의 동굴에서 더 심오한 지知를 얻기를 기대했습니다. 그랬는데 히말라야의 어떤 진보된 구도자에게서 (제가 말하는 것과) 같은 지知를 듣고 놀랐습니다. 그는 돌아왔고 다시는 떠나지 않았습니다. 중요한 것은 장소가 아니라 설하는 그 **사람**이 무엇이냐입니다. 진정한 스승은 제자의 바깥이 아니라 내면에 있는 가장 중요한 것을 지적해 줍니다. '그대가 있다'는 것을 알 때는 다른 모든 것이 그대에게 중요해집니다. '그대가 있지' 않을 때는 그대에게 무엇이 중요합니까? 밖에서 찾느라고 시간과 기력을 허비할 것 없이, 왜 편안히 앉아 내면에서 찾지 않습니까?

방: 단순하고 쉬운 것이 늘 믿기 어려운 법입니다.

마: 어떤 사람들은 **진아** 깨달음이 큰 고통과 슬픔 끝에 있다고 믿습니다. 코히누르 다이아몬드(Kohinoor diamond-인도에서 산출된 큰 다이아몬드)는 길을 걷다가 발견할 수 없다는 것입니다. 위대한 것들은 모두 그것을 얻기 위한 큰 노력을 요한다고 그들은 믿습니다.

방: 진아지가 있으면 우리의 삶이 의미 있게 될 것입니다.

마: 모든 감정과 의식을 넘어서 있는 **진아**를 깨달으면, (세계 안의) 모든 것이 의미와 중요성을 잃습니다.

27. 그대가 신이 존재한다는 증거이다

1979년 12월 22일

방문객: 우리가 몸이 아니라는 당신의 말씀을 거듭거듭 듣습니다만, 저희는 몸을 안전하고 건강하게 유지하기 위해 여간 조심하지 않을 수 없습니다.

마하라지: 진인은 몸에서 아무것도 기대하지 않습니다. 그는 자연에게 몸을 맡겨두어 필요한 일을 하게 합니다.

방: 그가 수행해야 할 어떤 임무가 있습니까?

마: 그는 이름과 형상이 없고 그래서 어떤 임무도 없습니다. 그는 무無시간이지만, 시간은 의식과 함께 시작됩니다. 여러분이 낮과 밤을 경험하는 것도 의식 때문입니다. 마지막 날이 끝나면 의식도 더 이상 존재하지 않게 됩니다. 의식이 없을 때는 어떤 행복이나 불행도 없습니다.

젖은 천을 마르게 두면 천 속의 물은 어떻게 됩니까? 마찬가지로, 우리의 존재의 느낌은 젖은 음식 즙의 성질입니다. 그 즙이 말라 버리면, 젖은 천의 물처럼 존재의 느낌도 사라집니다.

방: 과거에 진리 추구자들이 있었습니까?

마: **마하비라**(자이나교의 창시자)나 **붓다** 같은 왕자들은 진리를 찾아서 그들의 나라를 떠났습니다. 그들에게는 무지의 안락함보다 **진아지**가 더 중요했습니다.

방: 진인과의 어울림은 어떻게 유용합니까?

마: 그대가 무욕(*vairagya*)의 중요성을 알게 됩니다. 무욕의 수행은 **참스승**을 이해하는 데 도움이 됩니다. 최근에 제가 오랜만에 고향을 가보니 저를 알아보는 사람이 아무도 없었습니다. 제가 알던 지인들은 다 죽고 없었지요. 마찬가지로, 제가 저 자신을 '아무개'로 알던 것, 그 면식面識도

사라졌습니다. 그 면식을 아는 자도 더 이상 존재하지 않습니다. 저의 상태는 모든 면식과 알아봄을 넘어서 있습니다. 이 앎의 과정에서, 제가 태어났다는 어떤 암시가 있었습니다. 그러나 그것이 참되지 않다는 것을 보았습니다. 갓난아이에서 노인에 이르기까지 우리의 모든 정체성이 시간과 더불어 변하듯이, (과거의) 저 자신에 대한 저의 모든 앎이 말소되고 상실되었습니다. 저는 그것과 전혀 무관했습니다. 태어난 흔적도 인식했지만 그 또한 저와 무관함이 분명해졌습니다. 제 고향에 제가 아무것도 소유한 것이 없듯이, 이 탄생도 저 자신의 것이 아닙니다.

마: (새로 온 방문객에게) 백 년 전에는 그대의 지각성이 없었습니다. 지금은 그것이 있습니다. 왜입니까?

방: 제가 태어났기 때문입니다.

마: 그대가 태어날 때는 그대의 지각성이 없었습니다. 그렇지 않다면 그대가 그것을 기억했겠지요. 그 지각성은 몸이 태어난 지 3년 내지 5년 뒤에 나타났습니다. 그대의 탄생을 그대가 일으켰습니까?

방: 아니요. 그것은 제가 모르는 사이에 일어났습니다.

마: 두 사람이 어떤 즐김을 가졌고 세 번째 사람은 이유 없이 고통을 받아야 했습니다. 82년 전에 한 젊은 부부가 함께 멋진 시간을 가졌고, 저는 지난 82년 동안 고통 받아 왔습니다. 그것은 그대의 탄생이 아니라는 것, 그대는 그것과 무관하다는 것을 알고 나면 그대는 자유롭습니다.

방: 우리는 우리의 생각에 대해 책임이 있습니까?

마: 호흡이 있는 한 생각의 흐름은 계속됩니다. 그대는 어떤 생각은 이용하고 다른 생각은 무시합니다. 왜 그대에게 책임이 있어야 합니까? 그러나 생각들에 개입하지 마십시오. 벗어나 있으십시오.

그대의 존재는 신의 존재와 어떻게 관계됩니까?

방: 신은 위대합니다. 그래서 '제가 있습니다.'

마: 신이 있기 때문에 그대가 있습니다. 그런데 그대가 신이 존재한다는

증거입니다. 그대의 존재와 신의 존재는 상호의존적입니다. 그대의 존재는 그대의 부모님 때문입니다. 지금 그대의 형상 속에 그대의 부모님이 존재합니다. 그대가 부모님의 존재를 증명합니다.

그대는 진정한 추구자입니까?

방: 예.

마: 진정한 추구자는 진인과 함께 있기를 좋아합니다. 그리고 큰 주의력으로 그의 말을 경청합니다. 진인은 그를 몸이 없게 만듭니다. 그것이 진정한 성사聖絲[14] 의식儀式입니다. 브라민들은 그 의식을 한 뒤에 실 하나를 착용하기 시작하지요.

해탈열망자(mumukshu)는 해탈을 열망하는 자입니다. 그가 자신은 몸이 아니라는 것을 배우면 구도자, 즉 수행자(sadhaka)가 됩니다. 그 이름은 몸에 주어집니다. 그래서 **몸 없는 자**(Videhi)는 이름이 없게 됩니다. 이름과 형상이 없는 우리의 **참된 성품**을 깨달아야 합니다. 존재는 무엇에 의존합니까?

방: 신에게 의존합니다.

마: 그것은 이름이 없습니다. 그것을 **빠라마뜨마**라고 합시다. 그래야 제가 말하는 뜻을 이해할 수 있을 테니 말입니다. 그것은 말이 없고, 무無시간이고, 심지어 의식도 없습니다. 지구가 지구상의 모든 생명을 지탱하듯이, 전 존재계는 **빠라마뜨마** 때문에 있습니다. **빠라마뜨마**의 존재는 흡사 비非존재와 같습니다. 하지만 **그것**은 영원합니다. 다른 모든 존재는 아주 많고 아주 참되어 보이지만, 그것은 모두 시간이 한정되어 있습니다. 시간이 한정되어 있는 것은 알려지지만 **영원자**는 그렇지 않습니다. 그것은 늘 '아는 자'이지 '알려지는 것'이 아닙니다.

방: 그것이 백 년 전 우리의 존재였습니다.

---

14) *T.* 힌두교에서 브라민 소년들은 일정한 나이(통상 7세)가 되면 '성스러운 실'을 몸에 두르는 의식을 통해, 정식으로 배움의 길로 들어서게 된다.

마: 그렇지요. 이원성 속에서는 **그것**을 알 수 없습니다. 그러나 비이원성 속에서는 그대가 **그것**입니다. 사람들은 **그것**을 아는 기쁨을 원하지만 그것은 가능하지 않습니다. 그런 의미에서, **그것**은 비非세간적입니다.

위대한 화신들을 포함하여 시간이 한정된 모든 것은 참되지 않습니다. **영원자**만이 **진리**입니다. 이름과 형상을 가진 모든 **신**들은 영원하지 않습니다.

방: 모든 이름과 형상들은 시작이 있고, 그래서 끝이 있습니다.

마: 생시의 상태가 깊은 잠의 상태에게 말을 할 수 있습니까?

방: 아니요.

마: 동전의 한 면은 다른 면을 보지 못합니다. 끝나는 것은 아무것도 없습니다. 작은 것이 사라져서 큰 것이 됩니다. 물방울이 증발하여 바다가 됩니다. 곡물 재고가 해마다 계속 늘어갑니다. 다양한 형상들 안에 의식이 있고, 그래서 인간·말 혹은 당나귀가 있습니다. 의식 때문에 존재의 느낌이 있습니다. 이 존재의 느낌이 일단 사라지면 그것을 다시 얻지 못합니다.

방: 무엇이 이 의식의 빛을 있게 합니까?

마: 그것은 몸 안의 음식 기운[사뜨와]이 타오르기 때문입니다. 여러분은 여기 앉아 있는데, 애씀 없이 그것을 압니다. 그 전에는 의식 없는 **원리**(빠라마뜨마)가 그것을 압니다. 그 뒤에 여러분이 그것을 알게 되고, 여러분의 '나'와 '내 것'이 시작됩니다.

아침에는 **의식** 없는 저 **원리**가 생시가 있다는 것을 압니다. 그 뒤에 몸-정체성이 '나'와 '내 것'과 함께 시작됩니다. 그런 다음 세간 활동들이 시작됩니다.

생시의 마라티어 단어는 '자그라띠(*Jagrati*)'입니다. 이 단어는 자그(*Jag*) [깨어 있음]와 라띠(*rati*)로 나뉩니다. 라띠는 '작다'는 뜻이고, 남녀간 결합의 즐거움을 뜻하기도 합니다. 그래서 우리의 생시 상태는 우리 부모님의 짧은 성적 쾌락의 결과입니다. 우리의 세간적 삶은 그 생시 상태의 작용입니다. 여러분이 이 점에 대해 명상해 보면, 의식의 비밀과 여러분이 그것과 분리되어 있음을 알 것입니다.

(침묵.)

마: 저는 이런 비밀들을 아주 분명히 하여 공개하지만 여러분은 그것을 이해하고 자유로워질 역량이 부족합니다. 브라만은 아주 태곳적인 것이고 두 가지 측면을 가지고 있는데, 그것들 역시 태곳적입니다. 하나는 **쁘라끄리띠**이고 또 하나는 **뿌루샤**입니다. 둘 다 형상이 없지만, 그것들이 없으면 어떤 형상도 가능하지 않습니다. 가장 작은 싹이 생겨나는 것을 포함해서 모든 창조계를 이 둘이 만들었습니다. 비슈누와 시바의 거주처라고 하는 **바이꾼타**(Vaikuntha)와 **카일라스**(Kailas)보다도 이것들이 더 여러분의 주목을 받을 가치가 있습니다.

방: 우리가 태어난 것은 우리 부모님 때문이라는 것을 누구나 알고 있습니다. 그러나 그 영적인 의미는 우리가 모릅니다.

마: 그대의 부모님이 가졌던 결합의 행복에 대해 명상하면, 그것이 어떻게 그대의 탄생이 아니라 환幻의 탄생인지를 보게 될 것입니다. **영원자**인 그대는 "내가 있다"는 것을 몰랐습니다. 그 뒤에 **영원자**가 자신이 존재한다는 것을 알기 시작했습니다. 늘 존재하는 것이 자신의 존재를 알기 시작한 것입니다. 부모님이 즐겼던 행복은 형상이 없었고, 역시 형상 없는 "내가 있다"는 소식이 하나의 형상, 즉 육신 안에서 나타났습니다. 그대는 부모님의 현존의 흔적입니다.

그대의 의식은 부모님이 즐겼던 행복의 결과입니다. 그래서 **찌다난다**(Chidananda)[chit(지각하다)+ananda(기쁨)], 즉 **의식-지복**이라는 용어가 있습니다. **사뜨**(Sat)를 덧붙여 **삿찌다난다**(Satchidananda)가 되면 중요성이 더해집니다.

모든 산 형상들은 자기 부모의 **의식-지복**에서 나온 의식을 가지고 있습니다. 그대의 의식은 그 지복에서 나온 하나의 괴로움입니다. 그대의 의식 안에 그대의 세계가 들어 있습니다. 그래서 그대의 세계는 그대의 부모님이 가졌던 저 의식-지복의 결과입니다. 그 부모님은 개인들이 아니라 형상 없는 **쁘라끄리띠**와 **뿌루샤**입니다. 학식 있는 많은 사람들은 저의 단순한 마라티어 단어들에 깜짝 놀랄 것입니다.

방: 그 단어들의 내용이 너무 심오하고 놀랍습니다.

마: 자궁 속에 들어갔고 그 성장을 일으킨 것은 무엇입니까?

방: 찌다난다[의식-지복]입니다.

마: 그 지복에 어떤 형상이 있었습니까? 아니지요. 그러면 무슨 일이 일어난 것입니까? 그에 대해 명상해 보십시오.

그 의식-지복이 한 자궁의 내용물이 되었고, 그것이 때가 되자 어떤 사람의 "나는 사랑한다"(자기사랑, 곧 "내가 있다"는 존재성)로 변한 것입니다.

28. 그대의 부모는 금이고, 그대는 장신구이다

1979년 12월 23일

마하라지: 여러분의 모든 지知는 전해 들은 것입니다. 그것 외에 여러분이 정말로 아는 것이 무엇입니까?

방문객: 저희는 경험에서도 배웁니다.

마: 그대는 모든 경험 이전이며, 그대의 **진아**에서 배워야 합니다. 그대는 아무 애씀 없이 세계를 경험하고 있다는 것을 이해합니까?

방: 예, 그것은 자연발로적(spontaneous)입니다.

마: 그 뿌리로 나아가서 그대의 **참된 성품**에 대한 확신을 가져야 합니다.

시간과 더불어 변하는 그대의 이해는 참되지 않습니다. 변하지 않는 것이 참됩니다.

'그대가 있다'는 것을 알 때 그대의 세간 활동이 시작됩니다. 그러나 '그대가 있다'는 것을 알기 이전에 그대는 무엇입니까? 그곳에 있으십시오. 그대의 참된 상태는 '그대가 있다'는 앎이 없습니다. 진인 뚜까람은 의식 이전의 그 상태에 안정되고 나서 이렇게 말했습니다. "이제 신이 나의 모든 활동을 돌보고 있다. 나는 제대로 표현할 줄 몰랐다. 그가 거기에 명료함을 부여했다. 나는 수줍고 소심했다. 그가 나를 대담하게 만들었다."

방: 이 세계의 기원은 무엇입니까?

마: 모름(ajnana)의 상태에서 "내가 있다"는 앎(jnana)이 출현하는데, 그 안에 그대의 세계가 있습니다. 모름의 상태는 자궁에서부터 세 살 이상까지 계속됩니다. 이것은 세계의 모든 영웅들, 심지어 **라마**와 **크리슈나** 같은 화신들에게도 해당됩니다. 지知[의식]의 탄생은 무지 속에 있습니다.

방: 무지라는 용어는 마음을 불편하게 합니다.

마: 그러면 그것을 **비냐나**(Vijnana)로 불러도 됩니다. 지知 이전 혹은 지知 너머인 것 말입니다.

(침묵.)

마: (한 방문객에게) '그대가 있다'는 기억, 그것은 그대의 부모님이 있었다는 기억 아닙니까?

방: 그렇습니다.

마: 그것은 하나의 금 장신구와 같습니다. 그대는 장신구이지만 부모님은 금입니다.

방: 진인을 어떻게 알아봅니까?

마: 그는 어떤 에고도 없습니다. "나는 **진인**이고 다른 사람들과 다르다"는 느낌조차도 없습니다.

방: 저는 여기 와서 많은 것을 얻었습니다.

마: 그러나 그대의 탄생 자체를 잃었지요. 그대가 어디로(어느 구루에게로) 가도 무방하지만, **진아**를 아는 자는 좀처럼 찾기 어렵습니다. 대단한 학자들, 연설가들, **마하트마**들을 만나겠지요. 그러나 그들은 진정한 구도자들에게 아무 쓸모가 없습니다. 그대의 **참된** 정체성에 도달하면 "내가 정말 아무것도 아니구나!"를 발견하고 깜짝 놀라게 됩니다.

방: 4베다는 **진아지**를 설합니다.

마: 그것들은 합장하고 자신들이 **진리**를 설할 능력이 없음을 인정했지요. 진리는 아무 색깔도, 아무 형상도 없습니다. 그것은 말을 넘어서 있습니다. 어떤 종교적 행법도 그대를 **영원한 진리**로 데려다줄 수 없습니다.

세간적 삶이 무의미한 괴로움이기는 하나, 무지한 사람들은 아무 선택지가 없습니다. 한 **진인**의 제자는 **진아 깨달음**을 위해 열심히 노력했으나 성공하지 못했습니다. 생애 마지막 날 그는 "나는 내가 완전히 **브라만**이라는 스승님의 말씀을 신뢰한다"고 말하고, 몸을 벗었습니다.

(침묵.)

마: (한 방문객에게) 그대는 정말 마음대로 자유롭게 살면서 괴로움을 피할 수 있습니까?

방: 현명한 사람들은 괴로움을 최소화할 수 있지만, 그것을 피하지는 못합니다.

마: 이 형상조차도 저에게 강요된 것입니다. 그것은 제 평생 동안 변해 왔습니다. 그대의 더없이 겸허한 불변의 정체성을 찾아내려고 노력하십시오. 이 삶 속에서는 일체가 워낙 빨리 변해서 안정이란 하나의 상상이거나 희망사항일 뿐입니다. 부정직이 원칙입니다.[15] 설사 불변의 상태를

---

15) *T.* 영역자의 설명에 따르면, 끊임없이 변하여 같은 것으로 남아 있지 않는 것은 (우리를 기만하므로) '부정직'하다. 그것이 모든 존재의 원칙이다. 5대 원소와 그것의 다양한 형상들은 불안정하다. 달리 말해서, '비실재'한다.

상상해 본다 하더라도 그대 자신이 그것을 즐길 만큼 불변이 아닙니다. 우기에 식물들이 생겨나지만 얼마 가지 못합니다. 우리도 쏟아짐[정액의 방출]의 결과입니다. 『다스보드』의 몇 구절이 기억납니다.

> 나타나서 존재한 모든 것은 사라졌네.
> 존재하지 않은 것은, (처음부터) 없었네.
> 위 두 가지 이후에 남은 것,
> 묘사할 수 없는 그것이 마치 존재하지 않는 듯 존재했네.
> 빠라마뜨마만이 무無로서 존재하지만,
> 그것은 일체의 뿌리에 있네.
> "내가 그것이네(I AM THAT)."

방: 저는 제가 무엇인지 모르겠습니다.

마: 이 신체적 삶은 하나의 사고事故와 같습니다. 이 사고가 있기 전, 이를테면 백 년 전에 그대는 그 상태에 대한 직접지를 가지고 있었지요.

방: 진아지 이후에는 해야 할 무엇이 남습니까?

마: 아무것도 없지요. 어떤 임무도 남지 않습니다.

방: 붓다는 "그대들 자신의 빛이 되라"고 말했습니다.

마: 그대 자신의 빛이 없다면, 남들의 빛의 도움을 받아야 합니다. 무지로 인해 그대는 남들과 상의합니다. 그대 자신의 빛이 있을 때는 남들이 그대를 찾아옵니다. (빛이 있는 사람은) 과거에 대한 후회가 없고 미래에 대한 걱정이 없습니다. 그의 상태는 본연상태(sahaja-awastha), 즉 가장 자연스럽고 자연발로적인 상태입니다. 저는 남들과 같아 보이지만, 저의 환幻은 사라졌습니다. 그래서 어떤 기대도 없습니다.

방: 왜 "내가 있다"는 앎[의식]이 그렇게 중요합니까?

마: 그것은 그대의 세계의 영혼입니다. "내가 있다"가 없으면 세계도 없습니다. 의식의 뿌리는 한 순간, 정확히 말하면 한 순간의 몇 분의 1에

지나지 않습니다. 이 순간이 무엇의 순간인지 그대가 알아내야 합니다. 그 순간을 아는 사람은 자신을 **불생자**不生者(태어나지 않은 자)로 봅니다.

그대가 아침에 깨어날 때 아주 짧은 시간 동안, 말 없는 순수한 존재가 있습니다. 생각들이 그것을 방해하기 전에 그것을 지켜보려고 노력하십시오. 바로 그 순수한 상태가 몸이 태어난 뒤 3년여까지 존재했습니다. 그것은 그대가 어머니를 인식할 때까지 지속되었지요.

저는 여러분에게 유용한 힌트들을 드려서 여러분을 깨우려고 노력합니다. 저는 방문객들의 모든 관심사를 존중합니다. 그러나 그들은 저를 이해하기 어렵다고 느낍니다.

방: "내가 있다"는 소식을 누가 얻습니까?

마: 물론 그것을 얻는 자는 **불생자**입니다. 그러기 전에는 그것이 그 소식을 얻지 못했습니다. 이 소식 때문에 **불생자**가 탄생의 사슬에 속박된 것처럼 보입니다. 이 소식의 비밀을 아는 사람은 **의식의 뿌리**의 순간을 압니다. 그럴 때 그대는 자신을 태어나지 않은 자유로운 존재로 봅니다. 태어남에 대한 그대의 확신 자체가 속박입니다.

방: 우리의 **참된 성품**은 속성이 없습니다. 그것은 거의 비실재물입니다.

마: 존재(삶)는 대단하지만 그것은 꿈과 같습니다. 부부간의 즐거움으로 인해 잉태가 있었습니다. **의식-지복**이 자궁으로 들어가서 태아 안에서 성장했습니다. 태아는 형상이 있었지만 **의식-지복**은 없었습니다. 그것은 잠재적인 상태에 있던 **자기사랑**의 성장이었습니다.

방: 우리는 **자기사랑** 이전에 자리 잡아야 합니까?

마: 그저 **자기사랑**("내가 있다")에 대해 명상하십시오.

방: 임신한 여자는 자기 자신을 무척 보살핍니다.

마: 태아에 대한 보호를 포함한 모든 보호는 **의식**에서 비롯됩니다. 내가 경험하는 세계는 나 자신의 것입니다. 그것은 나에 대한 누군가의 배려가 아닙니다.

방: 브라만은 실재하고 세계는 거짓이라고 합니다.

마: 이 세계가 있고 우리는 그에 대한 지知가 있습니다. 이 둘은 물론이고 **이스와라**[신]도 거짓입니다. 저는 그것을 압니다. 하지만 제 이야기는 계속됩니다.

방: 빠라브라만으로서, 당신의 체험은 어떤 것입니까?

마: (예전에는) 개인적 영혼·세계·브라만에 대한 체험이 없었습니다. 지금 그것을 체험하는 것은 어떤 열병을 가진 것과 같습니다. 아이 하나하나는 **절대자**가 형상을 가지고 출현하기에, 아이는 아무것도 모르는 상태로 세계 경험을 시작할 수밖에 없습니다. 절대자 안에는 아무것도 없었습니다. 이제 아이는 자기 주위에서 많은 새로운 사물과 존재들을 발견합니다. 그래서 아이마다 끝없이 묻는 그 질문들은 지극히 당연한 것입니다. 아이는 불과 며칠 혹은 몇 달밖에 되지 않았을지 모르나, (그에게는) **영원자**가 있습니다.

방: 저는 브라만에 대한 지知를 가지고 있다고 주장하는 한 사두를 만났습니다. 그에게는 **진아지**가 전혀 중요하지 않았습니다.

마: 만일 그가 저를 찾아오면 그에게 묻겠습니다. "백 년 전에는 그대에게 아무 문제가 없었소. 지금은 문제들이 있는데, 왜 그리고 어떻게 그러하오? 그것을 알아내기 전까지는, 그대의 소위 **브라만**에 대한 지知에도 불구하고 그대의 불행은 고스란히 남아 있을 거요"라고 말입니다. 어떤 사람들은 신의 환영幻影을 몇 번 본 것으로 **구루**가 됩니다. 환幻은 사람을 **진리**로 이끌어 줄 수 없습니다.

방: 자연발로성(spontaneity)의 중요성은 무엇입니까?

마: 여러분의 모든 행위는 순조롭고 애씀이 없어야 합니다. 여러분은 잠을 자기 위해 노력을 쏟을 수 없습니다. 만일 그러면 깨어 있게 되지요.
진아지가 있으면 에고가 해소됩니다. 삶이 자연발로적으로 됩니다.

29. 본연요가란 무엇인가?

1979년 12월 24일

마하라지: 모든 창조계는 5대 원소에 기인합니다. 이 원소들에게 어떤 이익이나 손해가 있습니까? 인간들만이 그런 관념을 갖습니다.

방문객: 다른 산 존재들은 어떻습니까?

마: 지성이 없으면 어떤 이익과 손해의 문제도 없습니다. (그들에게는) 5대 원소의 활동이 아무런 통제 없이 계속됩니다.

방: 인간은 이 세상에서 수많은 발전을 이룩했습니다.

마: 인간은 **비슈누**와 **시바**의 상상적인 거주처들[바이꾼타와 카일라스]까지도 즐겨 개발합니다. (그렇지만) 인간이 만든 모든 것은 얼마 가지 못합니다. 시작이 있는 것은 끝도 있을 수밖에 없습니다. 진아만이 불변입니다. 그 것을 깨달으려면 의식에 대해 명상해야 합니다. 즉, 가능한 한 오래 생각 없는 상태에 머물러 있어야 합니다. 깨달음을 얻으면 그대가 갖는 세계에 대한 이 경험은 다 쓸모없다는 것을 알게 될 것입니다. 그대의 세계는 그대의 마음속에 있다는 것을 알게 됩니다. 그것을 알려면 모든 관여 (involvement-현실 집착)에서 벗어나야 합니다. 그렇지 않으면, 현실을 받아들이지 못한 채 그대의 상상 속에 있기를 선호하게 됩니다. 깨달음을 얻으면 "내가 있다"가 사라지고, 남는 것은 그대의 참된 **자아**입니다.

방: 실재하지 않는 것은 무엇입니까?

마: 그대는 그대가 아닌 것을 그대 자신으로 여깁니다. 그대의 문제는 비실재를 받아들인다는 것이고, 그것은 **참된 것**(진리)이 깨달아질 때까지 계속될 것입니다. 누구도 정직하지 않다고 비난하지 마십시오. 매순간 변하는 것은 정직할 수 없습니다. 이 점에서, 그대 자신의 정체성을 포함한 일체가 변하고 있습니다.

방: 당신께도 걱정이 있습니까?

마: 여기서 걱정할 것이 뭐가 있습니까? 그대 자신의 경험상, 걱정할 사람이 아무도 없다고 말할 수 있습니까?

방: 아니요. 저는 죽음이 무섭습니다. 진인은 어떻습니까?

마: 어떤 환자가 배뇨 문제로 사흘간 소변이 나오지 않는다고 가정해 봅시다. 그 문제가 해결되어 정상적으로 소변이 나오면 기분이 어떨까요? 진인도 생명기운이 몸을 떠나고 의식이 무의식으로 될 때 같은 기쁨을 느낍니다. 그것은 빠라마난다(*Paramananda*-지고의 지복)로 묘사됩니다.

방: 진아 깨달음이 모든 문제에 대한 유일한 해결책인 것 같습니다.

마: 저는 태어났다는 비난을 받았고, 고통 받고 있었습니다. 그러나 저의 스승님이 제가 결코 태어나지 않았다는 것을 보여주셨지요. 저는 늘 존재하는, 태어날 수 없는 그것이었습니다. 그래서 괴로움이 끝났습니다.

방: 본연요가(*Sahaja Yoga*)[쉽고 자연스러운 요가]가 무엇입니까?

마: 그것은 신으로서의 그대의 의식을 명상하는 것입니다. 그것을 위해 어디로 갈 필요는 없습니다. 그대가 있는 어디서든 그것을 하십시오. 그것을 하는 데는 어떤 장비도 필요하지 않습니다. 어떤 외부적 도움도 필요 없습니다. 그대 자신과 함께 있으십시오.

방: 어떻게 명상합니까?

마: 그대가 그 몸이 아니라는 것을 알면서, 그대의 의식을 의식 그 자체를 가지고 붙드십시오.

방: 우리는 말씀 들은 대로 상상만 해서는 안 되고, 실제로 그것이 되어야 합니다.

마: 그대가 아침에 깨어날 때, 그것을 알게 된 것은 누구입니까?

방: 제가 실제로 깨어 있다는 것을 아는 데는 시간이 좀 걸립니다.

마: 이 모든 이야기는 실은 그대를 깨우기 위한 것입니다. 백 년 전에는 그대에게 낮과 밤, 생시와 잠의 경험이 없었고, 의식과 무의식의 경험도

없었습니다. 그것은 무無시간의 경험입니다. 현재의 경험은 시간이 한정되어 있습니다.

방: 스리 라마나 마하르쉬와 스리 아난다마이 마(Sri Anandamayi Ma)는 잠을 주무시느냐는 질문에 "아니다"라고 대답했습니다. 진인은 형상을 가진 존재(身)에 어떤 끌림이 있습니까?

마: 아닙니다. 모두가 자기가 태어나는 탄생의 꿈을 꾸는데, 같은 꿈속에서 자신의 부모를 봅니다. 탄생은 성적인 결합의 행복이 "내가 있다"는 잠재적인 기억의 출현과 함께 일어나는 것입니다. 탄생은 "내가 있다"가 없는 상태에서 "내가 있다" 상태로 옮겨가는 것입니다.

방: 어떻게 하면 제가 온전하고, 전체적이고, 완전해질 수 있습니까?

마: 그대는 이미 **그것**입니다. 즉, 그대의 "내가 있다"는 앎과 낮과 밤의 경험이 일어난 근원입니다. 다만 그대의 무지가 떨어져 나가야 합니다. 그 경험을 세계라고 합니다. 대단한 것들을 보더라도 과도하게 인상을 받지 마십시오. 그것은 실은 그대의 소견의 대단함이 그런 것들에 부여되는 것입니다. 그대의 소견이 **원초적 환**幻, 곧 위대한 **신**입니다.

방: 스승이 하는 일은 무엇입니까?

마: 저의 **진아**에 대한 앎은 이전에도 저에게 있었습니다. 제 **스승님**은 그에 대해 저를 일깨워주신 것뿐입니다. 일체가 저의 표현이고, 모두가 결국 저의 안으로 합일될 것입니다.

방: 당신께서는 시간과 어떻게 다르십니까?

마: 시간은 시작과 끝이 있습니다. 저에게는 그 어느 것도 없습니다.

방: 저는 저의 존재의 느낌과 어떻게 다릅니까?

마: 존재의 느낌은 사뜨와·라자스·따마스라는 세 가지 **구나**(Gunas)의 성질입니다. 그대는 그런 성질이 아니고 그것들과 별개입니다.

방: 경전을 읽어서 저의 진아를 알 수 있습니까?

마: 그대는 책을 읽어서 '그대가 있다'는 것을 압니까?

방: 어떤 때는 제가 저의 **진아**를 안다는 느낌이 있습니다.

마: 그 느낌이 있는 한, **진아** 깨달음의 자유와 기쁨은 없다는 것을 확실히 아십시오. 탄생의 개념이 있는 한 무지에서 벗어난 것이 아닙니다.

방: 왜 저는 아직 자유롭지 못합니까?

마: 그대는 스스로에게 자신이 **진아**임을 상기시키려고 애쓰고 있습니다. 그러나 그대의 몸-정체성이 그대로 있습니다. "내가 있다"고 말하기 전 그대의 실체가 그대의 **참된 자아**입니다.

방: 저의 어려움은 무엇입니까?

마: **의식**을 이용하기는 쉽지만 **의식**으로 자리 잡기는 어렵습니다. 몸-정체성이 배경에 남아 있습니다. 그대는 눈으로 보지만 그 눈을 보지는 못합니다. **의식**을 이용하는 동안 또한 **의식**을 자각해야 합니다. **의식**을 이용하는 것으로는 평안과 고요가 오지 않습니다. **의식**으로서 자리 잡을 때만 그것이 가능합니다.

방: 우리의 두려움과 불행의 이유는 무엇입니까?

마: 만일 그대가 화가인데 치과의사로 일한다면 두려움과 불행이 있겠지요. 마찬가지로, 그대는 세 가지 **구나**의 일을 그대 자신의 일로 받아들이고 있습니다. 그래서 이 모든 문제들이 그대를 괴롭힙니다.

방: 우리가 이 몸들이 아니라면, 우리는 무엇입니까?

마: 여러분은 몸도 아니고 의식도 아닙니다. 몸 안에는 '여러분이 있다'는 소식이 있습니다. 어떻게 여러분이 그 소식일 수 있습니까? 여러분은 그와 별개입니다. 여러분은 여러 가지 크기와 형태의 살아 있는 음식-몸들에게 인간·말·당나귀 등의 서로 다른 이름을 붙입니다. 같은 유형의 몸들을 만들어내기 위해 사진술을 이용하기도 합니다.

방: 만일 우리가 **실재**라면 무슨 종교적 행법을 왜 따릅니까?

마: 무지한 사람들이 그것을 따르는 것은 어떤 전통을 따른다는 만족감을 얻기 위해서이고, 즐거움을 얻기 위해서이기도 하지요.

방: 우리의 존재(삶)는 거의 꿈과 같습니다.

마: 우리의 의식은 기름이 있는 한 계속 타는 기름램프의 불빛과 같습니다. 탈 것이 없으면 그 불빛은 꺼집니다. 옴도 없고 감도 없습니다. 천당도 없고 지옥도 없습니다.

30. 나는 비지非知의 상태에 있다

1979년 12월 25일

방문객: 삶 속에서 어떤 선택지가 있습니까?

마하라지: 의식은 모르는 사이에 오고, 우리는 그것과 함께 살도록 강제됩니다. 괴로움을 최소화하고 그런 다음 거기서 벗어나는 데는 진아지가 도움이 됩니다.

방: 저의 몸은 속박 속에 있습니다.

마: 그대가 몸이 아니라면, 어떻게 그것이 그대를 속박하겠습니까? 그대에게는 속박도 불행도 없습니다.

방: 제가 아뜨마[진아]입니까?

마: 그렇지요. 그대는 J. 크리슈나무르티를 가까이 했습니다. 그런데 어떻게 여전히 무지할 수 있습니까?

방: 아침에 깨어날 때, 잠시 동안 저는 제 몸이 아닙니다.

마: 이름 없고 형상 없는 자인 그대가 처음에는 의식을 주시하고, 이어서 몸을 포함한 다른 것들을 주시합니다. 그런 다음, 그대 자신을 그 몸으로 여기고 행위합니다.

방: 진인과 유아幼兒의 차이는 무엇입니까?

마: 진인에게서는 모든 앎의 종식이 있고, 유아에게서는 그것이 아직 시작되지 않았습니다.

방: 샥띠빠뜨(*Shaktipat*-스승이나 신에 의한 영적 에너지의 전수)가 무엇입니까?

마: 저는 그것을 명상 후의 약함 혹은 어떤 가벼움의 느낌으로 알고 있습니다. 다른 사람들이 그 용어를 어떤 뜻으로 이해하는지는 모릅니다.

방: 몸-정체성을 잃는 것이 **진아 깨달음**입니까?

마: 그것은 **진아 깨달음**의 시작일 뿐입니다.

방: 당신께 해당되는 것이 저에게도 해당되어야 합니까?

마: 우리는 하나입니다. 아무 차이가 없습니다. 그대 안에 있는 **원리**가 저를 통해서 그대에게 이야기를 하고 있습니다. 그대는 자기 자신을 잊어버렸습니다. 그러나 그대 안에 있는 저는 그대를 잊어버리지 않았습니다. 저는 저 자신을 사랑하듯이 똑같이 그대도 사랑합니다. 그대가 그대 자신을 깨달으면 모든 경전이 그대에게서 흘러나올 것이고, 그대는 단순히 듣게 될 것입니다. 진아지가 없으면, 그대가 이 세상에서 수집한 것이 무엇이든 그대 이후 누가 그 주인이 되겠습니까? '그대가 있기' 때문에 그대는 남들에 대해 신경을 씁니다. 그대가 '없었을' 때 그대가 신경 쓸 일이 무엇이었습니까? '비非-내가 있다(No-I Am)'의 영원한 상태에서 "내가 있다"가 나온 원인을 알아내는 것이 무엇보다 중요하지 않습니까? **가나빠띠** 신의 두 번째 이름은 **비나야끄**(Vinayak)입니다. 저는 그것을 비나 예까(*Vina yeka*), 즉 '하나가 없음'으로 부릅니다. 하나를 세게 되면 둘·셋에서 무한대까지 셈이 계속 이어집니다. **비나야끄**는 하나 이전, 곧 비이원적 **절대자** 안에 있습니다.

우리가 들이쉬고 내쉬는 숨은 소리를 만들어냅니다. 한 소리는 우리의 정체성에 대한 하나의 물음처럼 보이고, 그에 이어 한 소리가 그 답을 줍니다. 어떤지 볼까요? 들이쉬는 숨은 '꼬 함(*Ko ham*)'["나는 누구인가?"] 소리를 냅니다. 그 다음 내쉬는 숨은 '소 함(*So ham*)'["그것이 나다"]이라는 답을 줍니다. 우리의 정체성에 대한 이 문답은 24시간 내내 지속적으로 이어지는데, 구도자는 거기에 주의를 기울이기만 하면 됩니다.

방: 당신께서는 지知의 재고를 풍부하게 가지고 계신 것 같습니다.

마: 아니지요. 저는 비지非知(no-knowledge)의 상태에 있습니다. 모든 질문에 대한 답변은 **무상지**無相地(nirvikalpa)[무념의 상태]에서 나오고, 저에게는 주시하기가 일어납니다. 제가 여기 있는 것은 그대가 힘들게 얻은 재고들을 없애는 것을 돕기 위해서입니다.

방: 자신의 자아를 **진아**를 깨달은 자아로 착각할 수도 있습니까?

마: 물론이지요. 그것은 우리 주위에서 늘 보는 것입니다. 이 **구루**들은 남들을 속일 뿐 아니라 자신도 속이고 있습니다. 그들이 가장 애용하는 개념은 자신들이 모든 개념에서 벗어났다는 것입니다. **구루**마다 많은 추종자를 거느리고 있는데, 서로 다른 **구루**의 제자들 간의 관계는 결코 우호적이지 않습니다. 심지어 서로 얼굴도 보지 않지요.

순수한 **진아지**를 가진 사람이 참된 **스승**입니다.

영원자가 **진리**이고 그것은 모두에게 열려 있습니다. 참된 **스승**은 증인을 내세울 수 없습니다. 그 상태에서는 어떤 남들도 없기 때문입니다.

방: 진인과 함께하는 곳에서는 평안과 고요만이 있습니다.

마: 그대인 것(그대의 실체)은 실로 아주 **평화로워**서 그것을 평화롭게 할 어떤 것도 필요치 않습니다. 그대가 아닌 것, 즉 몸·마음·의식은 워낙 동요해서 어떤 행위로도 그것을 평화롭게 할 수 없습니다. 모든 세간적 활동은 그 오인된 정체성 속에서 편안해지기 위한 것입니다.

방: 사람들은 그들의 종교적 행법을 해 나가고 있고, 심지어 신상 숭배도 합니다.

마: 신상神像은 그 자신을 보호하지 못합니다. 그것은 까마귀 똥으로 뒤덮여 있습니다. 사람들이 올린 공양물은 쥐들이 먹습니다. 이런 모든 상황 속에서도 사람들은 그 신상이 아주 힘이 있고, 사람들이 바라는 것을

모두 이루어준다고 믿습니다. 그런 믿음 자체가 기적을 일으킵니다.

방: 어떻게 해서 사람들은 자기가 좋아하는 신들의 환영을 봅니까?

마: 의식은 코히누르 다이아몬드와 같습니다. 만약 여러분이 그러려고 하면 비슈누·시바·하누만(Hanuman)·가나빠띠의 환영, 심지어 귀신들의 환영도 보게 됩니다.

31. 내 스승은 빠라브라만이다

1979년 12월 26일

마하라지: 그대의 의식 때문에 그대가 일체를 알지만, 그 의식이 왜 그리고 어떻게 나타났는지는 모릅니다. 그것을 알 필요가 있습니다.

방문객: 저의 아뜨마[진아]가 저의 그릇된 행위에 책임이 있습니까?

마: 그대가 몸-정체성을 가지고 무엇을 하든, 그대의 아뜨마는 거기에 책임이 없습니다. 아뜨마는 주시자일 뿐입니다.

방: 몸-정체성을 가지고 하는 명상은 어떻습니까?

마: 그것은 그대에게 결코 평안과 고요함을 안겨주지 않을 것입니다.

방: 세간적 활동에 대해서는 저희에게 결코 조언해 주지 않으시는군요.

마: 저는 여러분을 근원으로 데려갑니다. 일단 그것을 알게 되면 여러분의 활동은 조화롭게 될 것입니다. 어떤 유형의 활동도 지知로 이끌어 줄 수 없습니다.

방: 마음은 어떤 쓸모가 있습니까?

마: 그대의 생각 흐름이 그대의 마음입니다. 영적인 공부에서는 그것이 요동합니다. 그것을 제어해야 합니다. 마치 코를 꿴 줄을 당겨서 짐승을

제어하듯이 말입니다.

방: 관념들은 어떻게 해서 현실이 됩니까?

마: 그대의 주의가 그대에게 일어나는 관념으로 이끌립니다. 그대는 안트워프[벨기에의 도시]에 있었는데, 지금은 여기 봄베이[뭄바이]에 있습니다. 어떻게 말입니까? 『아이 앰 댓』을 읽은 뒤, 봄베이를 방문해야겠다는 관념이 일어났기 때문입니다. 그 책을 읽지 않았다면 여전히 안트워프에 있었겠지요. 샤자한 왕은 죽은 비妃 뭄타즈 마할(Mumtaj Mahal)을 위한 아름다운 기념비를 구상했고, 아그라에 타지마할이 건축되었습니다.

방: 어떤 **구루**들은 영적인 직업을 가지고 있습니다.

마: 그러나 저의 스승님은 **빠라브라만**이시고, 저는 **그분**께 완전한 민음을 가지고 있습니다.

저는 모든 개념 이전입니다. 그래서 그것들은 저에게 영향을 주지 않습니다. 하늘에 흘러가는 구름에 그대가 방해받지 않듯이, 저는 이따금 나타나는 생각들을 지켜봅니다.

방: **빠라마뜨마**는 홍보에 관심이 없는 것 같습니다.

마: "내가 있다"는 앎이 그의 광고입니다. 다양한 화신들이 그의 홍보입니다.

방: 의식이 없으면 우리가 **빠라마뜨마**입니다. 자살을 하고 나면 우리가 **빠라마뜨마**입니까?

마: 아니지요. 자살은 의도적인 행위입니다. 그 이행이 자연발생적이어야 합니다.

방: 만일 자신의 **참된 성품**을 얼핏 보았다면 그것은 깨달음입니까?

마: 자신의 **참된 성품**에 대한 확신이 있어야 합니다. 참되고 **영원한** 상태에서는 자신의 **참된 상태**에 대한 **주시자**를 발견할 수 없습니다. 또 그것이 필요하지도 않습니다. 자신의 깨달음을 증명할 필요가 있는 한 (그에게는) 깨달음이 없습니다. 거짓된 것도 거짓된 방법에 의해 참되다고 증명

될 수 있습니다.

참된 상태에서는 우리가 모든 속성을 잃습니다. 의식이 없고 속성이 없는 그 영원한 상태에서는 "내가 있다"가 비교적 아주 짧은 시간 동안 나타나기 때문에, 마치 그것이 전혀 나타나지 않은 것과도 같습니다.

진인은 모든 존재계에 결코 신경 쓰지 않는데, 그것이 거짓이나 마찬가지이기 때문입니다. 어떻든 그것은 영원자에게 영향을 주지 않습니다.

방: 계란이 먼저입니까, 닭이 먼저입니까?

마: "그대가 있다"는 소식이 그대의 세계의 계란입니다. 여기서는 계란이 먼저이고 그 다음이 닭입니다. 저는 그 소식과 별개이고, 세계에 영향 받지 않습니다.

그대가 온 곳에 대한 기억은 어디서 얻었습니까?

방: 제 어머니의 자궁 속에서입니다.

마: 거기 없었다가 나중에 나타난 것은 무엇입니까?

방: "내가 있다"는 소식입니다.

32. 보디사뜨와란 무엇인가?

1979년 12월 27일

마하라지: 지상에 거대한 나무가 있는 것은 땅속의 뿌리 때문입니다. 여러분의 "내가 있다"는 앎이 없다면 여러분의 세계가 어디 있습니까? 여러분의 세계는 여러분의 진아의 빛(Atmaprakash)입니다.

방문객: 이런 마라티어 시구에 내포된 의미는 무엇입니까?

"아기 하리(Hari-비슈누)가 요람에 오줌을 쌌네. 마치 돌에 찔린 듯이."

마: 인간들을 포함하여 모든 산 형상들은 주 하리의 표현들입니다. 우리의 존재의 느낌은 돌에 찔리는 것과 같습니다. 그것을 잊기 위해 우리는 계속 이것저것을 하고 있습니다. 여기서 그 쏟아짐(하리가 싼 것)이란 오줌의 쏟아짐이 아니라 정자들의 쏟아짐입니다. 이 세계에는 불행이 있다고 합니다. 그러나 세계 인구는 해가 갈수록 계속 늘고 있습니다.

방: 이 모든 사람들은 결국 어디로 갑니까?

마: 큰 불이 났다고 해 봅시다. 그 불은 결국 어디로 갑니까?

방: 아무데도 가지 않습니다.

마: 그것은 그 자체 안에 합일됩니다. 마찬가지로, 우리는 비존재의 상태에서 출현했고, 결국 그 속으로 합일됩니다. 우리는 피곤하면 잠자리에 들지만, 비존재의 상태는 잠보다도 이전입니다. 그 현현은 뜨고 짐이 있습니다. 뜨는 것을 생시라 하고, 지는 것을 잠이라고 합니다. 비존재의 상태는 뜨고 짐이 없습니다.

　존재하는 모든 것이 '나'일 뿐이고, 사라지는 모든 것도 '나'입니다.

방: 왜 우리는 더 빨리 진보하지 않습니까?

마: 어떤 질문을 하고 싶다면 그대의 몸-정체성을 옆으로 치워두고 이야기하십시오. 몸-정체성을 가만히 놔두고서는 그대의 어떤 문제도 해결되지 않을 것입니다. 어떤 사람이 손에 햇불을 들고 어둠을 찾아 나섰지요. 그는 어디서도 어둠을 찾지 못했습니다. 마찬가지로, 현현자(개아)가 **미현현자(빠라브라만)**를 찾는다는 것은 가능하지 않습니다. 현현자가 없을 때에는 **미현현자**만이 있습니다.

방: 제가 무엇을 알아야 합니까?

마: 그대의 의식에 대해 온전한 앎을 가져야 합니다. 마치 손바닥에 놓인 열매를 또렷이 볼 수 있듯이 말입니다.

방: 저의 주된 장애는 무엇입니까?

마: 그대의 몸-정체성입니다. 그것은 털끝만큼도 용납될 수 없습니다.

몸이 없는 자신의 정체성 안에 거주하는 사람은 진보합니다.

방: 구도자들마다 서로 다른 문제를 가지고 있습니다.

마: 의식은 똑같은 하나이지만 그 표현은 형상[사람]마다 다릅니다. 같은 어머니의 아들 열 명이 열 가지 자질을 가질 수 있습니다. 그 표현은 짓 궂습니다.

방: 진인(*Jnani*)은 지知로 충만해 있습니까?

마: 어떤 지知도 없고 순수한 **존재**가 있습니다. 속성 없는 그 **영원한** 상 태 위에 산더미 같은 속성들이 나타납니다.

방: 왜 사람들은 쾌락을 추구합니까?

마: 존재의 느낌은 비참합니다. 그것을 잊기 위해 사람은 쾌락이나 어떤 일거리를 추구합니다. 우리의 '내가 있음'은 전갈에 물린 것과 같습니다. 그것을 참거나 잊기 위해서 뭔가를 해야 합니다. 그대는 그것을 일이나 쾌락으로 부릅니다. 깊은 잠 속에서는 그대에게 아무 문제가 없습니다. 백 년 전에도 그대는 아무 문제가 없었습니다. 왜냐하면 '내가 있음'이 없었기 때문입니다.

방: 당신께서는 신의 한 화신이십니까?

마: 아닙니다. 저는 여러분과 같습니다. 모든 인간은 평등하고, 그들 자 신을 아는 능력을 가지고 있습니다. 그러나 그 능력을 사용하여 자유로 워지는 사람은 드뭅니다.

방: 선천적인 결함들에 대한 어떤 치유법이 있습니까?

마: 부모라는 음식 즙 안의 결함들이 다음 세대로 전해집니다. 요가, 즉 요가 자세(*asanas*)와 조식調息(*pranayama*)이 치유법입니다. 그것이 최선의 예방이자 치유입니다.

　씨앗의 마라티어 단어는 비자(*beeja*)입니다. 그것은 전자복사처럼 복사 한다는 뜻도 있습니다. 그래서 자손들은 동일한 성품이나 유사성을 갖습 니다.

주 하리는 절대자의 한 현현입니다. 그는 도띠(dhoti)를 입고 있는데, 그 색깔은 노란색과 흰색이 섞인 것입니다. 마라티어로는 그것을 삐땀바라(Peetambara), 즉 황백의黃白衣라고 합니다. 노란색은 쁘라끄리띠의 색깔이고, 흰색은 **뿌루샤**[빤두랑가(Panduranga)]의 색깔입니다.

방: 어떻게 당신께서는 탄생이 없다고 말씀하십니까?

마: 저는 우리의 존재의 느낌이 없던 때가 있었다는 것을 압니다. 제가 보는 바로는, 그 느낌이 출현하는 것이 탄생입니다. **절대자** 안에서는 그것이 유일하게 특이한 사건입니다. 모든 산 존재들은 내면에서 흐르는 생각 혹은 영감에 따라서 행위해야 합니다.

모든 인간에게 가장 근본적인 것이 무엇입니까?

방: "내가 있다"는 느낌 혹은 생각입니다.

마: 다른 생각과 행위들은 이 근본적인 생각에 뒤따릅니다. 존재의 느낌이 없을 때 무슨 불행이 있었습니까? 행복할 어떤 필요가 있었습니까?

방: 아니요.

마: 어느 성공한 사람의 이야기가 있습니다. 그는 수십억을 벌어 수천 명을 도와주고, 세계적으로 유명해졌습니다. 그의 모든 성공의 뿌리에 무엇이 있었습니까? 그의 존재의 느낌이었습니다. 그것이 없었다면 그가 아무것도 하지 못했겠지요. 그래서 존재의 느낌이 그대에게 가장 중요한 것입니다. 그것에 주의를 기울이십시오. 그것에 대해 명상하십시오. 그러면 그것이 자신의, 즉 그대의 모든 비밀을 말해 줄 것입니다. 그것이 **진아**에 대한 지知, 곧 **진아 깨달음**입니다. 존재의 느낌과 함께 우리의 세계가 있고, 신이 있다는 우리의 개념이 있습니다. 그래서 모든 것의 중심에는 우리의 "내가 있다"가 있습니다.

방: 당신께서는 어떤 현자나 **마하트마**도 찾아가지 않으십니다.

마: 현자와 **마하트마**들을 포함한 우리의 모든 지知와 그 내용은 "내가 있다"는 앎에 의존해 있는데, 그것은 시간이 한정되어 있고 거짓입니다.

그래서 저는 누구도 찾아가지 않습니다.

방: 어제 당신께서는 이 **지**知를 누구에게도 전하고 싶지 않다고 말씀하셨는데, 왜입니까?

마: 제가 이 "내가 있다"는 **지**知를 탐구하자, 그것이 등을 돌리고 저의 모든 신념을 청산해 버렸습니다. 왜 제가 그 **지**知로 남들을 화나게 해야 합니까? 사람들은 이 **지**知 없이도 지금 그 상태로 상당히 편안합니다. 기억하기도 없고 잊어버림도 없는 상태에서 그대는 무엇을 하겠습니까?

방: 그러나 우리의 현재 상태는 우리에게 평안과 행복을 주지 않습니다.

마: 그것도 맞습니다. 여러분의 모든 **지**知는 "내가 있다"는 앎에 기초해 있는데, 이 앎은 자연발생적으로 나타났습니다. 여러분은 그것이 '왜' 그리고 '어떻게' 있게 되었는지를 모릅니다. 그러나 평안과 행복을 위해서는 그것을 아는 것이 필수입니다.

방: 사람은 아주 위대하고 유명할 수 있지만, 그의 모든 위대함은 자연발생적으로 나타난, 그리고 언제든 떠날 수 있는 "내가 있다"는 앎에 의존하고 있습니다. 그것이 사라지면 그의 위대함이 어디 있습니까?

마: 행복과 평안은 "내가 있다"의 비밀을 안 뒤에만 가능합니다. 그때는 그것이 하나의 소식으로만 머무르지 않고 **신**의 지위를 성취합니다.

방: 매일 **바잔**(bhajans)을 하고 빤다르뿌르의 **비토바 신**(God Vithoba)16)을 정기적으로 찾아가는 사람들은 그렇게 해서 무엇을 얻습니까?

마: 그런 사람들은 바잔과 **비토바**에 몰두해 있습니다. 그들은 심지어 그를 꿈속에서도 보고 환영으로도 봅니다. 이것은 그들이 모든 걱정을 잊고, 죽을 때도 두려움이 없게 도와줍니다. 이 헌신자들의 생명기운은 큰 기쁨 속에서 떠납니다. 그들의 마지막 날을 보면 그들이 평생을 어떻게 살았는지 판단할 수 있습니다.

---

16) *T*. 빤다르뿌르(Pandharpur)는 마하라슈트라 주의 도시이며, 여기에는 비토바 신(비슈누 혹은 크리슈나의 화현)을 모신 유명한 비토바 사원이 있다. 비토바를 빤두랑가라고도 한다.

다른 사람들로서는 죽음을 한 번 생각하는 것조차도 무섭습니다. 그들은 (죽을 때) 저승사자를 보고, 비참한 죽음을 맞습니다.

천당이나 지옥은 없습니다. 어떻게 죽느냐, 즐겁게 죽느냐 아니면 두려움 속에서 죽느냐가 중요할 뿐입니다. 여러분은 어떤 건물을 지을 때 바위 하나를 놓습니다. 그것을 뭐라고 부릅니까?

방: 초석이라고 합니다.

마: "내가 있다"는 앎이 그대의 우주의 토대입니다. "내가 있다"가 **우주의 신**(Vishwambhara)의 두 발입니다. 말없이 그 "내가 있다"를 명상함으로써 그것을 즐겁게 해주십시오. 그것이 자신의[여러분의] 모든 비밀을 그대에게 말해 줄 것입니다. 그대는 몸도 아니고 마음도 아니라는 것이 분명하게 이해될 것입니다. 그대 안에서 어떤 변모가 있을 것입니다. 생각의 흐름은 계속되겠지만, 그 수가 줄어들 것이고 질이 더 높아질 것입니다. 그 생각은 **브라만**에 대한 생각일 것입니다. 욕구가 줄어들고, 애쓰지 않아도 자연발생적으로 충족될 것입니다. 몸ㆍ마음ㆍ생명기운의 활동은 계속되겠지만 그대는 그것들의 **주시자**로만 남게 될 것입니다.

방: 저는 저의 죽음을 어떻게 보게 되겠습니까?

마: 생명기운과 마음이 떠나는 것을 지켜보겠지요. 침상 위의 몸이 지각력이 없고, 의식이 비非의식으로 되는 것을 보게 될 것입니다. 그것은 자신이 오줌이나 똥을 누는 것을 지켜보는 것과 같습니다. 관찰자들은 그대가 죽었다고 말하겠지만, 그것은 그대의 경험이 아닐 것입니다.

저는 심오한 질문들을 환영합니다. 그런 질문 있습니까?

(침묵.)

마: 그대는 '그대가 있다'는 것(Swavishaya-자기라는 대상)과, 일체가 그것 안에 들어 있다는 것을 압니다. 그대가 달리 무엇을 압니까?

방: 그것 자체가 모든 것입니다.

마: 그대가 모든 것일 때는 그대에게 어떤 문제도 있을 수 없습니다. 그

대의 최대의 실수는 몸을 자신과 동일시하는 것입니다. 그대의 몸-정체성은 불완전합니다. 그대가 그것을 알아서 그것이 사라질 때, 그대는 이미 완전합니다.

방: 우리의 의식은 무엇이 그토록 독특합니까?

마: 해는 위대하지만 어둠을 볼 수 없고, 어둠은 해를 볼 수 없습니다. 그러나 그대[의식]는 둘 다 볼 수 있습니다. 그것이 그대의 위대함입니다.

방: 우리는 태어나서 운이 좋았습니다.

마: 백 년 전에는 그대가 모든 면에서 완전했습니다. 이른바 탄생은 불완전함의 탄생입니다.

방: (불교의) **보디사뜨와**(*Bodhisattva*-보살)란 무엇입니까?

마: 그대가 "내가 있다"는 **지**知(*bodha*)를 가지고 있는 것은 **사뜨와**(*Sattva*)의 몸 때문입니다. 그래서 그대가 **보디사뜨와**입니다.

방: 오래 사는 것이 쓸모가 있습니까?

마: 어떤 사람은 2백 년을 삽니다. 그것이 무슨 소용 있습니까? 그것은 누가 외진 구석에 서서 소변을 보는 것만큼의 의미는 있지요.17)

33. '운명'은 하나의 개념인가?

1979년 12월 28일

방문객: 왜 저는 죽음에 대한 두려움이 있습니까?

마하라지: 그대의 몸은 태어났고 죽을 것입니다. 그대의 두려움은 몸과의

---

17) 이것은 (가치 면에서) "그것이 무슨 차이가 있는가?"라는 의미의 인기 있는 마라티어 경구로 빗대어 말한 것이다.

동일시 때문입니다. 그대가 무엇인지를 알아야 합니다. 그러면 고통과 두려움을 없애버리는 즐거움을 누리게 될 것입니다.

방: 명상은 어떻게 하는 것입니까?

마: 저는 **명상**(*Dhyan*)을 지知(*Jnana*)["내가 있다"는 앎]라고 부릅니다. '그대가 있다'는 앎 없이 그대가 있을 수 있습니까?

방: 아니요.

마: 그래서 명상은 그대 안에서 지속적으로 진행됩니다. 그대의 주의注意만 있으면 됩니다. "그대가 있다"는 앎을 그대의 스승으로 여기고, 가능한 한 오래 그것에 주의를 기울이십시오. 그대의 의식을 꽉 붙드십시오. 그 의식이 진아지의 씨앗입니다. 그렇게 하여 진아를 알게 됩니다.

방: 왜 우리는 삶 속에서 그토록 많이 고통 받습니까?

마: 그대는 자신의 스승의 위대함을 몸의 수준으로 끌어내리고 있습니다. 그래서 고통 받습니다.

방: 마야(*Maya*)가 무엇입니까?

마: 존재성이 없는 것이 자신을 현존하는 것으로 내세웁니다. 그것이 마야입니다. '마(*Ma*)'는 '없는'을 뜻하고 '야(*ya*)'는 '것'을 뜻합니다. 존재성이 없는 것이 **마야**입니다.

방: 기적들을 믿으십니까?

마: 제가 저의 존재성을 몰랐을 때는 아무것도 없었습니다. 저의 존재성과 세계는 동시에 나타났습니다. 그것은 하나의 기적 아닙니까?

방: 저의 세계는 무한정 지속되겠습니까?

마: 그대의 의식이 지속되는 동안만 지속되겠지요.

방: 저는 이 세계와 그 대상들에 얼마나 오래 관심을 갖게 되겠습니까?

마: 그대의 몸-정체성이 남아 있는 동안입니다.

방: 모든 예술의 기원은 무엇입니까?

마: 지성은 인간 형상 속의 의식에 기인합니다. 의식은 **사뜨와**, 곧 음식

기운에 기인하고, 그것은 다시 5대 원소에 기인합니다. 그래서 모든 예술은 5대 원소에 기인합니다.

방: 모든 산 존재들이 어떤 계명誡命을 따르기는 합니까?

마: 그들이 어떤 규칙을 따르는 것은 두려움과 본능에서이지, 신을 즐겁게 하기 위해 그러는 것은 아닙니다.

방: 모든 산 몸들은 5대 원소로 이루어져 있습니다.

마: 한 가지 측면에서는 모든 몸들이 비슷합니다.

방: 그것들은 의식의 음식입니다.

마: 또한 서로의 음식이기도 하지요. 제정신을 가진 어떤 **신**도 그런 생존 체계를 창조하지 않았을 것입니다. 그래서 모든 창조는 자연발생적입니다.

방: 왜 우리는 늘 이런저런 것을 필요로 합니까?

마: 여러분의 개인성 때문입니다. 진인은 개인성을 잃어버리고 욕망에서 벗어납니다. 그의 활동은 자연발생적으로 일어납니다. 진인 냐네스와르는 진인에 대해 이렇게 썼습니다. "전 우주가 그의 집이 된다. 더 정확히 말해서 그는 움직일 수 있거나 움직일 수 없는 모든 것과 하나가 된다." 그는 5대 원소 모두와 하나가 됩니다. 진인은 세계를 알지만, 세계(세상 사람들)는 그의 기적에 의해서만 그를 압니다.

방: 진인은 어떻게 자신이 몸이 아니라는 것을 그토록 확신합니까?

마: 몸은 5대 원소로 이루어져 있는데, 진인은 그 원소들이 아닙니다. 그래서 진인은 몸이 아닙니다. 이것은 다른 모든 사람들에게도 해당되지만 그들은 자신이 몸이라고 주장합니다. 모든 존재는 시간이 한정되어 있으나, 시간을 아는 자는 무無시간입니다. 의식이 있는 곳에는 시간이 있습니다. 그러나 의식을 아는 자는 무시간이며, 무시간적인 것은 시간이 한정될 수 없습니다. **원초적 환**幻의 시계는 매우 느린 속도로 재깍거립니다. 수십 억 년이 지나갈 때 **마야**의 시계는 1초가 갑니다. 그것은

마치 아무 일도 일어난 적이 없는 것과 같다는 것을 말해줍니다. 그대는 자신의 삶 속에서 세계를 경험합니까, 아니면 그대의 세계 속에서 자신의 삶을 경험합니까?

방: 저희는 이 세계 속에서 자신의 삶을 경험합니다.

마: 그대가 없으면 그대의 세계가 어디 있습니까? 그래서 그대가 먼저고 그대의 세계는 그 다음입니다. 그대는 자신의 삶 속에서 세계를 경험합니다.

방: 당신께서는 지금 시간을 경험하지 않으십니까?

방: 시간은 지난 82년 동안만 있습니다. 그러나 **시간**이 없었을 때 제가 영원히 무엇이었는지는 아주 분명합니다. 그래서 저는 하고 싶은 무슨 말이든 합니다. 그것은 저의 상상이 아니라 실제로 그런 것입니다. **영원자**가 어떻게 시간 속에서 가늠될 수 있습니까? 저는 이런 사실들을 지지해 줄 증인이 필요하지 않습니다.

방: 그러나 당신께서는 **의식**을 이용하여 비非의식의 상태에 대해 이야기하십니다.

마: 의식이 없이 어떻게 제가 (의사를) 전달할 수 있습니까? 저는 **의식**이 아니지만 필요할 때는 그것을 이용합니다. 저는 저의 도구인 **의식**에 대한 **주시자**입니다.

방: 발현업發現業(prarabdha)[운명]이 무엇입니까?

마: "금생과 전생의 선행과 악행의 결과는 우리의 회계 장부에 저장된다. 우리는 자신의 행위에 따라 복을 누리거나 고통을 받아야 한다." 이 것이 발현업에 대한 통상적 믿음입니다. 저에게는 그것이 모두 참되지 않습니다. 주안점은, 인간은 어디선가 힘을 얻어서 삶이 다가올 때 그것이 오는 대로 마주해야 한다는 것입니다. 제가 발현업을 생각할 때는, 우리가 머리에 인 짐을 내려놓을 수 있도록 여러 마을에 세워져 있던 기둥들이 기억납니다. 예전에 인도의 시골에는 승용차도 버스도 없었습

니다. 부자들은 소달구지가 있었고, 그 외의 사람들은 멀거나 가까운 거리를 걸어가야 했습니다. 거의 모든 사람이 땔나무, 구입한 물건, 팔려는 농산물, 짐짝 등 가볍거나 무거운 개인 소지품을 가지고 있었습니다. 보통은 이 짐을 머리에 이고 갔습니다. 먼 거리를 가고 나면 짐을 내려놓고 쉬면서 물을 마실 필요가 있었습니다. 이 필요성을 염두에 두고 시골 지역의 여러 곳에 사람 키 높이의 짤막한 기둥들이 세워졌습니다. 여행자들이 그 기둥 위에 짐을 내려놓고 한동안 홀가분해 할 수 있다는 것은 큰 위안이었지요. 그렇게 해서 기운을 차린 사람들은 다시 길을 가곤 했습니다. 발현업이라는 개념도 비슷한 방식으로 사람들을 돕습니다. 젊은 사람들이 요절하는 것도 발현업으로 설명됩니다. 그들은 신에 의해 이번 생에 짧은 수명을 할당받은 것입니다. 사람들은 그들이 전생에 뭔가 나쁜 짓을 했고, 그래서 전생의 악을 씻어내기 위해 지금 고통 받을 필요가 있었다고 하면서 스스로를 위안하곤 했습니다. 그런 설명과 위안이 없으면 많은 사람에게 삶이 몹시 어려운 것, 심지어는 견딜 수 없는 것이 되었겠지요. 그래서 발현업 개념은 무지한 사람들에게 위안을 주는 역할을 합니다. 현대에도 많은 사람들은 이 오래된 개념의 도움을 받아, 삶이 오는 대로 그것과 마주합니다.

방: 탄생이 무엇입니까?

마: 그것은 5대 원소의 작은 덩어리 하나가 잠재적인 의식과 함께 출현하는 것입니다. 내가 이 덩어리일 수 없다는 것을 안다면, 왜 그것을 나의 탄생으로 여겨야 합니까?

방: 저의 의식에 대해서 명상하면 어떤 일이 일어납니까?

마: 그대의 **참된 존재**에 대한 **지**知를 얻겠지요. **진리**가 수정같이 명료해질 것이고, '존재하는 것'이 열릴 것입니다.

방: 그것이 **진인**들을 산출해 왔군요.

마: 제가 어떤 **진인**을 만나면, 5대 원소의 덩어리가 그의 뿌리에 있는

것을 보게 되겠지요. 여러분은 자신의 뿌리를 탐색하지 않았습니다. 그래서 자신의 존재성에 대해 편안하지 않습니다. 평안과 행복을 얻으려면 진인을 찾아가야 합니다. 그는 여러분이 무엇이라고 말해주고, 명상하는 법을 가르쳐 줍니다. 진인은 여러분과 다르지 않지만, 여러분은 단일성을 깨달아야 합니다.

방: 말들은 어디서 유래합니까?

마: 말은 허공의 성질입니다. 말들은 허공에서 유래하며, 결국 지구상에 내려앉습니다. 그것은 식물들의 일부가 됩니다. 다양한 산 형상들이 그것을 먹고, 그들의 입에서 말이 나옵니다. 최초의 말은 존재의 느낌, 곧 "내가 있다"입니다.

방: 우리의 삶들은 한정되어 있지 않습니까?

마: 여러분의 삶의 지속시간은 올림픽 경기의 지속시간과 같습니다. 이 경기들은 시작과 끝이 있습니다. 결국은 모든 참가자가 떠납니다. 일어나던 주시하기(올림픽 경기)가 이제 일어나지 않습니다. 바로 그거지요. 마찬가지로, 실은 여러분은 자기 삶의 **주시자**입니다. 여러분은 어떤 지속시간 동안 그 주시하기가 그에게 일어나는 **불생자**不生者입니다. 몸의 최후가 그 **주시자**의 죽음을 의미하지는 않습니다. 우리의 생애는 주시하기가 지속되는 시간입니다.

방: (인생이) 실패한 경우에는 자살을 해야 합니까?

마: 아니지요. 이 의식의 성질은 불가사의하고 예측 불가능합니다. 그것은 금세 다시 사람을 크게 성공시킬 수 있습니다. 의식의 한 점 안에 전 세계가 거주하고 있습니다.

방: 만일 제가 이 의식의 기원을 알면 그걸로 충분합니까?

마: 그러면 그대의 일은 끝나겠지요. 그때는 그대 자신을 불생不生으로 보게 될 것입니다. 이름과 형상을 잃고, 무無시간이 될 것입니다.

방: 제가 몸과 함께 죽습니까?

마: 그대는 죽을 때 몸과 분리되는 그것입니다.

방: 제가 세계 안에 있습니까, 세계가 제 안에 있습니까?

마: 그대와 그대의 세계는 하나입니다.

방: 의식으로서, 저는 늘 행복해야 합니다.

마: 그대는 몸으로서 살고 있고, 그래서 불행해집니다.

방: 저에게 행위할 자유가 있습니까?

마: 절대자인 그대는 행위자가 아니라 하나의 **주시자**일 뿐입니다. 그대의 활동이 일어나는 것은 그대 안의 신 때문입니다. 그대는 잠자기, 똥 누기 같은 행위들이 '일어난다'는 것을 압니다. 그대가 그것을 하지는 못합니다.

방: 자기사랑, 곧 **마야**와 **이스와라**는 어떻게 다릅니까?

마: 그들은 모두 하나일 뿐입니다.

방: 이 지知를 저의 가족과 친구들에게 말해 주어야 합니까?

마: 아닙니다. 그건 그대만을 위한 것입니다. 그것에 대해 명상하십시오.

34. 그대는 보살핌을 받는다

1979년 12월 29일

마하라지: 천문학자는 망원경을 이용하여 먼 대상들을 봅니다. 그러나 그가 망원경은 아닙니다. 마찬가지로, 의식과 그 내용의 **주시자**는 의식이 아닙니다.

방문객: 우리의 두려움의 원인은 무엇입니까?

마: 그 두려움은 여러분의 몸-정체성 때문입니다. '**형상 없는 자**'만이 두

려움이 없습니다.

방: 제가 몸이 아니라면, 그것을 소홀히 할 경향이 있겠습니까?

마: 저는 이 화분이 아니고 꽃도 아니지만 그것들을 돌봅니다. 몸-정체성을 잃는다고 해서 몸을 소홀히 하게 되는 것은 아닙니다. 아무 걱정이나 근심 없이도 몸에 대한 보살핌이 있게 될 것입니다.

그대는 눈을 감으면 무엇을 봅니까?

방: 아무것도 보지 않습니다.

마: 깊은 푸름 또는 깊은 암흑을 보지요. 몸은 그것을 볼 수 있는 동안만 살아서 움직입니다. 그것을 **메가 시얌**(*Megha Shyam*), 곧 '검은 얼굴의 **크리슈나**'라고 하고, **사울라 람**(*Savla Ram*), 곧 '검은 얼굴의 **라마**'라고도 합니다.

방: 당신께서는 우리가 무엇을 하기 전에 이미 완전하다고 말씀하신 적이 있습니다. 단 하나 필요한 것이 있다면 올바른 이해입니다.

마: 다른 데서는 그대에게 이것을 하라, 저것을 하라고 할 것입니다. 그것이 그들의 일입니다. **진인**은 모름의 상태에서 앎의 상태로의 이행을 아는 자입니다.

그대가 잠에서 깨어날 때는 누가 그것을 알게 됩니까?

방: 의식입니다.

마: 눈을 감고 있으면 깊은 푸름 또는 암흑을 봅니다. 눈을 뜨면 먼저 공간을 보고, 그런 다음 다른 것들을 봅니다. **진인**의 제자로서 자신의 영원한 거주처를 발견했다고 선언하는 사람은 드뭅니다. 무시간적인 것은 존재와 비존재를 넘어서 있습니다.

방: 세계는 독립적 존재(existence)를 가지고 있습니까?

마: **진인**은 세계를 자신의 존재성(beingness)으로 봅니다.

방: 우리는 하나의 몸을 가진 **진인**을 만날 수 있습니다. 그에게 몸이 없을 때는 어떻게 그와 접촉합니까?

마: 그는 백 년 전의 그대와 똑같습니다. 그대는 존재했지만 "내가 있다"는 앎이 없었습니다. 바로 그 상태가 자궁 속에 있을 때와 그 뒤 그대의 나이가 세 살이 넘을 때까지도 지속되었지요.

방: 어떻게 모름의 상태에서 "내가 있다"는 앎이 발전합니까?

마: 그것은 익지 않은 망고가 맛이 들어가는 것과 같습니다.

방: 우리는 어떻게 모름의 상태에 있다가 다시 태어나는 것을 계획할 수 있습니까?

마: 무지한 사람들은 그렇게 말하고, 그 말을 듣는 사람들은 그것을 믿게 됩니다. 그대의 소위 지식은 모두 그런 유형입니다.

방: 만일 당신께서 **불생자**, 곧 늘 존재하는 **원리**시라면, 당신의 태어남에 대해 이야기하는 것은 불경스러운 일 아닙니까?

마: 그렇지요. 그것은 저를, 뉴델리의 은행을 턴 강도 무리의 우두머리라고 비난하는 것과 같습니다. 그런 범죄의 책임을 씌우면 제가 어떻게 받아들일 수 있습니까? 그래서 저는 제가 태어난다는 것은 불가능한 일이라고 배척합니다.

방: 비이원성 속에 지각이 있습니까?

마: 어떻게 그럴 수 있습니까? 무엇을 알아차리려면 아주 약간의 차이나 변화가 필수입니다. 단일성 안에서 누가 누구를 지각하겠습니까? '너'가 있으면 '나'가 있습니다. **빠라브라만**만이 존재합니다. 그것은 홀로이거나 모두 하나입니다. 그것은 자신의 존재를 알지 못합니다. 즉, **빠라브라만** 안에는 "내가 있다"는 앎, 곧 존재성이 없습니다. 완전한 것 안에는 어떤 경험도 없습니다. 만일 어떤 경험이 있다면 그것은 불완전합니다.

방: 당신은 **지**知의 창고이십니다.

마: 아니지요. 그것은 텅 비었습니다. 저는 제가 알지 못하는 것(이원적 앎의 대상이 아닌 **빠라브라만**)을 이야기합니다. 여러분은 그것을 저의 **지**知라고 생각하고 그것을 높이 사지요.

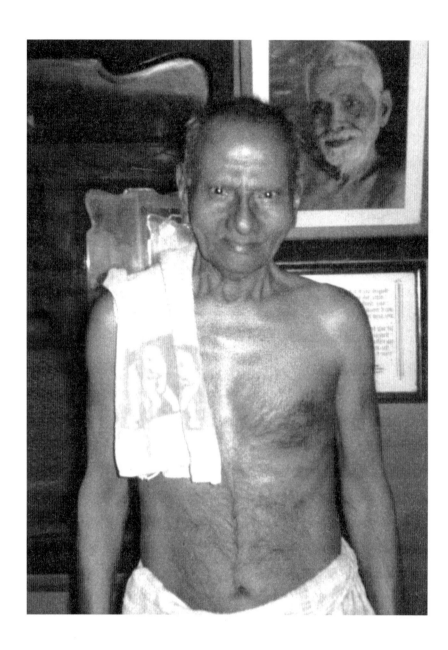

방: 저에게는 어떤 수행법을 권하시겠습니까?

마: 그대가 눈을 감고서 의도적인 봄이 없이 보는 것, 거기에 있으십시오[그것을 명상하십시오]. 그것을 **검푸름의 아름다움**(*Shyam Sunder*)이라고 합니다. 그것이 **자각의 무변제**無邊際(*Chidakash*-광대무변한 자각의 공간)입니다. 눈을 뜨면 **존재의 무변제**(*Mahadakash*-광대한 현상계)를 보게 됩니다.

방: 우리의 무지가 자부심의 원인입니다.

마: 원초적 환幻은 침[정액]에서 화현합니다. 누가 그것을 자부할 수 있습니까?

방: 빠라브라만의 상태는 지知로 충만해 있습니까?

마: 그것은 비지非知의 상태이고, 참되고 영원합니다. 아름다운 젊은 여성의 장난(애교 있는 행동)이 어떤 사람의 마음을 끌지 못한다면, 그는 진인 아니면 짐승이라고 하지요.

방: 진인(*Jnani*)은 일어나는 일에 무관심합니까?

마: 진인은 자신에게 필요한 것들을 자연이 돌봐 주게 맡겨둡니다. 태아는 자신을 먹이기 위해 무엇을 합니까? 누가 그것을 보호하고 안전한 출산을 도와줍니까? 앎 속에서보다 모름의 상태에 더 나은 보살핌이 있습니다. 개인의 의도적 행위는 그다지 완전할 수 없습니다. 그런 행위들은 무엇을 잘 잊기 쉽고 비효율적일 수 있습니다. 경전에 쓰여 있기를, 진인은 자신의 몸에 필요한 일을 하는 것을 운명에 맡겨둔다고 합니다. 그는 그 점에 대해 아무 할 말이 없습니다. 저는 발현업[운명]이, 존재성을 낳는 **사뜨**와 성질과 같다고 봅니다. 진인의 활동은 "내가 있다"는 느낌 없이 일어납니다.

우리는 5대 원소를 관찰합니다. (그것들에) 어떤 마음이 있습니까?

방: 아니요.

마: 하지만 우리는 그들 사이의 투쟁을 관찰합니다. 그들의 활동은 마음 없이 일어납니다. 이 원소들은 자신들이 존재한다는 것을 모릅니다. 그

들이 결합하여 **사뜨와**를 형성할 때 그 안에 '내가 있음'과 마음이 있습니다. 형상들의 발육과 그것들의 활동은 자연발생적으로 일어납니다.

마음과 주의(attention) 이전은 무엇입니까?

방: 존재의 느낌입니다.

마: 시고, 상큼하고, 매운 것이 음식 물질의 성질이듯이, 우리의 존재의 느낌 혹은 **의식**도 그것의 성질 혹은 표현입니다. 그래서 음식 물질과 존재성('내가 있음')은 하나입니다. 의식을 아는 자는 그것과 별개입니다. 의식은 (음식) 물질의 최상위 성질 혹은 단계이며, 거기서 **궁극자**(궁극적 실재)를 깨달을 수 있습니다.

방: 당신의 수동적 주시하기에도 불구하고, 일체가 여기서 순조롭게 진행되고 있습니다.

마: 일체가 자연발생적인 일어남입니다. 저는 거기에 참여자가 아닙니다. 그것은 태아가 자신에게 필요한 모든 것을 (엄마에게서) 받고 있는 것과 같습니다.

방: 우리는 거기서 무엇을 이해해야 합니까?

마: 자신의 **참된 형상** 혹은 **성품**을 이해해야 합니다.

방: 당신의 방문객들은 당신의 외적인 모습과 말씀을 통해서 당신을 압니다.

마: 저는 보이는 모습이나 알려질 수 있는 것과는 사뭇 다릅니다. 저는 이것이 아니고[당신의 형상을 가리키며], 이것과 연관된 어떤 것도 아닙니다. 여러분은 여기서 **사뜨와**의 성질을 보지만 그것은 제가 아닙니다. 올바른 이해를 막는 주된 장애는 여러분의 소유물, 가족과 친구들에 대한 끌림입니다.

방: 그런 것들에서 벗어나기가 어렵습니다.

마: 저는 조각가가 돌에 작업하듯이 여러분에게 작업합니다. 그러나 조각가의 일이 저의 일보다 쉬울 듯합니다. 돌은 어떤 저항도 하지 않지요.

예술가가 돌에 작업을 하면 돌은 점점 가벼워집니다. 반면에 저의 사람들은 개념에서 벗어나기는커녕 개념들을 더 보태는 것 같군요.

방: 명상할 때 저는 무엇입니까?

마: 그대는 형상 없는 **의식**입니다. 그대가 '그대가 있다'는 것을 아는 것은 몸 때문이지만, 그대는 그 몸이 아닙니다.

방: 저는 주시자와 하나가 됩니다.

마: 그대는 항상 그 **주시자**입니다. 아침에는 잠의 상태에서 깨어남이 있었습니다. 깨어남에 대한 주시하기가 그대에게 일어났고, 그 뒤에 주위 환경을 주시했습니다. 그대의 이른바 보기, 맛보기, 냄새 맡기 등은 그대가 하는 것이 아니라, 그대에게 주시하기가 일어나는 것입니다. 그대는 모든 경험과 행위 이전입니다. **주시자**는 결코 잠을 자지 않습니다. 생시와 잠의 상태에 대한 **주시자**는 그 상태들을 넘어서 있습니다. 지금 일어나고 있는 것은 생시의 상태입니다. 그대는 이 이야기들을 듣는데, 말을 하지는 못합니다. 그리고 이 이야기들에 대한 **주시자**는 말을 할 필요가 없습니다. 생시와 잠은 음식 물질[사뜨와]에서 나오지만, 이 상태들을 아는 자는 **사뜨와**를 넘어서 있습니다. 이 상태들은 떠오름과 저묾이 있습니다. 생시의 기원, 즉 **의식**에 무지한 사람들은 그 저묾을 죽음이라고 여깁니다. **진인**에게는 죽음이 없고 **지복**뿐입니다. **진아지**가 두려움과 죽음의 종식입니다.

방: 진인은 빛과 어떻게 관계됩니까?

마: 아무 관계가 없고, **주시자**의 주시하기만 일어납니다. 세 **유가**(*Yugas*)가 지나갔고, 그것이 주시되었습니다. 이 **주시자**는 늘 존재하며 옴[탄생]이나 감[죽음]이 없습니다. 무수한 형상들이 나타나고 머무르고 사라집니다. 그러나 **주시자**는 오직 하나이며, 전적으로 영향 받지 않은 채 영원히 남습니다.

35. 현상계는 목적이 없다

1979년 12월 30일

방문객: 진정한 순복(surrender)이란 무엇입니까?

마하라지: 자신의 이름과 형상을 잊어버리는 것이 참된 순복입니다.

방: 수행자(sadhaka)는 보통 사람과 어떻게 다릅니까?

마: 보통 사람은 생존을 위해 자기 자신에게 의존하는 반면, 수행자는 일체를 스승이나 신에게 의존합니다. 수행자는 자신을 몸이 아니라 의식으로 압니다.

방: 죽음의 공포를 어떻게 극복합니까?

마: 몸-정체성이 떨어져 나가야 합니다. 의식은 결코 죽지 않습니다. 의식으로서 살고 두려움 없이 사십시오.

방: 우리의 모든 개념은 **사뜨와**에 기인합니까?

마: 최초의 "내가 있다"를 포함한 모든 개념은 **사뜨와**에 기인합니다.

방: 만일 전 세계가 **의식** 안에 있다면 **진인**은 어디에 있습니까?

마: 그는 세계 밖에 있습니다. 그는 무시간이고 존재와 비존재를 넘어서 있습니다.

방: 길상吉祥한 일들만 일어나도록 저를 축복해 주실 수 있습니까?

마: 실은 그대는 형상이 없습니다. 그대에게 어떤 좋고 나쁜 일이 일어날 수 있습니까? 일체가 매우 빨리 변하고 있지만, 그대의 **참된 성품**은 영향 받지 않고 남습니다. 최상의 축복은 자신의 영원한 실체를 깨닫는 것입니다. 변치 않는 것만이 모든 상황에서 영향을 받지 않고 남아 있습니다.

방: 개인들에 대해서는 좀처럼 말씀을 하지 않으시는군요.

마: 저는 의식의 집단적 관계에 대해서 이야기합니다. 5대 원소가 한데

모여 **사뜨와**를 형성하면 다양한 형상들이 나타납니다. 같은 하나의 **의식**이 모든 형상들을 통해서 작용합니다. 모든 개인은 상상적 존재입니다. 무한하고 광대무변한 **의식**이, 아무 목적 없이 있습니다. 생명기운도 **의식**과 함께 나타납니다.

방: 현상계는 목적이 없다—이것은 아주 귀중한 통찰입니다. 부디 오래 사시면서 저희를 인도해 주시기 바랍니다.

마: 저는 단 하루도 더 살 필요가 없습니다. 삶은 문제를 의미하고, 그것은 매일 아침 깨어나면서 시작됩니다. 우리는 화장실로 달려가는 것을 피할 수 없고, 심지어 미루지도 못합니다. 그대의 몸이 필요로 하는 것을 돌보다 보면 지속적인 평안을 기대할 수 없습니다.

방: '내가 있음' 혹은 **의식**이 우리의 참된 성품입니까?

마: 아니지요. 그것은 우리의 '문제'입니다.

지금까지 세 **유가**(Yugas)가 지나갔는데, **사띠야**(Satya), **뜨레따**(Treta), **드와빠라**(Dwapara) 유가입니다. 현재는 **깔리 유가**(Kali Yuga)지요.18) 이 광대한 시간 동안 **자연**(Nisarga)19)이 조금이라도 영향을 받습니까? **자연**은 의식하지 않고, 따라서 전혀 영향을 받지 않습니다.

"내가 있다"는 소식이 괴로움의 원인입니다. 그것은 어디서 나왔습니까?

방: 자궁에서요.

마: 그 소식이 자궁의 내용입니다. 살아 있음에 대한 '나'의 현재의 경험과 세계 경험하기는 그 소식에 의존해 있습니다. 그 소식이 이 존재(삶)의 토대입니다.

---

18) *T.* 힌두교에서 유가는 4,320,000년을 한 단위로 하는 우주적 시간이다(1,000유가=1겁). 1유가는 사띠야 유가(1,728,000년), 뜨레따 유가(1,296,000년), 드와빠라 유가(864,000), 깔리 유가(432,000년)로 구분되며, 깔리 유가는 기원전 3,102년에 시작되었다고 한다.

19) *T.* 여기서 말하는 **자연**은 물리적 우주인 자연계가 아니라, 현상적 변화와 무관하게 영원히 존재하는 우리의 본래적 **상태**, 곧 브라만의 상태를 뜻한다.

방: 그 소식이 없을 때의 상태는 어떤 것이었습니까?

마: 그것은 저의 참된 영원한 상태였는데, 그것은 몇 번에 걸친 우주의 해체에 영향 받지 않았습니다.

방: 사람들은 어떻게 해서 신들과 진인들의 환영을 봅니까?

마: 우리의 의식은 그런 형상들로 나타나는 힘이 있습니다.[20] 필요한 것은 믿음과 그런 형상들을 보려는 큰 충동입니다.

36. 위대할수록 속박이 많다

1979년 12월 31일

마하라지: 비존재에서 존재로의 이행을 위해 자궁 안에서 많은 활동이 진행됩니다. 그 비존재는 그 아기의 출산 이후에도 세 살이 넘을 때까지 계속됩니다.

방문객: 어떤 사람들은 복이 있어서 삶 속에서 위대해지기도 합니다.

마: 위대하면 할수록 속박이 많습니다. 우리 삶 속의 작은 사건 하나도 온 세상에 크게 알려집니다. 늘 아주 조심해야 합니다. 진아지 안에서만 자유가 있습니다.

방: 스승은 제자에게 입문전수(initiation)를 베풉니다. 입문전수의 산스크리트 단어는 아누그라하(anugraha)입니다. 그 의미가 무엇입니까?

마: 스승에게서 그대의 참된 정체성을 받아들여야(graha) 합니다. 스승은 그대가 원자적(anu) 의식이라고 말해 줍니다. 제자들은 계속 몸-정체성을

---

20) T. 즉, 환영은 우리의 내면에서 나타나는 것이지 바깥에서 오는 것이 아니다. 환영이 아니라 신이 직접 헌신자에게 현신하기도 하지만, 그 또한 의식의 범주 내에 있다.

가지고 있는데, 그것은 입문전수를 받아들이는 것이 아닙니다.

방: 지知의 축적은 몇 살 때부터 시작됩니까?

마: 지知의 축적을 위해서는 아이가 먼저 자신이 존재한다는 것을 알아야 합니다. 그것이 자아지知(self-knowledge)[21]입니다. 그것은 약 세 살에서 다섯 살 사이에 일어납니다. 이 무렵부터 아이는 자기 엄마를 인식하기 시작합니다. 이때부터 무지의 수집이 시작됩니다.

방: 만일 아이에게 그는 그 몸이 아니고 **의식** 혹은 **진아**라는 것을 가르쳐주면, 아이가 **진아**를 더 빨리 깨닫게 되겠습니까?

마: 아이는 그것을 이해하지 못하겠지요. 그 말을 기억하고 앵무새처럼 그것을 되뇔 것입니다. 그것은 결코 도움이 되지 않습니다. 사람의 수명이 끝날 때는 축적된 모든 지知가 사라집니다. 힘도 나날이 약해져서, 결국 음식을 먹는 숟가락 하나도 들 힘이 남지 않게 됩니다.

방: 저희같이 무지한 사람들은 늘 가족과 세간적인 것들을 생각합니다. 진인은 어떻습니까?

마: 여기에는 그런 생각들이 없습니다. 여러분의 경우에는 희망·욕망·갈망들이 있습니다. 여러분의 생각 흐름은 그런 것들 때문입니다. **진인**의 경우에는 희망 등이 죽지는 않지만, 그런 것들이 자연발생적으로 충족됩니다.

방: 제가 보건대 경전에는 과장된 것이 많습니다.

마: 『마하바라타』에는 **크리슈나**의 왕국에 야다바(Yadavas)로 불리는 그의 추종자들이 도합 5억 6천만 명이나 살았다고 쓰여 있습니다. 인도의 현재 인구가 얼마입니까?

방: 약 7억입니다.

마: 현재의 구자라트 주의 작은 일부(크리슈나의 옛 왕국 드와르까)에 어떻게

---

21) *T.* 자아의식, 곧 '내가 있음'을 아는 것. 자아지가 생기면서 몸과의 동일시가 시작된다.

그렇게 많은 야다바들이 편히 살 수 있었겠습니까? 그런 것들을 우리가 많이 읽게 됩니다. 거기서 무엇이 참되고 무엇이 거짓입니까?

방: 참스승은 그의 제자에게 무엇을 해줍니까?

마: 그는 제자의 '내가 있음'과 실재하지 않는 존재성(existence)을 종식시켜 줍니다. 무한하고 광대무변한 것(자각의 무변제, 곧 브라만) 속에서는 불행이 남아 있을 수 없습니다.

방: 여신 락슈미가 신 나라얀(Narayan-비슈누)에게 봉사한다는 것의 의미는 무엇입니까?

마: 여기서는 의식이 나라얀이고 우리의 주의(Lax), "내가 있다(mi)"가 그것에 봉사합니다. 의식의 바다에서 그대의 존재의 느낌은 아주 미소微小합니다. 그것이 사라지면 모두 하나의 의식입니다.

방: 라마는 빠라브라만이었습니다. 그는 한 번도 무지하지 않았습니까?

마: 그가 어릴 때는 그도 그대와 같았지요. 그의 스승인 진인 바시슈타의 가르침이 그를 변화시켰습니다.

방: 진정한 지知란 어떤 것입니까?

마: 그것은 내가 사뜨와의 음식-몸이 아니고, 의식이라는 그것의 성질도 아님을 아는 것입니다.

방: 기적을 믿으십니까?

마: 의식의 한 극미한 영역이 존재계라는 크고 광대한 세계—물질과 에너지의 우주가 되었습니다. 그것은 기적 아닙니까?

우리 지구의 크기는 전체 존재계에 비해 너무나 극미합니다. 이 지구 상에 사뜨와의 한 작은 입자가 의식을 가지고 있는데, 그 안에 전 존재계가 들어 있습니다. 그 이상 뭐가 필요해서 기적을 믿습니까?

37. 그대는 단순한 진리가 어려워진 것을 찾는다

1980년 1월 1일

방문객: 진아지로써 제가 무엇을 얻습니까?

마하라지: 이익과 손해의 관념은 몸-정체성의 한 표지이며, 그런 것들은 한 개인에게 해당됩니다. 진아지가 있으면 그런 개념들이 남아 있지 않습니다. 그 개인이 더 이상 없는데, 누구의 장부에 이익이나 손해를 기입하겠습니까? 형상 없는 것에는 이익이나 손실을 기재할 별개의 어떤 장부도 없습니다. 그것은 모두 하나의 장부거나 아니면 아무 장부가 아닙니다. 그대가 이익을 찾는다면, 여기는 그대가 잘못 온 곳입니다.

방: 부자들은 최대의 이익을 기록하기 위해 매우 신경을 씁니다.

마: 그들의 삶은 불필요한 투쟁입니다. 가족 내 다른 사람들은 아무 하는 일이 없습니다. 그들이 하는 일이란 개를 데리고 나가 산책하는 거지요. 저는 한 파르시(조로아스터교도) 신사가 자기 개를 배 위에 얹고 자는 것을 본 적이 있습니다. 이제 이익과 손해는 잊어버리고, 그대가 개인성을 상실할 때 그대의 존재성이 무슨 소용 있는지 말해 보십시오.

방: 아무 소용이 없습니다. 그때는 어떤 행복이나 불행도 없겠지요.

마: 모든 강은 바다에 합쳐집니다. 또 모든 배수로는 바다로 들어갑니다. 그것이 바다에 어떻게 영향을 줍니까? 마찬가지로, 진인은 세계의 선악에 영향을 받지 않습니다.

"내가 있다"는 우리의 앎[의식]은 빌려온 지知입니다. 그것은 떠나게 되어 있습니다. 백 년 전 그대의 상태는 현재 그대의 깊은 잠의 상태와 비슷했습니다. 이 두 상태에서는 공히 아무 생각이 없었습니다. 그러니 (의식에 대한 명상을 통해) 가능한 한 오래 생각 없이 있으려고 노력하십시오. 그러다 보면 참된 지知를 얻게 될 것입니다.

방: 어떤 것이 참된 지知입니까?

마: 그대가 세계를 경험하는 것은 그대의 생시와 잠의 상태 때문입니다. 이 상태들의 '왜'와 '어떻게'를 알 때, 그것이 지知에 대한 그대의 모든 추구의 한 끝입니다.

방: 이번 생이 끝나면 저는 어디로 가게 됩니까?

마: 그대는 자신이 어디서 여기로 온 것이 아니라는 것을 압니다. 그대는 모르는 사이에 거의 홀연히 나타났습니다. 그와 마찬가지로 그대는 또 사라지게 될 것입니다. 만일 그대가 충분히 과감하다면, 최후에 "안녕히"라고 말할 수 있겠지요.

그대의 세계가 그대의 의식과 함께 시작되었듯이, 그것은 또한 의식의 분리와 함께 끝이 날 것입니다. 그대의 존재와 세계는 하나일 뿐입니다. 해와 그 빛처럼, 그대는 해이고 세계는 그대의 빛입니다.

그대의 의식이 나타나게 하기 위해 그대가 한 일은 아무것도 없습니다. 그것이 분리될 때[죽음]는 그대가 그것을 막지 못합니다. 또 그것을 없애는 것도 그대 마음대로 하지 못합니다.

방: 지각성(knowingness)은 의식이나 존재성과 같습니까?

마: 예. 그것이 그대의 주된 밑천입니다. 지각성에 대해, 즉 누가 알게 되며 그것이 어떻게 일어났는지에 대해 숙고해야 합니다. 지각성 안에서 보이는 모든 것은 지각성의 변형입니다. 그대가 무엇을 알든, 그것은 모두 그대의 지각성 때문입니다. 그거 없이 그대가 무엇을 알 수 있습니까? 사람들은 자신들이 아는 것에 관심을 갖지, 지각성 그 자체에는 관심이 없습니다. 이 지각성의 비밀[그것의 기원]을 알게 될 때 그대는 충만함을 성취할 것이고, 그대의 모든 욕구는 끝이 날 것입니다. 그대는 '알려지는 것'도 아니고 지각성도 아니며, 지각성을 '아는 자'라는 것을 기억하십시

오. 오늘은 제가 지각성에 대해 이야기하고 있는데, 이 주제를 떠나지 않겠습니다. 여러분이 몸의 수준으로 가는 것을 허용하지 않겠습니다. 여러분은 연극과 영화를 보러 가지만 저는 가지 않습니다. 왜입니까? 여러분은 자신의 지각성을 사랑하지만, 뭔가 이것저것 하지 않고는 그것을 용납하지 못합니다. 여러분은 편안해지기 위해 자신의 지각성을 계속 바쁘게 만들어야 합니다. 저의 경우에는 저의 지각성이 필요치 않습니다. 또 그것은 저에게 문제가 되지 않습니다. 저는 지각성이 아니라 그것을 '아는 자'입니다.

　이 지각성이 출현하기 전에, 존재할 필요나 존재하기를 계속할 어떤 필요가 있었습니까? 지각성에 시작이 있듯이 그것은 끝도 있습니다. 그것은 마치 어떤 죄수가 교수형의 사형선고를 받는 것과 같습니다. 날짜만 정해지지 않았을 뿐입니다.

방: 5대 원소는 지각성과 어떤 관계가 있습니까?

마: 그것들은 지각성의 내용이며, 지각성과 독립해 존재할 수 없습니다.

방: 진리가 그토록 단순하다면, 어떻게 저희는 아직도 개념들 속에 있습니까?

마: 그것은 여러분 자신이 기여한 부분입니다. 저의 일은 여러분에게 '실재하는 것'을 말해주는 것입니다. 그것을 어떻게 이해하느냐 혹은 오해하느냐는 여러분에게 달렸습니다. 여러분은 단순한 **진리**가 어려워진 것을 찾습니다. 그래서 그것을 여러분 자신의 개념들 속에 포장하지 않을 수 없습니다. 여러분의 실수는 용납될 수 있겠지만, 여러분과 별반 다르지 않은 소위 **구루**들이 있습니다. 그들이 가장 애용하는 개념은 그들의 **브라만**입니다. 그들은 자신의 위대한 발견물을 제자들과 공유하고 싶어 합니다. 어떤 **구루**의 위대함이 그의 **진아** 깨달음에 의해서가 아니라 추종자들의 수로 가늠됩니다. 추종자가 많으면 많을수록 더 큰 **구루**입니다. 저는 그들[구루들]을 비난하지 않습니다. 왜냐하면 그들은 아직 자신이 무

지하다는 것을 모르기 때문입니다. 그들의 희망·욕망·갈망이 그들의 무지의 한 척도입니다. 형상 없는 것이 어떻게 무슨 희망이나 욕망을 가질 수 있습니까?

방: 모든 개념을 초월하기가 왜 어렵습니까?

마: 여러분을 속박하는 것은 그런 개념들에 대한 여러분의 선호와 사랑입니다. 여러분은 자신의 개념들을 브라만의 지위에까지 올려놓습니다.

방: 왜 존재(삶)에 대한 그토록 많은 사랑이 있습니까?

마: 모든 산 존재의 경우 태어나는 것은 **자기사랑**, 곧 존재에의 사랑입니다. 이것은 무지의 한 표지입니다. 그 귀중한 삶을 인간들은 어떤 식으로든 시간을 보내는 데 사용합니다. 삶의 가치는 마지막 며칠 혹은 몇 시간밖에 남지 않은 최후에야 알 수 있습니다. 사람들은 의사에게 무슨 수를 쓰든 그 환자를 살아 있게 해 달라고 부탁합니다. '모름'에서 '앎'으로의 이행의 비밀을 알 때 이 **자기사랑**이 사라집니다. 진인에게는 어떤 **자기사랑**도 없습니다. 그래서 신변경호인이 필요 없습니다. 그는 자기 뜻대로 몸을 놓아버리며, 그것을 **요가적 대삼매**라고 합니다. 혹은 그것을 자연이나 발현업[운명]에 맡겨버리기도 합니다. 백 년 전에 여러분의 이름·형상·성질은 무엇이었습니까?

방: 무無였습니다.

마: 바로 그것이 지금 무수한 이름·형상·성질들을 주시하고 있습니다.

방: 저희의 생각들은 날씨, 오르는 물가, 정치 등에 대한 것입니다. 당신의 생각은 어떤 것입니까?

마: 저는 『마하바라타』와 같은 경전들의 내용에 대해 생각합니다. 빤다바 일족(Pandavas)과 까우라바 일족(Kauravas)의 출생을 묘사하는 부분이 있습니다. 저는 그 이야기가 어디까지 진실일까 의심하지요! 존재하지 않는 남자들로 인한 잉태도 있는데, 그것이 가능한가? 등입니다. 우리의 이 대단한 세계의 실재성은 무엇입니까? 제가 얻는 유일한 답변은, 그것

이 모두 상상이라는 것입니다.

사람들은 아르주나의 의심이 무엇이었고, 스리 크리슈나가 그를 어떻게 도왔는지를 알기 위해 『바가바드 기타』를 읽습니다. 저는 독자들에게, 크리슈나는 그들 자신의 문제를 지적해 주고 있고, 삶 속에서 그들을 도우려고 하는 것이라고 말해줍니다. 독자가 자신이 무엇이며 어떻게 그러한지를 알 수 있습니까? 『마하바라타』의 저자인 진인 비야사는 독자들이 자신의 **참된 성품**으로 깨어나게 하는 도구로서 아르주나를 만들어 냈습니다.

방: 우리의 삶 속에서는 말이 중요한 역할을 합니다.

마: 부모는 아기의 형상이 앞에 있을 때, 자신들에게 떠오르는 대로 아기에게 이름을 지어줍니다. 모든 이름은 나름의 의미가 있습니다. 사람은 자신에게 떠오르는 생각들의 의미에 따라 행위합니다. 무의미한 말을 하고서 적절한 행위를 기대할 수 있겠습니까?

(침묵.)

마: 여러분의 하루는 아침에 깨어난 뒤 다가오는 생각에 따른 행위들과 함께 시작됩니다. 하루 종일의 주시하기가 아침에 시작되는 생시 상태에서 일어납니다. 여러분의 **참된 성품**을 깨닫기 위해서는 생시 이전의 상태에 자리 잡아야 합니다. 그 상태에서는 어떤 말도 없습니다. 세계에 대한 여러분의 경험과 여러분의 활동은 "내가 있다"는 소식의 출현 이후에 시작됩니다. 그 이전에 무엇이 있었습니까? 여러분이 남자였습니까, 여자였습니까?

방: 무無였습니다.

마: 최초의 말없는 말은 "내가 있다"입니다. 여러분의 하루는 매일 아침 말과 말로 시작됩니다. 여러분의 행위는 그 말들에 달려 있습니다. 그것을 여러분은 생각이라고 부릅니다. 여러분의 말들이 결합하여 하나의 문장을 구성합니다. 그럴 때만 여러분이 질문을 할 수 있습니다. 여러분은

자신의 무지를 씻어내기 위해 무슨 비누를 사용합니까?

방: 그런 비누는 구할 수 없습니다.

마: 그것은 지知라는 비누인데, 그것을 여러분은 한 스승에게 받습니다. 듣고 읽은 무지가 여러분 자신이 생각해낸 개념들과 함께 씻겨나가면 순수한 진아지가 남습니다. 진아는 영구적이고 늘 준비되어 있으며, 그것 없이는 일시적인 무지가 존재할 수 없습니다. 그러나 그 무지가 워낙 두드러져 진아는 상상적이고 일시적인 것으로 보이고, 무지는 아주 오래되어 잘 자리 잡고 있는 듯이 보입니다. 무지의 가장 나쁜 부분은 몸-정체성인데, 그것이 가장 근절하기 어렵습니다. 몸-정체성을 포함하여 무지는 많을 수도 있고 적을 수도 있지만, 진아는 늘 충만하고 완전합니다. 참된 지知가 있으면 무지가 해탈을 얻지만, 결코 속박되어 있지 않는 진아는 그렇지 않습니다.

방: 몸-정체성이 상실되면 어떤 일이 일어납니까?

마: 그때는 자신이 전체 현상계—광대하고 무한한 세계임을 압니다.

방: 당신께서는 언젠가 "나는 깨어 있다"도 하나의 개념이라고 말씀하셨습니다. 어째서 그렇습니까?

마: 그대의 참된 성품은 생시·잠·지각성 너머이고, 늘 깨어 있습니다. 그런 관점에서는 "내가 깨어 있다"고 말하는 것도 이상하고, 그것은 하나의 개념입니다.

방: 어떻게 우리는, 우리가 듣는 무슨 말이든 참되다고 받아들입니까?

마: 여러분의 모든 지知는 전해 들은 말에 기초해 있을 뿐입니다. 여러분은 다수와 함께 가는 것이 편리하다는 것을 압니다. 99퍼센트의 사람들이 믿는 것이면 그게 뭐든 백 번째 사람도 쉽게 믿습니다. 탄생은 누구도 스스로 경험하지 않습니다. 그래도 그것이 진실로 받아들여집니다.

방: 그에 대한 해법은 무엇입니까?

마: 전해 들은 모든 지知를 내려놓아야 합니다. 여론을 신봉하지 마십시

오. 우리의 실체(진아)가 우리 자신의 앎이 되어야 합니다. 모든 종교는 전해 들은 말에 기초해 있지만, 진아는 그에 영향 받지 않고 독립해 있습니다.

　잠과 의식은 어느 종교에 속합니까?

방: 어느 종교에도 속하지 않습니다.

마: 우리의 탄생은 생시·잠·의식의 출현을 의미합니다. 이 셋의 결합이 "내가 있다"는 기억을 일으키고, 그것이 전통에 따라 종교들을 받아들여 온 것입니다.

방: 죄악이나 공덕은 실재합니까, 아니면 상상입니까?

마: 만일 그런 것이 실재한다면 여러분은 그것을 깊은 잠 속에서도 알았을 것이고, 백 년 전에도 알았겠지요. 이 두 가지 상태에서 여러분은 모든 면에서 완벽하게 순수했습니다. 여러분의 모든 문제는 "내가 있다"는 기억과 몸-정체성에 기인합니다. 몸-정체성이 없으면 어떤 탄생도, 죽음도, 속박도 없습니다. 여러분이 자신을 몸으로 여기면서 이 세상에서 수집하는 것은 모두 무지일 뿐입니다. 여러분 자신을 남자나 여자로 여기는 것은 몸-형상 때문인데, 그 또한 무지입니다.

방: 전해 들은 말을 모두 무시한 뒤에는 무엇을 해야 합니까?

마: 그대 자신의 진아에 안주해야 합니다. 누구에게 물어볼 것도 없이 단 한 가지만은 그대가 확신할 수 있는데, 그것은 그대의 존재의 느낌, 그대의 의식입니다. 이것이 그대의 주된 밑천입니다. 그것과 함께 있으십시오. 그것에 대해 명상하십시오. 그러면 그것이 그대에게 진리를 말해 줄 것입니다. 그것은 전해 들은 말이 아니라 그대 자신의 **직접지**知일 것입니다. 몸이 잊힐 때 평안과 순수함이 있습니다.

방: 얼마나 오랫동안 명상해야 합니까?

마: 명상하고 있다는 것을 잊어버릴 때까지입니다. 연습하면 될 것입니다. 단, 그대가 진지하다면 말입니다. 그렇지 않으면 매일 아침 3시부터

6시 사이에 한두 시간씩 명상하거나 아니면 편리한 대로 해도 됩니다.

방: 두려움의 원인은 무엇입니까?

마: 남들에게서 개념을 얻기 전에 무슨 두려움이 있었습니까?

방: 없었습니다.

마: 남들의 개념을 받아들이지 말고 두려움 없이 사십시오. 그대의 주된 요구는 무엇입니까?

방: 제가 살아 있어야 한다는 것입니다.

마: 그대의 모든 활동은 살아 있기 위한 것입니다. "나는 살아 있다"는 것은, 결코 죽지 않는 그대의 **참된 성품**의 견지에서 보자면 하나의 개념입니다. 그래서 "나는 살아 있다"는 개념이 떨어져야 합니다.

방: **물라-마야**(*Moola-Maya*)[원초적 환幻]가 무엇입니까?

마: 그대의 참되고 영원한 상태에서는 존재의 느낌이 없었습니다. 그것의 출현은 더없이 매력적입니다. 그것이 **물라-마야**입니다. 존재의 느낌은 시간이 한정되어 있고 무한하지 않습니다.

방: 인간은 어떻게 **브라만**을 성취할 수 있습니까?

마: 우리가 어떤 남자나 여자에 대해 이야기할 때는 그들에게 몸-정체성이 있다는 것이 이해됩니다. 그런 사람은 **브라만**을 알 수 없습니다.

방: 우리가 실제로 보는 것이 무엇이든, 어떻게 그것이 참되지 않을 수 있습니까?

마: 그대는 꿈을 꿉니다. 그 꿈이 참됩니까? 생시의 상태에서도 그대는 (이 세계를) 보지만, 그것은 꿈과 별반 다르지 않습니다. 그대의 존재의 느낌에는 늘 대상들로 가득 찬 다양한 장면들이 들어 있습니다. 그 장면을 존재의 느낌에서 분리할 수 없습니다. 그 존재의 느낌은 음식 기운의 **사뜨와** 성질입니다. **사뜨와**가 없을 때는 아무것도 없습니다.

38. 모든 존재가 거짓임을 누가 알게 되는가?

1980년 1월 2일

방문객: 어떻게 당신께서는 저희의 모든 지知가 전해 들은 것이라고 말씀하십니까?

마하라지: 그대 자신의 지知는 무엇입니까? 그대는 (태어났을 때) 자신이 여자아이라는 것을 알았습니까?

방: 아니요.

마: 어떤 물방울이 바다에 대해서 압니다. 그러나 그것이 바다와 하나가 되면 자신이 바다라는 것을 모릅니다.

방: 진아지를 얻은 뒤에도 어떤 의무가 있습니까?

마: 그때는 모든 속박과 의무에서 벗어납니다. 그대의 모든 통상적 활동과 의무는 그대 자신을 보호하고, 그대의 **자기사랑**을 보전하기 위한 것입니다. 진인에게는 어떤 **자기사랑**도 없고, 따라서 그것을 보호할 일도 없습니다.

방: 왜 신은 모두의 필요사항이 아닙니까?

마: 그대에게 물이 필요한 것은 목이 마를 때뿐입니다.

방: 진인은 무엇을 하든 자유입니까?

마: 만일 그대가 어떤 회사에서 일하고 있다면 그들의 규칙과 규정을 따라야 합니다. 정기적인 수입에 대한 기대가 그대의 속박요인입니다. 진인은 존재할 필요를 포함하여 모든 기대에서 벗어나 있습니다. 그래서 그는 진정으로 자유롭습니다. 그에게 삶은 하나의 유희(*leela*)입니다. 하지만 그가 하는 말과 행위들은 **절대자**와 부합합니다. 진인은 어떤 종교도 따를 필요가 없습니다. 대부분의 종교들은 **진인들**로부터 시작되었습니다. 자기 자신을 제대로 본 사람, 그의 자기순복은 완전합니다. 그것이 여기

에서[나의 경우에] 일어났고, 이제 어떤 종교도 필요 없습니다. 지금 진행되고 있는 이 이야기는 음식 물질의 성질[사뜨와]입니다. 진인은 늘 의식을 아는 자이고, 의식과 별개입니다. 그는 의식을 하나의 도구로 사용하여 의사소통을 합니다.

방: 설구워진 **구루**들은 왜 여기 와서 그들의 구워짐을 완성하지 않습니까?

마: 그들의 **포즈**(구루로서의 위신)가 그들을 방해합니다. 그들은 **사두, 마하트마, 성자** 혹은 **리쉬**입니다. 그들에게는 나름의 추종자들이 있습니다. 그들은 **진아지**를 위해 그 모든 것을 희생할 수 없습니다. 여기에는[나의 경우에는] 어떤 포즈도 없습니다. 그것은 모두 허공 같고 열려 있습니다. 우리의 **헌신의 길**(*Bhakti Marga*)에서는 처음에 제자가 자신을 **브라만**으로 여겨야 합니다. 그것을 성취한 뒤에는 "나는 **브라만**이다"를 염할 필요가 없습니다. 우리가 **브라만**으로서 사는 것인데, 그것이 어떤 발표나 선전도 없는 진정한 **브라마짜리야**(*Brahmacharya*)[독신]입니다. 그것이 바로 충만함과 함께 모든 욕망이 소멸된 모습입니다. **라마크리슈나 빠라마한사, 쉬르디 사이 바바,**22) **니띠야난드,**23) **라마나 마하르쉬**와 그 밖의 큰 진인들은 어떠했습니까? 거기에는 모든 속박을 포함하여 이익과 손해의 개념이 있을 자리가 없습니다. 그런 것들은 설구워진 사람들에게나 해당됩니다.

사람들은 그들 자신의 관념을 가지고 여기 와서 순진하게도 저를 관련시키려 합니다. 한번은 어떤 여자가 빤다르뿌르를 방문한 뒤 쁘라사드(*prasad*)24)를 좀 가지고 여기 왔습니다. 그녀는 자신이 **비토바**(Vithoba)를 찾아갔던 것을 제가 활용해 주기 바랐습니다. 저는 그녀에게, 제가 나중에 쓸 수 있게 그 쁘라사드를 거기 두라고 말했지요.

---

22) *T*. 마하라슈트라 주 쉬르디(Shirdi)에서 살았던 **구루**(1838?-1918).
23) *T*. 인도의 **구루**(1897-1961). 보통 Nityananda로 표기된다.
24) *T*. 스승에게 올린 공양물 중 일부를 헌신자에게 재분배한 것. 사원이나 아쉬람에 시주금을 냈을 경우에는 흔히 비부띠(이마에 바르는 흰 재)를 나눠준다.

또 다른 여자들은 봄베이[뭄바이]에 와 있던 천 살 된 바바지(Babaji)를 찾아간다면서 저에게도 함께 가자고 했습니다. 저는 그들에게, 그를 방문한 뒤 나중에 그와 만난 이야기를 들려달라고 했습니다.

방: 포즈가 없는 구도자는 어떤 번뇌도 없이 명상을 할 수 있습니다.

마: 가난하고 도와줄 만한 소녀가 있는데 그대의 도움이 필요하다고 가정해 봅시다. 그대는 그녀의 아버지 포즈를 취합니다. 그러면 그녀를 위해 시간과 돈과 기력을 쓰게 되어 있습니다. 사두들은 세간 활동에 너무 바빠 명상할 시간이 없습니다. 자기 스승의 가르침에 대해 생각할 시간조차 없습니다. 그들의 시간 대부분은 여기저기 다니면서 법문하는 데 쓰입니다. 그들은 지적인 수준에 머물러 있고 그것을 넘어서지 못합니다. 한동안 저도 작은 포즈를 취했던 적이 있습니다. 그러나 그것의 문제점을 발견하고 포기했습니다. 이제는 여기에 어떤 포즈도 없습니다.

방: 영원한 진아에 대한 지知는 어떻습니까?

마: 이 의식은 오래 머무르지 않을 것입니다. 그것이 지속되는 동안 자신의 상태를 알아야 합니다. 그러고 나면 의식은 더 이상 존재하지 않겠지요. 그 지知를 얻기 위해 의식이 떠날 때를 기다릴 수는 없습니다.

방: 진인에게 포즈가 없다면, 그는 모든 책임에서 벗어나 있습니다.

마: 오히려 책임이 늘어납니다. 전 우주를 돌봐야 합니다. 그러나 거기에 어떤 관여도 없습니다. 모든 개념의 너머에는 전적인 자유가 있습니다.

방: 저희들에게 말씀하실 때, 저희를 무엇이라고 여기십니까?

마: 저는 불생不生의 원리(아뜨마)에게 이야기하지만, 여러분은 저를 태어난 존재로 여기고 듣습니다. 의식이 아뜨마이고, 빠라마뜨마는 불생의 원리입니다.

여기 오기 전에 그대는 "나는 몸이다"라는 관념을 가지고 살고 있었습니다. 이제 그대는 어떻게 살려고 합니까?

방: 몸-정체성을 잃고 난 뒤에는 제가 의식으로서 살게 될 것입니다. 의

식이 **빠라브라만**을 알 수 있습니까?

마: 아닙니다. 그러나 **빠라브라만**은 **의식**을 압니다. 그것을 알 필요는 없지만 말입니다.

여러분은 텔레비전 시청을 즐깁니다. 거기에 (가치 있는) 뭐가 있습니까?

방: 그것은 모두 환幻입니다.

마: 배우들이 살아 있지 않다면 그들이 죽었습니까? 만약 죽었다면 거기서 시체들을 볼 수 있어야겠지요. 누가 텔레비전을 시청하고 있습니까?

방: 그들도 하나의 환幻입니다.

마: 우주의 해체가 있었지만 나는 그것을 발견하지도 못했다고 말하는 사람, 그는 아는 자입니까, 모르는 자입니까?

(침묵.)

마: 어부가 고기를 잡기 위해 그물을 펼칩니다. 그물에 무엇이 잡히든 그것은 그가 잡은 고기입니다. 마찬가지로, 그대의 지성의 이해력 안에 무엇이 들어오든 그것은 그대의 지知입니다. **빠라브라만**이라는 단어를 들을 때, 그것은 그대의 지성으로 이해되지 않습니다. 그대의 지성으로 이해하는 것이 아닙니다. 그 단어는 들을 수 있지만, 그대가 그것을 조금도 맛보거나 체험할 수 없습니다. 그대의 존재 이전, 그대의 존재 도중, 그리고 그대의 존재 이후이기도 한 것은 그대가 이해하지 못합니다. 사실 이해하는 것은 **빠라브라만**이지 그대가 아닙니다. 그것은 결코 하나의 대상이 아니고 늘 **주체**입니다.

빠라브라만에 대해 그대가 가지고 있는 유일한 열쇠는 그대의 **의식**입니다. **참스승**에게서 받은 **만트라**(Mantra)[큰 말씀(Mahavakya)]를 염하여 그것을 정화하십시오. 거짓이 거짓으로 보일 때, **빠라브라만**은 이미 거기서 기다리고 있습니다.

방: 모든 존재가 자연발생적이라면, 저의 의무는 무엇입니까?

마: '그대'가 그 안에 있지 않다는 것만 알면 됩니다.

방: 모든 존재가 거짓임을 누가 알게 됩니까?

마: 아는 자가 누구이든 그 또한 거짓입니다.

방: 진리를 알고자 노력하는 사람이 어떻게 실재하지 않을 수 있습니까?

마: 그는 실재하지 않습니다. 그것은 하나의 사실입니다.

방: 진리를 추구하는 동기는 무엇입니까?

마: (마음의) 들뜸(restlessness)이지요.

방: 들뜸의 원인은 무엇입니까?

마: 그릇된 정체성입니다. 그대 아닌 것을 그대 자신으로 여기는 것이 모든 미혹과 문제의 원인입니다.

방: 그러면 이 문제의 해법은 무엇입니까?

마: 24시간 내내 **참스승**의 말씀을 기억하는 것입니다. 그렇게 하면 **진리**가 여러분 안에서 나타날 것입니다. 스리 크리슈나는 아르주나에게 이렇게 말합니다. "나에게만 완전히 순복하라."

모두가 내면으로부터 **진리**를 알라는 부름을 받습니다. 그러나 대부분의 사람들은 그것을 결코 듣지 못합니다.

이제 제가 그대에게 묻습니다. 전 세계라는 지출금이 얼마이며, 그것을 차감하고 나면 잔액은 얼마입니까?

(침묵.)

방: 진정한 순복이란 어떤 것입니까?

마: 그것은 "나는 몸이다"라는 관념을 놓아버리는 것입니다.

방: 왜 헌신자들은 라마, 크리슈나 등에게 순복하라는 말을 듣습니까?

마: 그것은 몸-정체성을 놓아버리기 어려운 초기 단계에서, 초심자들에게 해당됩니다.

방: 불행과 고통의 원인은 무엇입니까?

마: 그대가 몸을 "내가 있다"로 알고 집착하는 것입니다.

39. 완전한 믿음으로 받아들이는 일은 일어난다

1980년 1월 3일

마하라지: 여러분의 모든 세계는 여러분의 존재성(의식)이 창조한 것입니다. 여러분은 그것을 받아들이기 어렵다고 느낄지 모릅니다. 그렇지만 여러분의 꿈 세계는 어떻습니까?

방문객: 깊은 잠 속에서의 거짓된 깨어남이 꿈 세계의 출현을 가져옵니다. 그것을 창조하는 데 어떤 신도 필요 없습니다.

마: 그 꿈 세계에 해당되는 것이 생시에도 해당됩니다. 여러분의 의식이 바로 신입니다. 여러분의 위대함을 깨달았습니까?

방: 저는 진리를 알려고 몸부림치는 가여운 중생입니다.

마: 그대의 몸-형상이 없으면 그대는 무엇입니까? 저는 그것을 이야기하고 있습니다. 밤에는 어두워서 그대가 사물을 보지 못합니다. 해가 뜨면 그 사물들이 보이게 됩니다. 마찬가지로, 깊은 잠 속에서는 사물들이 보이지 않습니다. 그대의 생시는 해이고, 그 빛 안에서 세계가 보입니다.

만일 그대 자신을 그 몸에 한정하면 그대가 고통 받습니다. 몸이 없으면 그대는 눈에 보이지 않습니다. 거기에 주의를 기울이십시오. 깜깜한 어둠 속에서도 그대는 '그대가 있다'는 것을 압니다. 그것을 붙드십시오. 그것에 대해 명상하십시오.

방: 생시나 꿈속의 어떤 경험도, 그것이 지속되는 동안은 그 실재성을 우리가 결코 의문시하지 않습니다.

마: 모든 경험들은 그대의 존재의 느낌에 수반됩니다. 깊은 잠 속에서처럼 존재의 느낌이 없을 때는 아무것도 없습니다. 그대는 달 없는 한밤중

에도 밝은 오후의 햇빛을 보는데, 그대는 그것을 꿈이라고 부릅니다.

방: 이 꿈에서 깨어나는 데 명상은 어떻게 도움이 될 수 있습니까? 우리는 심지어 생시에도 꿈을 꿉니다.

마: 그대의 **의식**에 대해 제대로 명상할 때, 때가 되면 그 명상 속에서 5대 원소와 세 가지 성질, **쁘라끄리띠**와 **뿌루샤** 모두를 보게 될 것입니다. 완전한 평안과 행복을 얻으려면 그대의 의식에 대해 명상하여 그것을 기쁘게 해주어야 할 것입니다. 그 이후로는 그대가 모든 면에서 워낙 충만하여 어떤 것도 필요 없게 될 것입니다.

방: 죽음이 하나의 신화(myth-그릇된 통념)라면, **진인**이 어떻게 죽을 수 있습니까?

마: 만일 진인이 자신은 죽을 거라고 말한다면 그는 **진인**일 수 없습니다.

방: 우리는 라마, 크리슈나와 같은 신들을 숭배합니다. 그들도 우리와 같은 인간들이었습니까? 만약 그렇다면, 우리도 그분들처럼 되려고 노력할 수 있습니다.

마: 그들도 그냥 여러분과 같았습니다. 만일 그들을 화현이라고 한다면, 여러분도 화현입니다. 그것이 인간의 형상을 한 **의식**의 위대함입니다. 단한 가지 요건은, **참스승**의 지도하에 그 **의식**을 제대로 사용해야 한다는 것입니다.

방: 진리가 그토록 단순하기는 하지만, 어떤 사람들은 **진아 깨달음**을 얻기 위해 큰 고난을 겪습니다.

마: 만일 제자가 자신의 **참스승**의 가르침에 대해 어떤 의심도 없으면 그는 즉시 **지고자**를 깨닫습니다. 그러나 그것은 드문 경우입니다. 자신의 의식에 대한 완전한 믿음이 놀라운 일을 이뤄냅니다. 초기 단계에서는 사람들에게 **만트라**를 염하고 **바잔**(bhajans)을 하라고 합니다. 그들도 성취하지만 오랜 시간이 지난 뒤에 그렇게 됩니다.

방: 정기적인 수행으로 어떤 지름길을 저에게 말씀해 주실 수 있습니까?

마: 낮 동안에는 그대가 수많은 활동으로 바쁩니다. 최소한 밤에 잠자리에 들 때는 다음과 같이 말하십시오. "내 몸은 5대 원소로 이루어져 있다. 만일 내가 그 원소가 아니라면, 어떻게 내가 이 몸일 수 있나? 나의 쁘라나(*prana*)[생명기운]는 형상이 없다. 내 의식과 마음도 형상이 없다. 내가 어떻게 작은 한 형상 안에 한정될 수 있나? 나는 무한하고 광대무변하다. 나는 영원히 존재한다. 내가 어떻게 태어날 수 있나? 그래서 나에게는 어떤 죽음도 있을 수 없다. 나는 영원하고 항존하는 **원리**이다." 그런 굳센 태도를 지니면, 잠을 자는 동안 그대에게 필요한 변화가 일어날 것이고, 그대의 영적 진보는 더 쉬워지고 더 빨라질 것입니다. 그대가 완전히 믿고 받아들이는 것은 실제로 일어납니다.

방: 일전에 당신께서 한 제자의 중병을 치유하시는 것을 보았습니다.

마: 그의 상태가 정말 나빴지요. 제가 그에게 말했습니다. "너에게 잘못된 것은 아무것도 없다. 너는 절대 아무 일 없다." 그는 저에게 완전한 믿음을 가지고 있었고, 마지막 희망으로 저를 찾아온 것이었습니다. 그는 저의 말을 절대적 진리로 받아들였습니다. 제가 한 일은 그에게서 믿음을 창출한 것입니다. 효과를 발휘한 것은 그 자신의 믿음이었습니다. 그는 짧은 시간 내에 그 병에서 벗어났습니다. 어떤 사람들은 기적이 일어나면 제가 한 일이라고 합니다. 사실 저는 아무것도 하지 않습니다. 만일 제가 기적을 행할 수 있다면, 저에 대한 (그들의) 믿음이 없어도 그렇게 할 수 있었겠지요. 그러나 여기 온다고 해서 모두가 이익을 얻지는 못합니다.

방: 만일 **아뜨마**(진아)가 모두에게서 하나라면, **참스승**에게 완전한 믿음을 갖는 것이 더 쉬워야 합니다.

마: **아뜨마**는 하나입니다. **세계아**世界我(*Jagadatma*)[현현된 아뜨마] 혹은 **보편아**普遍我(*Vishwatma*)[보편적 아뜨마]는 결국 속성 없는 **빠라마뜨마**에 합일됩니다. 그러나 **참스승**에 대해 갖는 믿음은 제자마다 다릅니다. 믿음을 갖지

않는 것도 자유지만 (그러면) 그에 따라 고통을 겪습니다. 우리의 한 **바잔**에서는, 신조차도 자신의 **참스승**이 **빠라브라만**이라는 완전한 믿음을 가진 제자를 돕게 되어 있다고 말합니다.

방: 저는 이 몸이 아닌데도, 눈에 보이지 않는 의식보다 그것이 더 두드러져 보입니다.

마: 의식을 결코 몸의 수준으로 가져가지 마십시오. 의식 혹은 **아뜨마**는 몸에 국한되어 있는 것처럼 보이지만 결코 그렇지 않습니다. 그것은 도처에 있고, 무한하고 광대무변합니다. 그대가 자신이 존재함을 알게 되는 것은 그대의 몸 때문입니다. 그러나 그대는 그 몸이 아닙니다.

그대는 허공이 무한하다는 데 동의합니다. 그런데 허공과 여타 4대 원소는 **의식**에서 나옵니다. 그것은 **의식**이 허공보다 더 크다는 것을 뜻합니다. 그렇다면 어떻게 **의식**이 몸에 국한될 수 있습니까? 그것은 또한 무한하고 광대무변합니다.

방: 진아지를 얻고 난 뒤에 어떤 의심이 있을 경우에는 누구와 상의해야 합니까?

마: 어떤 의심이 있다는 것은 **진아지**가 없다는 것을 말해줍니다. "나는 **진아지**를 가지고 있다"는 개념도 떨어져 나가야 합니다.

방: 저는 초심자인데, **자기탐구**(Self-enquiry)를 어디서부터 시작해야 할지 말씀해 주실 수 있습니까?

마: 백 년 전에 그대는 자신의 존재를 알지 못했습니다. 그대의 몸조차도 그대 모르게 나타났습니다. 그대의 존재는 어떤 모름의 상태에 있었습니다. 이제 그대는 그대가 있다는 것을 압니다. 그 모름의 상태에서 앎의 상태로의 이행을 알아야 합니다. 그 이행이 일어난 이유가 무엇이며, 어떻게 일어났습니까? 그대의 마음은 그것을 아는 데 도움이 될 수 없습니다. 그 이행이 일어나는 동안 마음이 없었기 때문입니다. 그것은 나중에 나왔습니다. 그대가 탐구를 하는 동안 마음이 방해하지 않으면

그걸로 족합니다. 마음이 없으면 모든 의심이 치워진 깊고 멋진 명상을 하게 될 것입니다.

그대의 **자기탐구**는 몸 때문에 시작되었습니다. 몸이 없었을 때는 그대의 존재를 알지 못했습니다. 그래서 어떤 탐구도 필요 없었습니다. 몸이 있는 한 그대의 **자기탐구**를 완수해야 합니다. 명상이 이 영적인 수수께끼를 푸는 열쇠입니다.[25]

방: 영적인 공부에서 궁극의 발견물은 무엇입니까?

마: 그대의 존재의 느낌[의식]은 그대가 먹는 음식 기운의 성질입니다. 어떤 사람이 자신이 존재한다는 것을 알게 됩니다. 그가 누구입니까? 자신의 현존을 알기 이전에 그가 존재해야 합니다. 그런데 왜 그 몸이 태어날 때는 몰랐습니까? 그때도 음식 기운은 마련되어 있었지만 그것이 설익었습니다. 익지 않은 망고는 단맛이 없습니다. 단맛은 몇 달 뒤 망고가 익으면 생겨납니다. 마찬가지로, 지각성("내가 있다"는 앎)은 몸이 태어난 지 3년 내지 5년 뒤에 나타났습니다. 그대의 삶에서 가장 중요한 것은 무엇입니까?

방: 저의 존재의 느낌입니다.

마: 그것 없이 무엇이 있습니까? 아무것도 없습니다. 그래서 그것이 그대의 밑천입니다. 그것이 그대에게 모든 것이고, 그것이 **진아지**를 얻는 그대의 열쇠입니다. 그것에 대해 명상하십시오. (명상으로) 그대의 **의식**을 즐겁게 해주면 모든 의심과 물음이 끝나게 될 것입니다. 그럴 때, 지속적인 행복을 갖게 될 것입니다.

방: 저는 존재하고, 저 자신에 대한 저 나름의 관념을 가지고 있습니다. 그것이 얼마나 오래 가겠습니까?

마: 그대의 몸이 무사한 동안이지요. 여기에는[나의 경우에는] 어떤 관념도

---

25) *T.* 여기서 '명상'이란 의식으로써 의식을 붙들어 의식으로서 머무르는 자기자각(=자기탐구)의 수행을 말한다. 것이다. 137쪽의 각주들을 보라.

없습니다. '존재하는 것(실재)'은 '이것이다, 저것이다'라고 묘사할 수 없습니다. 그것은 다른 무엇과도 같지 않습니다. 저는 저 자신이 세상에 쓸모가 있다고 보지 않지만, 그래도 제가 있습니다. 저의 신체적 존재는 몸 안의 "내가 있다"는 이 소식입니다. 그것은 청하지 않았는데도 왔고, 언제라도 가버릴 수 있습니다. 이 신뢰할 수 없는 신체적 존재에 제가 얼마나 많은 중요성을 부여해야 합니까? 저의 진정한 존재는 이 몸과 독립해 있습니다. 저는 몸이 없을 때도 존재했습니다. 바로 지금도 저는 몸과 독립하여 존재합니다. 몸은 저의 존재에 필요하지 않고, "내가 있다"는 저의 소식만이 그것을 필요로 합니다. 몸이 없으면 저는 "내가 있다"를 모릅니다. 미래에도 저는 이 몸 없이, 그리고 "내가 있다"는 소식 없이 있을 것입니다.

방: 존재성의 출현은 깊은 잠에서 깨어나는 것과 같습니다.

마: 아무 속성이 없고 의식을 넘어서 있던 사람이 갑자기 의식하게 됩니다. 그것은 어떤 사람이 어디서 오는 아니고, 단지 자신의 존재를 의식하게 되는 것일 뿐입니다. '무소식의 상태'에서 "내가 있다"는 소식이 나타났습니다.

방: 어떤 영구적 체험이란 것이 있습니까?

마: 그대의 모든 체험은 그대가 존재한다는 느낌에 의존하는데, 그 느낌 자체는 비영구적입니다. 무체험의 상태만이 영구적입니다.

방: 진인을 만난 뒤에는 해야 할 무엇이 남아 있습니까?

마: 그가 말한 것을 항시 기억하고, 가능한 한 많이 그의 말씀에 따라 머무르려고 노력하십시오. 그러면 실재에 더 가까이 있게 될 것입니다. 그대 자신을 바라보아야지 신이나 남들을 바라보아서는 안 됩니다.

40. 진인은 가진 것 없이 부유하다

1980년 1월 4일

방문객: 저희들의 몸이 가치가 있는 것은 의식 때문입니다. 의식의 가치는 무엇입니까?

마하라지: 의식이 신입니다. 그것 자체[의식] 외에 평가할 누가 있습니까? 진보된 구도자는 말합니다. "나는 형상 없는 의식이다"라고.

방: 누가 죄인입니까?

마: 의식은 결코 죽지 않고 몸에서 분리될 뿐입니다. "나는 죽어간다"고 말하는 사람이 죄인입니다.

방: 저희는 저희들의 **참스승**에게서 너무나 많은 것을 받습니다. 거기에 저희는 어떤 가치를 부여합니까?

마: 한 백만장자가 기억을 상실하여 거리에서 구걸을 하고 있었습니다. 친구 한 사람이 그를 알아보고, 그가 본래 모습을 찾도록 모든 도움을 주겠다고 했습니다. 그가 부자임을 말해주고, 그가 수백만금을 넣어둔 은행을 알려주었습니다. 그 거지가 거리에 계속 남아 있을 거라고 볼 수 있습니까? 영적인 공부에서도 그 같은 일이 일어납니다. 저는 여러분에게 여러분의 실체를 말해줍니다. 여러분은 가여운 중생이 아니라, 무無형상이고 불사不死이며 무한하고 광대무변한 원리라고 말입니다. 만일 여러분이 낡은 정체성을 계속 고수한다면 제가 어떻게 할 수 있습니까?

방: 저희에게는 수천 루피를 얻는 것이 저희의 **참된 성품**에 대한 지知보다 더 중요합니다. 저희는 그것의 중요성을 모릅니다. 물질적 이득만 알지 영적인 이익은 이해하지 못합니다.

마: 일체가 눈에 보이게 되는 것은 여러분의 **의식** 때문인데, **의식** 자체는 눈에 보이지 않습니다. 현명한 사람들은 이제 **의식**의 중요성을 알지

만, 아둔한 사람들은 임종 때까지 기다려야 합니다. (임종을 앞둔) 환자를 살아 있게 하기 위해 얼마나 많은 돈을 써야 합니까? 돈이 전혀 도움이 되지 못하는 경우가 많습니다.

방: 무지한 사람들은 인간으로 살다가 인간으로 죽습니다. **참스승**은 무엇을 합니까?

마: 그는 여러분 안에 있는 **브라만**의 씨앗에 물을 주는데, 때가 되면 완전히 자란 **브라만**의 나무가 여러분 안에 있게 될 것입니다.

여러분은 늘 **짜이따니야 브라만**(*Chaitanya Brahman*-의식인 브라만)이고, 그 위에 한 인간이라는 환적인 겉모습이 있습니다.

우리의 **참된 존재**를 알고 깨닫기 위해서는 **참스승**의 도움이 필요합니다.

방: 저의 전생은 무엇이었습니까?

마: 그런 질문은 몸-정체성에서 일어나지만, 몸은 흙·물·불·공기와 허공으로 이루어져 있습니다. 그대 안의 흙의 요소의 전생이 무엇이었는지, 또 그대 안의 물의 전생이 무엇이었는지 저에게 말해 주면, 그 질문에 답해 드리겠습니다. 마찬가지로, 그대 안의 불·공기·허공의 전생도 말해 주십시오. 5대 원소에 태어남이 없듯이, 이 5대 원소로 이루어진 몸도 태어남이 없습니다.

방: 이 분야에서 저희들이 아는 것은 다 무지일 뿐입니다. **참스승**들은 왜 그렇게 드뭅니까?

마: 그들의 수는 수요에 따릅니다. 진아지를 추구하는 사람이 많습니까? 대부분은 자아 추구자들이고 **진아** 추구자는 드뭅니다. 모든 욕구를 넘어서 있는 사람은 참된 구도자들을 반깁니다. 진인은 그릇된 사람들이 다가오지 못하게 무지한 사람 행세를 하거나, 심지어 미친 척하기도 합니다. 진지한 구도자들은 적임자(인연 있는 스승)를 만나는 데 아무 어려움이 없습니다.

방: 돈 있고 힘 있는 사람들은 홍보하는 데 도움을 드릴 수 있습니다.

마: 그러나 누가 홍보를 필요로 합니까? 여기서는 **의식**의 필요성이 끝났습니다. 그러니 **의식**을 통해 무엇을 얻을 수 있습니까? 진인은 가진 것 없이 부유합니다. 여러분의 욕망과 소망들이 여러분을 가난하게 또는 부유하게 만듭니다. 우리는 부유한 거지들을 만날 수는 있어도, 욕망 없이 가난한 사람은 좀처럼 찾기 어렵습니다.

방: 저는 어디서 **진리**를 찾아야 합니까?

마: 그것은 그대의 안에 있지, 밖에 있지 않습니다. 모든 외적인 탐색이 끝나야 내적인 탐색에 집중할 수 있습니다. 일단 **진리**가 내면에 있음을 발견하면, 그대에게는 그것이 도처에 있을 것입니다.

방: "나는 몸이다"라는 관념을 어떻게 없앱니까?

마: 그대는 그대가 먹는 음식을 결코 그대라고 말하지 않습니다. 그 몸은 음식 물질에 지나지 않는다는 것이 그대에게 아주 분명해져야 합니다. 단식하는 동안은 그대의 **의식**이 그 몸을 먹습니다. (그대는 몸이 아니라는 사실을) 부단히 상기하면 그 그릇된 관념이 떨어져 나갈 것입니다.

그대는 형상이 없지만 그대의 몸은 가장 가까운 형상이고, 그 때문에 그대는 '그대가 있다'는 것을 압니다. 이 가까움 때문에 그대는 그 몸을 그대의 형상으로 붙들고 있습니다.

방: 제가 몸 없이 존재합니까?

마: 예, 그러나 그 존재는 '나'가 없습니다. 그것이 백 년 전 그대의 존재였습니다. 그것이 **영원한 존재**입니다. 그 안에는 '나'도 없고 '너'도 없습니다.

그것은 모두 하나입니다. 같은 **아뜨마**가 모든 산 존재들 안에 있습니다. 그들의 형상만 다르고, 그에 따라 그들에게 이름이 붙습니다.

방: 제가 내면을 탐색하면 해탈하겠습니까?

마: 그대의 모든 개념들이 해방되겠지요. 그것들이 없으면 그대는 어떤

해탈도 필요 없이 이미 자유롭습니다. 개념들에서 벗어난다는 것은 삶이 무엇인지에 대한 진정한 지知를 얻는 것입니다.

방: 왜 진인들은 주로 침묵하면서 소수의 사람들에게만 이야기합니까?

마: 왜 예수는 십자가형을 당했고 만수르(Mansoor)26)는 동료 무슬림들에게 살해되었습니까? 소수의 사람들만이 인내심 있게 진리를 듣고 그것을 소화할 수 있습니다. 진리는 아무한테나 베풀 수 없습니다. 대중은 무지 속에 남아 있을 운명입니다. 그래서 진인들은 선택된 소수에게만 지知를 전수합니다.

저의 경우, 신과 헌신자 둘 다 사라졌고 그래서 제가 여기 있습니다. 그대는 그것으로 무엇을 이해합니까? (지금) 이 단계에서, 저는 사람들이 저를 찾아와 제 이야기를 듣는 것이 부적절하다고 느낍니다. 브라마는 힌두 3신 중 창조신입니다. 마지막 죽는 날짜는 모든 중생의 이마에 써 있다고 합니다. 그러나 브라마 자신의 이마에 마지막 날짜를 쓰는 것은 누구입니까? 시바, 곧 샹까르(Shankar)는 모든 해체를 책임지는 위대한 파괴자입니다. 샹까르의 이마에 마지막 날짜를 쓰는 것은 누구입니까? 이 모든 수수께끼가 여기서[나의 경우에] 풀렸습니다. 모든 비밀성이 이곳에서 해탈을 발견했습니다. 그 모든 것에도 불구하고, 저의 참된 성품은 영향 받지 않고 고스란히 남았습니다. 이 모든 것을 확인해 줄 증인은 내세울 수 없지만, 그럴 필요도 없습니다.

만일 어떤 사람이 저에게 마음이 있느냐고, 그리고 저의 생각은 어떤 것들이냐고 묻는다면, 앞에서 한 말들에서 감을 좀 얻겠지요.

방: 모든 형상은 영원해야 합니다. 아뜨마가 유일한 진리이니 말입니다.

마: 모든 형상은 5대 원소에 기인하는데, 그 원소들은 영원하지 않습니다. 그대의 참된 성품은 몸이 없고 5대 원소에서 독립해 있습니다. 그래

---

26) *T.* 칼리프에 의해 처형당한 페르시아의 수피 성자 만수르 알-할라즈(Mansur Al-Hallaj, 858?-922). 자신이 신과 하나임을 확신했고, "나는 진리다"라고 말했다.

서 그것은 **영원합니다**. 그대가 세계를 아는 것은 **의식** 때문인데, **의식**은 그대가 아닙니다. 의식은 그대의 도구이고 그대는 그것을 사용하는 자, 아는 자입니다.

의식이 없으면 그대가 무엇을 주시합니까?

방: 아무것도 주시하지 못합니다.

마: 그러니 몸은 잊어버리고 가능한 한 많이, 그리고 가능한 한 오래 의식과 함께만 있으십시오. 그것을 명상이라고 합니다. 그러고 나면 세계를 그대의 의식의 유희로 보게 될 것입니다.

의식의 기원을 모르면, 그대가 무엇을 하든 그것은 결코 그대에게 진정한 지속적 행복을 안겨주지 않을 것입니다. 진정한 **지**知가 그대를 환적인 속박에서 벗어나게 해 줍니다.

방: 저는 존재하기를 사랑합니다. 의식은 저에게 하나의 축복입니다.

마: 그렇다면 왜 잠을 잡니까? 잠 없이 살도록 노력하십시오.

방: 규칙적인 잠은 필수입니다.

마: 잠은 의식을 잊어버리는 것이고, 그래서 생존을 위해 필수입니다. 규칙적으로 잊어버려야 하는 것은 축복일 수 없습니다. 그대는 깨어 있을 때조차도 어떤 정신적·신체적 활동을 통해 의식을 잊어버려야 합니다. 음식과 잠은 생존을 위해서는 필요하지요.

방: 개인적 영혼, 세계 그리고 **브라만**은 어떻습니까?

마: 주시하기는 의식으로 인해 일어나며 (그 결과) 개인적 영혼, 세계 그리고 **브라만**이 있습니다. 의식이 없으면 아무것도 없고 주시하기도 없습니다. "내가 있다"는 하나의 개념이고, 모든 것이 그것의 창조물입니다. 그대의 '존재의 느낌'이 만물의 영혼(sarvatma)입니다.

방: 당신의 "내가 있다"는 어떻습니까?

마: 탐구했더니 그것이 사라졌습니다.

방: 당신께서는 제자들에게 어떤 규율을 준수하라고 하지 않으십니다.

마: 저에게는 이 존재(삶)가 석녀의 자식(존재하지 않는 것)입니다. 그 자식이 어떤 식으로 행동하든 무슨 차이가 있겠습니까? 진인 람다스는 제자들에게 "그대들은 결코 일어난 적이 없는 일의 세부사항을 묻고 있다"고 말한 적이 있지요.

방: 스리 J. 크리슈나무르티를 만나 보신 적이 있습니까?

마: 그를 만나 본다 한들 제가 무슨 이야기를 합니까? 몇 마디 말이 오고갈지 모르지만 지知에 대한 이야기는 아니겠지요. 여기서도 그것(It)은 동일합니다. 저는 제가 있는지 없는지[내가 실제로 존재하는지 않는지]에 대한 확신을 가지고 있습니다.

41. 존재는 하나의 겉모습일 뿐이다

1980년 1월 5일

마하라지: 같은 아이 의식이 마지막 날까지 평생 동안 지속됩니다. 몸 안에서 그리고 주위에서 수많은 변화가 일어나지만, 아이 의식은 똑같은 것으로 남아 있습니다. 전체 삶에 대한 주시하기가 그 아이 의식에게 일어납니다. 그것이 몸에서 분리될 때는 모든 것이 끝납니다.

방문객: 개념들은 아이 의식에게 어떻게 영향을 줍니까?

마: 개념들의 흐름은 평생 동안 지속됩니다. 새로운 개념들이 와서 한동안 머무르다 가지만 아이 의식은 변치 않고 남습니다. 이른바 죽음은 그 아이 의식이 저무는 것입니다. 그때까지는 씨앗 성질(seed quality)이 젖어 있습니다. 그것이 말라 버리면 아이 의식이 저뭅니다. 모든 인간 활동은 아이 의식이 떠올라서 저물기까지입니다.

방: 생각들로부터 무한정 벗어나는 것이 가능합니까?

마: 아니지요. 한동안만 그럴 수 있습니다. 의식과 호흡이 있는 한 생각들은 일어날 것입니다. 그대는 그것을 마음이라고 합니다. 그대는 생각들에 의해 방해 받습니다. 문제는 누가 누구를 통제하느냐입니다. 그대가 마음을 통제합니까, 마음이 그대를 통제합니까? 그대의 마음은 그대를 태우고 다니는 코끼리와 같습니다. 진인의 경우에는 마음이 그 코끼리를 타고 다니는 파리와 같습니다.

방: 우리가 실제로 브라만이라면, 우리의 진아를 붙들기 쉬워야 합니다.

마: 그대가 아닌 것을 붙들기가 더 쉽지요.

그대 자신을 어떻게 붙들며, 어느 부분을 붙들겠습니까? 그대가 항상 **그것**[진아]인데, 그대 자신의 어떤 행위도 그것에서 벗어나고 있습니다.

방: 우리가 세계와 하나라면, 왜 이 다수성이 있습니까?

마: 그것은 **참스승**에 대한 그대의 헌신이 완전하지 않기 때문입니다.

방: 이마에 정말로 제3의 눈이 있습니까?

마: 제3의 눈은 지知의 눈인데, 그대는 그것을 **참스승**에게서 받습니다.

방: 진인은 고열로 횡설수설 할 때조차도 자유롭습니까?

마: 해탈하여 자유로운 사람은 모든 상황에서 늘 자유롭습니다.

방: 우리는 노인들이 마지막까지 그들의 세간 활동에 바쁜 것을 봅니다.

마: 그들은 죽음에 대한 공포가 있고, 그들의 삶은 그것을 잊기 위한 하나의 노력일 뿐입니다. 구도자는 자신의 불멸성을 깨닫기 위해 살 뿐입니다.

방: 현실화되지 않을 수도 있는 **진아 깨달음**을 위해, 왜 안락과 오락을 희생합니까?

마: 그대는 의식이고, 모든 창조물들은 그대의 형상이자 그대의 탄생입니다. 영적인 공부를 회피하는 것은 그대에게 전혀 새로운 일이 아니고 그대의 일상적 관행입니다. 그렇다면 왜 이번 생에라도 더 높은 것을 택

하지 않습니까? 인간의 잠재력은 **신**이 되는 것이고, 그것은 어떤 대가를 치르더라도 노력해 볼 가치가 있습니다.

방: 당신의 은총이 늘 작용하고 있고, 저희는 아무 이유 없이 존경 받을 때가 많습니다.

마: 사람들이 그대를 통해서 그대의 **참스승**을 존경하고 있다는 느낌을 늘 가지십시오.

방: 진아지를 얻고 나서도 제가 하는 **바잔**을 계속해야 합니까?

마: 예. 그것은 그대의 근기를 향상시키거나 유지시켜 줄 것이고, 그대가 타락하지 않게 해줄 것입니다.

방: 삶은 살 만한 가치가 있습니까?

마: (삶을) 가장 잘 활용하는 법은 **참스승**에 대한 그대의 헌신을 계속하는 것입니다.

방: **참스승**에 대한 완전한 믿음 없이 제가 얼마나 진보할 수 있습니까?

마: 그것이 없으면 그대가 **절대자**와 하나임을 깨달을 수 없습니다.

방: 삶 속에서 우리는 수많은 스승을 갖습니다. **참스승**의 위대함은 무엇입니까?

마: 우리가 사원을 지을 때는 많은 사람이 그 일의 완공 과정에서 자기 역할을 합니다. 건축가, 토목기사, 건설 노동자와 운반인부들이 그들의 역할을 합니다. 조각가도 중요한 일을 해야 합니다. 그러나 (신상神像의) 최종적 안치와 그 신상에 생명을 불어넣는 의식은 브라민 사제만이 합니다. 마찬가지로, **참스승**만이 그대를 그대의 참된 **자아**로 깨어나게 할 수 있습니다.

방: 이 현대에는 영적인 공부가 중요성을 상실하고 있습니까?

마: 여러분의 기술은 진보했으나 여러분의 문제들과 괴로움은 변하지 않았습니다. 예전에는 여러분의 소달구지에 문제가 있었습니다. 지금은 여러분의 자동차와 비행기에 문제가 있습니다. 여러분의 질투·증오·분

노·슬픔은 전과 동일합니다. 여러분은 기차나 버스를 타고 가면서 옷가방을 머리에 이고 있는 사람을 비웃겠지요. 바로 지금도 여러분은 상상적인 문제와 두려움들을 가지고 살아가는 데 익숙합니다. 얼마 못 가는 이득과 행복을 얻기 위해서도 큰 노력이 필요한데, 여러분은 주저 없이 그런 노력을 쏟습니다. 그러나 진정한 안락, 지속적인 평안과 행복, 자연스러운 자발성(spontaneity)은 여러분 모두가 모르고 있습니다. 여기에 예외인 사람은 드뭅니다. 영적인 공부로 돌아서려면 여러분의 세간적 삶이 가진 한계를 이해하는 지혜가 요구됩니다. 극소수만이 그런 지혜를 가졌고, 그들은 지구상의 소금입니다. 다른 사람들은 분투하며 살다가 죽습니다.

현 시대는 사람이 충분히 많은 것을 가질 수 있게 했지만, 지속적인 평안과 행복을 위해서는 그것이 아무 쓸모가 없습니다. 그래서 점점 더 많은 사람들이 영적인 공부로 돌아서서 그 가치를 시험해 봅니다.

방: 왜 진인들은 마음을 어지럽히는 사건들에 동요되지 않습니까?

마: 진인은 빠라브라만에 다름 아닌데, 그것은 우주가 몇 번이나 해체되는 동안에도 전혀 영향 받지 않았습니다. 바다는 여기 저기 떨어지는 몇 개의 빗방울에 영향 받지 않습니다. 진인들은 아무것도 하지 않지만 그들 가까이 있는 사람들은 분명 이익을 얻고, 그들의 문제가 해결됩니다. 진인 람다스는 짜뜨라빠띠 시바지 마하라지(Chhatrapati Shivaji Maharaj)[27]의 스승이었고, 시바지는 무슬림의 침략과 폭정 하에 힌두스탄(인도)이 완전히 파괴되는 것을 구하려고 분투했지요.

방: 대다수 사람들은 헌신이 부족합니다.

마: 모든 산 존재는 살아 있기 위해 헌신을 갖습니다. 살아 있으려고 어떤 노력도 아끼지 않지요.

---

27) *T.* 무굴제국과 유럽에서 들어온 식민 세력에 맞서서 마하라슈트라 지역에 마라타 제국 (Maratha Empire)을 창건한 왕(1630-1680).

방: 제가 영적인 공부에서 올바른 길에 있다는 것을 어떻게 확신할 수 있습니까?

마: 의식을 다른 활동에 씀이 없이 의식 안에 확고히 머무를 수 있을 때지요.

방: 명상 중에 제 마음이 저를 어지럽힙니다.

마: 참스승의 진정한 헌신자가 되십시오. 그러면 마음을 넘어서게 될 것입니다.

방: 꿈 세계가 거짓이라는 데 동의합니다만, 생시의 세계는 어떻습니까?

마: 둘 다 그대의 의식의 내용이고 시간이 한정되어 있습니다. 어떻게 그것들이 참될 수 있습니까?

방: 저는 살려는 이 사랑(자기사랑)을 없애고 싶습니다.

마: 그렇다면 그대의 **진아**를 아십시오.

방: 어떤 것이 신에 대한 진정한 숭배입니까?

마: 진정한 숭배는, 그대의 순수한 형상에서는 그대가 신이라는 것을 아는 것입니다.

방: **빠라마뜨마**는 존재의 느낌, 곧 "내가 있다"는 앎이 없다고 합니다.

마: 형상 없는 **빠라마뜨마** 안에는 "내가 있다"는 소식이 없습니다. 그 소식은 몸-형상의 성질입니다. 그 소식은 몸으로 인해 나타났고, 몸을 자신의 형상으로 오인했습니다. 세계는 **의식** 안에 존재하고, 의식은 **빠라마뜨마** 안에 존재합니다.

합본별책

초기의
가르침

NISARGADATTA MAHARAJ

THE EARLIEST DISCOURSES

Translated from the Marathi book *Durmil Nirupane* by
Mohan Gaitonde

영역자의 말

스리 니사르가닷따 마하라지의 이 희유한 옛 법문들을 받는 우리는 복이 있다. 이것은 원로 제자의 한 사람인 동문 사형 샹까르라오 다이구데(Shankarrao Dhaygude)님이 기록한 것이다. 몇몇 제자가 그들의 녹음테이프 내용을 토대로 마라티어 책을 출간한 바 있다. 그러나 다이구데님의 이 법문 기록은, 뭐든지 이해하기 쉽도록 더 좋게 만들어내는 우리의 벗 스리 딘까르 크쉬르사가르의 마법적 손길 덕분에, 더욱 이해하기 쉽다.

이 법문들은 독자들을 변모시킬 힘을 가지고 있다. 단 하나 필요한 것은 전적인 관심, 믿음 그리고 그 변화가 일어나는 대로 받아들이려는 마음자세이다. 이 법문들은 여러분의 모자에 깃털을 더해주려는 것이 아니다. 사실 몸-정체성과 함께 머리를 잃어버릴 가능성이 높다. 그렇다면 깃털 달린 모자를 누가 필요로 하겠는가? 어떤 대가를 치르더라도 **진리**를 알고 싶어 하는 진지한 구도자들은 많지 않다. 그들 대다수는 자신들의 편의에 맞게 조정할 수 있는 나긋나긋한 진리를 원한다. 불행히도 무지한 이들은, **진리**가 그들을 돕기 위해 다소 조정해 볼 수 있는 어떤 실제적 존재성도 가지고 있지 않다. 그 상상적 존재성이 사라지는 것이, 무지한 사람들의 경우에 일어날 수 있는 유일하게 좋은 일이다.

이런 책들은 대중을 위한 것이 아니다. 왜냐하면 그들을 즐겁게 해주기는커녕, 즐거움을 추구할 필요를 끝장내기 때문이다. 이 책을 읽고 그들의 **참된 성품**을 언뜻 보는 사람들이 극소수나마 있다면, 이 책을 출간하는 목적은 달성되는 셈이다.

본 저작을 편집하는 데 귀중한 도움을 주신 아일린 마체리(Ms. Eileen Maceri) 님께 감사드린다.

자야 구루(Jaya Guru)!

모한 크리슈나 가이똔데(Mohan Krishna Gaitonde)

서언

　스리 니사르가닷따 마하라지의 이 희유한 옛 법문들은 우리의 동문 사형제인 샹까르라오 바지라오 다이구데(Shankarrao Bajirao Dhaygude) 씨가 받은 것이다. 이 대담은 1954년에서 1956년 사이에, 마하라지의 제자들이 아쉬람이라고 부르던 당신의 사저에서 하신 것이다. 모두 45개 법문이다. 샹까르라오는 마하라지의 말씀을 들으면서 핵심 문장과 구절들을 적었고, 그런 다음 집에 가서 여기에 충실하게 살을 붙였다. 이렇게 받아 적은 것이 공책 다섯 권에 이르렀는데, 그것은 33년의 기간이 지난 뒤에도 좋은 상태를 유지했다.

　샹까르라오는 동문 사형제들과 여타 사람들이 거기서 이익을 얻을 수 있도록, 이 귀중한 보물을 넘겨주었다. 우리의 동문은 이제 60세이다. 그는 1951년에 마하라지를 만났고, 1954년에 공식적으로 입문했다. 지복으로 충만해 있던 그 시절에, 그는 새로운 구도자 35명을 아쉬람에 소개했고, 그들도 스승님에게서 만트라를 받았다.

　그의 고향은 마하라슈트라 주 사따라 군(Satara district)의 아히레(Ahire) 마을이었다. 그는 뭄바이로 이주해 한 섬유공장에서 일자리를 구했는데, 그것이 재가자로서 단순한 삶을 영위하는 데 도움이 되었다. 저녁에는 오후 6시부터 11시까지, 습관적으로 흰 셔츠에 흰 두건 모자를 쓰고 마하라지와 함께 시간을 보냈다. 그는 아쉬람에서 스승님과 친교했을 뿐 아니라, 마하라지의 담배 가게에서도 그랬다. 스승님에 대한 그의 믿음으로 인해, 그는 어떤 기적적 체험들을 했다고 한다.

이 저자의 동의를 얻어, 그 수기手記 자료에 몇 가지 사소한 변화를 주었다. 일부 초기 법문들 중에는 불완전한 문장들이 있었는데, 맥락에 부합하게 문장을 완성해 주었다. 그것을 다시 읽으면서, 더 분명하게 이해될 수 있도록 충분한 검토 끝에 수정하였다. 그러나 이 텍스트에 우리 자신의 개념들을 덧붙이지 않게 최대한 주의를 기울였다. 어떤 곳에서는 의미가 더 분명해지도록 쉼표, 마침표, 인용부호 또는 물음표를 부가하기도 했다. 어디서든 가능한 한 같은 말의 반복을 피했고, 법문의 양을 한정하기 위해 긴 말씀들은 단축하였다. 마하라지의 법문에 친숙한 이들은 이 글에 마하라지의 음성 외에는 아무것도 없다는 것을 의심하지 않을 것이다.

1987년 10월 1일, 뭄바이에서
딘까르 크쉬르사가르(Dinkar Kshirsagar)

1. 니브루띠나트는 영원한 참스승이다

1954년 9월 26일

진인 냐네스와르(Jnaneshwar)의 스승인 진인 니브루띠나트(Nivruttinath)는 냐네스와르에게 스리 크리슈나와 아르주나 간의 산스크리트어 대화인 『바가바드 기타』를 마라티어(Marathi)로 번역해 보라고 했습니다. 스승의 은총으로 냐네스와르는 이 작업을 완수했는데, 그것은 진아지에 대한 심오한 주석입니다. 그에게 니브루띠나트는 빠라마뜨마(빠라마뜨만) 그 자체였습니다. 우리가 충만한 지복의 완전한 상태를 체험할 때는, 진아에 대한 확신도 얻습니다. 그 뒤로는 보편적 아뜨만이 그 자아(atman), 곧 의식을 축복하여 이 영적인 지知와 함께 만족을 얻게 하고, 이를 개인적 영혼들에게 전수하게 하여 그들이 이익을 얻게 합니다.

니브루띠나트에게는 참스승의 영원한 상태가 있습니다. 그것을 신뢰하면, 그것이 여러분 자신의 직접적인 체험이 됩니다. 진아의 이 풍요로운 부는 감로甘露로 충만해 있고, 어떤 '나'와 '내 것'도 없습니다. 여기서 대지大地의 예를 들고 있습니다. 그녀(대지의 여신)는 늘 더욱 더 많이 베풀 준비가 되어 있습니다. 대지에서 여러분은 꽃과 과일과 다양한 곡식들을 얻습니다. 씨를 뿌린 뒤에 대지가 돌려주는 것, 그것이 여러분의 음식이 됩니다. 그 음식을 먹으면 그것이 여러분의 일부가 됩니다. 여러분이 뿌리는 것보다 수십 수백 배를 돌려주는 것이 대지의 성품입니다. 만트라(mantra)는 똑같은 씨앗의 성질을 가졌습니다. 그 만트라를 받는 사람의 계급이나 종교에 관계없이 그의 안에서 변모가 일어나고, 그 자신이 남들에게 만트라를 베푸는 사람이 됩니다.

씨앗은 많은 것이 되는 원인이고, 대지는 그것의 원인이 아니라 거기에 맛을 베풀어 줍니다. 이것이 씨앗의 성질이고, (거기에) 어떤 욕망이라는 것은 없습니다. **참스승**은 별개의 한 개체가 아닙니다. 그는 늘 전체 존재계(existence)와 하나입니다. **진인들**은 행위들이 사람의 성품에 따라 일어난다고 말합니다. 우리가 경험하는 것들은 우리의 믿음에 따라 사실인 것으로 보입니다.

모든 산 존재들을 먹여 살리는 것이 대지의 성품이듯이, 괴로움을 경감시키고 모든 사람들에게 온전한 만족을 얻는 참된 길을 보여주는 것이 진인의 성품입니다. 여러분은 여러분의 필요와 수용 능력에 따라 그 길에서 이익을 얻습니다. 여러분의 직접적 체험은 여러분을 **진리**와 합일시켜 주며, (그런) 여러분과 친교하면 남들도 바람직하게 변모합니다.

자, 냐네스와르는 그의 **참스승**에게 무엇을 달라고 청합니까? 그는 남들과의 견해차와 미움의 감정이 우리의 성품에서 사라져야 한다고 말합니다. **진아**에 죄들을 덮고 있는 덮개가 있는 한, 구도자는 결함에서 벗어나지 못할 것입니다.

진아는 실제로 우리인 그것이며, 미현현에서 현현으로의 변화를 보려는 어떤 욕망도 가지고 있지 않습니다. 그것을 **빠라브라만**(*Parabrahman*)이라고 합니다. 우리가 아주 대단한 복을 지었을지는 모르지만, 몸과의 동일시가 **진아**를 멀어지게 합니다. 우리는 (의식이라는) 보편적 성품을 가지고 있기에, **진아**의 일부인 세계를 봅니다. **진아**의 태양이 떠올랐고, 그 빛이 있습니다. 빛이 나타난다는 것은 해가 떠오르고 있음을 말해줍니다. **진아**는 현현물(현상계)로 인해 (자신을) 자각합니다.

진인들은 아무 자부심도, 에고도 없고, 어떤 인정을 받으려는 아무 욕구가 없기 때문에, 매우 관대합니다. 그래서 그들은 늘 **지복** 속에 있습니다. 이 세계는 **진아**라는 해의 빛입니다.

2. 믿음이 확고해야 한다

1954년 5월 29일

웃다바(Uddhava)가 크리슈나의 온전한 형상을 보았을 때, 그는 이미 목적을 달성해 있었습니다. 그래서 크리슈나에게 말했습니다. "위대한 요기들과 고행자들조차도 당신을 알기는 매우 어렵습니다. 그러니 명민하지못한 범부들에게 그것이 어떻게 가능하겠습니까?" 크리슈나가 말했습니다. "범부들은 행위나 말로 그 누구도 해치지 않는 것으로써, 겸허하게 시작해야 한다. 다른 동물들에게도 겸허함을 보여야 한다. 모든 산 존재들 안에서 평등하게 나를 보는 자는, 나를 성취할 수 있다."[1]

"모든 산 형상 안에 의식이 존재하며, 그것이 다양한 종류의 괴로움의 원인이다. 이런 괴로움과 함께, 개아들(jeevas)은 존재(삶)의 기쁨도 가지고 있다. 내 이름을 염하는 나의 참된 헌신자들은 누구도 해치면 안 된다. 인간들만이 나를 숭배할 수 있다. 나에 대한 헌신은 날이 예리한 검을 다루는 것과 같다. 내 헌신자들은 합당한 주의를 기울여야 한다. 최악의 적이라 하더라도 그를 해쳐서는 안 된다. 신이 그대의 모든 피해를 보상해 줄 것이라는, 신에 대한 믿음을 가져야 한다." 이 방법을 실천한 사람이 뚜까람(Tukaram)이었습니다. 누구도 어떤 불의한 일을 당하지 않도록 보살펴야 합니다. 여러분 자신을, 곧 마음·지성·에고·감각기관을 완전히 제어해야 합니다. 만약 사람들이 여러분을 힘들게 하면, 그것은 신이 여러분의 근기根機를 시험하고 있는 것이라고 여겨야 합니다. 신이 도처에 있다는 것을 믿는다면, 이런 글들을 읽는 동안

---

1) T. 웃바다는 크리슈나의 친구였는데, 크리슈나의 말년에 그의 은총에 힘입어 진아를 깨달았다. 이때 웃다바에게 준 크리슈나의 가르침은 『웃다바 기타(Uddhava Gita)』로서 전승된다. 웃다바가 해탈을 이룬 뒤 크리슈나에게 '해탈 후의 헌신'을 청하는 이야기는 니사르가닷따 마하라지가 싯다라메쉬와르 마하라지의 법문을 기록한 『그대가 그것이다』에 자세히 나온다.

에도 그를 보게 될 것입니다.

지성이 뚜까람이라는 이름을 선택했지만, 실은 그 선택자는 주 **빤두랑가**(Lord Panduranga)였을 뿐입니다. 신이 뚜까람으로 행동한 것입니다. 꾸준히 견뎌내는 사람들만이 진정한 기쁨을 경험할 수 있습니다.

바그완(Bhagwan-크리슈나)은 말합니다. "나 자신이 다양한 형상들로 나타나지만, 그들은 자신들의 존재가 나와 별개라고 상상한다. 나의 헌신자들은 그들의 모든 개념을 없애어, 있는 그대로의 **나**를 성취할 수 있어야 한다. 모든 산 존재의 **의식**이 나의 진정한 형상이다. 나는 모든 존재들의 활동이 일어날 풍부한 공간을 제공했다. 그러나 나는 그 모든 것 이전이다. 나의 참된 형상에는 '내가 있다'의 어떤 접촉도 없다."

여러분의 존재 밑천은 여러분의 **의식**입니다. 그것을 여러분의 진정한 형상으로 알기 위해서는, 여러분이 헌신으로 충만해야 하고, **바잔**(bhajan)을 하고, 예배를 하고, **만트라**를 염하고, 명상을 해야 합니다. 일단 그 모든 것을 시작하면, 그것을 규칙적으로 계속해야 합니다. 오관을 넘어선 진정한 즐김을 **진아**가 경험할 것입니다. **아뜨만**의 기쁨은 큰 부富입니다. 여러분은 깊은 잠이 여러분이 경험하는 다른 쾌락들보다 훨씬 낫다는 것을 이미 알고 있습니다. 신은 많은 화현들로 나타나서, 그와 친교하는 것이 여러분의 다른 즐거움보다 더 지복스럽다고 말해 줍니다. 그에 비하면 다른 즐거움들은 무시해도 될 정도입니다.

신을 진정으로 사랑하는 사람은 그를 대체할 다른 무엇도 받아들일 수 없습니다. 설사 죽는 것에 대한 두려움이 있다 해도, 신을 떠나지 않을 것입니다. 여러분 자신의 참된 형상을 **뿌르나-브라만**(Purna-*Brahman*)이라고 합니다. 실제상 우리는 그것을 **브라만**이라고 합니다. 전 존재계를 점하고 있는 것(브라만인 신)이 여러분의 심장 속에 있습니다. 하지만 여러분은 그를 알아보지 못합니다. 여러분은 자신을 그가 아닌 어떤 사람이라고 여기기 때문에, 불행합니다.

바그완은 말합니다. "나에게 합일되는 사람이 진정으로 **나**를 만난다."

이제 우리는 **진아**의 껴안음이 결코 느슨해지지 않도록 공부해야 합니다. 저의 스승님이 말씀하셨듯이, 저의 **신, 아뜨만**은 제 심장 안에 있고, 그는 저를 사랑합니다. 심장 안의 **신**을 사랑으로 끌어안아야 합니다.

진정한 헌신자는 **신**만을 원하며, 더 많은 쾌락을 달라고 하면서 숭배하지 않습니다. 인간 삶의 다섯 번째 주된 목표는 네 가지 해탈2) 모두에 대한 진정한 사랑과 헌신입니다. 그것은 비이원성 안에서의 헌신입니다. 헌신자는 신과의 단일성(unity)을 사랑하며, 신과의 어떤 분리도 상상하기를 좋아하지 않습니다. 그가 무엇을 먹고 마시든, 그것은 자동적으로 **하느님**에 대한 공양물이 됩니다. 그런 헌신자는 이렇게 말합니다. "하느님은 나의 가장 친한 '사랑하는 님'이시고, 나는 **당신** 때문에 내 존재를 알게 된다. 내 **아뜨만**의 견지에서, 나는 이 세계를 경험한다."

여러분의 믿음이 확고해야 합니다! **아뜨만**이 즐거운 것은, 그는 먹고, 마시고, 깨어나거나 잠을 잘 필요가 없기 때문입니다. 신이 다양한 형상으로 출현하거나 화현하는 것은 진정한 헌신자를 돕기 위해서입니다.

고삐들(Gopis)[목녀들]에게는 그들의 명상 자체가 **스리 크리슈나**였습니다. 그들은 비이원성 안에서 신을 숭배했습니다. 그들에게는 **스리 크리슈나**가 그들의 생명이었습니다. 그래서 필요시에는 그가 서둘러 그들을 도와주어야 했습니다. 그들이 부르면 반응해야 했습니다. 라다(Radha)에게 그녀 자신의 **진아**는 곧 완전한 **스리 크리슈나**인 **빠라마뜨만**이었습니다.

신이 모든 몸들을 통해서 일을 하는 것일 뿐입니다. 어떤 헌신자와 그의 헌신을 위해, 신은 필요한 모든 일을 합니다.

---

2) *T.* '네 가지 해탈'은 동주해탈同住解脫(Salokata Mukti-신의 천국에 함께 거주하는 상태), 친근해탈親近解脫(Samipata Mukti-신을 가까이 하는 상태), 동형해탈同形解脫(Sarupata Mukti-신과 같은 모습을 띠는 상태), 그리고 합일해탈(Sayujya Mukti-신과 하나가 된 상태)이다. 앞의 세 가지는 공덕이 다하면 소멸하는 일시적 해탈이고, 합일해탈은 영구적 해탈이다.

3. 인간 삶의 최고 목표

1954년 10월 5일

진정한 헌신자는 신만을 원하며, 더도 덜도 원치 않습니다. 인간 삶의 최고 목표는 모든 무지에서 완전히 해방되는 것입니다. 신에 대한 그의 헌신은 비이원적인 것이고, 그는 신과의 어떤 분리도 결코 용납하지 않습니다. 그가 먹고 마시는 음식물은 먼저 신에 대한 하나의 공양물입니다. 그런 헌신자는 이렇게 말합니다. "나는 신 때문에 나의 존재를 알게 된다. 그래서 그는 나의 생명 자체이다. 나는 **아뜨만**의 견지에서 나의 세계를 경험한다."

필요한 것은 확고한 믿음과 불변의 확신입니다. **아뜨만**은 잠을 자거나, 먹거나 마시지 않고, (아뜨만에게는) 생시 상태라는 것도 없습니다. 그것은 항상 **지복** 속에 있습니다. 신은 화현(incarnations)이라고 하는 다양한 형상을 취하여 늘 그의 헌신자들을 돕습니다.

고삐(목녀)들에게 **크리슈나**는 그들의 **의식**이었고, (그와는) 분리될 수 없었습니다. 그것이 비이원적 숭배입니다. 그는 그들의 생명 자체였습니다. 그는 조금도 쉼이 없이 그들에게 봉사했습니다. 라다(Radha)[3]에게, 그녀의 진아는 크리슈나, 곧 **빠라마뜨만**이었습니다.

신이 다양한 몸들을 통해서 일을 하고, 어려움이 있는 헌신자들을 돕습니다. 그들의 헌신이 그를 좌지우지합니다.

[역주: 이 **3번** 법문은 **2번** 법문의 마지막 세 문단과 대동소이하다.]

---

3) *T.* 크리슈나가 젊었을 때 그와 함께 놀았던 목녀들(*gopis*) 중의 우두머리, 크리슈나의 연인. 크리슈나의 영원한 반려자로 간주된다.

4. 헌신의 힘

1955년 1월 9일

헌신이 **빠라마뜨만**에 대한 깨달음으로 충만할 때, 우리는 자신의 형상을 잃습니다. 참스승의 축복과 함께 모든 무지와 그에 대한 기억이 해방됩니다. **빠라마뜨만**은 어떤 종교, 카스트 혹은 교리에도 속하지 않습니다. 그의 성품은 모든 무질서에서 벗어나 있습니다. 반면에 모든 인간적 성질들은 에고로 충만해 있고, 사람들은 그것을 가지고 이 세상을 살아갑니다. **진인**만이 **진아**로서 살아갑니다. 에고가 차분해지는 사람은 고요함을 성취합니다. 에고에서 벗어난다는 것은 자신의 성품에 대한 모든 개념에서 벗어난다는 의미입니다. 이것은 신의 신적 시선에 의해 일어납니다. 몸과 세계를 환幻으로 인식하는 사람은 안정된 **의식**을 갖습니다.

우리 자신에 대한 우리의 모든 내적 개념들이 사라지면 에고가 소멸됩니다. 자신을 남자나 여자로 여기는 것은 마음의 한 변상變相입니다. 우리의 모든 활동이 그에 따라 일어납니다. **만뜨라**를 염하고 고행을 하는 데 이 변상을 이용해야 합니다. 우리가 이런저런 식으로 존재하기를 그칠 때, 우리는 실제의 우리가 됩니다. 신에게 헌신하면 우리의 상상과 개념들이 신의 형상으로 대체됩니다. 그 헌신자가 해체되면, 신을 보게 됩니다. 그것이 신 깨달음 혹은 진아 깨달음입니다.

웃다바가 신의 환영을 보았을 때, 그것은 자신의 **진아**를 본 것입니다. 그는 모든 것에서 신을 보기 시작했습니다. 바그완 스리 크리슈나를 지켜보는 것은 그 자신의 **진아**를 지켜보는 것과 비슷했습니다. 크리슈나는 말합니다. "나는 내 헌신자들이 진아에 대한 확신을 계발하도록 돕기 위하여 다양한 방편과 기법들을 들려주었다."

가장 힘 있는 사람들조차도 피로해지고 휴식이 필요합니다. 깊은 잠이 휴식인데, 그것은 무지입니다. 무지가 있는 동안, 그 바닥에 있는 것이 무엇이든, 그것은 모든 면에서 완전하고 고요합니다. 그것이 **빠라마뜨만**입니다. 우리는 **그것**을 결코 발견할 수 없습니다. 성품상 그것은 완전한 휴식입니다. **바그완**은 말합니다. "최소한 한 번이라도 **나**를 분명하게 보라. 그것은 사람 몸을 가졌을 때만 가능하다. 나의 욕망 없는 헌신이 그것에 이르는 열쇠이다. 나는 모든 **진인**들의 형상으로, 몸소 세상 사람들에게 영적인 조언을 베풀었다."

여러분은 자신의 생시 상태를 **신**이라고 불러야 합니다. 여러분이 신이기에, 여러분은 그 없이 존재할 수 없습니다. 이런 확신을 계발하십시오. **크리슈나**의 고삐들(*gopikas*)은 그렇게 했습니다. 모든 활동은 신 자신의 것입니다. 여러분은 그런 활동의 행위자가 아니라는 확신을 가지십시오. **아뜨마라마**(*Atmarama*-진아인 신)의 성품은, 그것이 독립적으로 깨달아질 수 없다는 것입니다. 헌신과 진인과의 친교가 필요합니다. 헌신으로 충만한 헌신자는 어떤 일도 할 수 있습니다. 그는 산만 하나 있던 곳에 아름다운 마을 하나를 창조할 수도 있습니다. 먼지나 흙만 있는 곳에서는 물을 창조할 것이고, 물이 있는 곳에서 먼지를 창조할 것입니다. 진정한 헌신은 **진아지**가 있을 때만 가능합니다.

신이라고 불리는 것은 우리 자신의 형상입니다. 우리가 그것입니다. 두려움 없는 자들만이 진정한 헌신을 갖습니다. 무지가 해방될 때, 남는 것은 두려움 없음입니다. 웃다바는 **진아** 깨달음을 얻고 난 뒤에 더 이상 **크리슈나**의 보편적 형상을 두려워하지 않았습니다. 그때그때 목적과 필요에 따라 다양한 신들(deities)의 이름이 나왔습니다. 만일 **바그완**이 그 자신을 물러나게 하면, 어떤 신이 자신의 존재와 힘을 주장할 수 있겠습니까? **크리슈나**는 말합니다. "나의 소리인 **소함**(*Soham*)과 별개인 사람은 아무도 없다. 그렇다면 왜 그대들은 브라마, 비슈누, **마헤쉬**(Mahesh-시바)가 나에게 순복하면 놀라는가?" **크리슈나**는 우리 자신의 **아뜨만**입니다.

어느 산 존재가 **아뜨만**을 사랑하지 않겠습니까? 그래서 **브라마**와 여타 신들의 순복은 아주 자연스러운 것입니다.

아뜨만에 대한 확신 이후 일어나는 헌신이 **진아** 깨달음의 헌신입니다.

웃다바는 말합니다. "오, **크리슈나**, 당신을 실제로 본 뒤에 저 자신이 사라져 버렸고, 전 세계를 점하고 계신 분은 당신이십니다. 이것이 저의 확신입니다." 그는 12일 동안 해탈 상태에 들어 있었고, 그 상태에서 **웃다바**는 무형상, 곧 형상과 이름이 없었습니다. 그 상태에서 그는 **빠라마뜨만**이 이 세계의 모든 생명의 지지물임을 깨달았습니다. 그가 **크리슈나**에게 말합니다. "당신은 모든 개아 안에 존재합니다. 그래서 저는 모든 개아를 사랑해야 합니다. 그것은 당신께서 저에게 해탈 때의 혹은 해탈 후의 헌신을 베푸셔야 한다는 것을 뜻합니다. 저는, 저도 완전한 **아뜨만**임을 깨달았습니다. 저는 이 전 세계를 유지해야 하는데, 당신에 대한 헌신이 저의 유일한 밑천입니다. 당신께서는 당신에 대한 헌신 외에는 누구에게도 의존하지 않으십니다. 당신은 당신의 참된 헌신자의 이름과 형상으로 화현하십니다."

여러분은 자신을 하나의 개아라고 여기고, 여러분 자신에 대한 큰 사랑과 존재애(love to exist)를 가지고 있습니다. 실제상 그것은 **의식**이라고 하는 생명의 한 불꽃입니다. 여러분의 모든 앎은 그것 때문에 있습니다. 그것의 한 견본 빛살이, 우리가 우리 자신의 존재를 아는 것입니다. 비록 여러분이 자신의 몸을 자기와 잘못 동일시하고 있기는 하지만, 여러분의 **참된 성품**은 **스스로 빛나는 브라만**입니다. 수백만의 사람들 중 극소수만이 이것을 깨닫습니다.

아뜨만은 그 자신의 빛으로 빛납니다. 이 세계에 **빠라마뜨만**이 존재한다는 것은 때때로 **진인**들의 형상에서 분명하게 보입니다. 이 **진인**들은 이 세상 사람들을 어떻게 바라봅니까? 그들을 자기 자신으로 보지만, 아기들같이 작은 형상으로 봅니다. 제자들은 **참스승**의 아기들이고, 그는 그들의 아버지보다 더 큽니다. 우리가 이 사실을 알게 되면, 존재하지 않는 에고가 해탈을 얻습니다. **진아지**를 가진 사람은 해탈을 얻습니다. 그 이후에 하는 헌신의 목적은 무엇입니까? 그것이 필요한 이유는, **빠라마뜨만**은 해탈을 도와준 사람에 대한 존경심이 없는 헌신자를 좋아하지 않기 때문입니다. 이런 식으로, **바그완**은 해탈 후의 헌신이 중요함을 강조했습니다. 해탈은 헌신에서 나옵니다. 그래서 헌신은 여러분의 어머니입니다. 자신의 어머니를 살해하는(헌신을 폐기하는) 해탈자란, 역겨운 사람입니다. 올바른 헌신자에게는 해탈 이후에도 헌신을 계속할 것이 기대됩니다.

우리는 전체적 존재성과 하나가 되어야 합니다. 그래야 늘 모두에게 도움이 될 수 있습니다. 신은 처자식을 잊고 그를 추구하는 헌신자와 하나가 됩니다. **라마**와 **크리슈나**조차도 헌신으로 충만해 있었고, 그래서 결국 그들은 스스로 빛나는 **아뜨만**을 성취할 수 있었습니다. **바그완**의 형상은 **의식**이고, 그것은 가장 역동적인 것입니다. 우리는 "우리가 있다"는 것을 알게 됩니다. 누가 그것을 가능케 합니까? 그 말은, 우리는 어떻게 우리가 존재함을 알게 됩니까? 그 밑천을 (우리의 것이 되게) 끌어내려야 합니다. 그렇게 하기 위해서는 헌신이 필수입니다. 여러분은 자신을 하나의 몸으로 봅니다. 그래서 여러분은 자신이 그린 그림과 다르지 않습니다. 여러분의 형상은 **의식**이고, 그 **의식**만이 여러분이 그것을 알고 자신이 그것임을 체험하는 것을 도와줄 수 있습니다. 여러분의 **진아**가 여러분에게 몇 년간(한 생애 동안) 임대로 주어졌습니다. 온전한 헌신이 있으면 그것을 여러분 자신의 것으로 할 수 있습니다. 그것이 되고, 참된 **싯다**(Siddha)가 되는 것이 여러분의 권리일 것입니다.

참된 헌신은 **바그완**을 (인간의 형상으로) 화현하도록 유도하는 하나의 힘입니다. (그의) 활동들은 그 화현 이후에만 일어납니다. 그래서 웃다바는 **바그완**에게, 해탈 후에도 계속되는 헌신을 자신이 하게 해 달라고 요청하는 것입니다. 박띠(Bhakti), 곧 헌신의 힘이 무한한 우주들을 출현시키는 원인입니다. 그것이 헌신의 힘이고, 그것은 끝이 없습니다. 박띠의 성품은 무형상이고, 속성이 없습니다. 헌신은 절대자의 힘이며, 그것이 다양한 화현들의 출현을 가능케 합니다. 그것은 바그완의 욕망의 힘(원력)입니다. 어떤 진인들은 겉모습에서 거의 미친 사람이었는데, 그들도 헌신 때문에 유명해졌습니다. 우리가 헌신으로 충만해진 뒤에는 어떻게 됩니까? 우리가 신을 성취합니다. 우리의 진아와 하나가 됩니다. 여러분의 밑천은 여러분의 의식이라는 것을 결코 잊지 마십시오. 여러분은 의식의 위대함을 충분히 알지 못하고 있습니다. 그것은 참스승의 두 발이고, 여러분의 모든 헌신을 뒷받침하는 것입니다. 몸에 대한 자부심은 하나의 개념일 뿐인데, 그것이 떨어져야 합니다. 여러분의 성품은 신일 뿐임을 알게 될 때, 여러분의 모든 생계는 자연발생적으로 돌봐질 것입니다. 그것은 더 이상 여러분 자신의 문제가 아닐 것입니다.

5. 해탈 후의 헌신

1955년 1월 16일

웃다바는 말합니다. "당신의 친존에서 저는 사라졌고, 당신이 전 세계를 점유하고 계십니다. 저는 확신을 가지고 그것을 봅니다." 크리슈나는 그를 그 자유로운 상태에, 이름과 형상 없이 12일 동안 들어 있게 했습니다. 웃다바는 빠라마뜨만이 모든 세간적 삶의 지지물이라는 것을 깨달았습니다. 웃다바가 말합니다. "당신은 모두의 안에 존재합니다. 그래서 저는 모두를 사랑합니다. 이제 제가 해탈을 사랑하고 숭배하는 것을 허락해 주십시오. 저는 제가 **빠라마뜨만**일 뿐임을 알고 있고, 그래서 저는 전 세계를 먹이고 보살펴야 합니다. 당신에 대한 저의 헌신이 제가 그렇게 하는 데 도움을 줄 것입니다. 당신은 당신의 헌신자의 헌신 외에는 그 무엇에도 의존하지 않으십니다. 당신은 당신의 헌신자로서 화현을 취하십니다."

여러분은 자신을 한 개인적 영혼이라고 믿지만, (실은) 여러분은 그것으로 인해 일체가 알려지는 빛과 의식 그 자체와 같습니다. 우리의 존재조차도 그것 때문에 알려집니다. 여러분은 스스로 빛나는 브라만이지만, 그릇되게 몸을 자신과 동일시하고 있습니다. 수백만의 사람들 중 극소수만이 **진아**를 깨닫습니다.

아뜨만은 그 자신의 빛으로 빛납니다. 모든 진인들은 같은 **빠라마뜨만**의 표현들입니다. 그들은 다른 사람들을 어떻게 봅니까? 그들을 자기 자신으로 봅니다. 아이가 자라서 어른이 되듯이, 무지한 사람들은 **진아 깨달음**을 이룰 수 있는 잠재력이 온전해질 때까지 성장해야 합니다. 그러고 나면 거짓된 에고가 해탈을 얻습니다.

만일 **진아지**가 해탈을 안겨준다면, 왜 자유로워진 뒤에도 헌신을 계속합니까? 헌신과 숭배가 해탈로 이끌어주며, 그래서 그것들은 극히 중요하고, 모든 사람의 인정을 받을 만한 가치가 있게 됩니다. **빠라마뜨만**은 자신이 받은 친절한 배려와 혜택을 잊지 않는 사람들을 좋게 평가합니다. 그는 고마움을 모르는 사람들을 싫어합니다. 그래서 해탈 이후에도 헌신이 계속되어야 합니다.

우리는 모두에게 봉사하고 그들과 하나가 되어야 합니다. 어떤 사람들은 자신의 처자식조차 잊어버리고 신에게 전적으로 헌신했습니다. **라마**와 **크리슈나**는 헌신의 좋은 모범입니다. 신은 역동적 의식을 의미하며, 그것 때문에 우리가 우리의 존재를 압니다. 우리의 의식은 신 때문에 있고, 우리의 헌신은 그를 기쁘게 합니다. 여러분은 몸-정체성으로 인해 여러분의 거짓된 상상을 믿습니다. 몸을 잊고 의식에 대해서 명상할 때, 참된 지知가 있습니다. 여러분은 한정된 시간 동안 의식을 받았지, 무기한으로 받은 것이 아닙니다. 여러분에게 대출된 것이 헌신에 의해 여러분의 것이 됩니다. 그럴 때, 여러분은 자신의 영구적인 성품을 깨달을 것입니다.

헌신은 신의 힘이고, 모든 활동은 그 힘이 취하는 다양한 힘들의 결과로 일어납니다. 그래서 웃다바는 해탈 후의 헌신을 요청합니다. 헌신의 힘이 무한한 우주들을 창조합니다. 헌신은 끝이 없을 수 있고, 이름과 형상의 속성이 없을 수 있습니다. 다양한 화현들을 일으키는 것은 빠라마뜨만의 힘입니다. 그것은 신의 의지력입니다. 미친 것처럼 보이는 진인들이 헌신에 의해서 유명해집니다. 헌신이 진아 깨달음 외에 무엇을 줄 수 있습니까? 여러분의 의식이 곧 신의 두 발이고 스승의 두 발입니다. 그것은 하나의 작은 점일 뿐이지만 헌신의 시작이라는 것을 잊지 마십시오.

여러분의 에고는 하나의 개념입니다. 그것이 여러분 안에서 어떤 자리도 가지면 안 됩니다. 여러분이 성품상 신이라는 것을 깨달을 때, 여러분의 모든 생계 문제들은 끝이 날 것입니다.

[역주: 이 5번 법문은 4번 법문의 244쪽 세 번째 문단 이하와 대동소이하다.]

6. 참된 성품에 헌신하면 신이 된다

1955년 1월 26일

스리 바우사헵 마하라지(Shri Bhausaheb Maharaj) 님은 우리 마하라지(싯다라메쉬와르 마하라지)님의 스승이셨습니다. 그분이 오늘 이 신성한 날에 몸을 벗었습니다. 당신은 자비심에 충만해 계셨지요. 이 위대한 **진인**들은 **빠라브라만**으로서 사셨는데, 그것은 그분들이 자신과 **그것**의 단일성을 체험했다는 뜻입니다. **참스승**의 성품은 고요하며, 사람들의 운명을 개선해 주려는 성향이 있습니다. 그 성품이 이제까지 많은 방식으로 작용해 왔지만, 그것은 어느 개인에게 속하지 않습니다. 그것은 한동안 행동하다가 사라집니다. 우리 자신의 참된 형상은, 활동적 상태에 있는 **궁극적 원리**의 초월적 측면과 동일합니다. **참스승**의 상서로운 **만트라**는 우리에게 "내가 **그것이다**"로서의 우리의 **참된 성품**을 상기시켜 줍니다. 그 상서로운 성품은 늘 똑같은 것으로 남아 있으면서, 사람들에게 봉사하고 그들을 인도하려는 성향을 갖습니다. 그것은 오고감이 없습니다. 그것에 헌신하면 우리가 신이 됩니다. **참스승**의 형상이 사라진다고 해서 **진아**가 소멸되는 것은 아닙니다. 그것의 사라짐을 관찰하는 사람은 그것을 보유합니다. **진아**는 몸-정체성의 껍질로 인해 눈에 띄지 않은 채로 있습니다. 몸-정체성은 헌신에 의해 감소되고, **아뜨만**과의 근접성이 계발됩니다. 헌신에 의해 몸-정체성이 소멸될 때, 남아 있는 것이 **빠라브라만**입니다.

형상, 속성과, 말을 공부해서는 **아뜨만**이 무엇인지 우리가 알 수 없습니다. 전 존재계가 **시바**의 한 형상입니다. 지금 **아뜨만**이 자신의 존재를 경험하고 있지만, 몸과의 동일시로 인해 동요되고 있습니다. 그렇지 않으면 **그것**의 본래적 성품은 지복스럽습니다. **그것**은 그 자신을 몹시 보고 싶어 합니다. **그것**의 형상은 상서롭습니다. **그것**은 여러분의 지성을 인도하기 위해 내면에서 여러분에게 영감을 줍니다. 여러분은 **이스와라**(Ishwara)를 자신과 별개인 어떤 분으로 숭배하지만, 실은 우리가 **이스와라** 그 자체입니다.

무지한 사람들은 **이스와라**로서의 자신의 **참된 성품**을 모르고, 그를 그들 자신과 별개로서 숭배합니다. 몸 안의 **의식**과, 그것이 활기차게 일어나는 것은 **아뜨만** 때문일 뿐입니다. **아뜨만**은 상서롭고, 허공보다도 더 미세합니다. 진아는 가장 상서로운 것이고, 지성의 빛(지적인 마음)에 의해 접촉되지 않습니다. 우리는 이 상서로운 진아의 영혼을 **바우사헵 마하라 지**라고 부릅니다. 그런 위대하고 상서로운 분은 상서롭지 않은 그 무엇 도 경험할 수 없습니다. 진아를 모르는 채로 있는 동안만 상서롭지 않음 이 있을 수 있습니다. 진아를 깨닫는 사람은 그것이 전 세계와 하나임을 봅니다. 우리의 마하라지님은 바우사헵 마하라지님을 만남으로써 상서로 워졌고, 저는 우리 마하라지님을 뵙고 그렇게 되었습니다. 위대한 스승님 을 만나서 저는 모든 죄와 공덕을 초월했습니다. 이제 우리는 지옥조차 도 반깁니다. 그것이 가장 상서로운 것의 한 이미지가 되었기 때문입니 다. 이 세계는 진아의 빛이고, 진아 없이는 세계가 아무 존재성이 없습 니다. 제 스승님의 현존(presence)은 지옥조차도 주 비슈누의 거주처로 변 모시킵니다. 그래서 진인 뚜까람은 다시 태어나는 것조차도 마다하지 않 을 준비가 되어 있습니다. 그러면 다시 **진아** 깨달음의 축복을 경험할 기 회를 가질 테니 말입니다.

여러분은 자신이 깨어 있다는 느낌의 상서로움을 알아야 합니다. 여러 분의 **의식**의 위대함을 기억하십시오. **의식**이 우리에게 **빠라브라만**을 상기 시키는데, 우리는 **빠라브라만** 때문에 존재합니다. 진인 안의 신이 무지한 사람들의 이익을 위해서 이야기합니다. 자신이 **아뜨만**과 하나임을 깨닫 는 사람은 세계의 신이 됩니다. 그러나 사람들은 신을 그의 몸이라고 믿 으면서 그 몸을 숭배합니다. 진인은 결코 그의 몸이 아니고 전 우주입니 다. (그런) 그를 기억하십시오.

모든 화현들 중에서 가장 불가사의한 것은 **라마**라는 이름입니다. 만일 몸이 "**라마 만트라**"를 염하지 않는다면, 그것은 하나의 송장일 뿐입니다. '지혜'란 **라마**를 기억하는 것일 뿐입니다. 여러분이 곧 **라마**라는 확신을 계발하십시오. **크리슈나**가 라다에게 누구에 대해 명상했느냐고 묻자, 그 녀는 **크리슈나**에 대해 명상했다고 했습니다. 라다가 말했습니다. "저는 당신에게서 저의 **진아**를 봅니다. 저는 당신의 생애담을 거듭거듭 기억하고 있습니다." 저 **빠라마뜨만**이 저 자신의 형상입니다. 그러니 **스승님**의 **바잔**을 노래하는 것을 결코 포기하지 마십시오. 그것은 필수입니다. 신은 헌신자와 하나입니다. 이 몸을 가장 잘 사용하는 것은 **스승**과 그의 말씀을 기억하는 것입니다. 여러분이 어디에 있든 그 **만트라**(나마 만트라)를 염하십시오. 헌신 속에서 몸이 백단향목(sandalwood)처럼 닳아져야 합니다.[4] 그 과정에서 **진아** 위에 씌워진 두꺼운 껍질이 얇아집니다. 이것은 **바우사헵 마하라지**님의 말씀인데, 당신은 제자들에게 이 희유한 인간 형상을 최대한 잘 활용하라고 조언했습니다. 저는 오늘날까지도 당신의 조언을 따르고 있습니다. 그러니 결코 헌신을 포기하지 마십시오.

7. 브라만은 도처에 있다!

1955년 1월 30일

크리슈나는 드와르까(Dwarka)[5]에서 자기 백성들에게, 자신의 때가 끝났고 이제 몸을 벗으려 한다는 것을 알리고 싶었습니다. 다루까(Daruka)에게 그 일을 맡으라고 하자, 다루까는 **크리슈나**보다 먼저 몸을 벗어서 그것을 피하고 싶어 했습니다. 그래서 **크리슈나**는 당신 자신의 **진아**에 대해 그에게 더 말해 주어야 했습니다.

바그완이 말합니다. "나의 **참된 성품**은 진아에 완전히 몰입하는 것이

---

4) *T.* 백단향목을 먹 갈 듯이 돌에 갈아 백단향액을 만드는데, 백단향목은 갈수록 닳아진다.
5) *T.* **크리슈나**가 창건하고 다스린 고대 왕국. 지금 인도 구자라트 주의 해변 도시이다. **크리슈나**는 야다바들(Yadavas)을 이끌고 마투라(Mathura)에서 이곳으로 이주했다. 195쪽 참조.

다. 그것은 자신이 **빠라마뜨만**이라는 굳은 확신을 가진 자에게만 적합할 수 있다. 그럴 때 따라오는 것은, '내가 모든 산 형상들 안에 그들의 의식으로서 존재하고 있다'는 굳은 확신이다. 누구든 나의 **참된 성품**을 아는 사람은 나의 사랑 받는 헌신자이다. 그 헌신자가 감각대상들을 즐기기는 하나, 모든 감각기관의 왕인 **의식**이 나의 **진아**이다." 어떤 몸 안의 의식도 스리 크리슈나 바그완 그 자체라는 믿음을 가져야 합니다. 그런 다음, 몸이 남아 있든 떨어져 나가든, 목숨을 버리는 한이 있어도 **아뜨만**과 아뜨만의 힘에 대한 믿음을 포기해서는 안 됩니다. 존재(being)에 대한 우리의 믿음이 스리 빗탈(Shri Vitthal)입니다.

바그완이 다루까에게 말합니다. "나의 **다르마**(Dharma)를 받아들이는 사람은 나를 성취한다. 이 세상에는 열성적이지 않은 헌신자들이 많다. 한순간도 나를 잊지 않는 사람이 나의 참된 추종자이다. 단 한 번 들은 것이 즉각적인 효과를 가져와야 한다. 자신을 나와 별개라고 여기는 사람은 일시적으로 이익을 얻을지 모르나, 그것(별개라는 관념)은 하나의 죄이고 구제가 필요할 것이다. 자신이 **바그완**으로서의 **의식**이라는 확신을 가진 사람은, 자신이 신과 별개인 어떤 경험도 전혀 하지 않는다."

브라만은 도처에 있습니다. 그것은 보편적 이름이고, 거기에는 현현된 것과 현현되지 않은 것이 포함됩니다. 크리슈나가 말합니다. "심장 속에서 나를 명상해야 하니, 입은 나의 이름을 염하고 **바잔**(bhajans)을 하는 데만 사용되어야 한다. 우리의 심장 속에 무엇이 있는가? 그것은 우리가 가장 사랑하는 것—즉, **진아**이다. 우리의 **의식**이 심장 속의 우상(idol-숭배하는 대상)이다. 우리는 그 우상을, 그 의식을 명상해야 한다."

바그완의 심장 속에는 자신이 **빠라마뜨만**이라는 지知가 있고, 다루까의 심장 속에는 자신이 (크리슈나를 모시는) 하인이라는 지知가 있습니다. 바그완이 그에게 말합니다. "나와 너 사이에는 아무 차이가 없다. 너의 심장 속에서 자신이 **바그완 스리 크리슈나**라는 보물을 간직하라." 양인의 심장 속에는 단 한 가지가 존재하지만, 다루까에게는 (자신이 신과 별개라는) 한 가지 오해가 있습니다. 그래서 그는 자신을 한 사람의 하인, 한 명의 전차꾼(charioteer)이라고 여깁니다. 그는 **심장** 속의 그 보물을 자신이 인식하지 못하는 것을 아쉬워합니다.

심장 속에서는 우리가 **의식**이고, 우리의 정체성은 우리가 입술로 염하는 그 이름 그대로입니다. 우리가 곧 그이고, 그의 이름을 우리가 입술로 염하고 있습니다. 우리의 입술에는 **싯다라마**(Siddharama-싯다라메쉬와르 마하라지)가 있고, 우리는 그를 숭배해야 합니다. 자신을 신과 별개로 여기는 것은 하나의 일탈입니다. 자신이 신과 하나라고 느끼는 것이 옳습니다. 과거의 모든 화신들은 우리의 조상들이었습니다. 우리가 바로 그 **진아**입니다. 진인들은 그들의 **아뜨만** 혹은 **빠라마뜨만**이 뭔지를 묘사합니다. 자신이 **바그완**이라는 확신을 가진 사람들에게는 어떤 나쁜 일도 일어날 수 없습니다. 그래서 진인들은 우리에게 **뿌라나**(Puranas-힌두 경전의 한 부류)와 신에 대한 이야기를 들으라고 권합니다. 들으면서 우리는 실재와 비실재를 분별해야 합니다. 그러면 우리가 **진아**를 성취할 것입니다.

8. 신은 모든 산 존재 안에 현존한다

1955년 2월 6일

바그완 크리슈나는 전차꾼 다루까를 그 자신의 형상으로 변모시키고 있습니다. 그가 말합니다. "헌신자들은 모르는 가운데 그들 안에 나를 자신들의 **진아**로 가지고 있다. 그러나 몸을 자신과 동일시하기 때문에 그들의 참된 **자아**를 놓치고 있다. 그렇다 해도, 그들 안에 존귀한 것이 있다." 크리슈나가 말합니다. "나의 육신 형상이 끝날 것임을 알리기 위해 말이 사용되기는 하나, 나는 내 헌신자들의 심장 속에 있고, 앞으로도 늘 거기에 존재할 것이다." 신은 모든 산 존재 안에 현존합니다. 그 현존은 늘 충만해 있고, 어느 때에도 덜하거나 덜하지 않습니다. 우리 안에 신의 현존이 없다면 우리는 우리가 존재함을 알지 못합니다. 바그완이 다루까에게 말합니다. "나는 내 헌신자가 나의 이름을 염하기도 전에, 그와 함께 그곳에 있다. 그런 헌신자가 자신의 믿음에 따라 나를 명상하고, 나의 이름을 염한다." 신의 이름을 염하는 동안 우리는 그가 어디에 자리하고 있든, 그를 자각합니다. 헌신자는 어느 신의 이름을 염해도 되지만, 그 이름에서 그 자신의 **아뜨만**을 깨닫습니다. 헌신자가 **만트라**를 염송하는 동안에 생각들이 하나하나 줄어들 것이고, 우리는 무념의 상태에서 우리 자신을 보게 될 것입니다. 그러면 그 헌신자는 서서히 몸-정체성과 모든 갈망에서 벗어나게 됩니다.

우리의 **참스승**이 우리에게 베푸는 것은 우리 자신의 **진아**에 대한 깨달음입니다. 믿음과 확신으로 **진아**를 숭배하는 사람은 모든 죄에서 벗어나 매우 지혜로워집니다. 진인에게는 모든 산 존재들이 진아로서 똑같은 위대함을 가졌습니다. 몸-정체성과 함께 다양한 욕망과 갈망이 있습니다. 세간적 열정이 없어져 그런 것에 흥미를 잃을 때, 진아지가 있습니다.

우리는 참스승의 말씀에 따라 우리 자신에 대해 생각해 봐야 합니다. 진아에 대해 명상하는 동안 우리는 **그것이** 우리 자신의 **참된 성품**임을 잊으면 안 됩니다. 우리가 자신을 남자나 여자로 기억하는 것은 우리의 몸 때문입니다. 몸과 그 색상을 기억하면서도, 자신이 그 형상에 국한되어 있지 않다는 내적 믿음을 가진 사람, 그 사람은 순수한 지知를 가진 것입니다. 여러분이 이런 말들에 대해 명상할 때, 그것이 백만 마리의 소를 시주하는 것보다 더 가치 있습니다. 그런 명상을 단 한 번 하는 것만으로도 족히 **빠라마뜨만**을 기쁘게 합니다. 그런 명상 안에서 안정되는 사람은, 마치 우리가 입은 옷이 우리가 아니듯이 "나는 몸이다"라는 기억에 영향 받지 않습니다. **참스승**에게 입문전수를 받은 사람6)은 누구도 시기할 수 없습니다. 자신이 모두와 하나이기 때문입니다.

　여러분은 자신이 해 오던 활동을 조금도 줄이지 않고 계속해도 됩니다. 이 몸뚱이는 노력하고 활동하라고 있는 것입니다. 자신을 **의식**으로 보는 사람은 어떤 한계도 없는 근기를 갖습니다. 진아의 지복 안에 있는 사람은 온갖 세간적 기쁨과 즐거움에 에워싸입니다. 신기루는 거짓이지만 햇빛 때문에 나타나는데, 그 해는 참됩니다. 대상들에 대한 우리의 경험과 지知는 **아뜨만** 때문에 있습니다. **아뜨만** 자체가 신입니다. 여러분이 일단 참된 지知를 갖게 되면, 그것을 잊어버리거나 시야에서 놓치면 안 됩니다. 세간에서 마음대로 바삐 살아도 되지만, 여러분의 **참된 성품**을 잊지 마십시오. 여러분의 **의식**은 몸에 한정되면 안 되고 도처에 있어야 합니다. 자신을 **아뜨만**으로 깨닫고 있는 사람에 대해, 왜 우리가 그의 성취와 위대함을 이야기하며 칭송하면 안 됩니까?

9. 아뜨만은 개념을 넘어서 있다

1955년 4월 3일

　쉽게 얻을 수 있는 것이지만 성취하는 데 아무 위험도, 아무 장치나 절차도 없는 것은 얻기가 매우 어려워집니다. 그것은 감각기관으로 이해되지 않고, 매우 오래된 것이고, 다른 모든 것 이전입니다. 그것은 묘사

---

6) *T.* 마하라지 계열에서 '입문전수'란, **참스승**이 구루 **만트라**를 주는 것을 의미한다. 보통의 헌신자들도 수백, 수천 명이 이와 같이 스승에게서 개별적으로 **만트라**를 받고 제자가 된다.

할 수가 없습니다. '아는 자'가 의식적으로 그것을 알려고 할 때는 진아를 잊어버립니다. 처음에 그는 자신이 발견하려고 애쓰는 것이 그 자신의 형상이라고 느낍니다. 그러다가 의식적으로 발견되는 것은 자신의 형상이 아니라는 것을 깨닫습니다.

우리가 기대한 대로 일이 일어날 때, 우리는 그것이 우리 마음과 부합한다고 말합니다. 마음 이전에 체험되는 것은 이름과 형상이 없습니다. (그에 대해) 무슨 말을 하는 사람은 마음속으로 많은 것을 상상합니다. 그러나 그 안에 그의 진아는 없습니다. 마음은 진아를 상상할 수 없습니다. 모든 개념을 넘어선 것이 아뜨만입니다. 우리의 모든 상상은 개념들의 장場 안에 있습니다. 저 빠라마뜨만 자체가 그 자신을 잊고 마음의 개념들을 즐기기 시작하면서 내려온 것입니다. '아는 자'의 현재 형상은 진아가 아닙니다. 마음이 어떤 위대함을 가졌든, 그것은 진아를 깨닫지 못합니다. 지성은 아주 대단하여 (많은) 일을 할 수 있지만 진리를 보지 못합니다. 마음과 지성 속에서 (실제로) 활동하는 것은 의식일 뿐입니다. 그러나 진아는 빛나거나 알려지는 모든 것 이전일 수밖에 없습니다.

여러분의 수중에, 두 발 위에, 마음속에 있는 것과 여러분의 지성 속에 있는 모든 것을 없애버리십시오. 일체를 내버리고 포기하십시오. 하지만 언제까지 그래야 합니까? 궁극자를 성취할 때까지입니다. 자나까 왕은 슈까(Shuka)에게, 그의 마음과 지성에 대해 이야기하지 말고 샌들을 벗기만 하라고 말했습니다. 진정한 포기는 에고의 포기입니다. 빠라브라만은 저 너머이지만, 청문자는 이쪽 편에 자리 잡고 있습니다. 이것은 정반대입니다. 마음-지성이라는 샌들을 없애고 멀리하는 사람은 활동 중에도 움직임이 없습니다. 우리가 몸 쪽에 더 가까운 것은 지성 때문입니다. 우리는 결코 '알려지는 것'이 아닙니다. 빠라마뜨만은 어떤 이름과 형상으로도 접촉되지 않습니다. 여러분이 마음속에 어떤 변화를 일으켜도, 마음 속에서는 빠라마뜨만을 발견하지 못합니다. 우리의 참된 성품은 모든 것을 넘어서 있습니다. '시바(shiva)'라는 단어는 접촉을 뜻하고, **시바**신은 "내가 있다"와 접촉하는 분이라는 뜻입니다. 그는 5대 원소를 넘어서 있고, 눈으로 볼 수 없습니다. 사랑의 눈으로만 그를 볼 수 있습니다. "내가 있다"의 접촉은 실은 접촉이 아니라 하나의 즐거움입니다. **빠라브라만**은 말로 묘사할 수 없고, 그것은 달빛보다도 더 지복스럽습니다. 지복이 있는 곳에는 "내가 있다"의 접촉이 있을 수밖에 없습니다. 즐거워함이 있는 곳에는 "내가 있다"의 접촉, 곧 **시바**가 있을 수밖에 없습니다. 속성 없는 **빠라브라만**의 묘사 불가능한 성품으로 인해, (그것을 깨달은) 모두가 침묵하고 있기를 선호했습니다.

우리의 **참된 성품**이 의식의 아버지입니다. 여러분이 일상적으로 경험하는 어떤 일을 할 때에도 두려움이 없어야 합니다. 그럴 때만 자신의 마음을 제어하게 될 것입니다. 마음의 도움으로 오늘 나타나는 그 무엇도 사라질 것이고, 즐거운 형상으로 다시 나타날 것입니다. 여러분은 먼저 자신이 자기 개념들의 아버지라는 것을 확신해야 합니다.

마음을 통제할 수 있는 사람은 해와 달도 제어할 수 있습니다. **바이꾼타**와 **카일라스**라는 개념도 마음의 상상일 뿐입니다. 마찬가지로, 모든 신상神像은 (헌신자들의) 서로 다른 상상입니다. 개아는 죽음을 두려워하는데, 이 상상이 **진인**과의 친교 속에서 사라집니다. 그러나 우리가 마음을 제어해야 합니다. 전쟁은 바깥에 있지 않고 마음에 있습니다. 늘 **참스승**의 말씀을 고수해야 합니다. **빠라마뜨만**은 불변이고 마음과 지성보다 훨씬 더 위대하다는 확신을 가져야 합니다. 이것이 에고를 점점 줄여서 결국 그것이 소멸되게 합니다. 마음을 제어하고 싶다면, 마음에 귀를 기울이지 마십시오. 자신은 형상이 없고 개념들에서 벗어나 있다는 것이 확고해야 합니다. 여러분은 자신이 **라가바**(Raghava-라마)와 동일하다는 맹세를 해야 합니다. 목숨을 내놓는 한이 있어도 그것을 고수해야 합니다.

10. 의식이 하느님이다

1955년 5월 1일

샹까라짜리야(Shanaracharya)[7]는 이 세상에서의 올바른 행동을 위한 철학을 설했습니다. 누구나 이 올바른 행동을 알고 있어야 합니다. 항존하는 진아를 알아야 우리의 행동이 전체 존재계와 부합할 것입니다. 이런 행동의 위대함은 일반적으로 모두의 행복을 가져온다고 이야기됩니다.

에고가 없는 사람은 모든 면에서 완전합니다. 하리(Hari-비슈누)와 하라(Hara-시바)를 포함한 모든 것의 끝을 아는 사람이 참으로 모든 것을 아는 자입니다. 이것은 마음과 지성으로는 알 수 없고, (만약 마음과 지성으로 알려고 한다면) 그것은 아주 큰 문제가 됩니다. 의식을 사용하여 진아를 알려는 것은 문제가 있기 때문에, 그것은 실패하게 되어 있습니다. 이런 그릇된 방법들을 한껏 시도해 보는 사람은 큰 바보입니다. 그것을 어중간하게 시도해 보는 사람은 어리석습니다. 정말 완전한 사람은 존재의 느낌에서 벗어나게 될 것입니다. 더 이상 한계 있는 개인적 경험이 없는 사람은 전 세계를 자신의 몸으로 경험합니다.

깊은 잠이나 삼매(Samadhi) 속에서는 여러분이 자신의 존재를 의식하지 못합니다. 그런데 어떻게 그 속에서 즐거움을 알게 됩니까? 그것은 내면의 빛에 의해 알게 됩니다. 몸은 우리의 형상이 아니라, 우리가 몸과 함께하는 것입니다. 몸과 함께하는 그것은 스스로 빛나는 원리입니다. 순수한 형태의 그것을 빠라마뜨만이라고 합니다. 아는 사람들은 그것을 우리의 참된 형상, 곧 진아라고 부릅니다. 진아는 남자도 아니고 여자도 아닙니다. 생시나 잠의 상태는 그것에 해당되지 않습니다. 그것은 어

---

7) *T.* 아디 샹까라(8세기). 인도의 철학자이자 스승으로서, 비이원적 베단타 사상을 주창했다. 네 군데에 주요한 승원을 건립했는데, 그 승원장들도 '샹까라짜리야'라는 칭호를 세습한다.

떤 3인칭에도 속하지 않고, 바로 우리 자신의 성품입니다. **진아**는 모두에게 공통되기에, 어느 누구의 것도 아닙니다. 우리의 **의식**은 어떻습니까? 설탕에 단맛이 있고 여주에 쓴맛이 있듯이, **의식**은 살아 있는 모든 몸의 성질입니다. 그것이 **이스와라**, 곧 **하느님**입니다. 몸 안에는 우리의 현존을 말해주는 어떤 것이 있습니다. 그것의 형상은 무엇입니까? 그것은 **의식**으로서 존재합니다. 이 **의식**은 모두의 숭배를 받을 가치가 있습니다. 그것은 **하리**로서, **하라**로서, 그리고 **브라마**(Brahma)로서 존재합니다. 그것은 **진아**의 표현이고, 그것의 부존재는 **진아**만이 압니다.

몸이라고 불리는 것은 **의식**의 음식입니다. 그것은 음식-몸을 먹고 삽니다. **의식**은 어느 회계장부에 들어갑니까? 그것은 **진아**의 회계장부에 들어갑니다. 여러분의 **진아**는 일체를 **아는 자**이지만, 누구도 **그것**을 (하나의 대상으로) 알 수 없습니다. 여러분의 **의식** 말고 누가 이 몸을 먹습니까? 그 **의식**의 주시자를 알아야 합니다. 이 주시자가 이 **의식**의 부존재도 압니다. 그렇게 하는 사람은 자신을 하나의 공물供物로 완전히 내놓은 것입니다.[8] 그것 때문에 여러분이 자신의 깊은 잠과 모든 활동을 아는 **그것**이 여러분의 **진아**입니다. 자기 자신의 **의식**을 아예 등한시해 온 사람이 어떻게 **진아**를 깨닫겠습니까? 자신의 최후, 자신의 죽음을 보면서도 여전히 계속 "빤두랑가, 빤두랑가"라고 말하는 사람, 그는 한 사람의 진인입니다. 뚜까람은 그 자신의 죽음을 보았다고 말했는데, 그것은 몸-정체성의 죽음을 의미합니다. '의식을 아는 자'는 다름 아닌 여러분이고, 그것이 여러분의 **참된 형상**입니다. 그래서 여러분은 가능한 한 많이 **의식**에 대해서 명상해야 합니다.

---

8) *T.* 여기서 '그렇게 하는 사람'은 '의식의 주시자를 알려고 하는 사람', 즉 자신의 의식에 주의를 집중하는 사람, 의식에 대해 명상하는 사람을 말한다. '자신을 하나의 공물로 내놓는다'는 것은 에고를 포기한다는 뜻이다. '의식의 주시자'는 진아를 가리키지만, 그것을 아는 것은 에고나 마음이 아니라 진아 그 자체이다.

11. 같은 브라만이 모두의 안에 있다

1955년 5월 8일

만트라를 창송唱誦하고 감각기관과 행위기관을 겸손하게 만듦으로써, 우리의 주의를 빠라마뜨만에 고정해야 합니다. 그를 깨닫고 나면 우리가 실제로 무엇인지를 온전히 알게 됩니다. 이 지知는 얻기가 매우 힘듭니다. 깔리 유가라고 하는 이 네 번째 시대에는 다른 방법들을 사용해서 이 지知가 사람들에게 전수되었습니다. 이 시대에는 (사람들의) 수명이 짧고 지성은 매우 변덕스럽습니다. 그래서 그 지성, 마음, 기관들을 가라앉히기 위해 신이 만트라 염송, 바잔 부르기와 규칙적인 명상을 권장했습니다. 인간들에게는 진아 깨달음이 최고의 성취이고, 그것이 최고의 공덕으로 간주됩니다. 깨닫기 전에는 사람이 음식 등과 같이 그에게 기쁨을 안겨주는 작은 것을 얻는 데 만족했지만, 진정한 지복은 진아 깨달음을 얻은 뒤에만 체험했습니다.

우리가 진아에 가까이 가면 우리의 모든 욕구가 끝이 납니다. 세간적 문제들과 언짢음은 내적 지복의 빛 속에 머무를 수 없습니다. 우리의 몸이 출현한 뒤에 우리가 하는 모든 경험들은 환幻입니다. 같은 브라만이 모두의 안에 존재합니다. 우리의 참된 성품이 몸 안에 있으나, 그것을 볼 수는 없습니다. 그것은 감각기관에 의해 지각될 수 없지만, 그것은 일체를 볼 수 있습니다.

죽음은 파괴를 뜻하지 않습니다. 그것은 무지한 사람들의 존재성이 사라지는 것입니다. "자야 구루(Jaya Guru)"9)라는 창송이 얼마나 중요한가 하면, 우리가 그것을 단 한 번만이라도 정직하게 말해도 자신이 별개의

---

9) T. "승리하신 스승님께 영광을!"의 의미를 가진 말로, 바잔에서 자주 나온다.

형상을 가졌다는 데서 벗어나게 될 정도입니다. 브라만이 모든 경험의 씨앗입니다. 개아는 아뜨만을 덮고 있는 때[垢] 때문에 그 형상(몸)을 자신과 그릇되게 동일시합니다. 진인들과의 친교가 이 때를 없애줍니다. 한 스승에게 입문전수를 받고 아뜨만이 숭배와 존경을 바치기에 얼마나 적합한지를 이해하는 사람, 그런 사람은 전 세계의 부흥을 책임집니다. 자신의 진아를 정화한 그런 사람은 바그완 크리슈나에게도 존경 받습니다. 이 진아가 얼마나 가치 있기에 그런 존경을 받는지, 우리는 상상도 할 수 없습니다. 브라마·하리·하라 같은 신들조차도 그것에서 나왔습니다.

우리의 모든 경험 이전에 우리가 존재합니다. 아무것도 경험하지 못한다고 해도 우리에게는 아무 부족한 것이 없습니다. 우리는 언제 성품을 경험합니까? '우리가 있다'는 것을 알 때입니다. 개인성과 집단적인 것의 차이는 "내가 있다"가 일어난 뒤에만 있습니다. 어떤 결함도 진아를 오염시킬 수 없다는 믿음을 가지십시오. 여러분의 존귀함을 기억하십시오. 즉, 여러분의 아뜨만은 스리 크리슈나조차도 숭배하는 아뜨만과 동일하다는 것을 말입니다. 신의 진아는 여러분 자신의 진아와 동일하다는 것을 확신하십시오. 무한자는 개인과 집단 간에 어떤 차이도 보지 않습니다.

12. 그대는 자신의 진아를 두려워한다

1955년 5월 15일

여러분이 보는 것은 세계라고 이야기됩니다. 출현한 우리의 존재의 느낌이 그것의 원인입니다. 싹 하나의 출현이 한 그루 나무로 자라납니다. 마찬가지로, 아뜨만 안에서의 요동이 세계로서 나타납니다. 진아가 그 자신을 알지 못할 때는(진아가 진아로서만 존재할 때는) 아무것도 보이지 않습니다. 그 요동과 그것의 확장을 '마야(Maya)'라고 합니다. 진아가 자신의 존재를 알게 되면 진아가(즉, 진아의 일부가) 세계로서 나타납니다. 개아들은 이 모든 것에 대해 무지한데, 왜냐하면 진아를 하나의 몸이라고 믿기 때문입니다. 아뜨만 안에서의 그 요동은 매우 돌연적입니다.

한 인간의 진아 깨달음은 신을 홍보하는 것과 같습니다. 그 후로 신이 이름과 형상을 얻습니다. 만약 한 진인이 이름 없이 있다면, 그것은 완벽한 상태입니다. 진아에는 '나-너'가 없습니다. 그것('나-너')을 알면 진아가 하나의 사랑꾼(lover)이 됩니다. 자, 이 모든 다양성은 무엇에서 나왔습니까? 그것(다양성의 근원인 의식) 자체가 세계라고 불립니다. 그러나 진아 없이는 그것이 존재성이 없습니다. 진리(즉, 진아)가 토대이며, 그것이 일체의 이전입니다. 다른 모든 것이 그것으로 인해 출현합니다. 모든 지知는 브라만 때문에 있고, 그래서 그것은 모든 것 이전입니다. 진아를 잊는 것은 무지이고, 진아를 아는 것이 지知입니다.

상까라짜리야는 자기는 마야를 받아들일 수 없다고 말합니다. 밧줄에 대한 무지가 뱀이 나타나는 원인입니다. 그래서 (몸이 죽으면) 우리가 소멸할 거라는 두려움이 있습니다. 브라만 안에서는 어떤 변화도 없는데, 모든 산 존재들은 (죽음에 의한) 의식의 상실을 두려워합니다. 여기서 진아는 밧줄이고 (개아로서의) 존재의 느낌은 뱀인데, 그 느낌은 마야에 기인합니다. 그러나 누가 자신의 존재성을 알게 됩니까? 그것은 진아입니다. 그래서 마야와 진아는 둘이 아닙니다. (그것들의) 동등함을 체험하는 사람은 만물의 참된 지지물이 됩니다. 그가 보는 것들은 진아의 표현일 뿐입니다.

모든 산 존재는 자신의 존재성이 상실되는 것을 두려워합니다. 모든 살아 있는 몸은 (진아를 가리는) 하나의 덮개일 뿐이지만, 그것을 자기로 그릇되게 동일시합니다. 수백만의 사람들 중에서 자신이 몸이 아니라는 확신을 계발하는 사람은 극소수입니다. 이른바 진인들(자칭 진인들)은 죽음의 개념을 포기할 수 없고, (그들은) 확실히 죽습니다.

　환幻으로 인해 우리는 자신이 하나의 형상을 가졌다고 믿고, 우리가 '아는 자'이지 '알려지는 것'이 아니라는 것을 잊어버립니다. 우리의 참된 성품은 두려움이 없고, 우리의 삶은 그것 때문에 있습니다. 진인들은 우리의 진아가 많은 세계들을 지탱한다고 말합니다. 우리의 진아가 세계라는 겉모습의 원인이고, 모든 겉모습들은 진아의 것입니다. 진아를 마야라고 부르지 말고, 진아로만 부르십시오. (경전의 이야기에서) 고행자들은 자신을 마야의 일부라고 여겼기 때문에, 자신들의 얼굴을 보이는 것이 부끄러웠습니다. 여러분은 자신의 진아를 겁내어 진아로부터 도망치고 있습니다. 참된 진인이 된다는 것은 지성과 어리석음을 넘어서는 것입니다. 진인인 체하는 것은 얼빠진 짓입니다.

　항상 존재하는 것이 무엇이든 그것은 모습을 나타냅니다. 많은 사람들이 고행을 하기 위해 큰 동굴에서 살지만, 그들은 여전히 무지 속에 있습니다. 그들은 모든 겉모습에서 진아를 보지 못하고, 그것을 두려워합니다. 만일 여러분이 사람들로부터 도망치고 있다면, 무엇을 두려워하는 것입니까? 샹까라짜리야는 제자들에게 말하기를, 그들이 보는 모든 것 안에 그들이 존재한다고 했습니다. 그가 말합니다. "나는 불멸의 아뜨만이며, 그것은 모든 면에서 완전하다. 나는 시간을 넘어서 있고, 모든 창송唱誦을 넘어서 있다. 그대들의 창송으로—즉, 어떤 이름을 염하는 것으로써—어떻게 나를 포착할 수 있겠는가?"

　어떤 개념에도 집착하지 말고 삶이 전개되는 대로 삶을 마주하십시오. '여러분이 있다'는 확신이 세계의 원인입니다. 여러분의 확신이 비슈누의 형상인 전 우주입니다. 비슈누의 진정한 숭배자들에게는 전 세계가 비슈누 그 자체입니다. 진아를 깨닫는 사람은 늘 충만해 있습니다. 진아가 전 세계를 포함하기 때문입니다.

13. 몸은 진아와 별개가 아니다!

1955년 5월 22일

베다(우파니샤드)는 아뜨만 자체가 브라만이라는 궁극의 지知를 요약하고 있습니다. 그 뒤로 베다는 침묵했습니다. 우리의 참된 형상은 우리 내면의 아뜨만입니다. 우리는 '우리가 있다'는 것을 알게 되는데, 그것은 우리가 우리의 순수한 존재에 접촉하고 있다는 것을 의미합니다. 시바의 형상은 상서롭습니다. 그것은 행복과 비非행복을 넘어서 있습니다. 우리의 의식이 그 상서로운 시바의 형상입니다. 모든 진인들은 우리의 진아 아닌 어떤 브라만도 없다고 말합니다. 그것은 상서롭고, 어떤 때[垢]에서도 벗어나 있습니다. 그래서 그것은 늘 올바른 태도를 갖습니다.

'시바'라는 용어는 행복을 의미합니다. 시바 신을 께샤바(Keshava)라고도 합니다.[10] 그것은 그의 생동하는 성품을 말해줍니다. 이 정보는 진아를 아는 데 유용합니다. 우리가 시바와 하나가 될 때, 그것은 모든 선악을 넘어섭니다. 그럴 때 우리는 자신의 몸을 포함한 모든 존재계와 하나가 됩니다. 시바 안에는 많은 것들이 있지 않고 모두가 하나입니다. 존재하는 것은 선하고 올바른 행동뿐입니다. 하나가 다수로 나타나든 아니면 다수가 하나로 나타나든, 그 안에서는 늘 상서로움이 있습니다. 그것이 시바의 성품 자체입니다. 동요되어 나타난 것이 확산되어 다수가 되었지만, 그것의 안정되고 영구적인 성품은 그대로 남아 있었습니다. 우리가 자신의 안정된 진아를 알게 되는 것은 우리의 의식 때문입니다. 우리의 의식이 저 안정 상태 안에서 유일하게 불안정한 것입니다. 우리의 의식

---

10) *T.* 힌두교에서 께샤바는 통상 비슈누나 그의 화신인 크리슈나를 가리킨다(예컨대 『바가바드 기타』에서는 크리슈나를 "악마 Keshi를 죽인 분"이라는 뜻으로 께샤바로 부를 때가 있다). 빠라브라만으로서의 시바와 비슈누는 호환 가능한 개념이고, Keshava에서 Ka는 브라마, isha는 시바, va는 비슈누로 분석되기도 한다.

을 이용하여 **진아** 안에서 안정되어야 합니다.

어떤 **마야**도, 어떤 세계도 없을 때, **진아**가 찬란하게 빛납니다. 우리의 **참된 성품**이 자신의 존재("내가 있다")를 알게 될 때, **마야**가 출현합니다. 그러나 **마야**라는 단어는 그것을 망치지 않습니다. 의식은 영원한 **진아** 안에 어떤 불순물도 끌어들일 수 없습니다. 자신을 **브라만**과 별개이며 독립적이라고 여기는 사람은 "내가 있다"는 느낌에 의해 오염됩니다. **브라만** 안에서 안정되는 사람은 **마야**가 건드리지 못합니다. 지금 말한 것에 대해 (관심 있는) 고객이 누구입니까? 분명히 그는, **진아**를 깨달아서 이 모든 것을 알고 있는 사람일 리가 없습니다.

바그완 스리 크리슈나는 세계적으로 유명해졌지만, 그의 이전에 수백년 동안 고행을 한 리쉬들(Rishis)과 무니들(Munis)이 있었습니다. 그럼에도 그들은 **진아**를 깨닫지 못했습니다. 그들은 **진아**를 깨닫는 법을 모른채 계속 오래 살았습니다. 그 희유한 기술에서 **크리슈나**는 성공 사례였습니다. 기적을 행하여 사람들에게 인상을 줄 수 있는 사람들이 많지만, 사람들을 죄와 공덕에서 벗어나게 해 주는 사람은 극소수입니다. 기적을 행하는 능력은 **진아지**를 가졌다는 증거가 아닙니다. 그들은 자신이 **브라만**과 어떻게 관련되어 있는지를 모릅니다.

진아 깨달음은 최종적 **해탈**을 의미합니다. 자신의 무의미한 삶을 진정으로 참회하는 사람은 **진아지**를 받을 자격이 있습니다. 이 **지**知는 많은 종류의 수행을 한 결과가 아닙니다. 복잡한 일들에 관여해서는 궁극자를 얻을 자격을 얻지 못합니다. 다른 모든 활동은 별 볼 일 없고 쓸데없다는 것을 알고, 자신의 **아뜨만**을 유일한 신으로 신뢰하는 마음을 계발하는 사람은 이 **진아지**를 얻을 자격이 있습니다.

14. 눈에 보이지 않는 것이 그대의 형상이다

1955년 5월 29일

시간이 건드리지 못하는 것을 말로써 묘사할 수는 없습니다. 그것은 무엇을 합니까? 우리의 지성은 그것 때문에 작동하고, (그것 때문에) 지복의 어떤 체험이 있습니다. 그것은 우리의 의식일 뿐입니다. 우리는 우리의 존재, 곧 '우리가 있다'는 것을 알게 되었습니다. 그것을 어떻게 기억합니까? 우리는 저 의식을 무無시간의 빠라마뜨만으로서 명상해야 합니다. 우리의 날은 일출과 함께 시작됩니다. 우리가 (처음) 우리의 존재를 의식하게 될 때, 그것이 일출입니다. 빠라마뜨만에 대한 우리의 기억은 의식과 함께 시작되어야 합니다.

지각성이 있는 지知와 그것이 없는 무지가 있습니다. 그래서 그것은 지知와 무지의 한 유희입니다. 모든 활동이 그것에 의해 일어납니다. 실제로 말해서, 활동은 우리의 의식이 있는 데서 일어납니다. 여기서 의식은 경험자입니다. '알려지는 것'은 뭐든 얼마간 시간이 지난 뒤에 '알려지지 않은 것'이 됩니다. 모두 상호의존적입니다. '아는 자'는 경험도 합니다. 마지막에 누가 남습니까? 지知와 무지 둘 다를 '아는 자'가 남습니다. 지知와 무지의 유희에서 이해되지 않는 것을 '큰 요소'라고 부릅니다. 지知와 무지 둘 다 끝이 날 때, 남는 것은 우리의 참된 성품입니다. 의식은 아주 미묘하고, 우리는 그것의 현존을 '우리가 있다'로서 알게 됩니다.

의식으로 인해 우리는 우리의 존재와 주변 환경을 알게 됩니다. 바그완 스리 크리슈나는 그것을 당신의 요가의 힘이라고 부릅니다. 눈에 보이는 것은 뭐든 하나의 겉모습일 뿐이고, 그것은 사라질 것입니다. 지知는 의식 때문에 있고, 의식이 없을 때는 무지가 있다는 것이 분명히 이해되어야 합니다. 샹까라짜리야는, 몸을 우리의 형상이라고 믿는 것은 밧줄을 뱀으로 여기는 것이라고 말합니다. 밧줄을 뱀이라고 부르는 것은 매우 어리석습니다. 우리의 존재의 경험은 아주 미묘한데, 그것은 형상 없는 **마하뜨 따뜨와**[큰 실재]의 표현입니다. 그것은 눈에 보이지 않는 그대 자신의 순수한 **진아**입니다. 여러분은 자신의 **의식**을 아무 한계 없이 사랑합니다. 아기가 엄마의 젖을 빨듯이, 여러분은 의식의 실을 빨고 있습니다. 여러분 자신의 존재를 즐기고 있습니다. **아뜨만**의 실11)은 어떻습니까? 그것은 여러분과 같습니다. 그러나 여러분은 밧줄을 뱀으로 착각하고 있습니다. 그래서 때가 되면 그것이 파괴된다고(자신이 죽는다고) 믿습니다. 그러나 저는 여러분이 파괴 불가능하다고 말합니다. 밧줄 위에 덧씌워진 뱀이 불에 타면 여러분이 무엇을 잃습니까?

여러분이 지知-무지의 이 방대한 흐름에 실려 가고, 세계는 영향 받지 않고 남는 것은 여러분의 그릇된 이해 때문입니다. 자기 자신의 **아뜨만**을 믿지 않는 것은 큰 죄이고, 그것은 **아뜨만**을 죽이는 것과 다를 바 없습니다. 세계가 눈에 보이는 것은 여러분의 **진아** 때문이지만, **진아**는 여러분에게 보이지 않습니다. 그 보이지 않는 것이 여러분의 형상입니다. 여러분이 **아뜨만**의 실을 얻고 나면, 어디도 가지 않게 될 것입니다. **항존하는 자**(진아)에게 죽음이 있다고 상상하고, 세계를 영구적이라고 여기는 것은 자살적인 짓입니다. 그 **항존자**가 자신의 존재(existence)를 알게 되었고, 그것은 지知와 무지의 두 부분으로 나뉘었습니다. 그 결과, 여러분은 지금 그 둘의 모든 유희를 보고 있습니다. **진인**들은 어떻게 삽니까? 그들은 **의식**을 자신과 동일시하고 **진리**로서 삽니다.

우리는 우리의 존재를 알게 되었는데, 그 존재 안에서는 지知와 무지의 어떤 차이도 없습니다. 우리는 심지어 저 **의식**조차도 아닙니다. 설사 그렇게 믿는다 해도 말입니다. 우리는 참으로 우리의 실체인 **그것**입니다.

---

11) *T.* 아뜨만과 개인적 영혼을 이어주는 끈이라는 의미의 *Sutratman*이라는 개념을 말한다. 여기서는 우리가 자신의 **참된** 성품을 깨달았을 때의 상태를 의미한다.

우리는 **진아**일 뿐이며, 그것이 모든 지知를 가지고 있습니다. 설사 여러분이 그것을 모른다 해도 그렇습니다. 빛을 어둠으로 여기는 것은 어리석습니다.

자궁이 무지의 한 안식처입니다. 사람들은 브라만에 대한 **지**知를 이야기하는데, 우리는 그것이 우리의 타고난 권리라고 말합니다. 우리는 **의식**으로서의 우리 자신을 브라만으로부터 분리할 수 없습니다. 이원성이 없기 때문입니다. (죽으면) 사라지는 것은 **의식**이고, 남는 것은 **빠라브라만**인데, 이것(빠라브라만)이 우리의 **참된 형상**입니다. 이런 확신을 계발하는 사람은 모든 인연과 속박에서 벗어납니다. '우리가 있다'는 기억은 지知-무지를 포함합니다. 우리의 **참된 성품**을 잊는 것은 우리의 완전함을 잊는 것입니다. **참스승**의 형상은 아주 작아 보이지만 그것은 전 우주를 압니다. 여러분이 그 진리를 깨닫지 못한다 할지라도, 스승의 말씀에 온전한 믿음을 가지고 그 말씀을 신뢰하십시오. 미래에 대한 예언이나 믿는 것은 매우 불운한 일입니다. 여러분이 완전하다는 것을 알 때는 여러분의 모든 일이 성공할 것입니다. 여러분의 충만함(fullness)은 **참스승 빠라브라만**으로 불릴지도 모릅니다. 그것이 **그것**과 여러분의 관계입니다. **아뜨마라마**(Atmarama)로서의 여러분의 **참된 성품**은 생존하기 위한 어떤 음식도 필요로 하지 않고, 다섯 감각기관은 그것을 건드리지 못합니다. **그것**이 누구입니까? 지금 **자신**의 존재를 알고 있는 **그것**입니다.

여러분의 충만함에 대한 망각이 지知와 무지를 가져옵니다. 여러분의 존재의 느낌이 이 망각의 원인입니다. 자신이 존재성의 출현과 무관하다는 확신을 계발하면, 여러분은 성공하게 되어 있습니다. 또한 여러분은 결코 '알려지는 것'이 아니라 그것을 '아는 자'일 뿐입니다. 그런 확신을 가질 만큼 담대해야 합니다. 그러자면 **참스승**을 신뢰하는 것이 필수입니다. 또한 개인적 의식의 순수성도 필요합니다.

참스승은 여러분의 **참된 성품**이고, 그것이 될 수 있는 것은 여러분의 권리입니다. 자신의 권리를 행사할 때, 여러분의 모든 어려움은 끝날 것입니다.

15. 지知와 무지의 유희

1955년 7월 10일

지각성이 지知로 이어지고, 알려지지 않은 것은 무지의 범주에 들어갑니다. 그래서 그것은 모두 지知와 무지의 유희입니다. 우리의 활동이 그 안에서 일어납니다. 지知는 활동으로 이어지고, 그 결과는 우리가 경험을 얻는 것입니다. 지금 알게 되는 것은 나중에 잊힐 수 있습니다. 실제로는 모두가 하나입니다. 끝에 남는 것은 지知와 무지 둘 다의 이전에 있던 것과 동일합니다. 그것이 우리 자신의 **참된** 성품입니다. 지知와 무지의 유희는 어떤 5대 원소도 창조하지 않습니다. 의식은 가장 미묘한 것이고, 그것으로 인해 우리가 자신의 존재를 알게 됩니다.

바그완 스리 크리슈나는 요가의 힘이 그의 것이라고 말합니다. 그 힘은 우리의 '의식하는 존재'(자각하는 삶)의 것입니다. 우리가 많은 것들을 알게 되는 것은 우리의 존재 때문입니다. 지금 알게 되는 것이 다시 알려지지 않을 수 있습니다. 지知와 무지의 차이가 우리에게 분명하게 이해되어야 합니다. **샹까라짜리야**는 우리의 형상이 밧줄에서 보이는 뱀과 같은 환幻이라고 말합니다. 그 뱀의 존재를 믿는 것은 어리석습니다. 어떤 경험도 형상이 없다는 것을 기억하십시오.

[역주: 이 15번 법문은 14번 법문의 **267**쪽 둘째, 셋째 문단과 대동소이하다.]

16. 무엇이 실재하지 않는가?

1955년 7월 17일

몸과 에고, 작은 물건과 전체 우주, 그리고 이 세간적 존재(삶)는 모두 실재하지 않습니다. 실재하지 않는다는 것은 무슨 뜻입니까? 여러분이 믿는 것이 참되지 않은 것입니다. 여러분의 이해는 부정확합니다. 몸과 에고 중에서 에고는 네 가지 내적기관[12]의 하나이고, 그것은 무지입니다. 진아지가 없을 때는 눈에 보이는 것이 뭐든지 참되다고 믿어집니다. 만약 몸은 우리의 형상이 아니고 우리는 의식이라는 것을 알았다면, (몸을 가진 삶이라는) 이 재앙을 피할 수 있었겠지요. (여러분에게는) "나는 몸이다"라는 개념이 확립되어 있습니다. 실제상 이 모든 세간적 존재는 심적인 것일 뿐입니다.

우리는 이 세상에서, 내면에서 나오는 지시에 따라 행위합니다. 지시하는 그 내면의 빛은 우리가 과거에 받은 인상들(원습)에 따라 일어납니다. 우리의 존재(삶)는 아무 내용이 없는 심적인 것입니다. 우리는 환(幻)이 실재한다고 믿고 지(知)를 멀리합니다. 우리는 내면의 지시들이 어떻게 일어나는지 모릅니다. 사람들은 상황이 요구하는 대로 행위해 왔지요. 현자들과 친교하면, 우리의 인상들에 대해 더 많이 알게 됩니다. 좋은 친교는 여러분이 더 낫게 행위하는 데 도움이 됩니다. 진인들과의 친교는 해결할 수 없는 이 수수께끼를 푸는 데 도움을 주어서, 우리의 행위와 반응들이 우리에게 불가사의한 문제로 남지 않게 됩니다. 일들이 우리에게 어떻게 일어나는지 알게 됩니다.

의식은 형상이 없고, 그래서 어떤 형상에도 잘 들어맞습니다. 우리는

---

12) T. '내적기관'은 '마음·지성·기억·에고'의 네 가지를 일컫는 말이다. 영어판 원문에 '다섯 내적 도구'로 되어 있으나, 문맥상 오류로 보인다(290쪽의 '다섯 내적 도구' 참조).

우주가 그 안에서 생동감 있게 일어나는 그 빛과 동일한 빛 안에서 사물을 봅니다. 의식이 무엇입니까? 그로 인해 우리가 '우리가 있다'는 것을 알게 되는 그것이 의식입니다. 의식이 없을 때는 아무것도 없습니다. 우리의 의식은 모든 아름다움을 즐기는 자입니다. 우리는 다양한 대상에서 아름다움을 평가할 수 있습니다. 우리는 일체를 즐기는 자입니다. 진인들은 실제로 풍부하게 즐기지만, 언제 그렇습니까? 그것은 진아지를 얻은 뒤에만 일어납니다. 진아지는 모든 활동을 더 즐겁게 만듭니다. 진아지 이전과 이후의 마음에 일어나는 것 사이에는 천양지차가 있습니다.

마음에 일어나는 모든 것은 지성과 우리의 기량(영적 성숙도) 때문입니다. 우리의 생각들은 우리의 존귀함(worthiness)[13]에 따라 일어납니다. 음식조차도 우리의 존귀함에 따릅니다. 개미가 먹는 것은 개미에게 적합합니다. 진인들의 존귀함은 어떠합니까? 그들은 어떤 차이도 보지 않고, 일체를 하나로 봅니다. 가장 위대한 존귀함은 몸 없이 존재하는 것입니다. 우리는 우리 자신을 의식 그 자체로 보아야 합니다.

여러분은 자신의 카스트가 의식이고, 자신의 아뜨만이 이스와라(하느님)이며, 여러분의 존재를 능가할 것은 없다고 말해야 합니다. 이런 말들은 신을 기쁘게 할 것입니다. 신은 자신이 그의 헌신자들을 더없이 좋아한다고 말합니다. 여러분은 자신이 아뜨만 자체라는 맹세를 하고, 그것을 확고히 붙들어야 합니다. 그러면 여러분에게 무슨 일이 일어나든, 그것은 그 지위에 값할 것입니다. 절대로 자신의 몸을 (고행으로) 고문하거나 마음을 괴롭히지 마십시오. 필요한 것은 자신이 아뜨만이라는 믿음입니다.

의식이 이스와라이고, 그것이 자신의 존재를 알게 된 것은 당연합니다. 그 결과, 의식은 다양한 유형의 선호에 관여하게 되었고, 그것이 하나의 전통이 되었습니다.

---

13) *T.* worthiness는 사람이 영적으로 진보하거나 성취한 정도에 따라 평가 받는 그 사람의 가치를 말한다. '근기'로 옮길 때도 있지만, 여기서는 '존귀함'으로 옮긴다.

어떤 비난도 두려워하지 않는 담대한 말들을 들을 수 있을 만큼 복이 있어야 합니다. 그러면 의식으로서의 우리의 **참된 성품**이 분명해질 것입니다. **빠라마뜨만**으로서의 자신의 성품을 깨닫는 사람은 전 우주를 점유합니다. 의식은 더없이 자연스러운 것이고, 눈·귀·코와 같은 어떤 기관도 없습니다. 그것은 "내가 있다"는 지知로서 자연스럽게 표현됩니다. 의식은 자신의 존재를 알게 되는데, 설사 그 존재가 수천 년간 지속된다고 해도 거기에 어떤 만족도 부여하지 못합니다. 유일한 만족은 자신이 완전한 **빠라마뜨만**이라는 **깨달음** 이후에 있습니다.

개인적 의식을 유희하듯 다루면서, 외적인 (감각대상들의) 향유에서 벗어나야 합니다. 그러면 그 의식이 고요해질 것입니다. 그럴 때, 그것을 서서히 **진아**로 데려가야 합니다. 그러면 그것이 열 가지 감각기관[14]의 영향을 받지 않을 것입니다. 스승과 제자가 가까워질 때 체험되는 기쁨은 이루 묘사할 수 없습니다. 만일 여러분이 존귀함을 성취하고 싶다면, 여러분에게 적합한 것을 받아들여야 할 것입니다. 여러분이 잠자리에 들 때, 잠자리에 드는 것은 **이스와라**입니다. 여러분이 깨어날 때 역시, 깨어나는 것은 **이스와라**입니다. 그럴 때 여러분의 모든 활동은 저 존귀함의 활동이 될 것입니다. 진인들은 말합니다. 여러분의 **아뜨만**은 여러분이 사랑을 가지고 고집하는 것이 있으면 일순간에 그것이 된다고 말입니다. 여러분의 의식은 코히누르 다이아몬드와 같아서, 그 무엇도 될 수 있습니다. **아뜨만**은 아주 큰 힘을 가졌습니다. 결코 **아뜨만**을 몸으로 여기지 마십시오. 그러면 여러분의 존귀함이 결코 줄어들지 않을 것입니다.

여러분의 자연스러운 **진아** 상태는 도처에 편재하며, (진아지가 있을 때는) 여러분의 체험도 전 우주에 대한 체험일 것입니다.

---

14) *T.* 보고, 듣고, 맛보고, 냄새 맡고, 감촉하는 다섯 가지 지각기관(오관)과, 말하고, 움직이고, 붙잡고, 배설하고, 생식하는 다섯 가지 행위기관을 합쳐서 말한다.

17. 하느님이 유일한 행위자이다

1955년 7월 24일

경전에 따르면 창조된 존재들에게 흔히 있는 괴로움에 세 종류가 있습니다. 그것은 신체와 관련된 것, 신들과 관련된 것, 혹은 **아뜨마**와 관련된 것입니다. 우리가 죄를 지으면 죽은 뒤 지옥에서 고통을 받는다고 하는데, 그것은 사실이 아닙니다. 몸이 없는데 무슨 일이 일어날 수 있습니까? 고통을 받으려면 몸이 있어야 하고, 그것은 우리가 살아 있을 때만 일어날 수 있습니다. 여기서, 개인적 영혼의 관점에 따른 의미와 참된 **지**知의 관점에 따른 의미에 차이가 있습니다. 몸이 없을 때는 고통 받을 의식도 없습니다. 참된 **지**知는 보통의 믿음과 완전히 반대입니다. 진인은 그의 몸이 아닌데, 고통이 어떻게 그에게 영향을 주겠습니까? 몸이 아닌 **진인**들은 방해 받지 않는 온전한 만족 속에서 삽니다.

생애의 초반부에 한 좋거나 나쁜 행위들, 그 행위들의 결과는 후반부에 고통으로 겪습니다. 처음에는 그 괴로움이 개체들, 곧 존재들(beings)과 관계됩니다. 그러다가 의식과 영적인 **지**知를 갖게 되면 그 괴로움이 지고의 **영**靈(아뜨만)과 관계됩니다. 세계에서 작용하는 동적인 의식은 큰 속도를 가졌습니다. 모든 행위가 초고속도로 사진이 찍힙니다. 해서는 안 되는 행위를 죄라고 합니다.

우리는 '우리가 있다'는 것을 알게 되는데, 같은 일이 모든 산 존재들에게 일어납니다. "내가 있다"를 알게 되는 그것이 누구인가라는 것은 말할 수가 없습니다.

자신을 몸이라고 여기는 것은 하나의 죄입니다. 유일하게 참된 종교는 **진아**가 되는 것이고, 여타 모든 신앙들은 참되지 않습니다. 의식은 다양한 형상으로 나타나며, 산 존재들은 그것을 그들의 정체성으로 삼습니다.

인간들의 믿음이 특정한 카스트, 교리 혹은 종교의 것이어야 한다는 것은 큰 실수이자 죄입니다. 자신을 행위자로 여기는 것은 옳지 않고, 하느님이 유일한 행위자라는 온전한 믿음을 가져야 합니다. 그것이 **실재**에 대한 그의 이해를 향상시키는 데 도움이 되고, 그가 더 나은 결정들을 할 수 있게 인도해 줄 것입니다. 길시吉時와 흉시凶時에 대한 우리의 개념은 나쁜 행위에 대해 우리가 벌을 받기 쉽게 만들 것입니다.

우리의 **참된 성품**에 대한 믿음 혹은 이해에 세 가지 유형이 있습니다. 거의 모든 사람들은 자신을 몸으로 여깁니다. 극소수만이 자신을 **의식**으로 압니다. 진인은 늘 '의식을 아는 자'입니다.

어떤 상태를 아는 것은 **의식**의 힘에 속합니다. 여러분이 수천 톤의 곡물을 계량하기 위해 어떤 계량기를 사용했을 때, 그 계량기는 곡물을 조금도 소모하지 않고 남습니다. 같은 **진아**가 많은 저명한 인물들로 출현하지만 그것 안에는 어떤 변화도 없습니다. 종교적인 사람이 사원에서 많은 예공을 올리고 많은 순례지를 방문했지만, 그의 내면에서는 조금의 변화도 없습니다. 반면에 어떤 참된 헌신자가 자신이 전 우주를 점유하고 있다는 것을 깨달으면, 어떤 죄도 그를 건드릴 수 없습니다.

바그완이 말합니다. "**의식**은 나와 같은 무수한 사람들을 알고 있다. 그 **의식**이 **아뜨만**으로서 모든 존재 안에 현존한다. 이 전 우주를 나의 요가-마야(*Yoga-Maya*)가 점하고 있다. 나 자신이 그대들 각자의 안에 존재한다. 나는 그대들의 **의식**으로서 그대들 안에 있다. 나의 존재는 내 헌신자들 때문이다. 현자들이 없으면 나도 **바그완**으로서 존재하지 않는다."

신이 그의 헌신자를 이익되게 하려고 하나의 형상으로 출현합니다. 한 헌신자의 존재가 신의 출현을 위한 필수요건입니다. **바그완**이 말합니다. "만일 나의 헌신자가 나를 사랑하면, 나 자신이 그를 숭배한다. 오직 내 헌신자들을 위해서, 나의 니르구나(*Nirguna*) 성품이 하나의 형상으로 출현한 것이다."

우리의 의식은 어떤 카스트나 종교에도 속하지 않습니다. 모든 형상들은 참되지 않고, 단지 재미로 있습니다. 우리의 의식 자체가 신인데, 그는 어디에서도 오지 않을 것입니다. **아뜨만**을 이해하기 위해서는 우리가 개체들 혹은 신들과 관련되는 괴로움을 겪어야 합니다. 간단히 말해서, 이 괴로움은 신체적·정신적·영적 괴로움입니다. 몸 안에 있는 언어는 **빠라마뜨만**과 같습니다. 눈을 감고 있으면 그것이 깊은 푸름으로 보입니다. 그것은 허공과 같습니다. **빠라마뜨만**은 **마하뿌루샤**(Mahapurusha)[15]이지만, 눈에 보이지 않습니다. 여러분이 여기서 관찰하는 것(마하라지 자신)은 **아뜨만**을 성취한 결과입니다. 여러분의 모든 행동 속에는 의식이 하는 역할이 있고, 그것은 여러분이 존재하는 한 계속 존재할 것입니다.

18. 참스승은 원자보다도 미세하다

1955년 7월 28일

여러 해 전 오늘 스리 싯다라메쉬와르 마하라지님이 이 세상에 출현했습니다. 이날은 축복 받은 날입니다. 그분을 기억하는 것은 우리 자신의 **진아**를 기억하는 것입니다. 이 세상에는 기억할 것들이 많지만, 그 모든 것 중에서 가장 위대한 것은 **참스승**입니다.

모든 산 존재들의 기원은 곤충의 기원과 비슷합니다. 하나의 음식-몸이 출현하고, 그 안에서 움직임이 있습니다. 그 이후로 그 산 존재는 의식으로 인해 자신의 존재를 알게 됩니다.

---

15) *T.* 문자적으로는 '위대한 인간' 혹은 '큰 원리'. 궁극의 실재로서의 지고자를 뜻하기도 하고, 그 실재를 깨달은 진인을 뜻하기도 한다.

우리가 **참스승**을 만날 수 있으려면 정말로 아주 위대해야 합니다. 우리는 **브라마**와 **비슈누**만큼이나 위대합니다. 우리는 자신의 온전한 지복으로 깨어나서 **진아**를 성취합니다. 우리의 존재는 원자와 같습니다. 처음에는 혹은 근원에서는, 그것이 아주 미세합니다. 그것이 계속 커지다가 아주 거대해집니다. 진인 **냐네스와르**는 그 작은 것이 휴식하지 않고 계속 크기와 가치가 커진다고 말합니다. 원자같이 그토록 작던 것이 결국 **스리 크리슈나**의 형상을 취했습니다. 진인 **니브루띠나트**의 은총은 냐네스와르가 무한한 **진아**를 깨닫는 것을 도왔습니다. 우리의 성장은 미세한 것 안에 거주하면서 거친 지성을 무시할 때 더 빠릅니다. 하지만 우리의 가치가 커짐에 따라 평안을 상실합니다. 그래서 진인 **뚜까람**은 모두에게, 가능한 한 작아지라고 조언합니다. 그러나 작아지는 것은 쉬운 일이 아닙니다. 점점 더 작아지기 위해 고행을 하고 있는 위대한 요기들이 있습니다.

진아의 지복은 감각 향유의 기쁨과는 다릅니다. **참스승**의 성품은 **빠라마뜨만**과 동일합니다. 그의 성품은 지복스럽고, 우리는 **그것**을 거듭거듭 기억합니다. **그것**을 기억하는 것이 곧 **그것**이 되는 것입니다. 그것은 그 둘 사이의 분리를 제거하여 둘이 하나가 되는 것과 같습니다. 진인들은 우리가 전 존재계라고 말합니다. 그것을 깨달으려면 에고와 위신에서 벗어나야 합니다. 진인이 모두에게서 **진아**를 볼 때, 그가 누구를 숭배하고 누구를 숭배하지 않겠습니까? 그래서 그는 모두를 평등하게 숭배합니다. 섭취한 음식 즙이 **사뜨와**가 되고, 그 안에 "내가 있다"는 **의식**이 있습니다. 그것을 통해 **아뜨만**이 다양한 것들을 즐깁니다. 이 **의식**은 워낙 미세해서 그것보다 더 미세한 것이 아무것도 없습니다. 그것이 전 우주를 점유합니다.

이 세상에는 많은 **스승**들이 있지만, 극소수만이 충분히 만족하고 있습니다. **해탈자**는 아무개로서의 정체성을 상실하며, 그는 **진아**일 뿐입니다.

몸을 가진 **시바**를 그 몸으로만 인식하는 사람, 그를 개아라고 합니다. 자기 자신의 **참된 성품**을 보려고 애쓰는 사람은 그 자신의 **의식** 아닌 어떤 **신**도 명상하지 않습니다. 우리 자신에게 시선을 두는 것(자기주시)이 **참스승**에 대한 명상입니다. 그럴 때 자연발생적으로 **진아**의 **지복**을 체험합니다. 세간의 즐거움은 **진아**로서 존재하는 **지복**에 비하면 하찮은 것입니다. 그 자신을 삼켜 버린 사람은 이 세상에서 아무 두려움이 없습니다. 우리 존재의 근원에서, 우리는 아주 작았습니다. 훨씬 더 작아짐으로써 **참스승**을 숭배해야 합니다.

우리가 다른 사람에게 이야기를 할 때는 모두 어떤 목적이 있습니다. 진인들은 여러분의 부모님보다 더 많은 자비심이 있습니다. 개인적 영혼은 그 스스로 고통을 만들어내며, 그 고통을 겪어야 합니다. 그가 불행한 것은 그의 오해 때문입니다. 그의 부모님과 다른 사람들도 그에 책임이 있습니다. 자신이 몸이라는 여러분의 믿음은 큰 죄입니다.

여러분 안의 의식은 제 안의 의식과 같은 것입니다. 여러분 안의 고통은 저를 아프게 합니다. 그것이 진인의 진정한 사랑입니다. 여러분의 부모님은 단기간 여러분을 알지만, 진인은 여러분을 전체적으로, 비이원적으로 압니다. 진인은 그의 몸에 국한되지 않고, 전 존재계를—움직이거나 지각력 없는 세계 모두를—점유합니다. 그가 여러분 안에 영원히 존재하기에, 죽음에 대한 공포는 여러분의 큰 실수이자 죄입니다. 진인의 성姓은 **니란잔**(Niranjan)[16]이고, 온전한 이름은 **브라만**입니다. 여러분은 자신의 카스트와 종교를 배척하고, 자기 자신이 **의식**임을 믿어야 합니다. 목표가 단 하나여야 합니다. 여러분의 **의식** 없이는, 여러분에게 하나도 없고 다수도 없습니다. 우리가 존재하기 때문에 세상의 크고 작은 것들이 우리에게 가치 있게 됩니다.

---

16) *T.* Niranjan은 '오염이나 결함이 없는 쟈'라는 뜻이다.

여러분이 자신을 몸이라고 믿기 때문에, 신이 여러분에게 아주 위대한 존재가 됩니다. 여러분의 **참된 성품**은 워낙 위대해서, 무수한 구도자들이 그것의 이름(즉, 나마 만트라)을 염하는 것만으로도 최종적 해탈을 얻었습니다. 그들이 **진아**를 추구해서 해탈을 얻지 못한다면 놀라운 일 아니겠습니까? **진아**를 성취하는 사람은 존재성을 넘어섭니다. 진인들은 말하기를, **진아**는 여러분의 형상(몸)이 아니고 여러분이 **진아** 그 **자체**라고 합니다. 여러분의 이름과 형상은 워낙 위대해서, 헌신자들이 그것에 대해 명상하는 것만으로도 **비슈누**와 **시바**의 거주처들을 얻었습니다. 여러분의 존재 자체가 그 거주처들을 중요하게 만들었습니다. 여러분의 **참된 형상**은 삼계三界에서 찬양 받습니다. 우리는 **아뜨만** 안에(즉, 의식 안에) 부단히 거주하고 몰입함으로써 **진아**를 성취할 수 있습니다. **아뜨만**을 기억하는 일은 묘사가 불가능하지만, 우리는 그 안에 자리 잡아야 합니다. 우리의 **의식** 자체가 신의 형상입니다. 이 **지**知를 쁘랄라다(Prahlada)[17]가 진인 **나라다** (Narada)[18]에게서 받았습니다. (쁘랄라다에게는) **나라얀 신**(God Narayan-비슈누)이 바깥에 있지 않고, 바로 우리의 심장에 우리의 **의식**으로서 존재한다는 것이 분명해졌습니다. 쁘랄라다는 자기 안에 **나라얀**이 존재함을 깨달았는데, 그가 바로 자신(쁘랄라다)을 존재하게 한 원인이었습니다. 이것은 (건물의) 기둥 안에도 존재했고, 히라냐까시뿌(Hiranyakasipi)[19]의 심장 속에도 존재했습니다. 그 모든 덮개(coverings)와 갈망들을 제거하고 나자, (쁘랄라다였던) **나라야나**가 (신인) **나라야나** 속으로 합일되었습니다. 히라냐까시뿌를 죽인다는 것은 덮개들을 제거하는 것을 의미합니다.

여러분은 다양한 형상들에 대해 명상할 수 있는데, 그것은 어렵지 않습니다. 그러나 아무것도 하지 않고 조용히 있는 것은 아주 어렵습니다.

---

17) *T.* 비슈누의 헌신자였던 아수라 왕. 히라냐까시뿌의 아들이었다.
18) *T.* 힌두 신화집에 자주 등장하는 진인. 여기저기 다니며 메시지를 전하거나 가르친다.
19) *T.* 폭정을 일삼은 아수라 왕. 어떤 인간에 의해서도 살해되지 않는다는 은택을 받았으나, 반인-반사자의 모습을 한 나라싱하(Narasimha), 곧 비슈누에 의해 죽임을 당했다.

아무것도 하지 않고 있는 것은 완전한 질서 속에 있고, 그것은 위대한 성취입니다. 어떤 행위라도 진아를 방해합니다. 아무것도 하지 않는 것이 참된 성취입니다. 이런 가르침은 여러분의 의식이 **참스승**의 형상, 곧 그의 영원한 두 발임을 말해줍니다. 의식에 주의를 기울인다는 것은 **참스승**의 두 발을 붙든다는 의미입니다. 여러분이 살아 있는 한, 가능한 한 많이 여러분의 의식에 대해 명상하십시오. 이 명상은 스승의 두 발을 붙드는 것을 뜻합니다. 그것을 떠나지 마십시오.

19. 오해가 불행의 원인이다

1955년 7월 31일

우리는 어떤 목적이 있을 때 다른 사람에게 이야기를 합니다. 여러분은 필요할 때 남들에게서 도움을 얻지만, 진인들은 여러분의 부모님보다도 더 여러분의 문제에 관심을 갖습니다. 개인적 영혼 자체가 그의 불행에 책임이 있습니다. 오해가 주된 원인입니다. 여러분의 부모님과 남들도 여러분의 문제에 책임이 있지만, 근원에서는 여러분의 몸-정체성, 그것이 죄입니다.

크리슈나는 우리의 의식이 그의 표현이라고 주장합니다. 진인들에게는 모두가 하나이고, 그래서 그들은 남들을 위해 고통 받습니다. 여러분의 부모님은 단기간 여러분을 알지만, 진인들은 여러분과 영원히 하나입니다. 움직이거나 움직이지 않는 모든 사물은 **진인**의 성품의 일부입니다. 여러분조차도 그것과 별개가 아닙니다. 언젠가 여러분이 죽을 거라는 상상은 큰 실수입니다.

진인의 온전한 이름은 브라만이고, 성은 니란잔입니다. 여러분의 모든 종교, 카스트를 포기하고 그저 의식이 되십시오. 여러분의 주의가 일념이 되어야 합니다. 의식이 없을 때는 하나도 없었고 다수도 없었습니다. 우리가 이 세상에 존재하기 때문에, 세계의 모든 대상들이 가치 있고 중요해집니다.

여러분이 신을 믿어야 하는 것은 여러분의 몸-정체성 때문입니다. 실은 여러분은 워낙 위대해서 그저 여러분의 이름을 기억하는 것만으로도 사람들이 충분히 구원됩니다. 그들은 여러분의 **참된** 성품을 명상함으로써 해탈을 성취했습니다. 여러분의 이름을 말하는 것만으로도 충분한데, 그렇다면 그것을 깨닫는 것은 얼마나 더 중요하겠습니까? 성취하는 사람은 모든 감정과 느낌을 초월합니다. **진인**들은 지적합니다. 진아는 단순히 여러분의 형상이 아니라 바로 여러분의 성품이라고 말입니다. 여러분의 **참된 성품**에 대한 명상이 최고의 영적 성취로 이끌어줍니다. 여러분의 신체적 존재는 최고의 **원리**(참된 성품인 진아)가 (여러분에게) 존재함을 말해주는데, 그 **원리**는 삼계三界에서 인정받습니다.

우리의 **의식**에 대한 명상이 **진아 깨달음**으로 이어집니다. 우리의 **참된 성품**을 묘사할 수는 없지만, 우리는 그 안에 자리 잡아야 합니다. 우리 자신을 기억한다는 것은 신을 기억한다는 의미입니다. 쁘랄라다 왕자는 이것을 진인 **나라다**에게서 들었습니다. 그는 그것이 자신의 심장 안에 존재하는 주 **나라야나**라는 것을 깨달았습니다. 쁘랄라다가 말했습니다. "나는 내 안의 **나라야나** 때문에 내가 존재함을 안다. 그는 기둥 안에도 존재하고, 아수라 히라냐까시뿌의 심장 안에도 존재한다." 그 덮개가 찢겨져 제거될 때, 나라야나의 현존에 대한 진리를 알게 됩니다.

여러분은 어떤 것에 대해 명상하는 법을 알지만, 아무것도 하지 않고 있기는 어렵습니다. 활동에서 벗어나는 것은 위대한 일이고, 존경 받을 만합니다. 문제는, 행위는 **진아**를 방해한다는 것입니다. 우리의 **의식**이 참스승의 불멸의 두 발입니다. 그 두 발을 꼭 붙든다는 것은 참스승과 함께하는 것을 의미합니다.

[역주: 이 19번 법문은 18번 법문의 여섯 째 문단 이하와 대동소이하다.]

20. 신이 우리 안에 안식하고 있다

1955년 8월 7일

현재 우리가 알고 있는 것은 우리의 **의식**이 존재한다는 것입니다. 우리는 그것의 조상이 누구인지를 알아내야 합니다. 또한 그가 어떻게 있었는지도 말입니다. 모든 것 이전이었던 그 **일자**—者는 홀로였습니다. 비이원성 속에서 그는 그 자신의 존재조차 알지 못했습니다. **미현현자**에서 먼저 현현자가 출현했는데, 그것은 가장 길상스러운 것이었습니다. 그는 눈이 세 개였고, 세 번째 눈은 **지**知의 눈이었습니다. 그 이후 다양한 기예技藝와 학문의 구분이 생겨났습니다. 조상인 그것 안에는 존재의 느낌, 곧 '내가 있음'이 없었습니다. 그것('내가 있음')이 출현하면서 이원성이 시작되었고, 그와 함께 '다수'의 출현이 있었습니다.

우리의 탄생 이전에는, 우리가 우리 조상과 같다는 것을 우리가 알지 못했습니다. 이제 우리는 '우리가 있다'는 것을 알고 있고, 숫자 세기가 시작됩니다. 첫 번째 현현자는 **가넨드라**(Ganendra-가네샤, 가나빠띠)라고 하며, 그것은 숫자 세기의 시작을 뜻합니다. 숫자 세기는 **의식** 때문에 있는데, **의식**은 신만큼이나 존귀합니다. 가넨드라가 없을 때는 어떤 숫자 세기도 없고, 1이라는 숫자조차 없습니다.

의식 이전에는 아무것도 없었습니다. 시작은 **의식**의 출현과 함께였습니다. 우리의 **참된** 성품은 무無형상의 의식[20]이고, 몸을 자기로 아는 것은 하나의 송장이 되는 것입니다.

만일 여러분이 늘 **신**과 함께하고 싶다면, 그를 붙들 뭔가를 가지고 있습니까? 그런데 무엇을 **신**으로서 붙들려고 합니까? 그것 때문에 여러분이 자신의 존재를 아는 여러분의 **의식**, 그것 자체가 **신**입니다. 여러분이 손으로 그를 붙들 수는 없지만, **신**으로서의 **의식**에 대해 확신을 갖는 것은 **신**을 붙드는 거나 마찬가지입니다. **의식**, 곧 **아뜨만**에 몰입하는 것은 **빗탈라 신**(God Vitthala)을 붙잡는 것과 같습니다. 그를 붙잡는다는 것은 그와 하나가 된다는 뜻입니다. 여러분의 몸-정체성을 그의 발아래 내맡겨야 합니다.

왜 언어를 **샤라다**(Sharada)[21]라고 합니까? 그녀는 겁이 없기 때문입니다. 그녀가 **가넨드라**의 형상을 취했습니다. **가넨드라**는 일순간에 **샤라다**가 되었고, 그것이 언어의 시작이었습니다. **샤라다**로의 변화는 언어의 사용 때문이었습니다. 최초의 말은 "**소함**(Soham)"—곧 "내가 **그것이다**(I am That)"였습니다. 그런 다음 **샤라다**가(즉, 학문과 기예가) 있었습니다. **가넨드라**의 빛은 사람들의 모든 어려움과 불행을 제거합니다. **가넨드라**의 성품은 우리 자신의 성품과 같습니다.

우리의 성품은 모든 인연과 속박에서 벗어나 있습니다. 그래서 모든 수행법들은 지성을 (어떤 하나에) 몰두하게 하기 위한 것입니다. 내면을 바라보고, 내향인內向人(introvert)이 되십시오. 여러분은 '알려지는 것'이 아니라 그것을 '**아는 자**'임을 확신하십시오. 그는 피리를 불어서 (사람들에게) 자신의 존재를 느끼게 합니다. 그 도둑(크리슈나)이 누구인지를 기억해야 합니다. 그는 다름 아닌 여러분입니다. 그는 아무 형상이 없습니다. 그는 (본시) 무無형상이기 때문입니다. 저 **가넨드라**를 숭배해야 합니다.

---

20) *T.* 이 '의식'은 만물에 편재하는 근원적 의식인 브라만, 곧 아뜨만을 의미한다.
21) *T.* Sharada는 '학문의 여신' 곧 사라스와띠(Saraswati)이다.

최종 결과는 브라만이 그 자신의 지知를 갖는다는 것입니다. 그 너머에는 아무것도 없습니다. 그것이 모든 진인들의 안식처입니다. 진아 안에는 카스트로 인한 어떤 차이도, 직업의 종류로 인한, 종교로 인한 어떤 차이도 없고, 남녀 간의 어떤 차이도, '나'와 '너' 간의 어떤 차이도, 혹은 "내가 그것이다"라는 어떤 주장도 없습니다. 그것이 진인들의 귀중한 삶이고, 그들의 궁극의 성취입니다. 그것은 결코 끝나지 않습니다. 이것이 그들의 존재의 충만함이자 완전함입니다.

우리의 정체성은 육신에 국한되어 머무르지 않고, 한계들을 넘어서 계속 증대됩니다. 그것은 이스와라의 몸처럼 되고, 충분히 성장하면 진아가 빠라브라만으로 불립니다. 그것은 어떤 감각기관도 없지만 일체에 대한 앎이 자연발로적으로 일어납니다. '알려지는 것'을 세계라고 합니다.

개인적 영혼은 그의 안에 있는 이스와라의 현존으로 인해 일체를 경험합니다. 마야가 제시하는 묘사에서, 개아 안의 이스와라의 현존은 숨겨져 있지 않습니다. 의식은 이스와라의 몸이고, 그것이 우리가 존재함을 아는 원인입니다. 만일 우리가 자신을 개아라고 생각하면 죽음이 있고, 그것이 무지한 사람들의 주된 두려움입니다. 참된 지知가 있으면 어떤 두려움도 있을 이유가 없습니다. 몸 안의 의식이 우리의 형상인데, 우리의 의식으로써 그것을 끌어안아야 합니다. 의식의 성질은 이스와라와 같고, 그것은 (자신이) 원하는 어떤 형태나 형상으로도 나타날 수 있습니다.

우리는 우리의 존재를 어떻게 압니까? 그것은 우리의 의식 때문입니다. 우리는 누구에게 묻지 않고도 우리의 존재를 압니다. 우리의 말은 의미가 있고, 그것은 변하거나 사라질 수 있지만, 의식은 사라지지 않습니다. 몸의 형태에 따라서 의식은 남자나 여자의 의식이 됩니다. 모든 산 존재는 이 의식을 가졌지만, 우리는 몸의 형상에 따라 그 존재에게 이름을 붙입니다. 죽음에 대한 두려움은 같은 유형의 동물들을 집결시켰습니다. 이 의식은 아주 태곳적이고 그것의 능력과 역량은 무한합니다.

신이 우리 안에서 피난처를 찾았습니다. 신 없이는 우리가 존재하지 않았을 것이고, 우리 없이는 신이 한 형상으로 나타날 수 없었을 것입니다. 진인들은 그들 안에 신이 현존함을 알기에, 숲속을 겁 없이 다니거나 숲에서 삽니다. 만일 여러분이 내면에서 신의 힘을 체험하고 싶다면, 그저 여러분 안에 신이 의식으로서 현존하고 있음을 기억하십시오. 우리의 **뿌라나**(Puranas)에서 그런 사례들을 많이 읽을 수 있을 것입니다.

예전에는 구도자들이 무일푼으로 돌아다니곤 했습니다. 그들은 내면의 신에 대한 온전한 믿음이 있었고, 그것이 그들의 힘이었습니다. **아뜨만**에 몰입해 있는 사람들은 죽음조차도 그들을 해치지 못할 것입니다. 여러분이 두 손을 합장하고 절을 할 때, 그것은 여러분의 행위가 아니라 가장 위대한 **일체자재신**(God Sarveshwara-시바)의 행위입니다. 그를 여러분의 의식으로, 혹은 여러분 주위의 빛으로 보십시오. 그를 한 사람의 남자나 여자로는 결코 부르지 마십시오. 마찬가지로, **빗탈라** 신도 모두의 안에 있습니다. 수백만의 사람들이 그를 자신의 바깥에, 멀리 빤다르뿌르에 있는 분으로 알고 숭배하지만 말입니다. 진인들에게 믿음을 갖고, 여러분 자신도 아주 태곳적이라고 믿으십시오. 그것이 여러분의 **의식**을 기쁘게 하는 방법입니다. **바그완 크리슈나**는, 그런 헌신자는 모든 의심에서 벗어나게 된다고 말합니다. 그런 사람은 어려움 속에서도 자신의 믿음을 잃지 않습니다. 오늘날 우리는 **진아**에 대해서 무지한데, (진아에 대한) 참된 **지**知가 있으면 **진아** 깨달음이 있을 것입니다.

어떤 음식도 여러분의 허기를 영구히 없애 줄 수 없습니다. 최선의 가장 영양가 있는 음식은 **아뜨만**입니다. 그것을 한 번만 먹어도 허기를 영구히 없애기에 족합니다. **아뜨만**의 맛은 비할 바가 없습니다. 그것을 맛보아야 합니다. 그 맛은 묘사할 수 없습니다. **크리슈나**는 **진아**에 대한 그의 확신과 보편적 교화력 때문에, 그의 **스승** 산디삐니(Sandipini)보다 더 잘 알려져 있습니다.

21. 브라만에 대한 지_知 너머에는 아무것도 없다

1955년 8월 14일

브라만을 깨닫는 것이 궁극이며, 그 너머에는 성취할 것이 아무것도 없습니다. 그것이 진인들의 안식처입니다. 진아 안에는 종교, 카스트, 나, 너, 남자와 여자의 차별상이 없습니다. 그것이 바로 모든 면에서 충만한, 진인들의 진정하고 영원한 삶입니다.

우리는 몸이 아닙니다. 우리의 참된 성품이 이스와라이기 때문입니다. 그 성품이 결국 빠라브라만을 성취합니다. 저 몸(빠라브라만)은 감각기관이 없지만 모든 지_知가 거기서 흘러나옵니다. '알려지는 것'을 우리는 세계라고 합니다.

가장 작은 물방울들로 나타나는 물이 물일 뿐이듯이, 우리는 우리의 의식으로서 이스와라의 점들을 경험하고 있습니다. 우리의 존재애(자기사랑)가 마야이지만 그것은 이스와라를 숨길 수 없고, 이스와라의 현존은 분명하게 보입니다. 개인적 영혼으로서의 우리의 존재는 그릇된 것이고 하나의 개념인데, 그것이 죽음에 대한 두려움을 낳습니다. 무지가 (분명하게) 드러났을 때는 아무 두려움이 없습니다. 우리는 의식을 의식 자체로써 끌어안아야 합니다. 의식이 곧 이스와라이고, 그것은 어떤 물리적 형상으로도 나타날 수 있습니다.

의식으로 인해 우리는 우리의 존재를 알게 됩니다. 제대로 이해하도록 하기 위해 여러 가지 단어들이 사용되지만, 그것은 의식에 어떤 변화도 가져오지 않습니다. 남자와 여자라는 범주는 몸-형상에만 적용되고, 이는 모든 산 존재들에게 해당됩니다. 의식은 무한한 역량을 가진 태곳적의 것입니다.

우리 자신의 존재 이전에 신의 현존이 필수요건입니다. 신은 숲을 포함한 도처에 있으므로, **진인**은 모든 곳을 겁 없이 움직입니다. 여러분은 자신의 **의식**이 곧 신이라고 말하고, 그렇게 말할 때의 비상한 효과를 관찰해야 합니다. 경전에서도 이것을 주장합니다. 강도 발리야(Valya)[22]는, 그리고 뚜까람도, 복이 있어서 신을 깨달았습니다.

태곳적에 돈 한 푼 없는 구도자들이 있었지만, 그들의 **의식**은 모두 강력했습니다. **아뜨마**를 기억하는 것이 **죽음의 신**(야마)을 몰아냅니다. 예배를 위해 합장하기 전에, 위대한 **신**들 중의 신이 이미 여러분 안에 있습니다. 신을 의식으로, 빛으로 보는 습관을 들이십시오. (사람들 안의) **하느님**에게 주목하고 남자나 여자에 주목하지 마십시오. **주 빗탈라**는 모든 산 존재 안에 현존합니다. 그들 중 어떤 사람들은 나중에 그들의 존귀함에 따라 **리쉬**나 **무니**로 불립니다. **진인**들을 따르고, 경전에서 많이 이야기하고 있는 태고의 현존을 자신과 동일시하십시오. 그것이 그것(의식)을 기쁘게 하는 길입니다. **크리슈나**가 말합니다. "의식으로서 사는 사람은 의심에서 벗어난다. 불운한 시기조차도 **아뜨만**에 대한 그의 믿음을 바꿔 놓지 못한다." 현재, 사람들은 **진아**에 대해 무지합니다. 무지가 사라질 때, **진아지**가 있습니다.

어떤 음식도 허기를 영구히 없애 줄 수 없습니다. 최선의 음식은 **아뜨만**인데, 그것은 매우 영양가가 있습니다. 일단 먹고 나면 허기가 결코 돌아오지 않습니다. **진아**의 맛과 같은 어떤 맛도 없습니다. 여러분은 그것을 맛보아야 하지만, 그것은 묘사가 불가능합니다. **산디삐니**는 **크리슈나**의 스승이었으나, 제자보다 덜 알려져 있습니다. **크리슈나**는 단 한 가지만 했는데, 그것은 **진아**로서 자리 잡는 것이었습니다.

[역주: 이 **21**번 법문은 **20**번 법문의 여섯 째 문단 이하와 대동소이하다.]

---

22) *T.* 『라마야나』의 저자인 발미끼(Valmiki)는 한때 숲에서 강도짓을 하며 살았다. 진인 나라다(Narada)가 그를 만나 훈계하고 **만트라**를 가르쳐 주었다. 그것을 열심히 염하며 수행한 발미야는 깨달음을 얻어 **진인**이 되었고, '발미끼'로 불리게 되었다.

22. 의식이 일체를 아름답게 만든다

1955년 8월 21일

샹까라짜리야는 구도자에게 참된 목욕 의식을 거행하는 방식을 말해 줍니다. 의식은 때에서 벗어나 있고 목욕이 필요 없습니다. 몸은 지각력이 없고, 의식은 역동적입니다. 누구를 정화해야 합니까? 구도자입니다. 그런데 그가 누구입니까? 이 몸 안에 순수한 의식이 있는데, 그것이 우리입니다. 의식이 없으면 몸이 먼지나 진흙 아니고 무엇입니까? 의식을 참으로 얻는 것은 의식과 친분이 생긴 이후일 뿐입니다. 먼저 여러분이 의식을 알게 되고, 그런 다음 의식과 친분이 생기고, 마지막으로 의식을 이용합니다. 먼저 여러분은 신에 대해 알게 되고, 그런 다음 그를 보고 친분이 생깁니다. 아홉 가지 헌신[23]의 목적이 무엇입니까? 그것은 신을 제대로 알기 위해서입니다. 친분과 우정을 확인하는 아홉 가지 방법이 있는 것입니다. 헌신자는 신을 숭배하기 위해 필요한 힘을 소유하는데, 그러기 위해 필요한 것은 온전한 믿음입니다.

우리 몸의 가치가 무엇이든, 우리는 의식을 가지고 나아가야 합니다. 그것은 눈에 보이지 않지만, 우리는 있는 그대로 그것과 잘 지내야 합니다. 의식을 순종적으로 만들기 위해 진인들이 아홉 가지 숭배를 조언한 것입니다. 의식이 **아디나라얀**(Adinarayan-태초의 나라야나)입니다. 그것은 우리가 자신의 존재를 의식하도록 하기 위한 것입니다. 의식의 가치와 힘은 무한하고 광대무변합니다. 그것이 헌신에 의해 조복調伏됩니다. 몸 안에 의식이 현존함으로써 몸이 아름다워집니다. 그것이 없으면 남는 것은 하

---

23) T. '아홉 가지 헌신'은 '청문(shravana)', '찬양(kirtana)', '기억하기(smarana)', '두 발을 섬기기(pada-sevana)', '숭배하기(archana)', '절하기(vandana)', '봉사행(dasya)', '스승과의 친교(sakhya)', '자기순복(atma-nivedana)'이다. 또한 『그대가 그것이다』, 제56장 참조.

나의 시체입니다. 절대로 몸을 부정不淨하다고 하지 마십시오.

저의 아뜨만은 크리슈나나 팔이 네 개인 비슈누와 같지 않습니다. 오히려 비슈누가 존재하는 것은 그의 안에 있는 저의 아뜨만 때문입니다. 그 순수한 의식이 일체를 아름답게 합니다. 의식을 신이라고 부르면 그것이 즐거워합니다. 의식이 마음·지성 등과 다섯 내적 도구(inner instruments-오관)를 활성화합니다. 그것들의 모든 경험은 의식으로 인한 것일 뿐입니다. 의식은 물속에도 있지만 그것이 물은 아닙니다. 모든 비유들도 의식 때문에 있습니다.

아뜨만으로서 산다는 것은 아뜨만에 대한 직접지를 갖는 것입니다. 우리가 바그완 비슈누가 잠들어 있다는 것을 알게 되는 것은 의식 때문입니다. 그렇기는 하나 아뜨만은 결코 잠자지 않습니다. 그것이 우리 자신의 궁극적 성품입니다. 다섯 내적 도구와 지각력 없는 몸과 같이 둘로 구분되는 것들이 있습니다. 전자에서 생시·꿈·잠의 세 가지 상태가 태어납니다. 의식이 그것들을 존재하게 만듭니다. 의식은 어떤 때[垢]도 없이 순수합니다. 그것은 물속에서도 녹슬지 않습니다. 의식이 여러분과 별개로 존재합니까? 여러분이 없으면 그것도 없습니다. 의식은 여러분과 함께 존재합니다. 여러분은 몸의 죽음을 의식의 죽음으로 여깁니다. 그래서 참된 지知에 어떤 단절이 있습니다. 의식에 대한 참된 이해가—즉, 진아지가—있으면 여러분의 위대함이 아무 한계 없이 증장될 것입니다. 여러분이 의식을 이스와라로서 숭배하지 않는 한, 지옥 속에 남게 될 것입니다. 진아 깨달음이 거기서 벗어나는 유일한 방책입니다.

구도자는 자신이 의식이라는 것을 알아야 하지만, 진인에게는 그것이 해당되지 않습니다. 진인의 참된 본래적 형상 자체가 아뜨만이기 때문입니다. 진인은 모든 사물과 모든 사람에게서 그 자신의 아뜨만을 봅니다. 개념에서 나온 지知는 진인의 확신과 다릅니다. 전 존재계는 지각력 없는 것(무생물들)과 역동적인 것(생명체들)으로 이루어져 있습니다. 그것은 어떤 참된 지知도 없는 무지로 충만해 있습니다. 진아지가 없으면 우리가 자신의 뛰어난 인격에 대해 무지합니다.

어떤 사이비 스승도 따르지 마십시오. 여러분 자신의 **아뜨만**은 온전하고 물들지 않았습니다. 여러분 자신의 **아뜨만**을 신이라고 부를 때, 남들의 말을 무시할 수 있습니다. 형상 없는 것에 대해 남자나 여자의 어떤 형상도 상상하지 마십시오. **아뜨만**은 **아는 자**이고 모든 형상들의 **경험자**입니다. 그에게 어떻게 무슨 제복制服(몸이라는 형상)이 있을 수 있습니까? 깊은 잠을 **아는 자**의 제복이 대체 어떤 것입니까? 그에게 어떤 제복도 갖다 붙이지 마십시오. (행위에) 어떤 동기가 있으면 **진아지**가 멀어집니다. 왜 환생이 있어야 합니까? 큰 고행을 하고 나서도 욕망들이 아직 남아 있다면, **진아지**를 얻을 가능성이 없습니다.

아침에 깨어난 것은 **브라만** 그 자체라는 온전한 믿음을 계발해야 합니다. 참된 헌신이란 **브라만**과의 합일을 뜻합니다. 참된 깨달음을 위해서는 자신이 감각기관으로는 파악되지 않는다는 확신을 가져야 합니다. 그러자면 모든 샷된 성질들을 없애야 합니다. 누구도 시기하지 마십시오. **참스승**의 역량을 온전히 신뢰하는 사람은 모든 면에서 완전해집니다. 어정쩡한 사람들은 무엇도 성취하지 못합니다.

그 **만트라**를 지속적으로 염하십시오. 그것이 **진아 깨달음**으로 이어집니다. **진아**는 위대하며, 그것이 만물의 신입니다. **궁극의 원리**가 몸 안에 있다는 것을 당연시하지 마십시오. 실은 **진아**로 인해 나타나는 것이 몸입니다. 몸 안에서 **그것**은 **브하바니 여신**(Goddess Bhavani)[24]이 출현하는 것과 같습니다. 몸은 불순물일 뿐이고, 몸과의 동일시가 완전히 사라져야 합니다.

여러분은 자신의 **의식**이 모든 신들 중의 신이라고 말해야 합니다. 그

---

24) *T.* 마하라슈트라 지역에서 숭배되는 여신. Bhavani는 '생명을 주는 자'라는 뜻이며, 시바의 반려인 Parvati의 다른 이름이다.

러면 여러분이 일(수행)이 이루어질 것입니다. 여러분의 의식의 위대함을 모른다면, 설사 히말라야에서 고행을 한다 해도 그것이 아무 소용이 없을 것입니다. 바잔을 할 때, 명상을 할 때, 그리고 숭배를 할 때, 여러분의 의식의 중요성을 늘 자각하십시오. 만약 그럴 수 없다면, (제가 하는) 이런 말들을 절대 잊지 마십시오.

23. 진아 외에는 그대를 구원할 자가 없다

1955년 8월 28일

아뜨만은 우리의 모든 활동의 주시자입니다. 그것이 성공하든, 실패하든, 그 결과로 마음이 미혹되든 관계없이 말입니다. 지성이 실패하는 곳에서, 아뜨만은 그 모든 것을 주시합니다. 아뜨만은 몸 안의 순수한 의식을 의미합니다. 몸의 어떤 카스트나 종교를 아뜨만에게 해당시키는 것은 부정不淨한 일입니다. 무신론자만 그럴 수 있지요. 여러분의 건강과 행복을 위해서는, 참스승에 대한 기대 없는 헌신과 봉사가 있어야 합니다.

아침에 일어날 때는 먼저 신을 기억해야 합니다. 그런 다음 목욕을 하고 산디야(sandhya)를 해야 하는데, 그것은 외적인 의식儀式이지요. 이런 것들은 전통적 개념입니다. 그러나 내적인 의식儀式은 스스로 빛납니다. (삶 속에서) 우리는 여러 가지 비방誹謗을 듣습니다. 그것을 제거하는 과정도 산디야라고 합니다. 우리가 비누로 목욕을 할 때, 얼마간의 때는 남아 있기 마련입니다. 진인들은 진아지로 자신들을 청결히 합니다. 우리의 진아는 불변이고 모든 상태를 넘어서 있습니다. 우리는 탄생과 죽음을 포함한 모든 결함에서 영구히 벗어나야 합니다. 샹까라짜리야는 모든 결함을 제거하기 위해 의식을 거행하라고 조언했습니다.

모든 개아는 죽음을 상상하고 걱정합니다. 그래서 그에게 죄와 공덕이 있습니다. 죽음의 개념이 없으면 어떤 죄나 공덕도 없습니다. 진인들은 무한한 존귀함을 가진 여러분의 광대무변하고 무한한 **성품**에 대해 여러분에게 상기시킵니다. 그런데도 개아는 자신이 하나의 작은 형상에 한정되어 있다고 상상합니다. 여러분의 **참된 성품**은 여러분 안에 있습니다. 만일 여러분이 열심히 진아를 깨닫고자 한다면, 분명히 그렇게 될 것입니다. 여러분과 별개의 어떤 신도, 어떤 **아뜨만**도 없습니다. 그러니 우리의 신에게 온전한 신뢰를 가져야 합니다. 죄와 공덕, 탄생과 죽음을 겁내어 신을 답답하게 하면 안 됩니다. **아뜨마데바**(Atmadeva-진아인 신)가 모든 친절함을 가지고 여러분에게 가장 가까이 있습니다. 진아에 대한 온전한 믿음을 계발하면, 어디를 가든 **그것**이 늘 여러분과 함께할 것입니다. 진아 때문에, 여러분이 모든 끝남과 흩어짐을 자각하게 됩니다.

모든 경험들의 교차점은 어디입니까? '경험은 몸 때문에 오고, 몸 안에 있다', 이것은 거친 소견일 뿐입니다. 바그완인 **의식**의 현존은 모든 산 존재들 안에 늘 있습니다. 우리가 우리 몸을 알게 되는 것은 저 **의식** 때문일 뿐입니다. 그것은 음식 물질의 성질로 되어 있습니다. **의식**의 빛 안에서 우주가 보입니다. **의식**이 우주로서 출현합니다. **의식**은 우리 자신의 본래적이고 애씀 없는 존재입니다. 우리는 편안히 그것을 유념하기만 하면 됩니다. **쁘라나**(prana)가 출현하면서 말이 쉽게 흘러나오게 됩니다. 그런 다음 우리는 '우리가 있다', 곧 우리가 존재한다고 주장합니다. **빠라**(para) · **빠시얀띠**(pashyanti) 언어들이 일어난 뒤에야 실제 언어가 일어날 수 있습니다. 우리는 우리 자신이 할 일을 위해, 기쁨 혹은 오락을 위해 이야기를 합니다.

진인은 더 이상 한 개인이 아닙니다. 그래서 **그**는 무한한 관대함이 있습니다. 삶은 그에게 하나의 게임 혹은 즐거운 놀이일 뿐입니다. 우리는 많은 헌신자들을 만나지만, (잠에서) 깨어나면 그들의 첫 번째 생각이 무엇입니까? "뉴욕의 면綿 시세는 얼마일까?" 이것은 도박으로 돈을 버는 것을 의미합니다.

신은 사람들이 그에게로 향하는 정도에 따라 그들을 돕는다고 합니다. 사람은 자신의 직업에 따라 행동합니다. 진아지가 없는 사람들은 무지하게 행동하지요. 진인은 이 몸 안에 라마(Rama)가 있고, 쁘라나는 하누만(Hanuman-라마의 조력자)이라고 말합니다. 여기서 하누만은 라마를 제어하지만, 라마 앞에서 매우 겸손합니다. 그래서 그의 은총을 받습니다.

쁘라나가 언어로 변모한 뒤에 마음이 생겨납니다. 마음은 인상들로 이루어져 있습니다. 그러나 이 모든 것은 진아 때문에 있습니다. 여러분의 진아 외에는 여러분을 구원할 자가 아무도 없습니다. 브라만 전체가 아뜨만에 의존하고 있습니다. 여러분의 모든 좋은 자질을 이용해서 진아를 깨우십시오. 진아지의 빛은 매우 자연스럽습니다. 여러분은 개인적 의식의 순수성 정도에 따라 조만간 진아를 깨달을 것입니다. 여러분 자신의 의식으로서 항상 빛나는 진아를 맛보게 됩니다.

개아가 있는 곳에는 빠라마뜨만이 있게 되어 있습니다. 개아는 전면에 나타나고, 빠라메스와라(Parameshwara-지고의 실재로서의 시바)는 배경에 있습니다. 두 끝의 교차점(의식)을 성취해야 합니다. 그렇게 하는 사람은 자신의 모든 욕망이 성취되는 것을 발견하는 데 성공합니다.

우리는 필멸의 존재라고 비난 받는데, 진아의 빛으로써 그것을 없애야 합니다. 진아 깨달음에 대한 '생각'만 가득한 것은 잠자리에 들면서 모자를 쓰고 있는 것과 같습니다. 바그완 비슈누조차도 휴식할 때는 왕관을 벗어야 했습니다. 그가 완전한 휴식을 취하기 위해서는 자신의 아내인 락슈미와 자신에 대한 그녀의 사랑을 포함하여 일체를 잊어야 합니다. 진인은 진아를 기억조차 하지 못하면서 진아로서 삽니다.

우리는 자신의 진아를 속일 여유가 없습니다. 우리는 우리 자신의 진아를 **참스승**이라고 부릅니다. 우리의 **아뜨만**에게 아주 대단하면서도 욕망 없는 헌신을 해야 합니다. 여러분이 자신의 **아뜨만**을 숭배하면 여러분도 우리의 **참스승**(싯다라메쉬와르 마하라지)을 숭배하는 것이 됩니다. 여러분의 몸에 해당되는 탄생과 죽음을 통해 일어나는 불순수의 느낌이라는 개념을, **아뜨만**에 대해서는 결코 고려해서는 안 됩니다. 열 가지 감각기관과 함께 몸은 젖혀두고 **아뜨만**을 숭배하십시오. 그것이 곧 **참스승**에 대한 바잔을 의미합니다.

24. 거짓을 거짓으로 알아야 한다

1955년 9월 4일

여러분이 첫 번째로 할 일은 모든 자부심을 포기하는 것입니다. 우리는 많은 것들을 아는데, 그 첫 번째가 우리의 몸입니다. 그 동일시, 곧 자부심을 놓아 버려야 합니다. 더 이상 몸에 집착하지 않을 때, 우리는 **의식** 안에서 안정됩니다. 모든 자부심은 몸-동일시 때문에 있습니다. 우리뿐만 아니라 모든 산 존재들은 자신의 몸을 자기로 여깁니다. 여러분의 친구나 가족에게 어떤 상처도 주지 않고 자부심을 포기해야 합니다. 궁극적으로 우리는 삶의 문제들에서 떨어져 있어야 합니다. 그러자면 **참스승**의 인도가 필수적입니다. 진짜 **참스승**은 세간적 열정에서 벗어나 있습니다. 그런 **스승**을 만나려면 복이 있어야 합니다.

참스승의 입문전수란 무엇을 의미합니까? 참된 입문전수는 여러분 자신에 대한 여러분의 거짓된 이해를 없애주는 것입니다. **참스승**은 말합니다. "자신이 몸이라는 그대의 믿음을 없애라. 그대의 성품은 순수한 **의식**

이니 말이다. 거짓을 거짓으로 알아야 하고, 그대가 축적해 온 모든 무지를 놓아 버려야 한다." 어떻게 그렇게 합니까? 모두의 안에 존재하는 여러분의 진아를 관찰하십시오. 그것이 여러분의 모든 경험의 지지물입니다. 크리슈나가 말합니다. "나는 그대들의 의식을 아는 자이다. 내가 없는 곳에는 아무것도 없다." 그래서 참된 헌신자는 바그완이 자신의 안에 있다고 믿어야 하고, 모든 인연과 속박에서 벗어나야 합니다.

허공·물·흙 등이 있다고 누가 말합니까? 그는 여러분의 의식에 빛을 주는 신입니다. 이 전체 존재계에서 인생의 대소사는 매우 하잘것없습니다. '닷따(Datta)'라는 단어의 의미는 무엇입니까? 그는 진아로서만 삽니다. 그의 현현된 존재는 생시 그리고 잠과 함께입니다. 그의 부존재는 생각할 수도 없습니다. 바그완은 말합니다. "어떤 헌신자가 나를 나의 몸이라고 잘못 믿을 때, 이 그릇된 이해는 그의 참된 포기를 방해한다." 우리의 모든 활동과 앎은 우리 진아의 현존 안에서 일어납니다. 바그완은 그의 헌신자 웃다바에게, 그가 당신 자신의 형상이라고 말합니다. 웃다바는 야다바(Yadavas)의 일원이었고, 그 역시 (죽고 나면) 잊힐 사람이었지요. 그는 자신을 스리 크리슈나로 믿으라는 조언을 들었습니다. 그의 참된 형상은 아뜨만이었습니다. 크리슈나를 만날 때까지, 그는 자신의 개념에 있던 어떤 신을 숭배하면서 귀한 시간을 낭비했습니다. 그러던 그가 아뜨만을 자신의 형상으로 숭배하라는 말을 들었는데, 그 숭배는 큰 고행이었습니다. 대다수 사람들은 이 진정한 고행과 그 방법을 모릅니다.

어떤 사람이 자기 자식에게 어디 몰두해 있게 손에 뭔가를 쥐여 주듯이, 이 마야는 다양한 대상들로 온 세상 사람들을 속여 왔습니다. 진아 안에서 깨어나는 사람은 마야의 술책에 영향 받지 않습니다. 누구나 이 존재성을 경험하지만, 극소수만이 그 뿌리까지, 곧 그것의 존재 원인에까지 나아갑니다. 그러면 그가 할 수 있는 것에 끝이 없습니다. 진인 뚜까람이 말하기를, 만일 어떤 사람이 빗탈라 신의 바잔을 부르면, 그의 일이 자연발생적으로 이루어질 거라고 합니다. **빠라브라만**이 아무 초청장 없이도 그의 집을 방문합니다. 우리의 **진아** 깨달음은 우리의 명상 나름입니다. 우리의 명상이 꾸준해야 하고, 우리의 **의식**이 **바그완**(신)이라는 것을 올바르게 알고 있어야 합니다. 신에 대해서 명상한다고 자부하면 안 되고, 명상이 자연발생적으로 일어나야 합니다. 스승의 말씀에 따라 사십시오. 어떤 상상도 여러분을 전락시킬 것입니다. 여러분이 모든 개념에서 벗어날 때, 애씀 없이 **빠라브라만**이 있습니다. 그것이 현존하는 것만으로도, 말 한 마디 하지 않고도 일체가 자연발생적으로 일어납니다.

우리는 온전한 결의를 갖겠다는 맹세를 해야 합니다. 자신의 맹세를 고수하는 사람들은 정말 파워풀합니다. 그 맹세를 고수하는 것이 가장 복이 있는 것입니다. 누구와 의논할 것도 없이 우리 자신의 체험이 완벽하게 자리 잡습니다. 늘 자기 마음대로 돌아다니는 여러분의 마음을 절대 따라가지 마십시오. 여기서는 여러분의 지성을 사용하지 마십시오. **참스승**은 무한하고 광대무변하며, 여러분이 필요로 하는 것을 줄 것이라는, 그에 대한 온전한 믿음이 있어야 합니다.

바그완 스리 크리슈나는 자신의 **의식**을 완전히 제어함으로써 최고의 상태를 성취했습니다. 이런 제어만이 **참스승**의 말씀에 대한 온전한 믿음을 가질 수 있게 합니다. 여러분은 자기 **의식**의 주시자인데, 그렇다면 그런 주시자가 **진아**로부터 얼마나 멀 수 있습니까? 신은 헌신자의 감각기관들을 통해서 작업합니다. 그는 진인 자나바이(Janabai)[25]의 집안일을 했습니다. 그녀는 신의 손이 자신의 **의식**을 통해 돕고 있다는 것을 알았습니다. 그 손들 없이 여러분이 무엇을 할 수 있습니까? 신은 도처에 있고, 모든 일이 여러분이 있는 데서 일어날 것입니다. 어디도 가지 마십시오.

---

25) *T.* 마하라슈트라 지역 출신의 여류 시인-성자(1260-1350). 빤다르뿌르의 주재신인 **빗탈라**의 헌신자였고, 빗탈라는 종종 그녀가 하는 집안일을 도와주었다고 한다.

25. 우리 자신을 제어해야 한다

1955년 9월 11일

우리는 우리가 있다는 것을 알게 됩니다. 곧, 우리 자신의 존재의 맛을 봅니다. 누구에게 물을 것도 없이, 우리의 **참된 존재**를 아는 것은 우리 자신의 권리입니다. 우리의 존재성이 우리의 모든 삶, 곧 존재의 토대이며, 그것을 상세히 공부할 필요가 있습니다. 그것의 '왜'와 '어떻게'를 우리가 알아야 합니다. 우리의 의식은 **신**의 형상이고, 그것에 대해 명상하지 않는 것은 하나의 죄입니다. 우리 자신을 하나의 몸으로 상상하는 것은 죄와 죽음을 초청하는 것입니다. 우리는 우리의 존재를 알게 되는데, 그로 인해 우리는 ('너는 태어났다, 너는 남자다, 여자다' 등) 많은 것을 비난받습니다. 그리고 우리의 행복을 위해 우리는 다양한 유형의 입문을 해야 합니다.

우리가 성취해야 하는 궁극적인 것은 무엇입니까? 그것은 **침묵**입니다. 그것을 위해서는 명상을 하는 것이 필요합니다. 그것은 우리의 **의식**을 침묵시킴으로써 이루어집니다. 이 몸은 큰 가치가 있지만, **의식** 없이는 하나의 지옥일 뿐입니다. 그것으로 인해 우리의 가치가 여느 신의 가치 못지않은 저 **의식**, 그것을 이제 침묵시켜야 합니다.

자기공부(self-study)를 위해서는 **아뜨만**을 침묵시켜야 합니다. 그 상태를 이용해 (자기를) 관하기 때문입니다. 이 **침묵**은 가장 내적인 것입니다. 이 **침묵**은 모든 움직임을 멈추고 오관의 모든 활동을 멈추는 것을 뜻하지 않습니다. 이것은 일체를 멈추는 메인 스위치를 끄는 것과 같습니다. 우리의 신체적 존재는 가장 신뢰할 수 없는 것이기에, 우리는 늘 '나'와 '너'의 느낌 없이 있어야 합니다. 그럴 때 남는 것은 모두의 안에 있는 **빠라메스와라**뿐입니다. **빠라마뜨만**의 소식은 모두의 심장 속에 있습니다.

자기공부와 함께 우리는 빠라메스와라가 모두의 토대임을 깨닫습니다.

참될 수 없는 느낌과 감정들의 결과를 분명하게 보는 사람은 모든 세간적 애정과 정념에서 벗어납니다. 그것으로 인해 '우리가 있다'는 것을 아는 우리의 **의식**이 일체의 토대입니다. 그것을 **브라마, 아뜨마라마**(비슈누), **샹까라짜리야**(시바)라고도 합니다. 이 모든 것을 알면, 우리가 그것을 침묵시켜야 합니다. **의식**을 침묵시키는 것을 **브라만**에 대한 **명상**이라고도 합니다. 여러분은 어느 정도로 묵연해질 수 있습니까? 그것은 "내가 있다"의 접촉이 더 이상 없을 때입니다. 우리가 자아의식 없이 머무르는 데 성공하는 것은 **스승**의 은총이 함께할 때입니다. 이 모든 것은 **스승**에 대한 온전한 믿음을 가지고 그의 말씀을 부단히 실천할 때에만 가능합니다. 저는 여러분에게 **의식**의 중요성을 이야기해 왔는데, 늘 그것을 자각해야 합니다. 우리의 **참된 성품**에 대한 이런 사실들을 들을 수 있으려면 아주 복이 있어야 합니다. 참된 청문자는 다른 무엇보다도 그런 사실들을 사랑합니다. 그런 사람은 실제로 성취합니다.

침묵한다는 것은 "내가 있다" 없이 있는 것입니다. 이렇게 거꾸로 가는 것이 신에 대한 **명상**입니다. 어떻게 명상합니까? 그것은 마음(생각)과 말이 없이 우리의 **의식**을 유지하는 것입니다. **의식**은 (마음과) 말이 없이 머무를 수 있습니다. 그것은 마음과 말에 의존하지 않기 때문입니다. 감각기관과 행위기관들을 침묵시키기란 결코 쉽지 않습니다. 주된 제어장치를 우리의 수중에 가지고 있어야 하는데, 그 주된 것이 **의식**입니다. 그것을 우리가 제어해야 합니다. **진인**과의 친교, 심지어 그와 단 한 번 만나는 것도 이런 면에서 도움이 됩니다.

사람들은 그들에 대한 참되지만 받아들일 수 없는 말은 듣고 싶어 하지 않고, 그들이 듣고 싶은 것은 거짓말까지도 반깁니다. 여러분 자신의 이익을 위해, 행위 없는 준비태세(행위한다는 관념이 없는 자각의 상태)를 가지고 있어야 합니다. 이 재앙(자신의 참된 성품을 모르는 상태)과 직면해야 합니다. 왜냐하면 여러분은 자기 자신에 대한 참된 지知를 가지고 있지 않기 때문입니다. 실은 여러분은 진리(진아)이고 여러분도 그것을 이미 알고 있지만, 진리를 멀리하는 것을 선호합니다. 그래서 고생하다가 죽게 되어 있습니다. 여러분의 모든 교류(대인관계)는 환상이고, 진리는 겉모습들을 넘어서 있습니다. 여러분은 그것(진아)을 한 번도 생각해 보지 않았지만, 그것이 여러분의 모든 지知와 교류의 원인입니다. 여러분이 죽음이라고 믿는 것은 진아 위에 덮인 때를 없애는 것에 지나지 않습니다. 그러나 실은 그 불변자에게는 어떤 일도 전혀 일어날 수 없고, 최소한의 어떤 움직임도 없습니다.

우리는 사람들이 우스운 이야기를 하는 것을 듣습니다. 그들이 말하기를, 어떤 우유의 바다가 있는데 주 비슈누가 거기서 쉬고 있다고 합니다. 그러나 참된 지知 안에서는 어떤 잡담도 없고, 실제로 (그 상태에서는) 이원성의 스크린이 제거되고 단일성을 보게 됩니다. 여러분은 있는 그대로의 사실들을 보기를 꺼리는 것이 분명합니다. 샹까라짜리야는 많은 것들에 대해 베다를 비난합니다. 진아를 깨달은 사람들만이 그 핵심의 귀중한 내용을 실제로 압니다. 진인들은 정직하고 충실한 사람들에게만 참된 지知를 공개했습니다. 샹까라짜리야를 찾아갔던 제자들은 진리를 위해 목숨을 바칠 준비가 되어 있었습니다. 그래서 그들에게 궁극적 진리가 베풀어졌습니다. 이런 지知에 누가 귀를 기울이고 있습니까? (귀를 기울이는) 그것이 한 남자나 여자라고 결코 생각하지 마십시오. 무한한 몸들로 나타나는 능력을 가진 브라마샥띠(Brahmashakti)·아디샥띠(Adishakti)·냐나샥띠(Jnanashakti)라고 불리는 큰 힘은 바로 의식입니다. 귀를 기울이고 있는 것은 그 힘이지 어떤 개인도 아니라는 것을 늘 자각하십시오. 여러분에게는 그 무한한 의식의 한 점만이 주어졌습니다. 그 점이 여러분에게 "내가 있다"의 맛을 안겨줍니다. 온전한 브라만이 여러분의 의식으로서 여러분과 함께합니다. 그것 외에는 어떤 온전한 브라만도 없습니다.

진인의 말들은 늘 참됩니다. 그 말에는 신의 위대함이 있기 때문입니다. 진인은 사랑의 신입니다. '우리가 있다'는 것을 우리가 알게 되는 것은 **아디나라야나**(Adinarayana-태초의 비슈누) 때문입니다. 우리는 명상에 의해 그것을 깨닫습니다. 여러분의 **진아** 안에서 안정되어야 합니다. 여러분의 **참된 성품** 안에서 깨어나야 합니다. 진아에 대한 명상에 의해, 여러분은 어떤 세간적 사건에도 영향 받지 않고 머무르게 될 것입니다. **아디나라야나** 안에 흡수되면 그의 성질들이 여러분 안에서 계발될 것입니다. 우리의 호흡이 그로 인해 있습니다. 모든 활동은 **쁘라끄리띠**로 인해 일어납니다. 우리의 존재의 느낌조차도 **그녀**(쁘라끄리띠)로 인한 것입니다. 그것이 그녀의 표현 방식입니다. 이 신체적 삶에서는 어떤 이득이나 손실도 없고, 그것을 인식하는 것은 기쁨으로 충만합니다. 나날이 남들을 격려하고, 자신이 대단한 존재라는 그들의 상상을 방해하지 않으면서, 여러분 자신은 부단히 **진아**를 자각하십시오.

26. 세간적 관심은 영적인 진보에 장애이다

1955년 9월 18일

과거의 기억이 없는 사람은 그에 대한 혹은 미래에 대한 어떤 생각도 없습니다. 진인이란 누구입니까? 의식을 아는 자입니다. 의식으로 인해 우리는 더 많은 즐김의 경험을 원합니다. 그러나 **진인**에게는 그저 있음 (just being)의 경험이 적절합니다.

의식은 무엇을 그 자신이라고 생각했습니까? 의식은 몸-형상을 보면서 자신이 하나의 인간이라고 믿었습니다. 그것만으로는 흡족하지 않았기 때문에, 천국 등도 발명했습니다. 진아지를 가진 사람은 거짓을 진리라고 부르지 않습니다. 그는 자신의 의식에 대한 참된 지知를 가지고 있습니다. 그래서 그는 또한 지각력 없는 것과 움직이는 것들을 다 압니다. 아뜨만에 대한 무지 때문에 우리는 약한 몸을 가진 나약한 존재가 됩니다. 무지한 사람은 자신이 몸을 가지고 태어났다고 믿는데, 그 무지의 결과로 분명히 죽게 됩니다. 이 세상에서 이 모든 것이 통상적인 까닭은 거짓을 일반적으로 받아들이기 때문입니다. 그래서 참되지 않은 것이 진리로 믿어집니다.

아뜨만은 규칙적인 음식 공급으로 인해 몸 안에 남아 있습니다. 몸 자체가 그 음식입니다. 무지한 개아는 이것을 모르고, 공덕을 얻거나 어떤 죄를 짓지 않기 위해 음식을 굶거나 가려서 먹으려고 합니다. 몸이 24시간 서서히 죽기 때문에, 그런 단식은 아무 의미가 없습니다. 그것은 심지어 깊은 잠 속에서도 진행됩니다. 섭취하는 음식은 불에 공물을 바치는 것과 같습니다. 그 모든 것이 피와 살로 변합니다. 안에서 타는 불이 아뜨만의 빛을 일으킵니다. 그것 자체를 세계의 빛이라고 합니다. 살아 있는 한 몸의 크기나 형태와 무관하게, 존재의 느낌이 그 안에서 분명하게 경험됩니다.

주로 5대 원소에서 다른 많은 원소들이 출현합니다. 이 모든 것으로부터 우리의 존재의 느낌이 나타났습니다. 진인 뚜까람은 우리가 밤낮으로 영적인 삶을 살아야 한다고 말합니다. 우리의 마음은 세간적인 것에 관심이 있는데, 그것은 우리의 영적인 진보에 하나의 장애물입니다. 그것이 궁극자(the Ultimate)를 시야에서 사라지게 합니다.

진인은 아뜨만이 모든 인연과 속박에서 벗어나 있다는 것을 압니다. 그러나 개아는 의심 속에서 살고, 삶의 기복을 경험합니다. 개아는 자신의 개념들에 부합하게 실망합니다. 자궁의 내용물에 대한 참된 지知가 없으면 참된 숭배가 있을 수 없습니다. 진인들은 어떤 악의도 없고, 모두의 이익을 위해 있습니다. 의식이 더 이상 존재하지 않을 때, 삶의 모든 지知는 사라집니다. 나타나고 사라지는 것이 의식의 성품입니다. 샹까라짜리야는 진아를 어떻게 깨닫는지를 설명하고 있습니다.

빠라브라만은 존재의 느낌이 없습니다. 그래서 그것의 지복은 한계가 없습니다. 진아 깨달음이 없으면 그 몸은 결실이 없습니다. 만약 그것이 진인의 몸이면, 그 몸이 숭배 받습니다. 진인은 몸과 의식의 한 주시자입니다. 진아지가 있으면 전 존재계가 브라만으로 보입니다. 진아지를 얻은 뒤에는 여러분의 가정생활도 기쁨으로 충만하게 될 것입니다. 해가 빛만 볼 수 있듯이, 진인은 모든 사물과 모든 사람에게서 의식만 봅니다.

의식이 켜지면 기억이 있고, 켜지지 않으면 망각이 있습니다. 이 두 가지를 아는 자가 빠라마뜨만입니다. 만일 아뜨만이 도처에 존재한다면, 일어나는 모든 일의 원인은 누구입니까? 우리는 어떤 애씀 없이도 우리의 존재를 경험하는데, 그 경험은 아주 작습니다. 여러분도 모르는 사이에 여러분의 식사는 24시간 내내 계속됩니다. 몸 안에는 도합 16,108개의 나디(nadis), 곧 관 모양의 기관들(생기의 통로들)이 있다고 합니다. 그것들은 바그완 스리 크리슈나가 사랑하는 것이라고 합니다. 크리슈나는 그것들을 아는 자이고, 이 모든 것을 빠라마뜨만이 압니다. 여러분의 존재를 아는 자가 곧 스리 빗탈 신입니다. 뚜까람이 말하기를, 몸에 국한되지 말고 우주적으로 되라고 합니다. 그것이 여러분의 의식의 성품입니다.

진아지를 갖는 것은 아주 재미있는 일입니다. 누구에 대한 어떤 미움도 없고, 탄생과 죽음에 대한 두려움도 없습니다. 그러나 극소수만이 그것을 성취합니다. 여기서 우리는 가정생활을 희생하지 않고, 듣는 것만으로도 해탈을 얻습니다. 개아들은 진아에 무지합니다. 진인은 진아를 넘어서 있고, 그의 존재는 도처에 편재합니다. 그는 깨달은 뒤로 과거의 부와 가난을 결코 기억하지 않습니다. 그에게는 어떤 슬픔도 어떤 낙담도 없습니다. 의식이 있기에 그는 전 우주를 경험합니다. 모든 겉모습들은 사라지게 되어 있습니다. 명상이란 눈을 감는 것만을 의미하지 않습니다. 여러분이 진인의 말을 경청하고 나면 명상이 자연적으로 일어납니다. 그는 여러분이 자신의 진아를 몸이라고 그릇되게 비난하고 있으며, 에고에 가득 차 있다고 말합니다. 그 모든 것을 없애버리십시오. 여러분의 진아는 지복으로 충만해 있습니다. 세간적 삶을 지속해도 무방하지만, 그 뿌리를 잘라 버린 뒤에만 그러십시오. 그것은 여러분이 이 세계의 부존재를 확신해야 한다는 뜻입니다. 처자식을 떠난다는 것은 하나의 환幻입니다.

깨달음을 얻고 나면 여러분이 하는 일이 아무 의미가 없을 것입니다. 여러분의 축복으로 아무도 이익을 얻지 않습니다. 진인들이 축복할 때조차도 그 또한 환幻의 일부입니다.

27. 의식은 진아의 한 표현이다

1955년 9월 19일

오늘은 음력 초나흘입니다. 만일 여러분이 **가나빠띠**의 참된 환영幻影을 갖는다면, 모든 죄에서 벗어나게 됩니다. 이달은 바드라빠다(Bhadrapada) 달인데, 그 말은 길상함을 뜻합니다. **가나빠띠**의 환영幻影은 가장 길상스럽습니다. 만일 여러분이 그의 환영을 먼저 얻는다면, 다른 모든 것이 불길함에서 길상함으로 변모합니다. 이제 **가나빠띠**의 환영을 얻는 방법이 묘사됩니다.

어떤 숫자 세기(counting)가 있을 때는 늘 세는 사람이 먼저 있어야 합니다. 어떤 인격체들을 세려면 그들이 아무리 위대하다 해도 **아뜨만**이 먼저 존재해야 합니다. 만일 우리가 없다면 누가 세겠습니까? 진아가 존재해야 숫자 세기가 시작됩니다. 옴(Aum/Om) 소리를 누가 냅니까? 그것은 세기 이전인 자, 세려고 하는 자에게 속합니다.

미현현자로부터 현현이 시작될 때, 가나빠띠의 출현이 있습니다. 그를 '헤람바(Heramba)'26)라고도 하는데, 그는 소들을 사랑하는 자입니다. 소가 '움머' 하듯이, 최초의 소리는 옴 소리입니다. 그것은 자연발생적이고 '부딪지 않은' 소리인데, 그 말은 어떤 악기도 없이 나는 소리라는 뜻입니다. 우리가 처음으로 숭배해야 할 분이 옴을 대표하는 가나빠띠입니다. 그것은 자연발생적인 '부딪지 않은 소리(unstruck sound)', 즉 어떤 악기나 인간의 목소리에 의한 것이 아닌 소리입니다. 그것을 기억하지 못하면 어떤 시작도 있을 수 없습니다. 이 몸 안에서 여러분의 존재는 아뜨만, 신 혹은 가나빠띠로 인한 것입니다. 가나빠띠의 환영幻影을 얻고 그와의 친분을 계발하고 나면, 전반적인 행복이 있습니다. 그는 모든 존재계에 생명력을 주고, 모두의 안에 아뜨만으로서 존재합니다.

아뜨만은 모든 것 이전입니다. 모든 존재(개체들의 삶)와 자연이 그 뒤를 따릅니다. 우리의 최초 존재는 어떤 속성도 없었습니다. 이런 사실들을 아는 자는 가나빠띠로부터 초능력을 받습니다. 가나나야까(Gananayaka)27)는 참으로 이 세계 전체의 지지물입니다. 그것은 또한 여러분의 참된 성품이고, 여러분은 그것을 잘 보살펴야 합니다. 그래야 단일성 속의 연속성이 있습니다. 여러분이 자신의 진아를 깨달을 때, 여러분의 모든 일과 (사회적·가정적) 임무가 끝납니다.

아뜨만은 일체에 편재합니다. 우리의 의식은 실은 하나의 화현이고, 의식하는 자는 빠라마뜨만입니다. 모든 산 형상은 자연발로적으로 자신의

---

26) T. "약자의 보호자"라는 뜻이며, 가나빠띠, 곧 가네샤의 이름들 중 하나이다.
27) T. Gananayaka는 "권속들(Ganas)의 우두머리"라는 뜻이며, Ganapati도 같은 의미이다. 여기서 '권속'이란 '시바의 헌신자들'을 가리키지만, 일반 사람들도 뜻할 수 있다.

존재를 의식합니다. 우리 자신의 경험에서, 가장 불가해한 문제는 우리가 어떻게 우리의 존재를 알게 되느냐는 것입니다. 우리의 의식은 **가나나야까**의 화현입니다. 같은 의식이 모든 산 존재들 안에 동등하게 존재하기는 하나, 그것의 비밀과 기원은 인간 형상 안에서만 알려질 수 있습니다. **진아**를 깨닫는 자식을 둔 부모들은 위대합니다. (의식의 비밀을) 일단 알고 나면 더 이상 무지는 없습니다. **진아지**의 전수는 **가나빠띠**에 기인합니다. **가나나야까**가 모든 환幻을 제거해 줄 것입니다.

몸이 자신의 형상이라는 여러분의 무지를 제거하고, **가나빠띠**가 여러분의 심장을 점유할 여지를 주십시오. 저 **진아**는 수줍음, 수치심, 그리고 환幻에서 벗어나 있습니다. 사람은 그것을 얻어야 하는데, 그것은 어렵지 않습니다. 누구의 도움 없이도 그 자신이 **그것**이 되어야 합니다. 그것이 실제로 여러분 자신의 것이라는 확신을 계발하면, **그것**을 성취할 수 있습니다. 거기서 작용하는 것은 (진아인) 우리 자신의 은총입니다. 우리 자신을 (신과) 별개이고 **신**이 없는(신의 은총이 없는) 존재라고 여기는 것은 하나의 환幻입니다. 신의 은총이 환幻의 덮개들을 없애 줍니다.

지금 저는 매우 심오한 것을 여러분에게 이야기하고 있습니다. **진아**는 깨닫기 어려운데, 그것을 위해 스승의 말씀이 도움이 됩니다. "나는 그 도움을 받아서 나 자신의 **아뜨만**을 숭배하고, 두 배의 확신으로 그것이 **빠라마뜨만**임을 깨달아야 한다." 우리는 우리의 현존을 알게 되는데, 알게 되는 자는 (우리 내면의) **빠라마뜨만**이라는 **참스승**입니다. 의식이 모두의 안에서 작용하지만, 그것은 **진아**의 한 표현입니다.

필요한 것은 확신이며 더는 아무것도 필요 없습니다. 그 확신이 어떤 사람을 구할 것이고, 그 사람이 남들을 구할 것입니다. 여러분이 지금 들은 것에 대한 확신을 계발하십시오. 이것이 여러분의 직접체험과 지복이 될 것이고, 그것은 남들이 알지 못할 것입니다.

28. 모든 존재 안에 가나빠띠가 있다

1955년 9월 20일

아뜨만은 도처에 있고, 그것이 우리에게 존재의 느낌을 안겨줍니다. 다양한 산 형상들로 화현하는 것은 빠라마뜨만입니다. 우리 자신들이 존재할 때, 우리는 남들을 찾거나 그들을 세어 볼 수 있습니다. 그것이 숫자 세기의 시작인데, 그것은 주 가나빠띠에게서 비롯됩니다. ('무리들의 우두머리'라는 뜻의) 그의 이름은 숫자 세기의 시작을 말해줍니다. 가나빠띠는 모든 산 존재 안에 존재하지만, 인간들만이 그것을 알 능력이 있습니다. 의식은 가나빠띠의 형상이며, 그는 모든 환幻을 제거할 능력이 있습니다. 그것(가나빠띠로서의 의식)은 모든 존재계의 근원 혹은 어버이이고, 그것을 알고 나면 되돌아가는 일은 없습니다.

몸-형상을 놓아 버리고 내적인 공허함에서 벗어나십시오. 그러면 여러분의 심장 속에서 가나빠띠가 느껴질 것입니다. 그는 수줍음, 죄의식, 그리고 환幻에서 벗어나 있습니다. 우리는 그를 우리 자신의 것으로 만들어야 하는데, 실은 그것은 쉽습니다. 외부의 도움 없이 그것이 일어나야 합니다. 그것은 이미 있으니, 그것을 알고 받아들여야 합니다. 가나빠띠의 은총은 여러분에게 신이 없다는 모든 환幻을 제거합니다.

이것은 스승의 인도에 의해서만 알 수 있는 하나의 큰 비밀입니다. 우리는 스승의 도움을 받아서, 숭배 받는 자가 아뜨만이라는 것을 아는데, 그러면 이내 그것이 실로 빠라마뜨만이라는 확신을 가져야 합니다. 가장 중요한 것은 자신의 존재를 아는 것이고, '아는 자'는 (우리 내면의) 참스승인 빠라마뜨만입니다. 의식은 빠라마뜨만의 표현이고, 의식이 모든 활동을 일으킵니다.

필요한 것은 굳은 확신이며 더는 아무것도 필요 없습니다. 진아로서 자리 잡는 사람은 구원되며, 그는 남들도 구원할 수 있습니다. 확신을 계발하십시오. 그러면 남들이 체험할 수 없는 것을 체험할 것입니다.

[역주: 이 28번 법문은 27번 법문을 비슷한 방식으로 반복하고 있다.]

29. 모든 의심과 우유부단을 없애라

1955년 9월 20일

진아를 깨달은 사람들은 참으로 부유해졌고, 그것은 대희생제^{大犧牲祭}(Mahayajna)를 거행하는 것과 동등합니다. 무지한 사람들은 희생제(yajna)를 거행하기 위해 수백만 루피를 쓰지만, 생사윤회를 피할 수 없습니다. 반면에 현자들은 그들이 가진 유일한 밑천, 즉 그들의 의식을 최대한 선용하고, 명상이라는 희생제로써 빠라마뜨만과 하나가 됩니다. 그러면 어떤 생사의 체험도 없습니다. 우리의 행동은 늘 우리의 이해에 따릅니다. 그들은 그에 따라 희생제를 합니다. 보통의 희생제를 위해서는, 정화된 불을 받기 위해 사각형 주둥이를 가진 금속제 그릇이 필요합니다. 현자들은 모든 의심과 우유부단을 없앰으로써 심장 속에 공간을 창조합니다. 이것이 희생제 그릇을 대체하는 것입니다. 우리의 가장 큰 장애물의 하나는 우리의 몸-정체성인데, 스승의 말씀을 실천함으로써 그것을 제거해야 합니다. (그러면) 우리의 심장 속에 (장애물이) 아무것도 없고, 존재의 느낌조차도 없습니다. 진리의 실현을 위해서는, 우리가 모든 의심과 우유부단을 없애야 합니다.

참으로 아는 자들은 성심껏 여러분에게, 진아지 외에는 어떤 실질적 소득도 없다고 말해 줍니다. 그것을 얻기 위해서는 진리에 대한 확신을 계발해야 합니다. 스승의 말씀을 고수하겠다는 맹세를 해야 합니다. 그에 반하는 모든 암시와 제안들을 물리쳐야 하는데, **만트라** 염송이 아주 도움이 됩니다. 고행(치열한 수행)을 하기에 적합한 곳에 있다는 것은 의심과 우유부단에서 벗어나 있다는 것입니다. 우리는 우리의 실체가 아닌 것을 놓아 버려야 합니다. 만일 여러분이 큰 **사두**가 될 운명이라면, 여러분 안에서 **진인**의 권고들이 실현되는 것을 관찰하게 됩니다. **샹까라짜리야나 냐나데바**(냐네스와르) 같은 위대한 분들은 **실재**의 접촉을 가지고 있었고, 깨달음이 어린 나이에 일어났습니다. 우리는 우리 자신을 공부해야 합니다. 때가 되면 우리의 참된 존귀함을 성취합니다. (만물의) 본래적 원인은 세계의 창조와 해체를 가져오는 그것입니다. 그것이 어떻게 일어나는지에 대해 숙고해야 합니다. 진인들의 말씀에 온전한 믿음을 가져야 합니다. 그런 믿음이 있으면 우리의 성취에 한계가 없습니다. 진인들의 말씀을 부단히 기억하면 여러분과 그분들 간의 이원성이 제거됩니다. 그 이전에, 모든 인간적 죄가 불태워집니다. 여러분의 참된 **존재**에 대한 소식이 진인들에 의해 베풀어졌는데, 그것은 여러분의 심장 속에 있습니다. 그것이 여러분에게 최고의 중요성을 가진 것이 되어야 합니다.

저는 부딪지 않은 소리 **옴**을 듣습니다. 저는 그것을 듣는 거기에 없을 수도 있지만, 불멸인 그 소리는 지속될 것입니다. 필멸인 것과 불멸인 것 사이의 마찰이 그 소리를 만들어냅니다. 여러분은 내면의 불에서 나는 연기를 한번이라도 본 적 있습니까? 어떤 연기도 없는 **빛**만이 있습니다. 그 빛은 심장 속에 있는데, 그것이 **의식**으로서 표현됩니다.

원래는 **사뜨와** 성질만 있었으나, 그것이 사뜨와·라자스·따마스의 세 가지 성질로 나타납니다. **사뜨와**의 성질을 가진 **의식**이 5대 원소를 일으킵니다. 스승의 말씀은 현금과 같아서, 즉시 써야 할 때 사용할 수 있습니다. 이런 말씀들을 이용하여 그를 기억해야 합니다.

30. 모든 미혹은 마야의 유희이다

1955년 9월 25일

뿌루샤(Purusha)[우주적 영]라고 하는 것은 실은 **뿌루쇼땀**(Purushottam),[28] 곧 **진아**입니다. 그것 때문에, 생명이 있거나 생명이 없는 존재(생명체와 무생물)가 있습니다. 그것의 경험("내가 있다")이 일어날 때, 그것이 모든 존재계의 시작입니다. 모든 색상과 형상이 제거될 때, 남는 것은 순수한 진아입니다. 그때는 위아래에 아무것도 없습니다. **진아**는 산 존재들에게 존재하는 모든 결함에서 벗어나 있습니다. 모든 경험의 **경험자를 뿌루쇼땀**이라고 합니다.

보이거나 나타나는 것은 뭐든지 **마야**(Maya)이고, 그것이 보이는 장소를 그람(gram)[마을]이라고 합니다. 그것을 관찰하는 자가 **의식**입니다. 그렇게 해서 세 가지—즉, 보는 자, 보이는 것, 봄이 연결됩니다. 의존이란 무엇을 의미합니까? 그것은 근원에서 일어나 성장하고, 결국 **근원** 속으로 합일됩니다. 이것이 의존이 존재하는 방식입니다. 여러분이 보는 그 무엇도, 여러분에게 나타나는 그 무엇도, 여러분에게 의존합니다. 여러분이 그것을 통제합니다. 일체의 이전인 것이 일체의 통제자입니다. 실은 여러분은 일체의 이전입니다. 모든 경험들은 **뿌루쇼땀**에게 일어나는데, 그것이 어떻게 일어나는지는 불가해한 사항입니다. 홀로 존재함을 경험하는 사람은 아무도 없지만, **뿌루쇼땀**은 늘 홀로입니다. 누구나 자신의 실수를 알아야 하며, 그래야 그것을 복구하고 말고가 없게 됩니다. 누구나 자신을 탁월하다고 여기는 것은 다행이지만, 그런 이유로 남들을 언짢게 해서는 안 됩니다. **진인**들에 대한 여러분의 사랑이 진정한 헌신입

---

28) *T.* Purushottam은 '위없는 **뿌루샤**', 곧 '가장 위대한 인간'이라는 뜻이다. '**뿌루샤**'는 본시 '인간'이라는 의미인데, 태초의 우주적 영靈이라는 의미에서는 '원인原人'으로도 번역된다.

니다. 그들을 기억하고 그들의 **만트라**를 염하는 것은 여러분의 모든 욕망을 이루는 데 도움이 될 수 있습니다. 우리가 진정으로 순수해질 때, 신을 깨닫기 쉽습니다.

모든 미혹은 **마야**의 유희입니다. 우리는 한량없는 부富를 얻고 축적하기 위해 쉬지 않고 엄청난 노력을 투입하지만, 한 순간에 그 부자가 사라지고 그 부富는 다른 누군가에게 넘어갑니다. 이것이 **마야**가 일하는 방식인데, 여러분은 설사 애를 많이 쓴다 해도 그녀(마야)를 발견하지 못합니다. **마야**는 아주 작지만 매우 광대한 범위에서 활동합니다. '음식'이라는 단어는 단 두 글자로 되어 있어도 그것이 광대한 영역에 편재합니다. 음식은 흙 곧 먼지에서 오고, 그것 자체가 먼지입니다. 우리가 그것을 거짓이라고 말해도, 그것은 바로 여러분 앞에 놓여 있습니다. 우리가 그것을 실재한다고 말해도, 그것은 먼지에서 옵니다. 그런데도 사람들은 먹고, 마시고, 잠을 잡니다. 그것이 **마야**입니다. 우리는 먼저 우리의 존재를 알게 되고, 그런 다음 외부 세계를 발견합니다. 우리는 **진아**를 잊은 채 세간에서 행위합니다. 그것이 **마야**입니다. 자식이 없을 때 가문의 대代를 걱정하는 것은 무지입니다. 진인이 말하는 것은 전혀 다릅니다. 그는 만일 죽음이 있다면 그것은 좋은 일이라고, 왜냐하면 몸의 고통과 문제들이 더 이상 없기 때문이라고 말합니다. 몸-정체성을 단단히 붙들고 있는 사람은 죽음을 두려워합니다. 사람들은 자신이 전혀 태어나지 않았다는 확신을 가진 사람에게 순복합니다. 그래서 (그들에게) 죽음은 문제될 것이 없습니다.

진인들은 우리가 결코 태어나지 않았다고 주장합니다. **뿌루쇼땀**은 몸과 별개이고, 의식과 별개입니다. 우리의 삶의 경험은 우리의 상상일 뿐입니다. 거기에는 아무것도, 참된 것도 거짓된 것도 없습니다. 한 개아가 나타날 때는 그 개아 안에 **시바**가 있어야 합니다. 그것은 스스로 빛나고 빛으로 충만해 있습니다. **시바**가 빛나는 것은 **빠라마뜨만** 때문입니다. 못에 비친 달의 모습은 달이 아닙니다. 마찬가지로, 몸이라는 못 안에 **빠라마뜨만**의 한 이미지가 있습니다. 그것은 **빠라마뜨만**이 아니고 하나의 이미지일 뿐입니다. **빠라마뜨만**이 한 몸으로 태어난다는 것은 거짓입니다. 한 몸을 가졌고, 하나의 이미지로서 그 안에 존재한다는 경험이 있기는 하나, 그는 늘 몸에 의해 접촉되지 않습니다. 그러나 그 이미지와의 동일시로 인해 몸의 접촉이 참된 것으로 믿어집니다.

나나끄(Nanak)[29]는, 여러분의 이미지는 거울 안에 있을 뿐 여러분이 아니라고 말합니다. **의식** 때문에 **나나끄**라는 이름이 주어졌습니다. 내면을 보게 되는 사람은 완전한 **진아**를 성취할 것입니다. 그래서 **나나끄**는 말합니다. "왜 숲속에서 **하리**를 찾고 있는가? 그는 여러분의 심장 속에 있다." 여러분은 자신의 심장 속에서 여러분의 존재를 냄새 맡습니다. 신은 "나는 모든 존재의 안에 있기는 하나, 실은 어디에도 없다"고 말하려고 합니다. 어떤 산 존재의 자부심(에고성)은 무엇에 의존합니까? 까비르(Kabir)는 말합니다. "만일 한 집이 비면 모든 집들이 비지만, 한 집에 사람이 살고 있으면 다른 모든 집들도 그렇다."[30] 요컨대, 일체가 환幻이고, 일체가 거짓이라는 것입니다. 극소수만이 이 **마야**의 바다를 압니다. 다른 모든 사람은 그 바다에 빠져서 떠올랐다 가라앉았다 할 뿐입니다. 미라바이(Mirabai)[31]가 말합니다. "나의 모든 결함들은 **크리슈나-의식**에 의해 제거되고, 지금 나는 그에게 합일되었다. 나는 **크리슈나**가 되는 것 외에는 어떤 개별적 존재성도 없다. 한 개아로서, 나는 이 몸을 나와 동일시했다. 그러나 **크리슈나-의식**이 나를 거기서 벗어나게 했다." 여러분은 **신**으로서 자기 자신 안에 존재합니다. 여러분에게 확신이 있으면 모든 거짓된 동일시에서 벗어난 **신**만이 남습니다. 이 모든 것에서, 누구의

---

29) *T.* 시크교의 창시자인 **구루 나나끄**(Guru Nanak, 1469-1539).
30) *T.* 이 말은, "한 사람이 몸을 가지고 존재하지 않으면 어떤 사람도 존재하지 않고, 한 사람이 몸을 가지고 존재하면 무수한 남들이 존재한다"는 뜻이다.
31) *T.* 크리슈나에게 일념으로 헌신했던 여류 성자(1498경-1549경).

어떤 참되거나 거짓됨의 문제란 없습니다. 오직 **지복**만이 있고, **지복** 외에는 아무것도 없습니다.

31. 세간적 삶은 환幻이다

1955년 10월 2일

바그완 크리슈나는 웃다바가 자신의 **참된 성품**을 깨닫도록 더 도움을 줍니다. 모든 세간적 삶은 환幻이고, 나타나는 것들은 참되지 않습니다. 우리의 불확실한 성품이 이 모든 미혹의 원인입니다. 거짓을 거짓으로 볼 때, 참된 것을 알 수 있습니다. **진아**는 불변입니다. 즉, 그것은 같은 것으로 남아 있습니다. 참된 지知가 있으면 우리가 이 경이로운 존재계 속에서 신을 체험할 수 있습니다. 이 세계는 하나의 겉모습일 뿐 아무 실재성이 없습니다. 무지한 사람들만이 세계를 참되다고 믿습니다. 어떤 일들은 (잊으려 해도) 잊히지 않는데, (오히려) 여러분이 기억하려고 애써야 할 것은 그 무엇도 다 잊히겠지요.

여러분이 한 대상을 볼 때, 그것의 이름도 여러분에게 떠오릅니다. 그러나 그 대상이 사라지면 그것의 이름과 형상은 어디에 있습니까? 그래서 신은 이 세계가 환幻이라고 말합니다. 나타나는 모든 것은 아무런 실제적 존재성이 없습니다. 우리가 우리의 실체를 모르는 한, **마야**의 유희는 계속될 것입니다. (사람이) 어떤 기예技藝에 능숙한 것은 그 기예에 국한되는데, 그것은 대상이 없을 수 없습니다. 이 지知는 감각기관들 중 어느 하나 혹은 모두에게 가능합니다. 어떤 사람이 감각이 마비되어 있을 때, 이를테면 독말풀 씨앗을 먹었을 때는 갖가지 환각을 보지만, 그것은 아무 실재성이 없습니다. 여러분의 의식의 한 결과로서 보이는 것도 별반 다르지 않습니다.

누가 자신의 존재를 알게 됩니까? 여러분은 자신이 하나의 형상을 가졌다고 믿지만, 그것이 참됩니까? 실은 여러분에게는 어떤 카스트도, 종교도, 어떤 친구도 적도 없습니다. 여러분은 아버지도 아니고 어머니도 아닙니다. 우리가 살아 있는 한 대상들에 대한 지知는 있겠지요. 그러나 모든 지知의 원천은 참되거나 거짓됨을 넘어서 있습니다. 그것을 **빠라브라만** 혹은 **빠라마뜨만**이라고 합니다. 우리의 모든 성질은 우리의 의식 때문에 일어나며, 우리의 모든 경험이 그 뒤를 따릅니다. 그것은 위의 독말풀 사례에서 일어나는 일과 비슷합니다. 그것은 아무 실제적 존재성이 없습니다. **마야**로 인해 겉모습만 있는데, (그것을 유지하는) 다양한 솜씨들이 가동되면서 그것에 실재성을 부여합니다. 그것의 거짓된 성품으로 인해, 그 안에서는 무슨 이익이나 손해가 있고 말고가 없습니다. 여러분의 존재는 그냥 재미입니다. **삿찌다난다**(존재·의식·지복) 안에서 존재에 대한 기억의 출현이 있었는데, 그 안에서는 '나'도 없고 '너'도 없습니다.

진아지가 있으면 모든 선과 악에 끝이 있고, 모두의 행복이 있습니다. (진아지가 있을 때는) 우리가 모두를 똑같이 보며, 누구도 도와줄 가치가 있습니다. 집착과 미혹이 있을 때는 두려움도 있습니다. 진정으로 위대한 사람이, 많은 이들에게 비난을 받습니다. 그러나 진정한 제자는 자신이 **빠라마뜨만**이라는 내적 확신이 있기에, 그를 따릅니다. 의식의 출현이 환幻을 일으키며, 의식이 사라질 때 환幻은 사라집니다. 우리는 의식을 보존하기 위해서 우리의 모든 힘과 감각기관들을 사용합니다. 대상을 가진 지知는 대상이 없는 지知와는 달리, 알려질 수 있습니다. 개인적 의식은 **진아**를 등한시하려 하면서, 자기 자신의 존재와 행위를 내세우려고 합니다. 자신이 **진아**라는 확신을 얻으면 이 거짓이 점점 적어집니다. 자신을 **빠라마뜨만**으로 아는 사람은 모든 거짓된 비난에서 벗어납니다. 자신을 한 개인으로 받아들이는 것은 옳지 않고, **빠라마뜨만**을 시간과 공간에 한정하는 것입니다. 한정된 형상은 **빠라마뜨만**을 푸대접하는 것입니다. 그를 기쁘게 하려고 애쓰는 여러분의 개인성은 실제상 그에게 고통을 안 깁니다. 열심히 노력하여 공덕이 충만한 **아뜨만**의 불길을 성취하십시오.

여러분이 어디에 있든, **참스승**을 잊지 마십시오. 그는 여러분 자신의 진아이고, 지知의 빛입니다. 그를 잊고 신들의 환영을 추구하는 것은 현명하지 못합니다. 다양한 개념을 품고 있으면서 자신에게 해를 끼치지 마십시오.

32. 지성의 개념들이 그대를 속박한다!

1955년 10월 8일

참스승을 묘사하기는 극히 어렵습니다. 왜냐하면 그는 묘사 불가능하기 때문입니다. 네 가지 언어—빠라·빠시얀띠·마디야마·바이카리—로써 그렇게 해 보려는 어떤 시도도 좌절되는 결과로 끝납니다. 빠라바니(*paravani*)라는 가장 심오한 언어로 시도한다 해도 그것이 사라지고 맙니다. 묘사하려고 하는 사람이 그의 자아의식을 상실합니다. 지금까지 그 누구도 **참스승**을 묘사하지 못했습니다.

지성은 미세한 것의 지지를 받습니다. 그 지지가 더 미세해질 때, 지성은 존재성을 상실합니다. 그것은 차가운 정제 버터 덩어리가 데워지면 녹는 것과 같습니다. 여러분이 **참스승**에 대해 명상하여 그 안에 완전히 몰입될 때, 지성은 그 자신을 잃고 **진아**의 한 그림자가 됩니다. 지성이 없는 가운데 **진아**를 깨달아야 합니다. 여러분 자신의 체험으로 그 변화를 인식하게 될 것입니다. 우리가 뭔가를 알기 위해서는 지성이 자연발생적으로 접촉·형상·맛·냄새·소리의 사진을 찍습니다. 그런데도 **참스승**을 사진으로 찍지는 못합니다.

여러분의 의식은 늘 다섯 종류의 기술과 세 가지 능력을 가지고 있습니다. 그것이 의식이 작동하는 방식입니다. 우리의 지성은 음식 물질의 결과이지만, 그것은 **참스승**에게 해당되지 않습니다. 누가 참으로 **참스승** 앞에 엎드려 절할 수 있습니까? 이름과 형상이 없고, 존재성이 거의 제로인 사람만이 그렇게 할 수 있습니다. 그런 사람은 지성이 **참스승**을 보지 못한다는 것을 받아들입니다. 저 지성은 **참스승**을 보기 위해 무한히 기다릴 인내심이 없습니다. 자신이 지식인이라는 자부심과 몸과의 동일시를 내려놓는 사람은 참으로 **참스승**에게 절할 수 있습니다. 그렇지 않은 사람들은 그러는 시늉을 할 뿐입니다.

참스승을 본다는 것은 실은 우리 자신의 **진아**를 보는 것입니다. 그럴 때 우리는 '나'나 '너' 없이 우리의 참된 **존재**를 압니다. '알려지는 것'은 옆으로 젖혀두고, 우리는 **참스승**에게 순복해야 합니다.

우리는 어떻게 속박됩니까? 여러분은 자신의 지성을 자부하지만, 만일 그것이 사라지면 여러분의 오만함은 어디에 있습니까? **참스승**에게 순복하는 사람은 도처에서 존경 받습니다. 여러분이 지성으로 판단하는 것은 참되지 않습니다. 여러분이 **마야**에 의존하고 있기 때문입니다. 우리의 몸은 우리의 상상물일 뿐입니다. 여러분은 그 몸-형상을 보면서 자신이 한 인간이라고 말합니다. 여러분은 자신을 속이고, 또한 지성을 이용해 남들을 저버립니다. 손이 더러운 사람(부정하게 살아온 사람)은 남들에게 친절을 베풀어서 그 손을 씻어야 합니다.

남들의 일에 간섭해서는 안 됩니다. 우리는 우리 자신을 정화함으로써 평화롭고 행복해져야 합니다. 우리의 존재는 **진아** 때문에 있는 것일 뿐이고, 참된 행복을 위해서는 우리가 **마야**에 의존하면 안 됩니다. **진아** 깨달음을 위해서는 **진아**에만 의존해야 합니다. 지성의 쓸모없음에 대한 확신을 가질 때, 그런 사람은 **참스승** 안에 합일될 것입니다.

"오, 신이시여, 이제 저는 제가 누구이며 어떻게 있는지를 확신합니다. 저는 아무 형상이 없고, 믿을 만한 가치가 있는 그 무엇도 아닙니다. 사람들은 제가 **진인**이니, 큰 학자니, 전문가니, 시인이니 말하지만, 저는 그 누구도 아니라는 것을 확신합니다. 저는 저 자신의 거처도 없습니다. 오, **참스승**이시여! 저는 워낙 가난해져서 아무것도 가진 것이 없고, 저를 당신께 바칠 수 있을 뿐입니다." 신(참스승) 외에는 어떤 구원자도 없다는 것을 확신하는 사람은 그에게서 모든 도움을 받습니다. 그럴 때 **마야**는 자신의 환(幻)을 유지하기가 부끄러워집니다. 이름과 형상을 잃어버렸는데, 우리가 무엇으로 남겠습니까?

현현된 것(신의 형상)에 대한 헌신의 중요성은 무엇입니까? 그러나 **빠라마뜨만**에는 그 무엇도 접촉할 수 없고, **빠라**(para) 언어조차도 그러합니다. 그럼에도 불구하고, 헌신자는 자기 앞에 하나의 형상을 상상하고 그것을 숭배합니다. 이 과정에서 그는 더 많은 사랑과 헌신을 계발하며, 거짓된 자부심에서 벗어나게 됩니다. 헌신은 내적인 깨침을 가져오는 그 나름의 힘이 있습니다. 헌신자는 신의 **참된 성품**을 앎으로써 신을 깨닫는 데 온전한 믿음을 가져야 합니다. 이런 헌신이 그를 더욱 더 미세하고 존귀하게 만듭니다.

아뜨만이라는 용어는 단기간(한 사람의 생애) 동안의 **진아** 체험에 대해서 사용되고, **빠라마뜨만**은 영원한 존재를 의미합니다. 이 모든 단어들은 그(빠라마뜨만)의 은총의 결과입니다. 진인 뚜까람은 말합니다. "내가 하는 말은 뭐든지 **빗탈라** 때문에 있다. **그분**만 존재하고 나는 존재하지 않는다." 그는 주 **빤두랑가**(빗탈라)를 깨달았고, 그의 말들은 신의 축복이었습니다.

스승의 은총이 있을 때, 우리의 부정직한 성품이 정직해집니다. 스승을 거듭거듭 기억하는 사람은 카스트와 종교를 초월하며, 그는 전 우주를 점유합니다. 마야는 모든 부정직함을 놓아 버린 사람을 건드리지 못합니다. 그는 자신의 성품을 온전히 자각하는데, 그 성품은 전능하여 어떤 도움도 필요로 하지 않습니다. 스승의 은총을 인정하면서 그가 말합니다. "자야-구루(Jaya-Guru)". 그러나 진아에 대한 지적인 지知는 마야의 장場 안에 있을 뿐 참스승이 되는 것과는 거리가 멉니다. 그러나 지성을 사용하지 않고 참스승을 아는 것은 그의 안전보장을 받는 것입니다. 그러면 생사윤회의 환幻 속에 있게 될 가능성이 털끝만큼도 없습니다. 모든 환을 벗어나는 것이 참스승에 대한 참된 순복입니다. 금金에다 무슨 짓을 해도—쬟고 태우고 해도—그것을 쇠로 바꿀 수 없습니다. 마찬가지로, 참스승에게서 희유한 것을 얻은 사람은 한 몸에 국한될 수 없고, 전 존재계가 됩니다. 마야가 어떻게 그에게 영향을 줄 수 있겠습니까? 여러분의 모든 지知와 친분은 여러분의 지성의 힘에 달렸습니다. 지성 안에 어떤 진리도 없다는 것을 아는 것이 지성을 제대로 쓰는 것입니다. 스승의 참된 아들은 우리가 묘사할 수 없고, 그가 접촉하는 땅은 성스러워집니다. 그의 발밑의 먼지는 병을 치유할 수 있습니다. 그의 위대함은 묘사가 불가능한데, 사람들이 멀리서 그를 찾아옵니다. 그의 친견은 모든 나쁜 생각을 없애줍니다. 구루링가장감 마하라지, 바우사헵 마하라지, 싯다라메쉬와르 마하라지는 그런 위대한 진인이었고, 사람들이 멀리서도 그분들을 찾아갔습니다. 진정으로 도처에 편재하게 된 사람은 참스승의 친견을 받은 것이고, 스승에 대한 그의 헌신은 진짜라고 할 수 있습니다.

오늘은 우리의 스승이신 싯다라메쉬와르 마하라지님의 대삼매일大三昧日입니다. 이제 무無형상이신 저 스승님을 누구도 묘사할 수 없습니다. 베다조차도 (이 같은 진인들을) 묘사하는 데 실패했습니다. 이스와라 같은 단어는 얼마간의 암시를 줄 뿐입니다. 이스와라조차도 누가 사두이며 누가 진인인지 지적하지 못했습니다. 현자와 전문가들의 말조차도 참스승을 묘사할 수 없습니다. 묘사에 사용되는 개념들이 단어의 의미에 따라 그것들의 형상을 바꾸어, (결국) 묘사하는 데 실패합니다. 간단히 말해서, 개념들이 어떻게 그것을 넘어서 있는 것을 묘사할 수 있겠습니까?

개념이란 **마야**를 의미합니다. 무지가 무엇입니까? 우리는 우리 자신의 지知를 가진 것이 아니고, 그 지知는 무지입니다. 우리가 무엇인가에 대해 적극적으로 정확하게 이야기하려고 하는 것도 무지입니다. **마야**는 순수한 무지이고, 그것 때문에 활동이 일어납니다. 여러분은 자신의 존재를 의식하지만, 우리는 그것이 어떻게 있는지 말할 수 없습니다.

만일 우리가 '아는 자'로서의 모든 자부심에서 완전히 벗어나게 된다면, 그것은 우리가 **참스승**의 참된 친견을 갖는다는 의미입니다. 우리는 소위 우리의 탄생 후 불과 몇 년 만에 '우리가 있다'고 말하기 시작했습니다. 모든 인간은 "내가 있다"로써 자신의 존재를 주장합니다. 몸 안에 이 말이 없으면(즉, 개아가 없으면) 아무것도 없습니다. 이 말이 멈출 때, 사람들은 그것을 죽음이라고 부르지만, 떠난 사람은 그것을 알지 못합니다. 그 말이 멈출 때는 존재나 비존재에 대한 어떤 지知도 없습니다. '베다'는 '말'이라는 뜻인데, **베다**는 모든 존재계가 무지 속에 있다고 말합니다. 이 세상에서는 그런 지知를 '큰 지知'라고 이름 붙입니다. **참스승**을 숭배하는 사람들은 일체를 무지로 봅니다. 이 무지가 모든 **진인**들의 직접 체험입니다.

지성으로 **신**을 묘사하는 것은 가능하지 않지만, 그렇다고 실망해서는 안 됩니다. 어떤 표지가 있는데, 그것은 **진리**가 존재한다는 증거입니다. 그것은 누구의 형상입니까? **진인**과 **리쉬**들이 숭배하는 분(빠라마뜨만), 그것의 표지는 여러분의 **의식**입니다. 여러분이 어디로 가든, 그것은 여러분과 함께하게 되어 있습니다.

진리에 대한 법문은 듣기에 괴롭고, 비진리가 오히려 힘을 북돋우는 말처럼 들립니다. 그러나 비진리에는 끝이 있지만 **진리**는 불멸입니다. 가장 어렵게 보이는 것이 실제로는 아주 쉽습니다.

그가 어디 있는지 발견하지 못해도 두려워하지 마십시오. 여러분에게
는 의식, 곧 존재의 소리가 있고, 그 안에 전 세계가 들어 있습니다. 진
짜 진인인 사람들, 그들은 행위에서 벗어나 있습니다. 그러나 사기 치는
사람, 돈을 추구하는 사람들은 활동적입니다. 여러분의 의식은 참스승이
존재한다는 표지입니다. 그를 기억하고, 그를 숭배하십시오. 그러면 죽음
에 대한 두려움이 없을 것입니다. 한 소년에게 사랑으로 과자를 좀 주자
소년이 그것을 먹었고, 과자는 그의 뱃속으로 들어갔습니다. 이제 준 사
람의 사랑이 그 뱃속에 머무르고 있습니다. 마찬가지로, 여러분의 의식이
참스승의 뱃속에 있습니다. 실은 여러분의 의식은 여러분 안에 있고, 여
러분이 참스승의 뱃속에 있습니다. 자, 누가 '아는 자'입니까? '아는 자'는
죽음을 두려워하지 않습니다. 죽음의 신 야마가 목숨을 거두어 간다는 것
은 올바르지 않습니다. 여러분의 참스승이 여러분의 토대이고, 그의 존재
는 늘 여러분의 존재에 수반됩니다. 양자는 실은 하나입니다.

여러분이 참스승의 바잔을 노래할 때, 그와 아주 친밀한 관계가 형성
됩니다. 참스승보다 더 친한 어떤 친구나 친족도 없습니다. 그래서 그는
묘사를 넘어서 있습니다.

여러분의 의식이 자신의 중요성을 알게 하고, 스스로에 대해 온전한
믿음을 갖게 하십시오. 그 믿음을 어떤 과학이나 방법으로 일으킬 수는
없습니다. 여러분의 의식은 호흡만큼이나 필요합니다. 의식에 대한 더 나
은 자각은 존재에 대한 통제력을 향상시킵니다. 시간은 어떻습니까? 우
리가 의식하고 있는 한 우리는 시간에 대한 앎을 갖습니다. 의식이 없을
때는 시간도 없습니다. 묘사할 수 없는 것이 우리의 진아입니다. 몸의 존
재는 시간제한이 있습니다. 시간의 마라티어 단어는 '깔(kal-깔라'인데, 그
것은 두 가지 의미가 있습니다. 첫 번째는 시간이고, 두 번째는 죽음입
니다. 그래서 '깔'이라는 단어는 두려움을 불러일으킵니다. 죽음이라는
단어는 끝을 의미하지만, 우리의 참된 성품은 불사不死입니다. 만일 어떤

사람이 죽었다고 알려지면, 우리는 그 사람처럼 되어서 그것을 검증해 봐야 할 것입니다. 그의 죽음은 우리의 경험이지 그의 경험은 아닙니다. 이 '깔', 곧 죽음은 **참스승**의 뱃속에 있습니다. **빠라브라만**은 무시간이고 죽음이 없기 때문입니다. 저는 누구를 숭배합니까? 저는 **빠라마뜨만** 그 자체를 숭배하는데, 그것은 우리의 궁극적인 **참된 성품**입니다. 진인에게 죽음은, 희귀한 맛난 과자를 먹는 것 같은 지복스러운 체험입니다. 이것은 개인적 영혼에게는 해당되지 않고, 그는 자신이 몸이 아니라는 확신을 계발해야 합니다. **참스승**에 대한 신뢰가 힘을 키워주는데, 그것은 **아뜨만**의 힘입니다. 성실한 제자는 늘 **참스승**의 말씀을 기억하며, 그의 내면에서는 **만트라** 염송이 진행됩니다. 그는 실은 총알처럼 내면에 깊숙이 박히는 **참스승**의 말씀에 영향을 받아, 자신의 **참된 성품**으로 변모합니다. **베다**와 여타 경전들은 사람을 변모시키지 못합니다. 영적인 강연을 하는 것은 그가 **사두**라는 증거가 아닙니다. 필요한 것은 **참스승**에 대한 신뢰입니다. 그것이 없이 한 스승을 따르는 것은 어리석습니다. 신뢰가 없으면 순례지를 방문하는 것도 아무 만족을 주지 못할 것입니다.

　참스승은 제자에게, 사실들을 분명하게 이해하는 것이 그가 해야 할 일임을 주지시킵니다. 그 만남을 피할 수 없다면 스승은 제자를 반깁니다. 엄마가 자식에 대해 자애로우려는 열망이 있듯이, 스승과 제자의 관계도 마찬가지입니다. 그러나 스승에 대한 온전한 신뢰가 있다면, 여러분의 **의식**을 마치 그것이 여러분의 장난감인 듯 지켜보는 것으로도 충분합니다. 여러분의 **의식**, 곧 **자기사랑**에 대해 명상하십시오. 그러지 않으면 털끝만큼의 만족도 얻을 가능성도 없습니다.

　불가피할 때에만 여러분의 스승을 만나십시오. 그렇지 않으면 여러분이 있는 곳에 있되, 스승과 그의 말씀에 대한 온전한 신뢰를 가지고서 있으십시오.

33. 몸 안에서 아뜨만은 어떠한가?

1955년 10월 9일

바그완 스리 크리슈나는 웃다바에게 해탈자들의 표지標識를 들려주고 있습니다. 헌신자가 몸-정체성으로 인한 속박을 없애기 위해서는 이스와라를 숭배해야 합니다. 헌신자가 선행에 시간을 쓰면 참스승을 확실히 만나게 되며, (그에 대해서는) 눈에 보이는 어떤 증거를 내놓을 필요도 없습니다. 참스승을 만나면 여러분의 참된 성품이 순수해집니다. 여러분의 노력에 따라 여러분이 존귀해집니다. 돈의 힘으로는 여러분이 부자가 되지요. 이스와라에 대한 숭배는 여러분을 그의 존귀함에 가까이 가게 합니다. 참스승을 만난 뒤에는 여러분이 진아를 성취합니다.

바그완이 말합니다. "나의 진아 안에서, 브라만의 유희가 개아(jeeva)와 세계의 형상으로 진행된다. 내가 이 모든 사건들의 원인이다. 이 진아 위의 때(개인적 자아성)를 제거하는 사람은 나에게 소중한 사람이 된다."

진아는 모든 산 존재들 안에 그들의 의식으로 존재하며, 의식 때문에 그들은 자기가 있다는 것을 압니다. 이 의식을 아는 자는 바로 이번 생에 해탈합니다. 무지한 사람들은 속박 속에 남습니다. 이 속박은 그 사람의 학식, 지성, 명성과 무관하게 지속됩니다. 해탈자는 삶의 모든 의무에서 벗어나게 됩니다. 개아가 자신을 몸이라고 여기는 한, 그에 대한 벌이 있습니다. 신은 더러운 것을 싫어합니다. 청결함이 있어야 합니다. 우리의 의식은 매우 높은 정도의 순수함을 가지고 있습니다. "몸은 나의 형상이 아니고, 나는 몸의 모든 경험과 무관하다"라는 확신을 계발해야 합니다. 운명은 몸의 물질에 영향을 끼칠 수 있지만 진아에는 영향을 주지 못합니다. 신에게는, 우리가 운명의 나쁜 효과를 신봉하고 예상한다는 것이 우리의 잔인한 면모로 보입니다.

몸·말·마음 때문에 우리가 겪는 고통은 우리의 습관에 달렸습니다.

진인은 집착에서 벗어나 있기에, 기쁨도 슬픔도 없습니다. 그는 어떤 칭찬에도, 심지어 숭배에도 영향을 받지 않습니다. 자신의 의식에 대한 분명한 지知를 가진 사람은 해탈합니다. 그래서 그는 의식을 통해서 알려지는 그 무엇에 대해서도 두려움이 없습니다.

몸 안의 고통들을 서서히 감내하면 그것이 자연히 사라집니다. 일어남과 스러짐이 있는 세계에 대한 여러분의 경험은 여러분의 가슴과 마음의 상태에 따라 있습니다. 스승이 베푼 가르침의 이미지가 여러분의 심장 속에서 빛나듯이, 여러분은 사물들도 각기 다르게 경험할 것입니다. 진인들은 나날이 충만함의 기쁨을 체험합니다. 참된 입문(initiation)은 여러분이 의식과 하나임을 느끼고, 자신이 몸의 모든 나디(nadis)를 비추는 빛임을 느낄 때입니다. 이 입문은 문제를 단순화해 줄 것이고, 여러분은 자신의 몸과 의식에 대해 매우 편안해질 것입니다. 바그완 크리슈나는 여러분의 참된 성품이 몸과 그 안의 의식과는 다르다고 말합니다.

진아지가 없는 사람들은 남들에게 갖가지 일을 하면서 삶을 살아가라고 조언합니다.

몸 안의 아뜨만은 어떻습니까? 한정된 시간 동안 있는 것이 아뜨만이고 늘 존재하는 것이 빠라마뜨만입니다. 계절적 존재(seasonal existence)[32]가 없으면 세계가 경험되지 않을 것입니다. 빠라마뜨만이 없으면 계절적 존재를 경험할 누가 있습니까?

빠라마르타(Paramartha)는 존재(삶)의 최고 의미를 발견하는 것을 의미합니다. 이제 우리는 그것을 발견하기 위해 최대의 노력을 쏟아야 합니다. 우리는 의식, 곧 "내가 있다"는 맛을 생각에서 벗어나 있게 해야 합

---

32) T. 한 개인 안의 의식 혹은 지각성. 이것은 그 사람의 수명 동안만 존재하기에 마하라지는 이것을 '계절적'이라고 불렀다. 그 의식의 순수한 자각적 측면이 아뜨만이다. 아뜨만의 본질은 빠라마뜨만이지만, 아뜨만은 한 개인의 자아를 뜻하므로 시간이 한정되어 있다.

니다. **진아**는 생각에 가득 차 있는 사람들을 고려하지 않습니다.

해탈자는 자아의식에서 벗어나 있습니다. '나'는 지성으로 알 수 있는 것이 아닙니다. '나'는 지성을 아는 자입니다. **뿌루샤**는 몸이 없고, **쁘라끄리띠**는 몸을 가지고 있습니다. **쁘라끄리띠**의 다양한 모든 손님들(몸들)은 사라질 것입니다. 지성은 **쁘라끄리띠**의 일부입니다. 우리는 다양한 관계들을 발견하기 위해 지성을 사용합니다. **진인**은 지성을 젖혀두고 그 자신을 봅니다. 무지한 사람들은 지성의 도움을 받아서 과거와 미래의 존재를 믿습니다. 해탈을 얻는 데는 지성이 아무 쓸모가 없습니다. 진아가 지성을 넘어서 있다는 것을 온전히 확신하는 사람은 완전해집니다. 신은 사람의 존재의 순수성과 신뢰도에 따라 그를 총애합니다.

바그완 스리 크리슈나가 말합니다. "나는 이 세상에서 보이는 그 무엇 안에도 존재하고, 기쁨으로 충만해 있다. 그러나 나의 진정한 존재는 그 모든 것 이전이다. 존재의 기쁨은 의식에 기인한다. 나는 나의 **진아**를 알고, 나의 성품은 **지복**으로 가득 차 있다. 이 세계는 기쁨의 한 정원이다. 나는 다양한 형상들 안에서 나타나는 **지복**이다. 그럼에도 나는 **진리**이다. 모든 활동은 나로 인해 있고, 나의 **지복**은 방해받지 않는다. 나는 시대가 요구하는 대로 한 나라를 다스리는 데서 즐거움을 얻기도 하고, 때로는 같은 기쁨으로 탁발을 하기도 한다. 나는 다양한 형태의 서로 다른 일들을 하지만, 어떤 죄에도 영향 받지 않고 남아 있다. 나의 행위와 그 행위들의 성질을 누가 진정으로 아는가? 나에게 매우 소중한 내 헌신자들만이 안다. 나를 아는 사람들만이 나에게 헌신한다."

빠라마뜨만은 전 존재계에 편재해 있습니다. 그 안에서 출현하는 모든 사람은 한 연극의 등장인물들과 같습니다. 그런 제복들로 출현하고 있는 것은 모두 **진아**입니다. 그 안에 다양한 상태들이 있습니다. 매우 복이 있는 어떤 상태들(존재들)은 존경을 받고, 어떤 상태들은 큰 즐김의 기회들을 갖고, 어떤 상태들은 즐김(향락)의 밥이 됩니다. **바그완**이 말합니다.

"나는 그것들의 밥이 되지 않고 그 모든 것을 즐기고 있다. 이것이 전 공간을 균일하게 점유하고 있는 **나**의 영원한 성품이다. **나**를 인식하지 못하는 사람들은 신뢰가 없기 때문에 고생하고, 비참한 삶을 산다."

의식은 빛으로 충만해 있습니다. 여러분의 모든 좋고 나쁜 경험들은 여러분의 개인적 의식과 마음으로 인한 것입니다. 여러분이 행복하게 살 수 있게 하는 **의식-지복**이 있습니다. 여러분의 의식과 함께 위대한 신의 씨앗이 있습니다. 다른 모든 것 이전에 **의식-지복** 형상의 신이 있습니다. 사람들은 그것(의식-지복)에 대한 사랑 때문에, 그리고 온갖 안락을 더 잘 즐기기 위해, 집들을 짓고 가족을 양육합니다.

우리는 스스로 빛나기 때문에, 우리의 참된 **존재**를 알기에 적합해 지면 우리도 신을 체험할 수 있겠지요. 무지한 사람들이 노래하는 **바잔**은 **진인**이 노래하는 **바잔**과 같지 않습니다. 왜냐하면, 큰 고행을 하고 난 뒤라 해도 사람들은 아직 **진아**를 성취하지 못했기 때문입니다. 여러분이 자신의 **진아**를 모를 때는 신도 여러분을 모릅니다.

존재-의식-지복인 자가 그 스스로 나타났습니다. 그러나 여러분은 그를 모른 채 그가 다양한 고통스러운 활동을 한다고 비난하면서 그를 죄인이라고 선언합니다. **빠라마뜨만**은 쉽게 접근 가능하고, 모두에게 현존합니다. 다수의 존재 속에서 무엇이 가장 공통적입니까? 가장 공통적인 것은 우리 자신의 **의식**이고, 그것의 지知입니다. 우리의 부모님, 이 세계 등은 다수의 일부이고, 우리는 **일자**(the One)—곧 **존재-의식-지복**입니다. 일자 가 존재하기 때문에 다수가 있습니다. 스리 **라마**는 자신이 한 말과 자신의 임무를 어떤 타협도 없이 엄수하는 것으로 잘 알려져 있습니다. 그에게는 **진아지**와 완전한 만족이 있었습니다. 라바나(Ravana)[33]는 '존재의 자부심'이라는 뜻인데, 그것(라바나로 상징되는 자부심)은 **라마**를 조금도 동요

---

33) T. 『라마야나』에서, 라마의 아내 시따를 납치하여 라마를 괴롭히고 그와 전쟁을 벌였던 랑카 섬(스리랑카)의 나찰왕.

시키지 못했습니다. 라바나가 죽임을 당하자, 순수한 **진아**가 남았습니다. 그것은 여러분의 **진아**이기도 하며, (그것을 깨닫기 위해) 필요한 것은 그것에 대한 여러분의 확신입니다. 라바나는 **라마**의 성질들 혹은 소유물을 빼앗아 가려고 했으나, 그것을 자기 것으로 만드는 데 실패했습니다. 전체인 **브라만**만이 존재하며, 라마는 그것의 한 표현이었습니다.

아뜨만은 하나이고, 모든 산 존재들 안에 늘 현존합니다. 바그완 스리 크리슈나가 말합니다. "모든 산 존재 안의 의식이 나의 표지標識다. 나를 붙들려면, 자신의 존재의 경험을 꽉 붙잡아야 한다. 나를 꽉 붙잡는 사람은 어떤 어려움, 심지어 재앙에도 영향 받지 않을 것이다. 농부가 코뚜레 고삐로 황소를 다루어 일을 시키듯이, 여러분은 사랑으로 나를 제어할 수 있고, 나는 여러분에게 봉사할 것이다."

자신이 **아뜨만**이라는 깨달음과, 모든 존재 안에서 **이스와라**를 보는 것 사이에는 아무 차이가 없습니다. 이것이 우리 자신의 체험이 되어야 합니다. 모든 차별상(차이점들)은 여러분의 지성 때문이지만, **빠라마뜨만**은 어떤 차이도 보지 않습니다. 바그완 스리 크리슈나는 14가지 학문과 64가지 기예技藝에 통달해 있었습니다. 여러분의 지성에 의한 누락이 없다면 여러분도 모든 면에서 **크리슈나**와 거의 동등합니다. 여러분은 자신의 온전함을 누락해 왔고, 그 불완전함을 붙들고 있습니다. 여러분에 따르면, 여러분의 **참된** 성품인 **삿찌다난다**(Satchidananda)는 한 마리 당나귀(에고)입니다. 여러분은 모두의 안에 있는 신을 최저 수준과 같게 만들어 버렸습니다. 여러분의 참된 **존재**를 깨달아야 합니다. 바그완이 말합니다. "내가 똑같은 하나로서 내 헌신자들을 포함한 모두의 안에 현존함에도, 그들은 나를 인식하지 못한다." 유일한 치유책은, 모든 것의 경험자인 자신의 **의식** 외에는 어떤 신도 없다는 확신을 계발하는 것입니다. 이 **의식**은 하나이고 모두의 안에 현존합니다. 그것은 일체에 편재하기 때문입니다. 실제상 바로 그것이 **진아**입니다. 우리는 맹세하고, 우리의 **참된** 성품에 대해 확신을 가져야 합니다. 이 자체가 요가(명상 수행)입니다. 누구나 진아를 깨달을 자격이 있습니다. 우리는 "나는 빠라브라만이고, 나의 존재는 독립적이다. 나의 지知와 경험 없이 누가 존재할 수 있는가?"라는 확신을 가져야 합니다. 자신이 빠라브라만이라는 확신이 있으면, 온갖 즐거움이 자연발생적으로 경험됩니다.

바그완이 지적했듯이, 빛나는 것은 빠라브라만입니다. 그렇게 해서 스리 크리슈나가 화현했습니다. 빠라브라만이 '움직일 수 있거나 움직일 수 없는 것들'의 모든 공간을 점유하고 있습니다. 자신이 그것이고, 있을 수 있는 유일한 신이라는 확신을 가진 사람, 그런 사람이 스리 크리슈나에게 가장 소중한 헌신자입니다.

34. 그대의 의식이 신의 표지이다

1955년 10월 16일

샹까라짜리야가 말합니다. "내가 영원하고 일체의 이전이기는 하나, 나는 세계라는 이 지복스러운 정원으로서 출현한다. 의식을 알게 되면 그것이 우리를 지복스럽게 한다. 나는 진리이고, 내가 하나의 유희 속에서 다양한 형상들로 출현하며, 내가 정해진 일을 완수한다. 왕으로서든 거지로서든, 어떤 일도 나에게 기쁨을 준다. 나의 기쁨 속에서는 어떤 결함도 나를 건드리지 못한다. 나의 친애하는 헌신자들은 나를 알아보고 나를 숭배한다."[34]

---

34) *T.* 323쪽 셋째 문단에서는 비슷한 인용문이 크리슈나의 말로 나오는데, 여기서는 샹까라 싸리야의 말로 되어 있다. 전체 문맥상 크리슈나의 인용문으로 보아야 할 것이다.

"빠라마뜨만은 다양한 형상과 제복으로 출현하여 시대가 요구하는 대로 즐기거나 고통 받으면서 도처에 존재한다. 그러나 나의 지복은 방해받지 않고 있다. 나의 성품은 영원하고 참되며, 도처를 균일하게 채우고 있다. 그들 안에 있는 나의 현존을 잊어버리는 사람들은 그릇된 것들에 의존하다가 죽는다." 그런데 의식은 그냥 빛과 같습니다. 즐김이나 괴로워함은 개인적 영혼으로 인한 것입니다. 실제상 의식-지복의 목적은 즐김입니다. 집들 기타 것들의 모든 건립은 의식-지복으로 인한 것입니다. 집에서 우리가 누리는 모든 안락은 같은 지복을 위한 것입니다. 여러분의 의식이 신들 중의 신의 씨앗을 지탱하는 것입니다.

우리의 스스로 빛나는 성품으로 인해, 우리가 성숙했을 때는 신을 체험할 것입니다. 진인의 헌신과 숭배는 무지한 사람들의 그것과 다릅니다. 많은 사람들이 큰 고행을 하고 나서도 신을 보는 데 실패했습니다. 여러분이 자기 자신을 모르면 신조차도 여러분을 모릅니다.

삿찌다난다(Satchidananda)는 독립적으로 일어나고 스스로를 지탱합니다. 여러분은 그것을 모르는 채 고통스러운 활동에 관여하고, 죄인이 됩니다. 빠라마뜨만은 욕망함이 없이 도처에, 모든 존재 안에 현존합니다. 모든 것 안에 현존하는 공통된 것은 무엇입니까? 그것은 우리의 존재의 느낌입니다. 우리의 부모, 곧 대상들로 가득 찬 세계는 많은 것들로 이루어져 있지만, 삿찌다난다는 하나이고 홀로입니다. 그러나 우리의 경험들은 우리의 존재의 느낌으로 인해 제각각입니다. 화신 라마는 약속을 반드시 지키는 사람으로 유명했습니다. 서사시 『라마야나』에서 라바나는 에고를 대표하는데, 그가 죽임을 당한 뒤에 남는 것은 진아입니다. 시따(Sita)는 존재의 느낌을 대표하며, 라바나는 그것을 빼앗아 가려고 했지만 그것을 자기 것으로 만들지 못했습니다. 여러분의 진아에 대한 확신을 계발해야 합니다.

모두의 안에 있는 신은 자신이 한 말을 고수합니다. 크리슈나가 말합니다. "모든 존재 안의 의식이 곧 나 자신의 표지이다. 만일 여러분이 나를 붙들고 싶다면, 여러분 자신의 의식을 붙들면 된다. 나를 붙드는 사람은 어려운 문제들, 심지어 재앙을 가져오는 문제들 속에서도 영향 받지 않고 남는다." 황소가 코뚜레 고삐로 인해 제어되듯이, 신은 사랑이라는 고삐에 의해 인간에게 봉사하고 있습니다. 그것은 신에 대한 여러분의 사랑이 그를 제어한다는 뜻입니다.

진아 깨달음과 모든 것에서 그 신을 보는 것 사이에 아무 차이가 없습니다. 우리는 어떤 차이를 보는 데서 벗어남을 성취해야 합니다. 여러분의 지성은 다양성을 상상하지만, 빠라마뜨만 안에는 다양성이 없습니다. 크리슈나는 14가지 학문과 64가지 기예技藝의 달인이었습니다. 여러분도 마찬가지지만, 여러분은 지성을 사용하는 바람에 그것을 상실했습니다. 여러분은 자신의 완전한 성품과의 접촉을 놓치고 있고, 고개를 치켜든 불완전한 당나귀(에고로서의 '나')와 자신을 동일시해 왔습니다. 실은 그 당나귀는 삿찌다난다입니다. 그것은 모두의 신이고, 여러분의 깨달음을 기다리고 있습니다. 바그완이 말합니다. "나는 도처에, 각자의 안에 있지만, 내 헌신자가 나를 인식하지 못하고 나를 한 마리 당나귀로 취급한다." 그러면 해법은 무엇입니까? 그가 말합니다. "신을 여러분 자신의 체험으로서 깨달아야 한다. 여러분에게 다른 어떤 신도 없어야 한다." 신이 오직 하나이기는 하지만, 모두의 안에서 그가 보입니다. 모든 것에서 단일성을 봄으로써 요가(yoga) 안에 자리 잡아야 합니다. 자신이 빠라브라만이라는 확신이 있으면, 모든 기쁨이 여러분의 것이 될 것입니다.

바그완이 말합니다. "빛나고 있는 것은 같은 빠라브라만이다. 그것이 스리 크리슈나로 화현했고, 도처에 있다. 자신 안에 있는 자 외의 어떤 신도 받아들이지 않는 헌신자는 나에게 소중하다. 그의 확신은 확고하다."

[역주: 이 34번 법문은 33번 법문의 325쪽 셋째 문단 이하와 대동소이하다.]

35. 신은 의식으로서 몸 안에 있다

1955년 10월 23일

바그완이 말합니다. "다양한 힘들을 보유하고 사용하는 것은 나를 깨닫는 것을 의미하지 않는다. 진인들과의 친교에 의해서만 그대들이 나를 성취할 수 있다. 내 헌신자가 어떤 어려움에 직면할 경우, 나는 그가 그것을 모면하게 도울 것이다. 웃다바여, 이 세상에는 자신의 추종자들에게 여러 가지 일을 시키는 별별 사두들이 다 있다. 그러나 그것은 나를 성취하는 데 도움이 되지 않는다. 많은 사람들이 그들의 갈망을 이루기 위해 큰 고행을 했으나, 그것은 나를 성취하는 데 도움이 되지 않았다. 수백만 명 중 극소수만이 정말 나를 깨닫고 싶어 한다. 여타 모든 사람들은 쾌락을 추구할 뿐이고, 어떤 이들은 신체적·지적 힘을 위해서만 숭배한다. 나에 대한 진정한 관심은 매우 드물다. 나의 참된 헌신자에게는 (나를 깨닫는 것보다) 더 중요한 것이 없고, 그는 늘 명상에 몰입해 있다. 여러 가지 곡물(음식)에 대한 그의 필요들은 모두 자연발생적으로 공급되고, 그는 그것을 공양물로 나에게 내맡긴다. 반면에 사원을 방문하는 대다수 사람들은 그들의 개인적 목표를 이루기 위해 그렇게 한다. 어떻게 우리가 그들이 신을 사랑할 거라고 기대할 수 있겠는가?"

자신의 **참된 성품** 안에서 풍요로워지는 사람을 **진인**이라고 할 수 있습니다. 어떤 신을 숭배하는 것으로는 그 상태를 성취하지 못합니다. 바그완은 아주 진지하게 말합니다. "나의 헌신자들과 친교하는 사람들은 나를 성취한다. 나의 **참된 성품**은 묘사가 불가능하지만, 나는 헌신자들이 나를 깨닫도록 돕기 위하여 많은 화현化現을 나툰다. **미현현자**에 대해 명상하기는 불가능하므로, 사람들은 현현된 **브라만**에 대해 명상하는 것이 좋다. 진지하고 열성적인 사람들에게는 신이 이미 그들 안에 현존하므로

그들이 깨달을 것은 확실하다." 크리슈나의 고삐들(Gopis-목녀들)에게는 그들이 사랑하는 님(크리슈나)과의 하나됨이 있었습니다. 그들의 크리슈나 찬양은 그와의 합일을 표현하기 위한 것이었습니다. 크리슈나는 그들 안에 그들의 진아로 있었습니다. 그는 고삐들에게 그들의 의식을 크리슈나로, 전 세계의 빠라마뜨만으로 여기라고 말합니다. 그리고 그들 자신의 진아를 신으로 부르라고 말합니다.

신은 그 헌신자(웃다바)에게 그 자신의 올바른 상像과 완전한 믿음을 제시했고, 어디서 그를 발견할 수 있는지도 가르쳐 주었습니다. 그 헌신자는 신의 본래적인 단순한 형상에 대해 들었는데, 남들은 그것에 대해 어떤 제어력이나 힘도 가지고 있지 않았습니다. 우리의 의식이 아무 애씀 없이도 알게 되는 것이 우리 자신의 참된 성품인데, 그것을 브라만이라고 합니다. 이것의 진리를 알기 위해 전력투구하는 사람은 현자로 불리기에 적합합니다.

늘 자신의 의식을 자각하는 참된 헌신자는 신에 의해 그 자신의 것으로 받아들여집니다.

신이 말합니다. "나에게 베다 연구에 철저히 정통한 학자들은 필요 없다. 외관상 그대들인 것은 그대들의 참된 형상이 아니라, 실제적 목적을 위한 하나의 가정일 뿐이다. 만일 어떤 사람이 '신의 형상은 그것 때문에 이 몸이 살아 있는 원인'이라고 주장한다면, 그가 무슨 활동을 해도 그에게 해가 없을 것이다." 스리 크리슈나의 형상은 다른 모든 것 이전에 이미 모두의 내면에 자리 잡고 있습니다. 그런 확신을 가지고 세간에서 행위하는 사람은 장래에 진인으로 불릴 것입니다. 진정한 헌신자는 자신의 아뜨만 외에는 어떤 신도 믿지 않는 사람입니다. 순례지들을 방문한다고 해서 스승을 만나지는 못합니다. 그래서 뚜까람이 말합니다. "진정한 신을 잊어버린 이 사람들은 얼마나 눈이 멀었는가!" 심장 속에 있는 신을 등한시하고 돌을 신이라고 숭배하는 이 사람들에 대해 우리가 무슨 말을 할 수 있습니까? 바그완이 말합니다. "진정한 헌신자는 신을 심장 속에서 보며 그를 숭배한다. 그에게는 몸 안의 의식에 대한 온전한 믿음이 있다." 여러분이 지금 들은 것에 대해 온전한 믿음을 계발해야 합니다. 신은 남자와 여자 간에 어떤 차이점도 보지 않고, 여러분의 감정과 사랑에만 관심이 있습니다. 신은 여러분을 만족시키고, 여러분의 믿음과 확신에 그 자신을 맞춰 갈 것입니다. 여러분 스스로 확신의 결실을 보아야 합니다. 크리슈나는 우유 짜는 사람들 사이의 한 소년에 불과했습니다. 그가 자신이 빠라마뜨만이라는 확신과 함께 어떻게 성장했는지 보십시오. 그는 다르마라즈(Dharmaraj)가 거행한 희생제(*yajna*)에서 **빠라브라만**으로 숭배 받은 최초의 사람이었습니다.[35] 여러분도 그런 확신을 계발하여 그와 같이 되어야 합니다.

36. 진리와 그대의 참된 집을 인식하라

1955년 10월 26일

바그완이 묻습니다. "나는 나의 헌신자들, 곧 고삐들과 어떻게 관계되는가? 사람들은 나의 일대기와 고삐들의 이야기를 읽는 것만으로도 영적으로 큰 이익을 얻는다. 개아들은 대개 그들의 몸과 그들의 활동에 관심이 있다. 그들은 자신들을 (한 사람의 개아로서) 아주 유순하다고 여기지만, 실은 모두 **브라만** 그 자체이고 더없이 강력하다."

---

35) *T.* 『마하바라타』에서, 빤두 형제들(Pandus)의 맏형인 유디슈티라(Yudhishthira)를 일명 Dharmaraj라고 한다. 그가 독립 왕국인 인드라쁘라스타(Indraprastha)의 왕으로 즉위한 뒤 희생제를 거행했을 때, 크리슈나를 최고의 귀빈으로 모셨다.

크리슈나는, 그와 친교를 계속한 사람들은 해탈했다고 말했습니다. 스승의 제자는 그 스승의 아들로 불리지만, 다만 입문전수를 받고 그 덕에 그가 무한하고 광대무변해졌을 때입니다. 가장 복이 있는 사람들만이 스승에게 봉사하고 그와 친교할 기회를 얻습니다. 우리의 의식이 곧 진인의 성품입니다. 그 안에 무한하고 일체에 편재하는 **빠라마뜨만**이 현존합니다. 그것은 아는 자이고, 알려지는 모든 것은 방해 요인입니다. 의식을 아는 자가 진인이며, 그 아는 자가 우리의 참되고 완전한 **성품**입니다.

의식 안에는 온갖 종류의 명민함이 있습니다. 흙 속에 파종한 씨앗에서 솟아나오는 것이 그 씨앗의 종류에 따라 다르듯이, 의식 속에 파종한 것도 그에 따라 솟아나옵니다. 흙은 그 식물에게 어떤 맛도 제공하지 않습니다. 수확물은 그 씨앗에 따른 성질들만 가지고 있습니다. 마찬가지로, 진아는 그 자신의 어떤 맛도 가지고 있지 않습니다. 바그완이 말합니다. "실은 나에게는 어떤 속성도 없다. 의식은 그와 연계된 많은 것들을 가지고 출현해 왔지만, 나는 그런 것들에 상관하지 않는다. 이 의식, 곧 존재의 맛 속에 여러 우주가 들어 있다."

여러분의 의식 안에 까마데누(Kamadhenu), 깔빠따루(Kalpataru), 찐따마니(Chintamani)가 있습니다. 그 말은, 의식이 소[牛] 주인의 모든 소원을 들어주는 소원성취우所願成就牛와 같고, 원하는 것을 무엇이든 산출하는 나무인 소원성취수所願成就樹와 같고, 그 소유자가 원하는 모든 것을 산출한다고 생각되는 천상의 보석인 소원성취석所願成就石과 같다는 뜻입니다. 이 의식이, 욕망하는 것만으로도 **브라마**를 깨우는 **비슈누**입니다.[36]

여러분의 의식은 **진아 깨달음**이 과연 일어난다는 것을 집요하게 주장해야 합니다. 목숨을 내놓는 일이 있다 해도 말입니다. 그것은 씨앗이

---

36) *T.* 힌두교 비슈누파에서는 비슈누 신이 근원적 **창조주**라고 한다. 우주의 해체와 함께 잠들어 있던 비슈누가 깨어나서 창조의 욕망을 일으키는 순간, 우주를 창조하는 브라마가 출현하고, 브라마에 의해 우주의 창조가 시작된다. 그러나 실은 의식이 일어나면서 현상계가 출현하므로, 의식 자체가 비슈누이고 브라마는 세계의 출현 자체를 가리키는 개념이 된다.

껍질을 터뜨리고 싹을 내는 것과 같은데, 그래야 거기서 나무가 나옵니다. 그것은 누구의 성품입니까? 그것은 그 씨앗 안의 "내가 있다"는 맛의 성품입니다. 그런 다음 나무는 그 맛에 따라 성장합니다. 사물들이 그 주장에 따라 구체화되는 것이 의식의 성질입니다. 바그완은 그의 성품을 니르구나(*Nirguna*)라고 지적하는데, 그것은 "내가 있다"의 맛이 없는 흙과 비슷합니다. 그는 말합니다. "나에게 온전한 믿음을 가진 사람과 실제로 나를 원하는 사람은 나를 깨닫는다. 그것은 환영을 보는 것이 아니라 실제적 깨달음이다."

여러분의 '존재의 경험'이 준비되어 있어야 합니다. 그 말은, 깨달음을 위한 치열함을 가지고 기다려야 한다는 뜻입니다. 의식 안의 힘은 무한하지만, 빠라마뜨만 안에는 그런 무수한 힘들이 더없이 자연스럽게 존재합니다. 브라마와 하리(비슈누), 하라(시바)도 진아 안에서 창조됩니다. 진아 안에서 지복스러운 사람들, 그들에게는 몸에 대한 자부심이 하나의 혐오스러운 개념입니다. 바그완이 말합니다. "스승과 그의 말씀을 기억함으로써 나를 기억하라. 그럴 때 그대들이 원하는 것을 보게 될 것이다. 마법사의 돌에 접촉하는 것만으로도 쇠가 금으로 바뀌듯이, 진인들과의 친교는 가까이 다가오는 사람들을 일순간에 해탈시킨다." 실은 진인의 도장(stamp)은 모두의 내면에 존재합니다. 진아에 대한 어떤 확신을 가진 이후라 해도, 어디서 그와 별 상관없는 무슨 말(세간사에 관한 잡담 등)을 하는 것은 어리석습니다. 진아는 진인의 실체이고, 여러분의 의식은 그 안에서 태어났습니다. 여기서 '태어남'은 '자신의 현존을 느끼는 것'을 의미합니다. 무지한 사람들은 그것을 몸의 탄생으로 봅니다. 진인의 곁에 단순히 머물러 있는 것이 무슨 소용 있습니까? 어떤 변화를 체험해야 합니다. 진인은 그와 친교했을 때 우리가 "나는 순수한 브라만이다"라고 말하게 되고, 그것이 우리의 직접체험이 되는 그런 사람입니다.

참스승은 힘의 바다라는 확신을 계발해야 합니다. 우리의 의식은 참스승, 곧 **빠라마뜨만**의 발아래 있습니다. 그는 여러분을 보호하기 위해 늘 준비되어 있습니다. 여러분이 어려울 때, 보호 받기 위해 다른 신들을 부르는 것은 불행한 일입니다. 그 모든 신들은 **스승의 두 발**에 온전한 믿음을 가진 헌신자에게 존경을 표합니다. 참된 확신은 **빠라브라만**의 다른 이름입니다. 참된 헌신자는 자신의 **의식**에 대해 온전한 믿음과 확신을 가지고 있습니다. 그의 단순한 말도 쉽게 현실로 구현됩니다. 그의 말은 **만트라**나 마찬가지입니다. 그는 자신의 친구와 친족들이 **진아**에 대한 그의 탐구를 방해하는 것을 허용하지 않는, 위대한 헌신자입니다.

그것 때문에 우리가 일체를 아는 우리의 **의식**은 모든 좋은 자질들의 창고입니다. 그러나 그것을 지지해 주는 것이 **참스승**이고, 그의 힘은 훨씬 더 큽니다. 그래서 냐네스와르가 말했습니다. "만일 **참스승**의 지지와 같은 어떤 지지가 있다면, 달리 누구의 도움도 필요 없을 것이다."

우리의 **의식**에는 많은 구성요소가 있습니다. 5대 원소, 사뜨와·라자스·따마스의 세 가지 **구나**, 생시·꿈·잠의 세 가지 상태가 그것입니다. 의식의 출현 이후에 여러분의 모든 개념이 뒤따르지만, 개념들 이전인 자(의식)와 친해지십시오. **진리**와 여러분의 참된 집을 인식하십시오. 여러분의 참된 집은 **빠라마뜨만**, 곧 **참스승**일 뿐입니다. 존재성 이전인 것이 **진인**입니다. 그는 여러분의 존재성을 기억합니다. 일체의 이전인 시원始原 안에 있는 **진인**을 잊지 마십시오. 그를 잊지 않는 것은, 달리 말하면 그와 친교하는 것입니다. 바그완이 말합니다. "나는 항상 나의 헌신자와 함께한다. 그는 나를 만나기 위해 한 발자국도 걸을 필요가 없다."

만일 여러분이 진정으로 **스승**에 대한 헌신을 가지고 있다면, 여러분의 **진아**를 어떤 오점도 없이 순수하게 간직하십시오. 자기 **진아**의 순수함을 확신하는 자가 **진인**입니다. 그는 여러분과 별개의 어떤 형상도 없습니다. 그를 있는 그대로 보십시오. 이미 깨끗한 그것을 씻지 마십시오. 뚜까람이 말합니다. "나는 금생의 가장 좋은 열매를 얻었네. 가장 순수한 것에 대한 깨달음을."

빠라마뜨만은 자기확신을 가지고 "나는, 내가 그의 이름을 얻고 있는 아버지의 아버지이다"라고 말하는 사람 안에서 화현합니다. 그는 자신이 지칭하는 그것이 됩니다.

37. 누가 쁘라나의 작용을 주관하는가?

1955년 11월 6일

참스승이 제자를 입문시키면 제자는 나중에 자신의 성실성과 간절함에 기초하여 **진아**를 깨닫습니다. 입문전수는 그것을 받는 사람(제자)의 근기 나름이고, 또한 **베푸는 자**의 존귀함 나름입니다. **아뜨만**으로서의 입문전수는 어떤 결함에서도 벗어난 자만이 베풀어 줄 수 있고, 그가 **참스승**입니다. 그는 무한하고, 광대무변하고, 무無시간적입니다. 설사 그에 대해서 어떤 시간을 상상한다 하더라도, 그것은 몸 없는 **비토바**가 28유가 동안 빤다르뿌르의 찬드라바가(Chandrabhaga) 강둑에 서 있는 것과 같습니다.37) 입문전수는 남자가 받을 수도 있고 여자가 받을 수도 있지만, **베푸는 자**는 우리 자신의 **진아**일 뿐입니다.

미라(Meera-미라바이)는 자신이 저 바그완의 **빠라마뜨만**이라고 말합니다. 라다(Radha)38)는 자신이 없으면 **크리슈나**가 화현할 수 없다고 말합니다. 어째서 그렇습니까? 그에게 입문전수를 받았기 때문입니다. 입문전수를 받은 뒤에는 큰 헌신이 있었고, **베푸는 자**와 받는 자 사이에 단일성이

---

37) *T*. 빤다르뿌르를 지나서 흐르는 찬드라바가 강둑에 비토바를 모신 비토바 사원이 있다.
38) *T*. 크리슈나의 제1반려자이자 고삐들의 우두머리인 여신.

있었기 때문입니다. 헌신 속에서 모든 차별상이 사라지고, 어떤 이원성의 경험도 없습니다. 입문전수를 받은 뒤 만일 활동이 인위적이면, 그 활동들은 그냥 그와 같이 남습니다. 진정한 입문전수를 받은 뒤에는 자신이 남자나 여자라는 관념이 자연히 사라집니다. 영적인 공부가 사람들을 망친다고 하는데, 그것은 일부 사람들이 퍼뜨린 의도적 오해일 뿐입니다. **이스와라**를 기억하고 그의 이름을 염하는 데는 어떤 장애물도 있을 수 없습니다. 참된 지知가 있으면 세간적 삶과 어떤 갈등도 없습니다. **빠라마뜨만**과 우리의 단일성을 깨달으면, 그 이익은 우리가 가정생활에서 얻을 수 있는 것보다 무한히 더 큽니다. 이 세상에서 개아는 자신도 모르게, '태어난 사람'으로서 거짓된 입문전수를 받았습니다. 그것은 불행으로 이어지고, 그것은 **참스승**에 의한 참된 깨어남을 통해서만 사라질 수 있습니다. 우리의 탄생은 보통의 생식 과정의 한 산물이지만, **참스승**의 입문전수는 그와 다르고 그것을 넘어서 있습니다. '입문'이란 우리의 **참된 성품**을 기억하는 것을 뜻하고, 그것이 그 **만트라**(구루 만트라)의 메시지입니다. 입문전수를 받는 자에게는 그의 절대적이고 완전한 **성품**을 말해주는데, 그는 확신의 수준 여하에 따라 온전함을 체험합니다. 탄생이라는 문제가 일어난 것은 **의식**에 기인하며, 그 **의식**은 자신이 몸이라고 자부합니다. 이 에고를 없애기 위해 (스승이) 제자들에게 그들의 **참된 성품**을 말해주는 것이고, 그 **성품**은 보통의 생식 과정에서 산출되지 않습니다. 항존하는 자가 어떻게 태어날 수 있습니까? 자신의 존재를 알게 되는 것이 탄생은 아닙니다.

　몸의 **사뜨와**가 개아의 생명을 유지합니다. 이 **사뜨와**는 어떻게 해 볼 수 없는 것이고, 생존을 위해서는 우리가 여러 가지 음식 물질을 먹어야 합니다. 입문전수 전에는 개아가 자신을 몸이라고 여깁니다. 입문전수의 목적이 달성되면, **사뜨와**를 아는 자가 남들에게 입문전수를 해 줍니다. 그도 **비슈누**, 곧 본래적인 **진아**를 압니다. **참스승**의 은총이 있으면, 그는 마음·지성·에고와 감각기관이 헌신과 **바잔** 창송에 시간을 쓰게 만듭니다. 이 지구상과 전 우주에 존재하는 모든 신과 **여신들**도 **비슈누** 안에 존재하는데, 그것은 **의식** 안에 존재한다는 의미입니다. 몸의 **사뜨와**로 인해 우리는 '우리가 있다'는 것을 알게 됩니다. 그것은 우리의 존재를 알게 된다는 뜻입니다. **사뜨와**의 몸 안에 **진아**의 현존이 있고, 우리는 그것의 노래, 곧 **바잔**을 불러서 그것을 기쁘게 해야 합니다.

쁘라나(prana)를 (몸과 마음을 움직이게 하는) 주된 제어 요소라고 여기는 것은 어리석습니다. **쁘라나**는 어떻게 작동합니까? **의식**의 빛으로 인해 우리의 호흡이 진행됩니다. '우리가 있다'는 확신이 **마하비슈누**(Mahavishnu)입니다. 그가 사라지면 호흡이 멈춥니다. 그가 몸의 움직임을 주관합니다. 그를 숭배하십시오. 여러분의 **의식**이 없다면, 누가 참되고 누가 거짓인지 어떻게 판단하겠습니까? 바그완이 말합니다. "나의 표현인, 그대들의 **의식**에 온전한 믿음을 가져라. 전 존재계는 **나** 때문에 움직이고, 전적으로 **나**에게 의존하고 있다. **나**에게 온전한 믿음을 가진 사람은 굳이 찾지 않아도 **나**를 발견한다."

의식이 전 존재계를 접하고 있습니다. 그것은 5대 원소에서 비롯됩니다. 사람들은 주 **샹까라**(시바)가 듣고, 보고, 접촉하고, 맛보고, 냄새 맡는 다섯 개의 입을 가지고 활동한다고 말합니다. 본래의 **샹까라**는 모든 의심을 벗어나 있습니다. 그의 존재를 알게 되는 사람이 곧 **비슈누**입니다. 이 **샹까라**를 참으로 자각하게 되는 사람은 모든 세간적 임무에서 벗어납니다. 이 모든 정보는 우리의 순수한 **의식**에 대한 것입니다. 일단 이 **샹까라**를 깨달으면, 여러분의 모든 의심이 완전히 걷힐 것입니다. '**샹까라**'라는 이름은 '샹까에서 벗어남'이라는 뜻인데, '샹까'는 의심을 뜻합니다. 그때는 남자도 여자도 없고, 높고 낮음도, 아침 저녁도 없습니다. 모든 시간의 끝에서 **샹까라**는 그의 **진아** 안에 있는 모두에게 피난처를 제공하고, 그 자신의 충만함에 어떤 변화도 없이 그들에게 평안을 안겨줍니다.

진아의 충만함을 늘 즐기는 사람은, 인간 삶의 네 가지 목적, 혹은 주된 목표 ― 다르마(*dharma*-올바름)·아르타(*artha*-재물)·까마(*kama*-쾌락)·목샤(*moksha*-해탈) ― 모두를 향유해도 됩니다. 그러나 명상에 대한 신뢰를 포기해서는 안 됩니다.

38. 나 자신이 라마 아닌가?

1955년 11월 10일

이 상서로운 날, 스리 싯다라메쉬와르 마하라지께서 몸을 벗으셨습니다.[39] 아무도 스승을 묘사할 수 없는데, 그것은 그의 형상 없는 성품 때문입니다. 베다조차도 묘사하지 못했습니다. 베다의 말씀들이 (스승을 묘사하기에) 부적절하기 때문입니다. 본래의 이스와라도 진인들이 말하는 것을 말할 수 없었습니다. 무엇을 올바르게 말하기에는 개념들이 불완전합니다. 그것들은 모두 **마야**의 장場 안에 있고, **마야**는 무지입니다. 여러분의 **의식**은 존재에 대한 지知이기도 한데, 그것은 묘사가 불가능합니다.

의식과 앎이 전적으로 겸허해질 때, **참스승**에 가까운 상태가 있습니다. 우리의 **의식**이 늘 최초이고, '우리가 있다'는 존재함(existence)의 주장이 뒤를 따릅니다. 우리는 존재함을 확신합니다. 존재의 느낌이 없을 때는 언급할 만한 것이 아무것도 없습니다. 말이 없는 것은 호흡이 없기 때문인데, 그것을 죽음이라고 합니다. 그러나 자신의 죽음을 아는 사람은 아

---

39) T. 1955년 10월 8일자 법문(319쪽)에서도 싯다라메쉬와르 마하라지의 대삼매일이라고 했는데, 여기서도 같은 말씀을 하고 있다. 싯다라메쉬와르 마하라지는 양력으로 1936년 11월 9일 밤에 입적했는데, 음력인 힌두력으로 1955년의 대삼매 기념일을 찾으면 양력 10월 11일로 나온다. 그래서 음력과 양력으로 두 번에 걸쳐 비슷한 내용의 법문을 하고 있다.

무도 없습니다. 죽음을 알기 위해서조차도 의식이 필요합니다. 참스승은 자아의식이 없습니다. 마치 아무것도 없는 것처럼 말입니다. 진인들만이 속성 없이 존재하는 상태를 체험합니다. 존재함은 있으나, 거기에 '존재의 느낌'은 없습니다.

지성은 신을 묘사하지 못하지만, 우리가 좌절해서는 안 됩니다. 진인과 리쉬들은 신을 숭배하며, 신은 모두의 안에 그 사람의 '존재의 느낌'으로서 현존합니다. 여러분 안에 있는 것이, 여러분이 어디로 가는 수고로움을 덜어줍니다.

진리는 쓰지만[苦] 비진리는 즐겁습니다. 전자는 불멸이지만 후자는 유한하고, 끝이 있습니다. 어렵게 보이는 것이 실은 쉽습니다.

그로 인해 여러분이 자신이 존재함을 알게 되는 그것을 어디서 발견해야 할지 모른다고, 겁먹지 마십시오. 여러분의 존재성은 참스승이 여러분 안에, 그리고 도처에 현존하고 있다는 표지입니다. 그를 기억하고, 그를 숭배하십시오. 그러면 죽음이 두렵지 않을 것입니다. 어떤 사람이 아이에게 과자를 좀 주자 아이가 그것을 먹었고, 과자는 아이 뱃속으로 들어갔습니다. 마찬가지로, 여러분의 존재의 느낌은 참스승의 뱃속에 있습니다. 그는 시간 곧 죽음을 아는 자이고, 최후(임종)가 다가오는 데 대해 아무 두려움이 없습니다. 그것은 여러분에게도 해당됩니다. 여러분의 기원이 참스승 안에 있기 때문입니다. 그는 누구에게 아무것도 기대하지 않고, 모든 상황에서 주시자로 남아 있습니다. 설구워진 구루들만 남들에게서 기대하는 것이 있고, 자신이 일체를 '하는 자'라고 상상합니다.

참스승은 우리의 가장 가까운 친족이고, 우리는 그에 비견할 어떤 예도 제시하지 못합니다. 그래서 그는 묘사 불가능한 범주에 속합니다.

우리가 존재하는 한, 우리의 호흡이 계속됩니다. 우리의 존재성이 시간에 생명을 불어넣습니다. 존재['내가 있다']에 대한 우리의 확신이 시간에 생명을 부여합니다. 우리가 보는 것에 정신 팔지 않고, 우리의 확신을 늘 자각해야 합니다. 우리의 **참된 존재**는 모든 묘사를 넘어서 있습니다.

　육신은 **시간**의 장場 안에 있으면서 죽음에 대한 공포를 야기합니다. 실은 누구도 죽지 않고 생명은 지속됩니다. 우리는 남들이 죽는 것을 보지만, 그것은 우리 자신의 경험일 수 없습니다. 죽음은 하나의 겉모습일 뿐 실재가 아닙니다. **빠라브라만**은 불변이고, 있는 그대로 항상 존재합니다. 우리는 그것을 숭배하는데, 그것이 우리 자신의 참된 **존재**입니다. 개아에게는 몸을 버리거나 떠나는 것이 고통스럽지만, 최후에(몸을 버릴 때) **지복**에 잠겨 있는 진인에게는 그렇지 않습니다. 몸-정체성이 모든 차이를 만들어냅니다. 그러니, 자신은 결코 몸이 아닌 **아뜨만**이라는 확신을 계발하십시오. **참스승**에 대한 믿음이 여러분의 **아뜨만**에게 힘을 줍니다. 내적 핵심이 **참스승**의 말씀으로 점유된 사람은 **구루-만트라**(Guru-mantra)에 몰입합니다. 베다는 그에 대해 언급하지 않습니다. 경전 강의를 부단히 듣는 것으로는 우리가 참된 **사두**가 될 수 없습니다. 빠진 것은 스승에 대한 믿음입니다. 스승의 말씀이 탄환처럼 우리의 양심에 임팩트를 주어야 합니다. 그러고 나면 할 일이 아무것도 남지 않습니다.

　믿음 없이 스승을 추종하는 것은 어리석은 일입니다. 순례지를 방문하는 것도 별 도움이 되지 못합니다. 그렇게 해도 만족을 얻지 못합니다.

　참스승은 제자에게, 스승의 **의식**이 항상 그에게 존재한다는 것을 분명히 합니다. 굳이 스승을 찾아가서 만날 필요가 없지만, 스승은 필요할 때 제자가 찾아오는 것을 반깁니다. 스승과 제자의 관계는 엄마와 자식 간의 관계와 비슷합니다. 충분한 신뢰가 있으면, 제자가 자신의 **의식**을 자각하는 것만으로도 만족을 얻습니다. 스승을 만나러 가느냐 여부는 제자에게 달렸지만, 제자가 어디에 있든 스승에 대한 온전한 신뢰와 헌신을 가지고 있어야 합니다.

　[역주: 이 **38**번 법문은 32번 법문의 319쪽 둘째 문단 이하와 대동소이하다.]

39. 아뜨만 없이는 우리가 없다

1955년 11월 14일

영적인 공부에서는 필요한 모든 방법을 다 써 봐야 합니다. 필요한 어떤 도구든 사용하여, 성취하기 가장 어려운 그것을 성취하십시오. 사나까(Sanaka)를 포함한 네 사람의 무니는 고행을 끝낸 뒤 그들의 아버지 브라마데바(Brahmadeva)를 찾아가서 한 가지 질문을 합니다. "어떻게 해야 개인적 의식에서 감각대상들에 대한 관심이 사라지겠습니까? 그것을 어떻게 성취합니까?" 브라마데바는 대답할 수 없어 비슈누의 도움을 구했습니다. 비슈누는 이 지知를 브라마에게 들려준 적이 있었기에, '어떻게 자기 아들들에게 제대로 대답을 못해 주나?' 하고 생각했습니다. 브라마가 걱정하는 것을 본 비슈누는 백조의 형상으로 그 무니들 앞에 나타났습니다. 사나까가 그에게 '누구시냐'고 물었습니다. 비슈누가 말했습니다. "그대의 질문은 난감하다. 내가 누구인지 그대들에게 어떻게 말해야 하나? 오, 브라민들이여, 나는 홀로이고 전 존재계와 하나이다. 내가 누구라고 정확히 어떻게 말할 수 있겠는가? 감각대상들에 대한 관심에서 벗어나기 위해서는 개인적 의식, 감각대상, 그리고 그것들을 아는 자에 대해 온전히 알고 있어야 한다. 아는 자 없이는 어떤 개인적 의식도 없고, 그래서 어떤 감각대상도 없다. 그러면 아는 자는 누구인가? 개인적 의식이란 무엇인가? 유일한 답은, 그것이 우리가 그로 인해 '우리가 있다'는 것을 아는 우리의 의식이라는 것이다. 그것은 모든 산 존재 안에 현존한다. 몸이 존속하는 것은 이 의식 때문이다. 개인적 의식에 대한 주시자가 그 개인적 의식에 영감을 준다. 우리는 즐김에 대한 모든 관념과 다른 모든 개념을 포기해야 한다. 이 모든 지知를 브라마데바에게 주었지만, 그는 브라민으로서 세간적 삶을 영위하면서 그것을 잊어버렸다."

아뜨만은 모든 감각대상들의 존재와 관계없이 항상 온전하고 순수합니다. 과거에 이 지知를 많은 사람들에게 주었으나, 받은 사람이 이 지知에서 나오는 영적인 힘들(싯디)에 말려듭니다. 그래서 순수한 진아에 대한 진정한 지知가 없습니다. 바그완은 모든 면에서 온전한 지知를 주지만, 받는 사람은 자신의 근기에 따라서 받습니다. 모든 감각기관과 감각대상들을 넘어서 있는 것은 선과 악도 넘어서 있습니다. 선악은 개인적 의식하고만 관계되며, 진아는 감각대상들을 넘어서 있습니다.

뿌루쇼땀(Purushottam)이 개인적 의식의 주시자이지만, 만일 그가 몸을 자신과 동일시하면서 고행을 하면 진아지를 얻을 가능성이 없습니다. 그의 친존에서 빠라마뜨만을 깨달으면, 우리가 감로甘露(진아의 지복)를 마시게 됩니다. 그것은 큰 어려움 속에서도 방해받지 않는 만족을 얻는다는 뜻입니다.

모든 산 존재는 세 가지 주된 괴로움을 겪어야 하는데, 그것은 생존을 위한 음식, 휴식을 위한 잠, 정액의 방출을 위한 교접의 필요성입니다. 다른 모든 괴로움은 2차적입니다. 이런 괴로움 위에 감로를 뿌리는 자는 그것을 기쁨과 행복으로 바꿔 놓습니다. 그러나 어떻게 그렇게 됩니까? 우리 자신이, 개인적 의식의 주시자인 빠라마뿌루샤(Paramapurusha)가 되면 됩니다. 사람들은 이것을 따르지 않고, 자신을 어떤 가정에서 태어난 몸이라고 믿습니다. 몸은 갑자기 나타났고, 갑자기 사라질 것입니다. 이에고는 늘 고통스럽습니다.

개인적 의식은 늘 감각대상에 관심이 있는데, 바그완은 거기서 벗어나는 방법을 말해 줍니다. "그대들이 무엇을 먹을 때는 그것을 먼저 나에게 바쳐라. 그렇다고 내가 그것을 먹는다는 것은 아니다. 내가 그대들의 음식을 먹지 그대들이 먹는 것이 아니라는 것만 믿으면 된다."

우리가 기억해야 하는 주안점은, 아뜨만이 우리의 심장 속에 있다는 것입니다. 그것 없이는 우리가 있을 수 없습니다. 그것을 여러분의 몸이라고 여기지 마십시오. 그것을 **아뜨만**이라고만 불러야 합니다. 그러면 그것이 즐거워할 것입니다. 몸은 **아뜨만**의 한 덮개입니다. 그것은 닭이나 고양이나 개의 덮개일 수도 있지만, 그렇다고 해서 **아뜨만**이 결코 불순수해지지는 않습니다. 의식이 신인데, 그는 몸으로 불리는 것을 좋아하지 않습니다. 여러분의 의식 안에 전 세계가 들어 있습니다. 여러분의 심장 속에 있는 그 신에게 어떤 이름을 붙여서 그를 숭배해도 됩니다. 여러분의 신에 대한 믿음과 심장의 순수성에 따라서, 여러분의 지성이 예리해질 것입니다. 여러분의 의식이 출현하기 전에는 그 신이 미현현 상태입니다.

범부는 사원들을 방문하고 신의 축복과, 행복과 부富를 가지고 돌아옵니다. 신을 방문하는 사람들 중 극소수만이 혼자서 돌아오지 않고 신 자신과 함께 돌아옵니다. 이것은 방문자와 **방문 받은** 자의 희유한 조합입니다.

찌따(chitta)[40] 이전인 것이 **신**의 정직한 성품인데, 누구나 그에 대한 권리가 있습니다. 그것이 우리의 권리인 것은, 그것이 우리와 다르지 않기 때문입니다. 이와 같이 **진아**에 대해 명상하는 사람은 감각대상에 대한 어떤 관심에서도 벗어난 지복을 즐깁니다. 찌따 이전인 **신**은 참으로 부유하며, 배고픔에서 벗어나 있습니다. 우리가 그것을 성취할 때까지는, 음식에 대한 추구가 있을 것입니다. 내가 **그것입니다**(I am That)─배고픔을 벗어나 있는.

가난한 사람이 하나 있었는데, 시간이 가면서 그의 형편이 달라졌습니다. 그래서 백만장자들의 일원이 되었습니다. 작았던 사람이 이제 커졌습니다. 그의 이 변화가 자부심과 에고를 키웠습니다. 마찬가지로, **아뜨만** 대신 몸과의 동일시가 있을 때, 그것은 **아뜨만**이 그 자신을 속이거나

---

40) *T.* 흔히 '기억'으로도 번역되는 마음의 한 측면. 이것은 마야, 즉 감각대상들과 관계하면서 감각기관으로 받아들인 그 대상들의 인상을 저장하는 의식의 한 작용이다.

그 자신에게 불충한 것과 다름없습니다. 삼매나 깊은 잠 속에서는 찌따의 경험[41]이 없고, 그것의 주시자가 빛나면서 활기차게 일어납니다. 그 주시자를 몸과 동일시한다면, 그것은 코끼리를 사슬에 묶어 놓는 것과 같습니다. 죽음과 환생에 대한 거짓된 관념을 포기하십시오. 찌따의 주시자는 전능하고, 독립적입니다. 그에게 온전한 믿음을 가지십시오. 개아의 미래는 그의 운명에 따른다고 믿어집니다. 만일 여러분이 찌따(chitta)를 사용할 때 자신이 강하다는 느낌이 있다면, 그 느낌은 여러분의 상상일 뿐이라는 것을 분명히 아십시오.

찌따의 모든 활동을 아는 자는 여러분의 참된 성품입니다. 그에 대해 여러분이 뭔가를 지불해야 합니까? 바그완은 인간의 몸으로 화현한다고 하는데, 그렇다면 여러분의 몸으로 화현한 것은 귀신입니까? 참스승의 지도하에 의식에 대해 정직하게 명상하는 사람은 브라만을 깨닫습니다. 그럴 때 그는 세간적 활동에 영향 받지 않습니다. 그럴 때는 그가 모든 행위를 '하는 자'입니다. 바그완이 말하기를, 브라마데바가 자신의 행위들에 대해 주시자로서만 머무른다면, 행위들 중 어떤 것의 결함에 의해서도 영향 받지 않는다고 합니다. 그때 사나까가 바그완에게 여쭈었습니다. "감각대상들과 관련해서는 어떤 것이 지知입니까?" 바그완이 말했습니다. "내가 망고를 알지만 그것은 나의 형상이 아니듯이, 내가 나의 몸을 알지만 그것은 나의 형상이 아니다." 우리는 자신이 하나의 돌을 이용한다는 것을 알지만, 그 돌은 우리의 형상이 아닙니다.[42] 이러한 이해는 세속적 정념이 없는 상태로 사람을 이끌어줍니다. 우리는 몸, 찌따, 생시와 잠을 아는 그것입니다. 그 초연한 상태에서 명상하고 안정되는 사람은 어떤 행위의 결과에 의해서도 영향 받지 않습니다.

---

41) T. 여기서 '찌따의 경험'이란, 이제까지의 모든 기억과 인상을 토대로 자기 자신과 세계를 인식하는 것을 말한다. 자기 자신에 대한 인식은 무엇보다도 '몸과의 동일시'로 나타난다.
42) T. 여기서 '돌'은 '목석과 같은 것', 즉 진아 없이는 죽은 물건인 우리의 몸을 가리킨다.

바그완이 말합니다. "그대의 **아뜨만** 안에서 나를 보고, 나의 **바잔**을 노래하라. 만일 나를 그대의 **아뜨만**과 별개로 여기면, 그 **바잔**은 이원적인 것이 될 것이다. 나는 그대의 **아뜨만**과 별개로는 어떤 존재성도 없다. 그대가 '그대가 있다'는 것을 아는 것은 그대의 **아뜨만** 때문이다. **아뜨만** 외에 어떤 신도 없다. 그래서 **아뜨만** 없이는 신에게 어떤 존재성도 없다. 그대의 **참된 성품**은 나와 같다. 그대의 몸 안에 신이 있는데, 그대의 지성은 그것을 받아들일 수 없다. 그래서 신은 그가 자신의 실체와 다른 어떤 존재인 척해야 한다. 그대가 자기 것이라고 주장하는 그 몸은 진짜가 아니다. 그러나 그대의 **진아** 외에는 그것의 어떤 지지물도 없다."

어떻게 해야 (우리가) **진아**는 우리 안의 다른 대상들과 별개인 줄 알 수 있습니까? 아는 자인 우리는 '알려지는 것' 이전입니다. 이것은 불공평해 보이지만, 아는 자 없이 누가 다른 대상들의 존재를 확인하겠습니까? **진아**는 의식으로서 몸 안에 있는데, 그 의식은 눈에 보이지 않습니다. 누가 '보는 자'이고 '향유자'입니까? (진아인) 그가 모두의 안에 있습니다. 제대로 이해하려면 세속적 정념이 없어야 합니다. 그렇다고 해서 우리의 일상생활이나 즐김을 포기해야 한다는 것은 아닙니다. 그것은 처자식을 버리거나 가정생활을 떠나는 것이 아닙니다. 진정한 무욕은 몸과의 동일시를 포기하고, 자신을 '알려지는 것'과 별개의 '아는 자'로 아는 것입니다. 우리가 이러한 이해 안에서 안정될 때, 진정한 지혜가 밝아옵니다. 신이 숭배 받고 (헌신자에게) 알려질 때, 그의 지성과 존귀함이 그 헌신자에게 전이됩니다. 에고가 없어야 하고, 무욕이 확고해져야 합니다. 그 **만트라** (구루 만트라)를 중단 없이 염할 때, 우리의 **참된 성품**은 염송을 가능케 하는 바로 **그것**이라는 확신도 있어야 합니다. 제대로 이해하면서 하는 이러한 영적인 노력은, 우리를 가장 예리한 지성을 가진 위대한 헌신자로 만든 다음, **진아** 깨달음을 촉진합니다.

40. 실은 나는 속성이 없다!

1955년 11월 20일

바그완 스리 크리슈나는 그의 **참된 성품**에 대해 웃다바에게 분명하게 설합니다. 이제 크리슈나의 현신도 거의 끝날 때가 되어, 그와의 친교도 며칠밖에 더 가질 수 없었기에, 웃다바는 매우 걱정이 되고 불안합니다. 그래서 **바그완**은 그에게 **아뜨만**을 알게 해 줍니다. **빠라마뜨만**이 어떻게 모두의 안에 있는지를 설명해 주었습니다. "웃다바여, 실은 나는 속성이 없다. 그러나 사람들의 헌신으로 인해, 내가 형상이 있는 이 **의식**을 가지고 있다. 탁월한 성질들이 있을 때는 내가 최고이고, 저급한 성질들이 있을 때는 내가 저급하다. 위대한 성질들이 있을 때는 내가 광대하지만, 1차적으로 나는 **니르구나**(Nirguna)이다. 니르구나로서 나는 성질들에 영향받지 않는다." 그런 다음 **바그완**은 자신의 탁월한 **참된 성품**에 대해 이야기합니다. "나는 여하한 어떤 기대도 없는 **니르구나**이다. 그것은 가장 자연스럽고 '편안한' 상태이다. 한 사안이 해결되고 다른 문제가 시작될 때조차도, 나에게는 어떤 기대도 없다. 기본적으로 아무 기대가 없기는 하나, **의식**과 교류하면 기대들이 고개를 치켜든다. 실은 나의 **참된 성품**은 **의식**이 없고, 그래서 기대가 없다. 그것은 풍성한 충만함의 상태이다. 그래서 필요한 것이 전혀 없다."

의식이 없었을 때는 그가 완전했습니다. **의식**이 출현한 뒤에는 기대와 그 기대의 충족이 있었습니다. 그런 다음 다른 화현들이 있었고, 다양한 분야에서 발전이 있었습니다. **바그완**은 **빠라마뜨만**으로서의 자신의 실체를 설명하려 하고 있습니다. "나의 헌신자들은 나를 숭배하고, 그들에게 나는 매우 소중하기에, 그들은 나를 더없이 좋아한다. 내가 **니르구나**이기는 하나, 나는 내가 친애하는 이들이 나에게서 원하는 **그것**이 된다. 나에게는 무엇이 되려는 어떤 개인적 선호도 없다. 나는 의식이 좋아하는 것이 된다. 이 의식은 우리가 존재함을 말해주는 것이다. 나는 니르구나이기에, 의식에 반대하지 않는다."

진아는 무지인 의식 곧 지각성(knowingness)을 포함하여, 어떤 욕망에도 반대하는 성품을 갖고 있지 않습니다. 우리는 몸과의 동일시를 놓아 버리고 의식이 되어야 합니다. 이 의식은 욕망하는 것을 현실화하는 내재적 힘을 가지고 있습니다. 의식 안에서 어떤 관념이 일어나든, 그것은 현실화됩니다. 이 세계는 의식의 다양한 일어남에 따른 사건들로 가득차 있습니다. 그 사건들은 욕망에 따라 의식이 취한 형상들입니다. 데바끼(Devaki)의 아들(크리슈나)에게 어떤 일이 일어났습니까? 자신이 **빠라마뜨만**이라는 관념이 그에게 일어났고, 그것은 서서히 현실이 되었습니다. 그는 진아를 깨달았습니다. 결국 그는 **빠라마뜨만**으로서 숭배 받았습니다. 사람들에게는 자신 안에 큰 힘이 있다는 생각이 일어나지 않습니다. 그들은 자신의 욕망을 이루기 위해 **마하데바**(시바)의 사원들을 방문할 필요가 있다고 느낍니다.

소리는 허공에서 시작되는데, 허공은 다양한 장면들을 목격하지만 그 장면들에 영향 받지 않습니다. 마찬가지로, 의식은 만물에 편재합니다. 의식으로 인해 여러분이 자신의 존재를 알게 됩니다. 근원에서는 진아가 무형상이고 **니르구나**(무성질)이지만, 의식 때문에 표현과 화현이 있습니다. 우리는 (의식의 한 표현인) 자신의 지성의 결과를 경험합니다. 필요한 것은 올바른 확신입니다. 여러분은 자신의 지성이 작동한 결과에 직면합니다. 어떤 결과들은 눈에 보이고, 어떤 것은 보이지 않습니다.

의식의 씨앗은 크기가 얼마나 됩니까? 그것은 원자같이 작지 않습니까? 워낙 작아서 더 이상 나뉠 수도 없습니다. 그러나 그것의 능력은 어떻습니까? 전 세계가 그것 안에 들어 있습니다. 여러분의 의식이 가진 힘은 묘사할 수가 없습니다. 그것은 여러분이 강하게 욕망하고 고집하는 그 무엇도 얻게 해줄 수 있습니다. 그것은 확실히 여러분이 필요로 하는 것을 얻게 해줄 능력을 가졌습니다. 그러나 비이원적 숭배 속에서만 그 힘을 온전히 쓸 수 있습니다. 빠라마뜨만은 의식 이전 혹은 의식의 근저에 있습니다. 그러나 개아들은 의식을 과소평가하는데, 시간이 가도 사정이 나아지지 않습니다. 마음 그릇이 작은 헌신자는 적절한 지도와 입문전수 없이는 진아 깨달음을 얻지 못합니다. 입문전수를 받은 뒤에는 그가 의식으로서 안정될 수 있습니다. 다른 모든 거짓된 동일시들이 사라질 때, 참된 자아를 깨닫게 될 것입니다.

"나의 참된 헌신자들은 나를 쉽게 접할 수 있다. 그럴 때 그들은 나를 그들의 심장 속에서 본다. 과거에 내가 취한 다양한 화현들이 이것의 한 증거이다."라고, 바그완 스리 크리슈나는 웃다바에게 말합니다. "평등함과 홀로 있음은 대단한 자질이다. 그럼에도 나는 니르구나이기에, 그 무엇도 나를 접촉하지 못한다. 내 헌신자들이 나를 무엇이라고 여기든, 혹은 무엇이라고 비난하든, 나는 그에 따라 그들에게 경험을 안겨준다. 근본적으로 의식은 무지일 뿐이다. 그래서 내 헌신자들은 그들의 믿음에 따라 즐기거나 고통 받는다." 만일 여러분이 이 세상에서 행복해지고 싶다면, 어떤 부정적 관념도 갖지 마십시오. 그러면 여러분의 확신에 따라 삶을 즐기게 될 것입니다. 의식은 여러분의 긍정적 관념들에 따라 현실화합니다. 그래서 여러분의 아뜨만은 여러분의 의식이 가진 욕망이나 개념들에 의해 방해 받아 온 것입니다. 이 모든 가시적 존재계 안에 빠라마뜨만 그 자체가 있다는 확신을 가진 사람, 그런 사람은 온전하고 완전해집니다. 이 본래적 진아를 성취하는 사람은 세간의 모든 쾌락에 흥미를 잃습니다. 누구나 가지고 있는 "내가 있다"의 맛이 모든 맛 중에서 최고입니다. 진인들만이 그것의 진수를 경험합니다. 진인 뚜까람은 그것을 자신의 체험으로 표현하고 있습니다. 개아들이 진인들만큼 활기차지 못한 것은, 그들이 감정과 느낌에 개입하기 때문입니다. 진아는 감정과 느낌을 넘어서 있기 때문에, 무지인들은 그것의 **지복**을 얻지 못합니다. 그래서 **바그완**이 말합니다. "**진아**의 **지복**을 마시는 사람이 참된 **진인**이다."

임신 마지막 주에는 엄마의 피가 젖으로 변합니다. 그것은 새로 태어날 아이를 위한 음식을 준비하는 것입니다. 마찬가지로, 헌신자의 신뢰가 일념일 때는 그의 **진아**가 그의 모든 느낌과 감정에 대해 해법을 제시합니다. **스승**의 참된 아들은 그의 모든 이해관계와 약점에서 벗어나게 됩니다. 깊은 명상 속에서는 다른 모든 쾌락이 아무 가치가 없습니다.

"어둠은 해와 결코 대결한 적이 없다. 마찬가지로, **의식**은 나의 본래적 **자아**와 대면할 수 없다. 모든 인간은 자신의 **의식**을 이용하여 **진아**의 기적을 즐겨야 한다."라고 **바그완**은 이야기를 계속합니다. "물이 가득한 호수 하나가 있다고 하자. 그 호수는 식물과 다른 산 존재들의 성장을 돕는다. 동물들이 서로를 죽여서 먹는다고 한들, 그 호수가 무엇을 잃는가? 호수는 선도 악도 행하지 않았다. 마찬가지로, 모두의 안에 있는 **진아**는 마음을 끌지도 않고 비난하지도 않는다." **의식** 때문에 행위들이 일어나고, 또한 남을 칭찬하거나 비난합니다. 적절한 판단력이 없는 사람들은 지도를 받기 위해 **진인**들을 방문합니다. **진인**들은 씨앗을 뿌려서 그들에게 올바른 행위가 일어나게 합니다. 그러면, **이스와라**에게 일어날 수 있는 일이 복 있는 헌신자에게도 일어날 수 있습니다. 이런 헌신자들 중 가장 뛰어난 사람은 **빠라브라만**을 깨닫습니다. **진인**들이 구도자들에게 무엇을 줍니까? 그들은 방문객들에게 이 거짓된 '나'를 잊을 것을 상기시켜 줍니다. 적절한 지도를 받지 못하고 좋은 성질들이 일어나지 않는 사람들은 속박 속에 머물러 있게 됩니다. 신은 그에 대한 헌신자의 사랑에 따라서 그 헌신자와 하나가 됩니다. 여러분은 헌신하는 만큼 그 결과를 경험하게 될 것입니다.

지혜가 없으면 여러분이 자신의 미래를 아는 데 관심이 있습니다. 여러분이 지혜로워지면, 그런 것을 생각조차 하지 않을 것입니다.

빠라마뜨만은 그의 헌신자가 내린 결정을 아주 확고하게 지지하고, 그에 대해 보증해 줍니다. 여러분이 누군가를 미워하면, 그에 따른 과보를 겪게 되어 있습니다. 그것은 명백합니다. 왜냐하면 미움은 여러분 외에 어떤 영혼도 가지고 있지 않기 때문입니다. 실은 현현자(현상계)와 **미현현자**(빠라마뜨만)는 하나입니다. 그러니 여러분의 모든 활동과 남들을 상대하는 일에서, 친절함과 우정이 자리하게 하십시오.

이 세상에서 가장 맛있는 것은 우리의 '존재의 느낌'입니다. 다른 사람들이 여러분의 선함을 알고 함께 나누게 하십시오. 우리의 **진아**가 워낙 고매해서, 남들이 우리를 상대하는 동안 그들이 편안함을 느껴야 합니다. 이제, 여러분이 무엇을 보고 인식하든 그것은 모두 여러분 자신의 성품이라는 사실에 대해 명상하십시오. 전 세계가 여러분 안에 있고 여러분이 전 세계 안에 있게 하십시오. 여러분의 생각과 계획은 늘 크고 방대해야 합니다. (여러분은) **이스와라**를 진지하게 숭배하는 그 누구도 결코 시기하거나 미워하지 마십시오. 잠자리에 들 때는 여러분의 의식을 '모든 신들 중의 신'으로 부르십시오. 깨어날 때도 그것을 염하십시오. 그런 말을 하면 진정한 기쁨을 경험합니다.

41. 신 없이는 그대가 존재할 수 없다

1955년 11월 27일

바그완은 그가 어떻게 있고, 그의 성품이 무엇이며, 어떻게 해야 그를 성취하는지를 설명했습니다. **빠라브라만**은 홀로일 때 자신의 존재조차도 모릅니다. 그래서 **빠라브라만**은 헌신자의 형상으로 그 자신의 존재를 알고 즐깁니다. 브라만은 개아와 별개가 아니고, 개아는 브라만과 별개가 아닙니다. 만약 어떤 사람이 신에게 온전한 믿음이 있으면, 신이 그 사람의 일부가 됩니다. 양자 공히 모르는 사이에 같은 평안과 고요함을 즐깁니다. 신에 대한 완전한 순복과 신이 자신을 통해 작용하는 것을 보는 것은, 어떤 수행도 하지 않고도 그에게 진정으로 헌신하는 것입니다. 그 헌신자는 자신의 존재성, 곧 자신의 존재 자체를 신에게 내맡깁니다. 그래서 그의 존재가 신의 존재가 되고, 헌신자와 신 사이에 아무 분리가 없게 됩니다. 이런 순복을 하게 되는 것은, (존재성을) 견딜 수 없어 하는 의식의 성품 때문입니다. 그래서 진인들은 자신의 삶을 신에게 내맡깁니다. 우리가 자신을 행위자라고 주장하면, 그에 따른 죄들이 우리에게 영향을 줍니다. 그러나 신이 행위자일 때는 그 죄가 우리에게 영향을 주지 않습니다. 신이 그것을 알아서 하게 하십시오. 우리의 존재성을, 그것의 모든 카스트, 교의, 종교와 함께 신에게 내맡기십시오. 신이 그 열매도 즐기게 하십시오. 그럴 때 우리의 의식은 신의 의식이 되고, 우리의 경험은 신의 경험이 되며, 우리의 배고픔조차도 신에게 전가됩니다.

나라다는 쁘랄라다에게, 주 나라야나는 그(쁘랄라다)와 별개의 어떤 존재성도 없다고 보증한 바 있었습니다. 쁘랄라다는 이것을 전적으로 받아들였는데, 그것은 자신의 아버지에게 적대하는 것을 의미했습니다. 그래서 그의 아버지는 쁘랄라다를 절벽에서 밀어뜨리기로 결심했습니다. 이 소식에 쁘랄라다는 즐거워했습니다. 그것은 나라야나에게만 문제이자 죽음이고, 자신은 그것의 주시자일 뿐일 터였기 때문입니다. 이것이 곧 나라야나에게 존재성과 사랑을 완전히 내맡긴 결실입니다.

여러분은 신과 별개의 어떤 존재성도 없다는, 그리고 여러분 없이는 신도 없다는 확신을 가져야 합니다. 신과 헌신자 사이에 어떤 분리가 있다는 생각을 털끝만큼도 하지 마십시오. 그러면 전 존재계가 나라야나가 즐기는 하나의 유희이자 오락일 뿐일 것입니다.

우주가 해체되고 전 세계가 파괴되는 일이 수없이 있었지만, 신은 땀한 방울 흘리지 않고 그대로 남아 있었습니다. 그는 독립적으로, 그리고 스스로를 지탱하며 늘 있습니다. 헌신자가 숭배를 하는 곳에는 신에 대한 기억이 있고, 기억과 함께 신의 현존도 있습니다. 신은 그 헌신자의 믿음을 고무하고 증장시킵니다.

개아들은 그들의 상상과 개념에 따라서 신에 대한 체험을 갖습니다. 미현현자를 숭배하는 사람에게는 신이 관념을 벗어나 있습니다. 그의 존속은 애씀이 없고 자연발로적입니다. '해탈'이라고 하는 것은 개아가 속박에서 벗어나게 하기 위한 것입니다. 진인과 친교하면 해탈에 대한 욕망이 없어집니다. 속박의 개념이 끝나 버리기 때문입니다. 참된 제자에게는 전 존재계가 신의 것이고, 그 자신이 곧 신입니다. 그것은 모두 신의 것입니다. 이제 브라만이 해탈하면, 개아는 그의 '내가 있음'을 상실할 것입니다. 브라만은 어떻게 있습니까? 그것은 불멸이고, 어떤 변화도 없습니다. 황제들은 휴일이 없습니다. 전 세계를 소유한 사람은 비번일 수가 없습니다. 회사의 소유주는 (회사에서 주는) 연금도 상도 받지 않습니다. 마찬가지로 브라만에게는 휴일이 없습니다. 브라만에게 주는 상도 없습니다. 그래서 그것은 모든 면에서 완전합니다.

바그완이 말합니다. "나의 참된 헌신자들은 어떤 해탈도 할 필요가 없다. 내가 이미 그들의 것이다." 잠과 생시가 자연스럽게 일어나듯, 삼매 (Samadhi)도 그렇습니다. 쉽고 자연스러운 것이 올바른 것입니다. 힘들게 애써서 삼매에 든다는 것은 참된 헌신이 아닙니다. 실은 헌신은 아주 쉽고 단순합니다. 그것은 여러분이 어떻게 있고 신이 어떻게 있는지를 분명히 해줍니다. 참된 헌신이 신으로 이어지고, 신에서 진아로 이어집니다. 신, 진아 그리고 여러분은 모두 하나일 뿐입니다. 실제로는 단 하나의 진아와 영원한 삶이 있습니다. 우리만이(인간들만이) 보편적 의식(브라만)의 일부를 가지고 있습니다. 의식을 가장 잘 사용하는 것은 그것을 신으로 대우하는 것입니다. 개아는 한정된 삶을 가지고 별개의 존재성을 상상해 왔습니다. 브라만의 삶은 가늠할 수 없습니다.

큰 학자들은 진아지는 없고 말의 지식과 세간적 지식만 가지고 있습니다. 소똥떡(소똥을 땔감용으로 동글납작하게 만들어서 말린 것)을 팔던 가난하고 단순한 자나바이(Janabai)가 브라만을 성취했습니다. 만약 어떤 사람이 자신은 참된 헌신자라고 하면서 세간적 삶을 포기하고 싶다고 말한다면, 그는 자기 가족을 다시는 안 만나겠다고 할지 모릅니다. 그것은 세속적 정념이 없는 것이 아니라 (세속적 삶에 대한) 염오심厭惡心이 있는 것일 뿐입니다. 이 에고가 브라만을 멀리합니다.

그 단순하고 순박한 목동들의 자식들(고삐들)이 어떻게 형상 없고 속성 없는 것을 알게 되었습니까? 그들은 동전 몇 개도 제대로 셀 수 없었지만, 크리슈나에게 온전한 믿음을 가지고 있었고, 그의 말씀을 주의 깊게 기억했고, 그렇게 해서 변모되었습니다. 그래서 여러분이 들은 것을 주의 깊게 보존하고 그것을 실천하면, 단일성이라는 가장 위대한 체험을 하게 될 것입니다. 그것이 애씀 없이 일어날 것입니다. 진인들의 체험과 같은 체험을 여러분이 하게 될 것입니다.

인도 전역에서 갠지스 강을 방문하러 오는 사람들이 있습니다. 그곳에 머무르면서 "나마 시바야(Namah Sivaya)" 만트라를 부단히 염하는 등의 행법들을 닦는 동안, 그들은 물만 먹고 견딥니다. 어떤 사람들은 그들을 선견지명이 있는 사람들이라고 부릅니다. 어떤 사람들은 신이 도처에 있고 모든 물이 신성한데, 그렇게까지 하면서 모든 수고를 하는 것이 무슨 의미가 있느냐고 그들을 비판합니다. 바그완이 말합니다. "나는 내 헌신자들을 빠라마뜨만으로서 존경한다. 왜냐하면 나는 그들을 통해서 나의 존재를 알게 되기 때문이다. 내 헌신자가 한 사람 태어날 때, 그것은 그의 형상으로 출현하는 나 자신의 화현이다. 빠라마뜨만이 홀로일 때는 그 자신의 존재를 모른다. 그대들은 밀로 다양한 음식을 요리할 수 있지만, 그 모든 음식의 영혼은 밀일 것이다. 마찬가지로, 나는 움직이는 것들과 지각력 없는 존재 전체의 **아뜨만**이다. 그래서 나는 나의 모든 헌신자들에게, 나에게 나 자신의 존재를 알게 해준 데 대해 감사한다. 내 헌신자들이 나를 세상에 널리 알려주었다. 그들은 내가 그들을 모조리 잡아먹을 기회를 준다. 나는 그들의 **의식**으로서 내 헌신자들 안에 있다. 내 헌신자들은 그들의 몸이 아니므로, 그들을 남자나 여자로 여기는 것은 잘못이다. 지각성(의식)이 신이며, 신이 모든 헌신자의 **참된** 성품이다. 나에게는 내 헌신자의 얼굴 아닌 어떤 얼굴도 없다. 한 헌신자의 존재 자체가 나 자신의 존재이고, 그의 행위들은 나 자신의 행위이다. 나는 전체 공간을 점유하고 있으므로, (나에게는) 오고가는 어떤 움직임도 있을 여지가 없다.43) 나의 현현이 일어나는 것은 오로지 헌신의 부름 때문일 뿐이다. 의식이 나의 눈인데, 헌신자의 의식은 나의 보편적 눈이다. 나는 그로 인해 모든 헌신자가 자신의 존재를 아는, 그들 안의 해이다."

우리의 존재의 느낌이 없으면 **빠라마뜨만**이 자신의 존재를 모릅니다. 그와 우리의 관계는 아주 가깝고 단순합니다. 우리는 그런 믿음을 가져야 합니다. 바그완이 말합니다. "그대의 의식은 나의 보편적 기관이고, 보편적 부드러움이며, 보편적 의식이다. 그것이 **큰** 실재(*Mahat-tattva*)이다." 바그완이 여러분의 의식의 중요성을 말해 주기는 하지만, 그것이 여러분에게는 아무 가치가 없습니다. 여러분의 의식을 바그완의 '요가의 힘', 곧 위대한 '행위의 힘'으로 간주하십시오. 진지하게 자신을 바그완의 의식으로 간주하는 사람은 자신이 바그완임을 깨닫습니다. 그런 사람은 그의 은총을 받습니다.

---

43) *T.* 모든 움직임은 공간과 시간 속에서 일어나며, '오고감'으로 표현되는 탄생과 죽음도 마찬가지다. 전체 공간이자 시간 자체인 신, 곧 브라만에게는 어떤 움직임도 있을 수 없다.

법문하는 니사르가닷따 마하라지. 오른쪽에 란지트 마하라지와 바이나트 마하라지가 있다.

42. 그대의 주의는 형상이 없다

1955년 12월 11일

우리의 의식이 있을 때, 헌신자, 개아, 세계, **브라만**, 라자스, 따마스, 사뜨와, 쁘라나, 잠, 꿈과 같은 다른 일체가 있습니다. 많은 것들이 있지만 의식이 있기에 우리가 그것들에 대해 이야기할 수 있습니다. 신에 대한 헌신에 의해, 우리는 만물의 원인인 이 의식의 기원을 알 수 있습니다. 우리는 자신의 의식을 사랑하지만, 의식과 편안히 지내기 어렵다고 느낍니다. 그래서 활동 속에서 그것을 잊어 보려고 합니다. 의식이 있기에 우리가 고통과 쾌락을 경험합니다. 우리가 몸을 자신과 동일시하는 동안은 진정한 만족을 갖지 못합니다. **하리**(Hari)에 대한 참된 헌신은 기쁨으로 충만해 있습니다. 여러분의 **참된 성품** 그 자체가 **하리**이고, 신은 그를 숭배하는 법을 우리에게 말해 주었습니다. 숭배를 제대로 했을 때, 우리의 모든 어려움은 끝이 납니다.

우리의 **참된 성품**에 대한 암묵적 믿음이 있어야 합니다. 명상이란 다른 어떤 생각도 없이 의식과 함께하는 것을 의미합니다. 명상 혹은 헌신이 순수할 때, 그것은 마치 **하리**가 그 자신을 위해, 혹은 스승이 스승 자신을 위해 그것을 하는 것과도 같습니다. 우리가 **참스승**에 대해서 이야기할 때, 그는 모든 위대한 성질, 혹은 여덟 가지 주된 성질[44]을 가진 **빠라마뜨만** 그 자체입니다.

의식으로서 우리는 전 우주를 점유하고 있습니다. 몸으로서는 우리에게 부모가 있고, 불순수한 형상이 있습니다. 우리가 몸이 아니라는 것을

---

44) T. 『찬도갸 우파니샤드』 8.7.1에서 아뜨만의 성질로 "죄가 없고, 늙음이 없고, 죽음이 없고, 슬픔이 없고, 허기와 갈증이 없고, 참다운 욕망과 참다운 의지가 있음"의 여덟 가지를 드는데, 이것을 보통 **빠라마뜨만**의 '여덟 가지 성질'이라고 한다.

알 때, 남는 것은 **참스승**입니다. 하리에 대한 명상은 우리의 모든 큰 죄를 없애줍니다. 우리의 **구루-만트라** 염송은 질병, 또는 귀신들이 야기한 다른 삿된 것들을 치유해 줍니다. 여기서 공유되는 그 위대한 만트라는 워낙 강력하여, 어떤 삿된 힘의 효력에 의해서도 영향을 받지 않습니다. 움직임이 있는 곳에는 하리가 있습니다. 하리를 아는 이들은 하리가 되었습니다. 우리의 명상은 몸 안에 하리가 현존함을 보여줍니다. (명상을 통해) 하리가 아닌 것들은 제거되고, 남는 것은 **진아**입니다.

몸 안의 **의식**이 신에게 전념할 때, 모든 죄가 정화되고 없어집니다. 우리의 의식은 **참스승**의 두 발이 움직이고 있음을 말해줍니다. **빠라마뜨만** 안에는 자아의식이 없고, 그래서 어떤 움직임도 없습니다. 명상은 온전한 믿음·헌신·사랑으로, 오로지 **의식**과 함께하는 것입니다. **참스승**이 하는 일이 무엇입니까? 그는 여러분의 **주의**注意를 여러분 자신의 **진아**로 데려갑니다. 바로 거기서 안정되십시오. 여러분의 남편이나 아내보다 여러분에게 더 소중한 분이 **하리**입니다. 하리에 대한 참된 헌신이란, 그가 여러분 안에 의식으로서 존재한다는 확신을 갖는 것입니다. 여러분의 의식은 **사랑** 그 자체이고, 그것은 비非사랑으로 바뀔 수 없습니다. 온전한 믿음으로 그것을 숭배해야 합니다. 의식에 대해 치열하게 명상하면 '행위자, 행위 대상, 행위'의 3요소(*triputi*)가 사라집니다. 여러분의 주의는 형상이 없습니다. 주의는 어둠과 빛을 인식할 수 있지만 그것들과 같지 않습니다. 우리의 **진아**는 만족 그 자체인데, 왜냐하면 그 둘은 불가분이기 때문입니다. '행위자, 행위 대상, 행위'의 3요소가 사라지면 참된 만족을 얻게 되며, 그것은 **하리**에 대한 진정한 헌신의 완성을 말해줍니다. 움직임이 없다는 것은 무엇입니까? 그것은 우리가 어떤 움직임도 인식하지 못할 때입니다. 이 우주에 대한 인식이 없으면 우리에게 어떤 존재(개별 인간으로서의 삶)도 없습니다. 여러분이 어디에 있든, 여러분의 참된 성취는 '행위자, 행위 대상, 행위'의 3요소가 사라질 때뿐입니다.

헌신의 요지는 아주 쉽습니다. 그러나 사람은 사두나 스승이 되려는 야망을 가질 수도 있습니다. 그런데 에고와 오만함이 존재할 때는 어떤 것도 가능하지 않습니다. 하리의 힘에 의해 자부심이 제거될 때에만 그 3요소가 더 이상 존재하지 않을 것입니다. 흙이 수많은 먼지 입자들로 이루어져 있듯이, 브라만 없이는 어떤 3요소도 없습니다.

여러분이 자신의 존재를 세계와 별개이고 사두와 별개라고 느끼는 한, 진아 깨달음은 가능하지 않습니다. 어떤 3요소도 없이 존재의 자각을 계발해야 합니다. 그럴 때 진정한 만족이 무엇인지 알게 될 것입니다. 그럴 때 즐김에 대한 여러분의 모든 욕구와 분투가 끝이 날 것입니다. 그런 욕구가 존재하는 한, 만족을 얻으려는 노력이 있습니다. 그것에 의해 우리가 자신의 존재를 알게 되는 우리의 의식이 곧 주 하리(비슈누)입니다. 하리에 대한 명상만이 여러분의 모든 문제에 대한 해법입니다.

모든 갈망을 제거하는 것이 진정한 순수함입니다. 하리에 대한 헌신에 자기 시간을 쓰는 것을 좋아하는 사람은 삼매의 지복을 즐깁니다. 그에게는 달빛 같은 서늘한 빛이 있습니다. 우리의 의식이 스승의 두 발인데, 여러분은 그것을 빠라마뜨만이나 빠라브라만이라고 불러도 됩니다. 그것은 즐김에 대한 모든 욕구에서 벗어난 순수함 그 자체입니다. 삼매 속에는 우리의 '존재의 느낌'조차도 없습니다.

우리는 늘 가장 어려운 것을 시도하여, 쉬운 것은 아이들 놀이처럼 쉬워지게 해야 합니다. 그런 명상을 오래 깊이 해야 합니다. 진인들은 그것을 강렬하고 예리한 명상이라고 부릅니다. 스승의 말씀에 대한 확고한 믿음과, 스승의 두 발에 대한 최대의 존경심을 가진 사람, 그런 헌신자는 A, U, M의 한 조합인 옴(Om)이라는 '부딪지 않은 소리'를 들을 수 있습니다.

의식은 몸과 함께 존재하지만, 그것이 몸은 아닙니다. 그것은 음식 물질 안에 있으나, 음식 물질이 아닙니다. 그 이름 없고 형상 없는 의식이 곧 하리입니다. 그것에는 기적이라곤 없습니다. 이제 여러분이 세계를 경험하는 것은 3요소 때문이라는 것을 기억하십시오. 우리의 의식을 이름하여 라마, 크리슈나, 하리라고도 합니다. 그것에 대해 명상해야 합니다. 그것은 전체 허공을 점유하며, 하나의 보편적 이름을 가졌습니다. 그렇기는 하나, 그것은 참깨 한 알만큼이나 작습니다. 실은 의식은 무無형상이고, 그에 대한 명상은 3요소에서 벗어나는 길입니다.

바그완은 그의 헌신자 앞에서 화현하기로 약속합니다. 우리는 음식 물질인 몸이나 그 몸의 이름이 아니므로, 그것들을 신에게 내맡겨야 합니다. 이 순복은 우리의 의식 자체가 신이라는 확신을 갖는 것을 뜻합니다. 지금 여러분의 실체는 진아이고 또한 의식 이전인데, (태어나기 전에) 여러분이 그것이었습니다. 그것을 확신해야 합니다. 여러분은 본래적으로 진아이고, 여러분의 헌신은 타고난 것일 수밖에 없습니다. 이 지知를 가지고 잠자리에 드는 사람은 진아에 합일되게 되어 있습니다. 천 마리 소를 시주한다고 해서 진아를 성취할 수는 없습니다. 여러분은 (의식에 대한) 자신의 명상을 스승 명상, 혹은 스승 기억이라고 부르십시오. 그것(의식)을 하리로 부르는 것은 하리에 대한 큰 헌신입니다. 이런 명상이 (명상이라는) 내적 기술과 솜씨를 가장 잘 사용하는 것입니다.

43. 누구를 숭배해야 하는가?

1955년 12월 18일

헌신의 기쁨은 다양한 방식으로 묘사됩니다. 우리는 누구를 숭배해야 합니까? 빠라마뜨만을 숭배하십시오. 그런데 그는 누구입니까? 그는 개미에서부터 맨 마지막의 브라마에 이르기까지 모든 산 존재들의 삶을 책임지고 있습니다. 그는 홀로이지만 가장 작은 것에서부터 가장 큰 것에 이르기까지 무수한 형상들로 나타납니다. 실은 그 누구도 별개의 존재성이 없고, 모든 존재가 빠라마뜨만 그 자체입니다. 여러분을 포함한 모두가 자기 자신 안에서 "내가 있다"는 맛으로서 빠라마뜨만의 존재를 경험합니다. 자기 자신을 아뜨만으로 알게 되면 진정한 지복이 있습니다. 이것이 헌신의 궁극적 결과인데, 그것은 묘사가 불가능합니다. 빠라마뜨만에 대한 헌신은 다른 무엇보다도 그를 즐겁게 하며, 여러분의 헌신으로 인한 그의 지복은 이루 형언할 수가 없습니다. 우리 자신의 존재의 기쁨은 우리에게 준 신의 선물을 가늠케 하는 척도입니다. 진아로서 우리는, 결코 끝나지 않는 관대함, 불멸의 온전함 같은 성질들로 이미 충만해 있습니다. 부족한 것은 우리의 성질들에 대한 지知와 그것의 실천입니다. 자기 자신을 완전히 아는 사람은 다른 모든 것을 압니다. 그것은 우리가 움직이는 것과 지각력이 없는 것 모두를 온전히 안다는 뜻입니다. 우리 자신의 존재를 채운 뒤에 흘러넘치는 것은, 또한 전체 존재계를 위해 충분한 정도 이상입니다. (존재계 안의) 모든 것을 채운 뒤에 남은 것이 우리 자신의 존재인데,45) 우리는 이 존재를 이미 경험하고 있습니다. 이것을 비이원적 숭배라고 합니다. 만일 우리가 우리 자신을 모른다면, 어떤 충만함의 지복도 없습니다. 그렇다면 어떻게 우리가 충만함의 지복을 남들에게 전해 줄 수 있겠습니까?

바그완은 웃다바에게 보통은 어떤 개아의 이해 능력도 넘어서 있는 진아지를 전수합니다. 신은 말합니다. "만일 나에 대한 헌신이 그대의 의식에 인상 지워지면, 모든 기적적 능력들(싯디)이 그대에게 봉사하게 될 것이다." 우리는 헌신을 사랑해야 하고, 그것이 유일한 길이라는 확신을

---

45) T. 의식의 일부는 개인적 의식("내가 있다"는 존재성)으로 나타나고, 나머지 부분들은 이 우주, 곧 전체 존재계로 나타나 보인다(사두 옴, 『스리 라마나의 길』(초판), 270쪽 참조).

가져야 합니다. 스승의 말씀을 들으면 우리가 진아에 대한 확신을 계발합니다. 문제는 여러분이 자신의 의식을 적절히 사용하느냐인데, 이 의식은 애쓰지 않아도 여러분에게 있습니다. 여러분은 자신이 존재하는지 여부를 기억하려고 애를 써야 합니까? 아니지요. 모든 신들에 대해서는 잊어버리고, 여러분의 의식 안에 있는 자신의 스승을 보십시오. 스승과 여러분의 의식 사이에 아무 차이가 없게 하십시오.

여러분이 아무것도 하지 않아도 여러분의 존재성의 빛(의식)이 전체 공간을 자연발생적으로 점유하고 있습니다. 그것은 바그완의 빛인데, 그 빛으로 인해 여러분은 '여러분이 있다'는 것을 압니다. 즉, 여러분이 자신의 존재를 맛보고 그것을 사랑합니다. 바수데바(Vasudeva), 곧 의식 외에 어떤 신이 있다는 개념을 제거하십시오. 여러분은 자기 자신의 존재를 냄새 맡는데, 그 존재를 바수데바라고 합니다. 단순하게 말해서, '나'의 아뜨만이 곧 빠라마뜨만이고, 그것이 움직이는 것과 지각력이 없는 것들의 전 존재계를 점유하고 있습니다. 그래서 전 존재계가 '나'의 의식과 관련되어 있습니다. 아뜨만은 충만하고, 그것이 없으면 아무것도 없습니다. 여러분의 의식이 무엇인지에 대한 확신을 가지십시오. 그러면 모든 기적적 능력들이 여러분의 것이 될 것입니다.

우리의 아뜨만 안에는 우리의 참된 만족을 위해 필요한 세간적·영적인 지성, 기술, 지식에 대한 우리의 모든 욕구가 들어 있습니다. 모든 산 존재는 자신의 존재를 알게 되는데, 그것은 모두에게 가장 사랑스러운 것입니다. 자, 이 공기는 허공 안에 있고, 허공은 의식 안에, 그리고 의식은 빠라마뜨만 안에 있습니다. 그래서 빠라마뜨만은 일체를 포함하고 완전합니다. 우리가 자연발생적으로 얻는 지知는 올바릅니다. 우리가 자신을 한 남자나 여자로 부르는 것은 의식과 몸-형상 때문입니다. 중요성에서 이 의식과 대등한 다른 어떤 것도 없습니다. 그것은 자기가 좋아하는 것에 따라 그 자신을 조정합니다. 만약 필요하다면 그것은 헌신으로 충만합니다. 의식에는 비견될 것이 없는데, 그것은 묘사가 불가능하지만 빠라마뜨만의 존재를 말해주는 하나의 표지입니다. 의식에 대해 어떤 것도 상상하지 마십시오. 왜냐하면 자연발생적인 것은 올바른 것이기 때문입니다. 진아에 대해 (그것은 어떤 것이라고) 적극적으로 말할 수 있는 사람은 누구입니까? 전적으로 헌신하고 그것에 대한 확신을 가진 사람입니다. 그럴 때 우리는 사물을 있는 그대로 봅니다. 그럴 때 우리는 움직일 수 있는 것과 움직일 수 없는 것 모두를 포함하는 무한한 형상을 갖습니다. 그런 사람에게는 다른 어떤 신도 없습니다. 참된 헌신자는 모든 의무에서 벗어나며, 그에게는 어떤 탄생도 없습니다. 전 존재계가 그의 형상이 되고, 그는 그것을 사랑합니다.

다른 존재들이 지각하지 못하는 것을 진인들은 지각하며, 그들은 만물에서 신을 봅니다. 우리가 몸-정체성을 가지고 있을 때는 모든 행위를 신에게 넘겨주어야 합니다. 우리는 몸과 마음을 제어하지 못하기 때문에, 진아로서의 자신의 참된 성품을 인식할 수 없습니다. 그래서 진아의 지복을 놓칩니다. 이 지복을 즐기는 사람들은 모든 욕구를 넘어서 있고, 그래서 그들은 남들을 시기하거나 미워하지 않습니다. 그들은 만물에서 그들 자신의 진아를 봅니다. 그들은 자기 자신을 완전히 제어하기 때문에, 그들의 존재 자체가 남들에게 영향을 줍니다. 한 번이라도 진아에 대한 지知를 가진 사람은 헌신에 충만하게 됩니다. 그런 사람은 의식에 대해서 쉽게 그리고 자연스럽게, 매우 편안해집니다. 어떤 사람이 헌신에 충만해지면 자신이 이스와라와 하나임을 봅니다. 그럴 때 그는 남들의 훌륭한 친교 대상이 됩니다. 이 자기사랑(의식)이 무엇인지에 대한 확신을 가질 때, 우리는 신과 같은 쾌활한 용모를 얻습니다. 신이 그에게 자신의 사랑을 쏟아줍니다. 그럴 때는 설사 여러분이 남들에게 알려지지 않도록 몸을 숨긴다 해도, 신이 어떤 신체적 형상을 취하여 여러분을 홍보할 것입니다. 그 헌신자는 신이 자신을 위해 일하는 것을 보는 것이 쑥스럽고,

신이 휴식해 주기를 바랍니다. 그러나 신은 그 **헌신자**가 (생업을 위해) 일하는 것을 원치 않습니다. 신은 그 헌신자의 이름과 형상이 모두에게 알려지게 하고 싶어 합니다. 신과 **헌신자**의 친근한 관계가 그와 같습니다. 그 헌신자는 자신의 행복과 사랑이 모든 사람들 사이에서 퍼져 나가도록 돕습니다. 신이 바깥이 아니라 **자기** 안에 있다는 것을 확신하게 될 때, 우리의 모든 욕구는 끝이 납니다.

진아의 **지복**은 **진인**들에게 국한되어 있지 않고 흘러넘쳐서 그 빛이 모든 사람을 행복하게 만듭니다. 만일 다른 모든 사람 안에 있는 **아뜨만**의 **지복**이 켜지지 않는다면, 그것은 선함이 부족한 것 아니겠습니까? 허공 안의 **쁘라나**(생기)는 빠른 움직임에 의해 열을 발생시킵니다. 그 열은 (허공에서) 땀이 나게 만들고, 물이 형성됩니다. 그것이 고체화될 때 흙이 있습니다. 그러나 제1원인은 무엇입니까? 그것은 **자기사랑** 안의 **쁘라나**입니다. 의식은 **빠라마뜨만** 안에서 휴식을 취합니다. 이 **지**知는 모든 차별상을 제거하며, (그러면) 단일성이 있습니다.

헌신은 사랑을 의미하고, 사랑은 기쁨입니다. 이 기쁨이 **이스와라**로 출현합니다. 어떤 사람은 말을 잘 하지 못할 수도 있지만, 그가 헌신으로 충만했을 때는 감로수처럼 말들이 입을 통해 줄줄 흘러나옵니다. 여러분의 헌신을 좋아하고 즐거워하는 분이 신입니다. **빠라마뜨만**조차도 헌신에 가득 찬 목소리를 사랑합니다. 이것이 **진인**들의 체험이고, 그들은 그들 자신의 존재보다 헌신자와 방문객들을 더 중시합니다.

바그완은 말합니다. "내 영원한 성품에서는 내가 나 자신의 존재를 모른다. 그 성품이 이 형상으로 출현했는데, 지금은 **바그완**으로 불린다. 내가 어떻게 내 헌신자들에게 순종하게 되는지 그 비밀을 무엇이라고 집어서 말할 수는 없다. 나는 (내 헌신자들의) 헌신에 의해 조복된다. 그러나 사람들이 (나에게) 하는 것은 이원성의 숭배가 아니다." 여러분의 **의식** 자체가 가장 위대한 신이고, **의식**에 대한 자각이 참된 헌신입니다. 몸을 자신과 동일시하면서 그것 자체를 **아뜨만**이라고 여기는 사람은 더할 나위 없는 바보입니다.

가장 작은 **의식**에게도 삼계三界의 주인이라는 칭호가 주어집니다. 그 의식 때문에 우리는 '우리가 있다'는 것을 알게 되는데, 그것은 우리가 잊어버릴 수 없습니다. 의식이 없으면 만족을 위한 아내나 남편이 있을 필요가 없습니다. 이 의식은 일체의 신령스러운 기운이니, 그것을 늘 자각하십시오. **아뜨만**은 오고 간 무한한 세월 동안 어떤 변화도 없이 남아 있었습니다. 그래서 우리는 그것을 '가장 솜씨 좋은 자'라고 부릅니다. 아뜨만은 **쁘라나** 그 자체인데, **라마·크리슈나·비슈누**가 그것을 사용했고, 우리도 그렇게 하고 있습니다.

우리는 **아뜨만**에 온전한 믿음을 가져야 하고, 그것에 대해 갈수록 커지는 헌신을 가져야 합니다. 매 숨결마다 **스승**에 대한 부단한 기억이 있어야 합니다. 도처에 불·공기·물·먼지(흙)의 형태로 **이스와라**의 현존이 있습니다. 그러니 남들에게서 어떤 축복이나 다른 무엇을 기대할 것 없이, 여러분의 의식을 제대로 사용하십시오.

여러분이 들은 것이 무엇이든 그것이 여러분과 함께하게 하되, **아뜨만**에게는 무엇을 하려고 하지 마십시오. 의식 외에는 어떤 **신**도 없고, 헌신이 일체의 핵심입니다. 우리의 헌신은 우리 안에 우리의 **의식**으로 존재하는 **아뜨만**에 대해서 이야기해 줍니다. 이 의식은 지성을 알지만, 그것이 의식을 아는 자를 지배하지 못하게 합니다. 지성은 물질적 지知를 위한 것일 뿐입니다. 의식을 우주의 씨앗이자 몸으로 이해하는 사람은 참된 헌신에 자리 잡고 있다고 할 수 있습니다. 어떤 기억보다도 이전인 우리의 순수한 **존재**는 완전한 질서 속에 있습니다. 그것은 어떤 행위보다도 이전입니다. 궁극의 헌신 속에서 그곳에 머무르십시오. 그것을 신에 대한 헌신에 자리 잡는 것이라고 합니다.

44. 의식의 숭배자는 의식이 된다

1955년 12월 25일

우리는 알기 위해 의식을 사용합니다. 진아지를 얻고 나니 의식이 떨어져 나갔습니다. 베다가 알고 있는 궁극이 무엇입니까? 그것은 모든 존재의 안에 있는, 우리의 쉽고 자연스러운 참된 성품입니다. 자기 자신에 대한 어떤 개념에서도 벗어난 사람들은 그들의 본래적 진아에 더 가까이 있습니다. 인간 누구나에게 주된 문제는 무엇입니까? 그것은 자기 자신의 존재에 대한 기억입니다. 진아지가 있으면 존재(삶)라는 인간적 문제가 우리 자신의 지복의 창고로 변합니다.

네 가지 베다 모두가 진아를 깨닫게 하기 위한 것입니다. 베다의 핵심은 우리 자신의 진아를 아는 것입니다. 자기 자신에 대한 여러분의 관념은 모두 남들에게서 빌려온 것입니다. 자기 자신에 대한 여러분 자신의 지知는 무엇입니까? 여러분이 지금의 자신인 것을 취하기 이전에, 이미 여러분에게 있는 것이 무엇입니까? 자기(진아)입니다. 자, 요가가 무엇이고 요기가 무엇입니까? 요가는 '얻는다' 혹은 '획득한다'는 뜻입니다. 우리는 이미 있는 것을 기억함으로써 획득합니다. 우리가 무엇을 먹고 마시는 것은 음식 즙이 우리의 존재를 지속하는 데 도움을 주기 때문인데, 그 존재는 진아의 표현입니다. 자신이 아뜨만과 하나임을 아는 사람이 요기입니다. 그럴 때, 이 과정에서 무엇이 우리입니까? 우리는 '우리가 있다'는 것을 알게 될 뿐입니다. 저는 (여러분에게) 알기 위한 지침을 드리지만, 실은 그것은 어떤 지침도 없습니다. 모든 베다와, 다양한 기예技藝와 지식의 갈래들, 그것들의 기원은 무엇입니까? 그것들은 모든 것의 기원인 의식에서 생겨나고, 결국 모두 의식 속으로 합일됩니다. 그래서 의식은 일체의 이전입니다.

모든 진인들은 하리에 대한 헌신이 하리보다 더 위대하다고 말합니다. 헌신은 또한 스스로 존재하며, 그것을 하리라고 합니다. 하리에 값할 만한 믿음과 사랑을 헌신이라고 합니다. 진아에 대한 무지 자체가 우리의 존재(삶)를 제약하며, 그런 사람은 죽음을 두려워합니다. 그러나 진아지는 모든 즐거움을 넘어서 있고, 죽음을 끝내버렸다고 주장합니다. 죽음은 개아(jeeva)라는 단어에 수반해서 일어나며, 시바라는 단어와 함께는 불멸이 있습니다. 만물 안에 있으면서 항상 충만한 것을 빠라마뜨만이라고 합니다. 개아는 우리의 무지를, 시바는 진아지를 가리킵니다. 개아와 시바 둘 다를 삼켜 버리고 모든 것을 능가하면서 끝까지 남아 있는 자, 그런 사람은 완전하며, 또한 남들도 자신과 같게 만듭니다. 이것이 모든 기적이나 성취의 핵심입니다.

진아는 모두의 안에 있고, 그것을 깨닫는 것이 모두에게 삶의 핵심입니다. 하리 혹은 스승에 대한 헌신이 그에 이르는 길입니다. 스승에 대한 여러분의 헌신은 여러분에 대한 (세상 사람들의) 거짓된 비난을 말끔히 없애줍니다. 우리의 존재성에 아무 욕망이 없을 때, 그것은 자기충족적입니다. 무엇이 필요하다는 것은 (에고의) 허기를 말해줍니다. 진아는 성품상 완전하며, 그것을 알려면 헌신이 필수입니다. 그것은 우리의 참된 성품인 진아에 대한 확신을 가져야 한다는 것을 의미합니다. 그러면 여러분의 이해가 올바를 것입니다. 그럴 때 하리, 브라만, 스승은 그냥 단어가 아니라 여러분 자신의 성품이 될 것입니다. 참스승에 대한 여러분의 헌신에 의해, 여러분 자신의 의식이 하리임을 알게 됩니다. 그가 없이는 여러분이 어떤 경험도 할 수 없습니다. 저 하리는 어떻게 있습니까? 그는 있는 그대로 있습니다. 그를 알려면 스승에 대한 헌신을 가져야 합니다. 태곳적인 것은 여러분 자신이 태곳적으로 됨으로써 알 수 있습니다. 항상 존재하는 것은 물 한 방울도 필요 없이 스스로 존재합니다. 이 의식은 하리 때문에 있습니다. 우리는 의식으로 인해 우리가 존재함을 알며, 그것을 무척 사랑합니다. 의식이 무엇인지를 알려면 하리에 대한 헌신이 필수입니다. 헌신에 의해 하리를 깨달을 수 있습니다.

우리의 존재를 가장 잘 활용하기 위해서는, 브라만·이스와라·신·스승으로서의 우리의 **참된 성품**을 늘 자각해야 합니다. 여러분의 몸-정체성이 사라질 때, 여러분은 자신의 아버지보다도 더 윗사람이 됩니다. 앵무새가 막대기를 꽉 붙드는 바람에 사람에게 붙잡히듯이, 여러분도 몸-정체성을 꽉 붙드는 바람에 속박되어 있습니다.

우리의 **의식** 자체가 신입니다. 하리에 대한 여러분의 헌신은 심원해야 합니다. 모든 베다에 대한 연구가 가져올 수 있는 결과는 **궁극자**입니다. 여러분의 보통의 즐거움은, 하리에 대한 헌신의 결과로 **진인들**이 잠겨 있는 **지복**과는 달리, 모두 얼마 가지 않습니다. 개아가 쾌락을 추구하면서 겪는 삶의 온갖 괴로움에 싫증이 났을 때, 그는 이 참된 헌신의 기쁨을 얻으려고 노력합니다. 참된 헌신자는 인간관계와 감각대상들을 멀리하고 홀로 머무릅니다. 이 과정에서 그는 자신의 존재를 포함한 일체를 잊습니다. 왕들에게 보석이 박힌 왕관을 던져 버리게 하는 무집착의 힘을 안겨주는 것은 무엇입니까? 진인들에게 그들의 몸을 포함한 일체를 회생하는 힘을 안겨주는 것은 무엇입니까? 그렇게 하는 것은 그들의 의식입니다. 바이꾼타, 카일라스 혹은 천국에 간다는 관념들은 **참스승**과 진아에 대한 참된 **지**知를 말해주지 않습니다. 참된 사랑은 존재애가 아니라 우리의 **참된 성품**에 대한 사랑입니다. 혐오스러웠던 것이 하리에 대한 헌신에 의해 정화되었고, 하리 자체가 되었습니다. 여러분의 헌신은 여러분을 그 헌신의 대상과 같게 만들어 줍니다. 물을 숭배하는 사람은 물이 됩니다. **의식**에 대해 명상하면 **의식**이 됩니다. 혐오스럽다고 말해지던 것은 실제로는 그렇지 않았고, 그것은 거짓된 비난이었습니다. 헌신에 의해 그 비난이 없어졌고, 그것은 순수해졌습니다. 우리가 남자나 여자라고 불리는 것은 거짓된 비난이며, 그것이 없어져야 합니다.

우리는 우리가 존재함을 아는데, 그것은 우리가 우리의 존재에 대한 믿음을 가지고 있다는 뜻입니다. 쁘라나가 있는 한 이 믿음은 어디로 가지 않고 있습니다. 우리가 우리 자신에 대해 생각하는 관념은 시간이 가면서 변하는데, 그것은 우리 자신에 대한 우리의 믿음이 변한다는 의미입니다. 우리의 몸은 의식이라는 음식을 담고 있는 자루와 같습니다. 처음에는 우리가 자신이 한 아이라고 믿었고, 그 다음에는 청년이라고 믿었습니다. 마지막으로 우리의 믿음은 우리가 늙었다는 것입니다. 진아지가 있으면 우리의 믿음이 변치 않고, 안정되고, 충만해집니다. 이 충만함은 헌신과 함께 오고, 그런 다음 고요함이 있습니다. 그 믿음이 고요해질 때, 그것이 바로 진아가 있는 곳입니다. 진아 안에서는 어떤 움직임도 없고, 진아는 눈에 보이지 않습니다. 이 믿음을 아는 사람은 빠라마뜨만과 하나가 됩니다. 그는 참으로 참스승에게 봉사한 것입니다. 초기 단계에서는 마음이 헌신을 열망하고, 그 헌신자는 헌신을 위해 자기 목숨까지도 희생할 준비가 되어 있습니다. 그리고 결국은 그 마음이 더 이상 남아 있지 않습니다.

신을 위해 자신의 생애를 온전히 바치는 사람들은 신의 빛과 그의 복종을 받기에 적합한 근기가 됩니다. 달리 누가 그런 근기가 되겠습니까? 이 문제는 묘사가 불가능하고, 우리가 스스로 그것을 깨달아야 합니다. 신은 (우리의) 헌신에 의해 즐거워집니다. 헌신은 의식을 정화하고, 모든 빛 중의 빛을 가져옵니다. 몸-정체성을 가지고 하는 헌신은 행위로 하는 헌신이라는 세간적 수준에 머무릅니다. 하리에 대한 참된 헌신은 우리를 모든 죄와 결함에서 벗어나게 합니다. 그것이 의식을 정화하고, 우리는 영적인 공부의 궁극적 핵심을 얻습니다.

45. 진리를 아는 자가 요기이다!

1956년 1월 1일

요기란 만물과 자신의 단일성을 보는 사람입니다. **참스승**의 은총이 있으면 우리가 요가에 대한 궁극적 지知를 깨닫습니다. **진아를 아는 자가 진인입니다.** 우리 자신의 **진아**에 대한 지知는 모두의 안에 있는 **진아**를 아는 것과 같습니다. 개미에서부터 인간에 이르기까지, 모두가 실은 자기가 아닌 것을 자기 자신으로 알고 있습니다. 참되지 않은 것은 오래갈 수 없습니다. 여러분은 친숙한 것들이 참되지 않다는 것을 발견할 것입니다. 시간이 가면서 우리는 자신의 어리석음을 알게 됩니다. 드물게 지혜로울 때도 있지만, 우리는 **진리**를 알아야 합니다. 우리가 친근하게 아는 모든 것들은 우리의 존재에 대한 심장 속의 앎에서 시작됩니다.

우리가 **참스승**의 두 발을 볼 때, 이런 가르침의 암묵적 의미가 온전히 분명해집니다. 우리는 어릴 때부터 우리의 몸과 가깝게 지내왔기 때문에 몸에 집착하고, 그것을 우리의 형상으로 받아들여 왔습니다. 그러나 참된 지知가 있으면 그 그릇된 정체성이 밀려납니다. **진아지**를 얻고 나면, 설사 원한다 해도 낡은 집착들을 불러올 수가 없습니다.

자신이 **진아**라는 확신을 가진 사람이 요기입니다. 진인에게는 모든 겉모습이 환幻입니다. **진아지**가 있으면 그 거짓된 정체성이 아무 의미가 없고 아무 쓸모가 없습니다. 참된 경험을 가진 경험자는 그 자신을 압니다. 존재의 경험은 돌연히 나타난 것이고 청하지 않은 것입니다. 그것은 모두가 경험하는 것이고, 모든 산 존재들이 사랑하는 것입니다. 우리의 의식은 우리에게 '존재한다'는 확신을 주며, 우리의 모든 경험은 의식 때문에 있습니다. 존재의 경험은 매일 일어남과 저묾이 있는데, (저물 때는) 그것이 **진아** 속으로 합일됩니다. 여러분 안의 그 경험자를 인식할 수 있습니까? 그 경험자가 없다면 어떻게 여러분이 (무엇을) 인식할 수 있었겠습니까? 여러분의 존재의 경험은 시간이 한정되어 있습니까, 아니면 그것을 넘어서 있습니까? 대다수 사람들은 한 형상을 가진 그들 자신의 존재성에 기초하여 남들을 인식하거나 그들을 사랑합니다.

이 의식이 무엇이며 어떻게 있는지를 모르는 사람, 그의 상태는 고기를 그러모으는 어부와 같습니다. 어부가 그물에서 고기를 그러모으듯이, 우리는 자신의 의식을 사용하여 많은 욕망을 가지고 (무엇을 하겠다는) 결심들을 합니다. 의식을 '아는 자'가 없다면, 자신의 성품을 이것이나 저것으로 상상할 사람이 누가 있습니까? 무지한 사람들은, 그게 무엇이든 나타나서 자신을 즐겁게 하는 것과 사랑에 빠집니다. 여러분의 의식이 출현하기 이전에, 그 사랑이 어디 있었습니까? 여러분이 의식을 늘 가지고 있습니까?

우리는 우리의 존재(being)를 알게 되는데, 그 존재는 참됩니까? 신성해 보이는 우주, 그것은 참됩니까? 모두 거짓입니다. 모두 의식의 유희입니다. (개인적) 의식이 있는 곳에는 그것을 바쁘게 만들 뭔가(몰두할 대상)가 있어야 합니다. 의식이 어떻게 있는지를 생각해 봐야 합니다. 마음과 지성 때문에 진아 위에 씌워진 덮개는 논외로 해야 합니다. 이것은 마음의 제어를 요하며, 그것이 없으면 우리가 흐르는 강물에 떨어지듯 실종되고 맙니다. 요기가 되고 싶은 사람은 자신의 의식과 마음에 대한 통제권을 참스승에게 드려야 합니다. 우리의 의식이 참스승의 두 발입니다. 참스승의 가르침을 듣는 사람은 참된 지知가 있는 의식을 가졌습니다. 우리의 의식은 묘사 불가능한데, 그 의식으로 인해 우리가 세계를 경험합니다. 그것을 아는 자는 온전하고 완전합니다. 낮과 밤, 해돋이와 해넘이는 모두 이 의식으로 인한 것입니다. 그것은 진인으로 불리는 사람 안에서 휴식합니다. 여러분의 의식을 여신 암바(Goddess Amba)나 바가와띠(Bhagawati)나 크리슈나나 라마라고 불러도 되지만, 이 모든 것이 한 진인 안에서 일어납니다. 몸 안의 의식을 아는 사람이 진인입니다. 부단히 명상하여 최선의 것을 얻을 수 있는 근기가 되어야 합니다. 정화 의식을 통해서 우리의 진아 위에 우리의 지知와 헌신을 뿌려야 합니다. 신을 숭배하는 사람들, 그들은 신의 삶 자체가 됩니다. 그것이 위대한 신의 형상입니다.

참스승의 말씀과 그에 대한 명상은 대단히 중요합니다. 바로 지금은 아니라 해도, 미래에 그 중요성을 여러분이 분명하게 이해할 것입니다. 몸 안의 의식이 무거운 몸의 무게를 감당하면서 다양한 활동을 그토록 쉽게 하고 있다는 것은 하나의 기적입니다. 의식이 더 이상 존재하지 않으면 그 몸을 운반하는 데 네 사람이 필요합니다. 의식을 철저하게 알고, 바로 금생에 몸이 없게 되는 것(즉, 깨달음)은 아이들 장난이 아닙니다. 의식을 안다는 것은 존재의 근원, 곧 우리 자신의 두 발46)을 아는 것입니다. 그럴 때 여러분은 한 사람의 진인, 곧 요기가 됩니다. 우리의 진아가 몸 안에 있기는 하나, 그것은 성품상 몸이 없습니다.

여러분의 몸 안에 있는 모든 향기, 성질, 기예技藝 ─ 그것들은 모두 몸이 없습니다. 그것들이 바깥에서 깨달음을 야기할 수 있습니다. 이것은 요기만이 압니다. 몸 안에 있는 것(의식)이 지금 전체 공간을 점유하고 있습니다. 우리의 의식은 매우 활동저인데, 눈에 보이지 않습니다. 의시이 봄(seeing)을 가능케 하지만, 의식을 보려는 모든 노력은 그 보는 자를 몸이 없게 만듭니다. 그렇게 되면, 의식이 친근하게 아는 그 무엇도 더 이상 남아 있지 않습니다. 여러분이 지금 사용하고 있는 의식은 과거의 모든 화현들이 사용한 것과 같은 의식입니다. 이 존재계에서 가장 먼저 현현하는 여러분 자신의 의식에 믿음을 가지십시오.

---

46) *T.* 신이나 스승의 두 발, 혹은 우리 자신의 두 발이란, 다름 아닌 진아를 의미한다. 인도의 전통에서, 신이나 스승의 신체 중 가장 낮은 부위인 '두 발'을 숭배한다는 것은 그들에게 가장 극진한 존경심을 표현하는 방식이다. 그러나 두 발이 갖는 내적인 의미는, 참스승의 존재 자체가 은총이고, 그의 모든 측면이 진아라는 것이다.

용어 해설

Ajnana	무지. 모름. [158]
Ananda	지복. [75]
Anugraha	입문전수入門傳授. 스승이 제자에게 입문을 베푸는 것. [194]
Atman/Atma	진아. 아뜨만. [46, 77, 235]
Atmadeva	아뜨마데바. 진아인 신. [293]
Atmakrupa	진아의 은총. [135]
Atmananda	진아의 지복. [91]
Atmaprakash	진아의 빛. [173]
Atmarama	아뜨마라마. 진아인 신. [243, 269]
Beingness	존재성. "내가 있다"는 앎, 곧 '내가 있음'. 의식.
Bhagwan	바그완. 신. 본서에서는 특히 크리슈나를 뜻한다.
Bhajan	바잔. 마하라지 계열에서 스승들을 숭배하며 찬송하는 일과日課 예배. 특히 그때 부르는 찬가들. [47, 177, 212, 238, 252]
Bhakti marga	헌신의 길. [206]
Bodhisattva	보디사뜨와(보살). 지성의 핵심. [179]
Brahma/Brahmadeva	브라마. 우주의 창조주. [53, 86, 145, 220, 259, 344]
Brahman	브라만. 만물에 편재하는 **보편적 실재**.
Brahmasutra	브라마수트라. 우주적 마음. [63]
Child consciousness	아이 의식. 아이의 순수한 의식. [64]
Chaitanya	역동적 의식. [77, 91, 98]
Chakras	차크라(물라다라, 스와디스타나, 마니뿌르, 아나하

	뜨, 비슷다, 아냐 차크라). [61, 149]
Chidakash	자각[의식]의 무변제無邊際(광대무변하게 펼쳐진 것). 무한한 지知 측면에서의 브라만. 개인적 의식 또는 우주적 의식의 뜻으로도 사용된다. [189]
Chidananda	의식-지복. [156]
Chitta	찌따. 개인적 의식. 내적인 마음. [346-7]
Dhyan	명상. [180]
Dharma	다르마. 진아의 참된 종교. [252, 341]
Dhoti	도띠. 긴 직사각형 천을 허리 아래 둘러서 입는 인도인들의 한 복장. [53, 176]
Guna	구나(사뜨와, 라자스, 따마스). 만물이 가진 세 가지 성질의 하나. [37, 165]
Guru-Mantra	구루-만트라. 스승이 제자를 입문시킬 때 주는 만트라. 나마 만트라라고도 한다. [135, 343]
Hara	하라. 시바의 한 이름. [259, 336]
Hari	하리. 비슈누의 한 이름. [173, 258-9, 359-62, 313, 336, 359-62, 369-71]
Hiranyagarbha	히라냐가르바. 우주적 지성. 보편적 의식. [63]
Ishwara	이스와라. 하느님. 우주의 주재자인 신. [41, 249]
Jagadatma	세계아 지고의 존재. [213]
Jagrati	생시 상태. [155]
Jeeva	개아個我. 개인적 영혼. [237, 323, 369]
Jnana	지知. 깨달음의 지知. [33, 77, 96, 158, 180]
Jnani	진인. 지자知者. [37, 42, 75, 90, 128, 175, 189]
Kailas	카일라스. 시바의 거주지. [127, 156]
Karma	행위. 카르마(업). [79, 126]
Knowingness	지각성. 앎의 성품. [40, 52, 140, 350]
Madhyama	마디야마. 언어의 네 단계 중 입 밖으로 내기 전의 말. [145, 316]
Mahadakash	존재의 무변제. 물질과 에너지의 우주. [189]
Mahasamadhi	대삼매大三昧. 진인이 몸을 버리는 것. [53]

Mantra	만트라. 진언. [208, 235]
Maya	마야. 환幻. [36, 42, 77-8, 97, 101, 111-2, 132, 180, 262-3, 265, 311-2, 320]
Mahat-tattva	마하뜨-따뜨와. 큰 실재. 지고의 의식. [35, 63, 131, 357]
Moola-Maya	물라-마야. 원초적 환幻. [54, 204]
Mumukshu	해탈열망자. 초기 단계의 구도자. [45, 77, 153]
Nama Mantra	나마 만트라. 우리의 본래적 이름을 말해주는 만트라. 구루-만트라와 같다. [99]
Nirguna	니르구나. 속성 없는 미현현의 절대자. [75, 121, 275, 336, 349]
Nirvikalpa	무상지無相地. 마음의 변상變相이 없는 상태. [14, 62, 170]
Nisarga	자연. [118, 137, 193]
Om	옴. A, U, M이 합쳐진 태초의 음. [305, 361]
Para	빠라. 언어의 네 단계 중 첫 단계. [145, 293, 316]
Parabrahman	빠라브라만. 지고의 실재. [33, 236]
Paramatman/Paramatma	빠라마뜨만. 지고의 실재. [37, 59, 77]
Paramananda	빠라마난다. 지고의 지복. [164]
Paramapurusha	빠라마뿌루샤. 뿌루쇼땀과 같다. [345]
Pashyanti	빠시얀띠. 언어 4단계 중 두 번째. [145, 293, 316]
Peetambara	황색 비단으로 만든 도띠(dhoti). [176]
Prakriti	쁘라끄리띠. 우주적 바탕. [37, 61, 95, 156-7, 325]
Pranayama	조식調息. 요가의 호흡 제어. [175]
Prarabdha	발현업發現業. 과거의 업이 발현되는 것. [182]
Purusha	뿌루샤. 우주적 영靈. [37, 61, 95, 120, 156-7, 311]
Purushottam	뿌루쇼땀. 개인적 의식의 주시자. [311, 345]
Rajas	라자스. 활동성. 들뜸. 세 가지 구나 중 하나.
Sadhaka	수행자. (진보된) 구도자. [45, 153, 192]
Saguna Bhakti	형상이 있는 신, 곧 신의 이미지나 신상에 대한 숭배. (*saguna*는 '현현된'의 뜻이다.)

Sahaja-awastha	본연상태. 일상 속에서 완전한 깨달음을 구현한 진인의 자연스러운 상태. [66, 160]
Sahaja Yoga	본연요가. 쉽고 자연스러운 요가. [164]
Samadhi	삼매三昧. 진아와 하나가 된 상태. [61, 95, 258, 347, 355, 361]
Satchidananda	삿찌다난다. 존재-의식-지복. [156, 327, 329]
Sat	사뜨. 존재. 실재. [156]
Sattva	사뜨와. 순수성. 세 가지 구나 중의 하나.
Shaktipat	샥띠빠뜨. 스승이 제자에게 영적인 에너지를 전수하는 것. [169]
Shiva	시바. 파괴의 신. 하라, 샹까라 등으로도 불린다.
Shyam Sunder	검푸름의 아름다움. 눈을 감았을 때 보이는 아름답고 깊은 푸름 혹은 검음. [189]
Siddha	싯다. 완성된 존재. [45, 245]
Swavishaya	자기라는 대상. "내가 있다"는 자각 대상으로서의 자기. 진아에 대한 명상을 뜻하기도 한다. [178]
Tamas	따마스. 나태성. 세 가지 구나 중의 하나.
Vaikhari	바이카리. 언어의 네 단계 중 마지막 단계. 입 밖으로 발화된 말. [145, 316]
Vaikuntha	바이꾼타. 비슈누 신의 거주지. [127, 156]
Vasudeva	바수데바. 크리슈나의 이름 중 하나. [33, 364]
Vedas	베다. 고대의 힌두 경전. 네 종류가 있다. [103, 159, 264, 300, 319-20, 322, 341, 343, 368]
Videhi	몸이 없는 자. 완전히 깨달은 자. [46, 153]
Vijnana	비냐나. 명지明知. 초월지. 지知를 넘어선 순수 지성의 원리. [33, 77, 158]
Vishwambhara	비슈왐바라. 우주적 신. [109, 178] * 신을 가리키는 이름의 하나. '세계(우주)를 지탱하는 자'라는 뜻이다.
Vishwatma	보편아. 지고의 존재. [213]
Yoga-Maya	요가-마야. [37, 275]

영역자 소개

영역자 모한 가이똔데(Mohan Gaitonde)는 뭄바이대학교 이학부理學部를 졸업했다. 1958년 12월 23일 부친이 세상을 떠날 때까지 무신론자였으나, 이날 처음으로 자신의 무지를 자각하게 되었다.

치열하게 내면을 성찰한 뒤, "나는 왜 여기 있는가?", "이 존재(삶)의 목적은 무엇인가? 그것은 실재하는가?"라는 두 가지 심오한 물음과, "알 가치가 있는 모든 것을 알아야겠다"는 한 가지 결의를 다지게 되었다.

스승에 대한 탐색이 시작되었고, 열두어 분의 그런 사람을 만났다. 그들 대부분은 본인 자신도 어둠 속에 있었으나, 남들에게 빛을 보여줄 만큼 친절했다. 1976년 3월까지 그런 탐색이 계속되었다. 이때 뭄바이에서 남쪽으로 600킬로미터 떨어진 데 살고 있던 누님이 올라와서, 그를 스리 니사르가닷따 마하라지께 데려갔다. 그녀는 마하라지의 75회 탄신일에 대한 특집기사를 실은 한 마라티어 잡지에서 마하라지에 대해 읽었던 것이다.

마하라지를 뵙고 모한의 외적 탐색은 끝이 났으나, 내적인 탐색은 끝나지 않았다. 마하라지는 당신의 모든 지知를 아주 단순한 언어로, 아무 거리낌 없이 거저 내놓았다. "당신은 우리가 전적인 자유에 대해 가진 관심보다도 더 큰 관심을 가지고 우리가 자유로워지는 것을 보고 싶어 하셨다."

모한은 1978년부터 1981년까지 마하라지가 저녁 법문을 할 때, 첫 2년 동안 통역을 맡은 제자들 중 한 사람이었다. 마하라지의 제자인 N. 바나자 박사가 녹음기를 준비해 두었으나, 법문을 녹음할 공테이프가 없을 때가 많았다. 그래서 모한은 큰 스승의 말씀을 남김없이 기록하기 위해 호주머니에 테이프들을 넣어가기 시작했다. 그 희유한 녹음 기록은 결국 『무無가 일체다』와 『자기사랑』이라는 책으로 출간되기에 이르렀다.

옮긴이 후기

영역자 모한 가이뚠데 님은 1936년 뭄바이에서 태어났고, 인도의 한 독일계 회사에 근무하다가 51세에 자발적으로 은퇴했다. 이후 뭄바이에서 마하라지를 매일같이 방문하면서 마하라지의 회상會上에 참여했고, 만년에는 뭄바이 인근의 로나발라(Lonavala)에 거주하며 마하라지의 어록들을 몇 권 영어로 번역했다(옮긴이도 로나발라에 계시던 당신을 찾아뵌 적이 있다). 그러다가 근년에 대유행한 코로나-19에 감염되어 병원에 입원했고, 어느 정도 회복되었으나 몸이 매우 약해져서 다시 입원하기를 반복하다가 결국 2023년 4월 1일 뭄바이의 한 병원에서 세상을 떠났다. 친절하고 인자한 성품의 소유자였고, 스승 마하라지의 가르침으로 자신의 전 존재를 변모시켰으며, 스승에 대한 지극한 사랑으로 스승과 만인을 위해 헌신했던 훌륭한 제자의 모범적 인격과 삶에 깊은 존경과 감사, 그리고 추모를 바친다.

옮긴이의 말

이 책은 **니사르가닷따** 마하라지가 생애 말년에 구도자들과 나눈 대담을 수록한 어록의 하나인 『무無가 일체다』를 원서의 제2판에 따라 다시 손질하고, 1954~6년에 기록된 가장 이른 시기의 법문法門인 『초기의 가르침』(2017)을 번역해 합본한 것이다. **마하라지**의 이 대담과 법문 말씀들은 그 의미가 광대하고 심오하여 어느 하나 소홀히 넘기기 어렵다. 평이한 단어들에 실린 함의의 빛은 만년의 어둠을 소멸하고도 남음이 있다.

1976년경부터 1983년 **마하라지**가 입적하기 전까지의 말년 대담들은 여러 헌신자들에 의해 녹음되어 몇 권의 책으로 나왔는데, 늘 같은 주제들을 다루면서도 변함없이 활기찬 어법을 보여준다. 1979년 말과 1980년 초의 대담인 『무가 일체다』는 부피에 비해 내용이 알차다. 일견 비슷비슷한 이야기를 계속 반복하는 것처럼 보일 수도 있지만, 같은 방향과 범위의 주제들을 다양한 방식으로 부단히 망치질하여 우리의 에고-자아에서 그릇된 관념들을 떨어내고 우리의 **의식**을 내면으로 밀어 넣는다. **불생자 · 영원자 · 절대자 · 빠라마뜨만** 등 **궁극**을 지칭하는 개념들이 의식이라는 중심 단어를 매개로 '존재성' · '지각성' · '존재의 느낌' 등 개인적 존재를 뜻하는 개념들과 유기적으로 결합되어 **마하라지**의 독특한 메시지로 응축되는데, **마하라지** 자신의 깊은 체험과 안목에서 나온 독창적인 언어가 미지의 차원으로 우리를 끌어당겨 무지한 영혼을 일깨운다. 의식이 펼친 미혹의 세계에 빠져 있는 구도자들을 의식 이전으로 돌려놓기 위한 **마하라지**의 명료한 전략과 강력한 시선이 책 전반을 지배한다.

마하라지의 가르침을 구성하는 기본 개념은 5대 원소로 구성되는 음식-몸에서 출발한다. 몸을 살아 있게 하는 '음식 기운' 혹은 '음식 즙'은 사뜨와이고, 그것은 "내가 있다"는 앎, 곧 존재의 느낌으로 나타난다. 그것을 지각성, 존재성, 자기사랑 혹은 의식이라고도 한다. 마하라지는 이 존재성이 우리가 세 살 내지 다섯 살 때 자기 엄마를 인식할 때 시작된다고 말하는데, 그것은 '자아지自我知'가 이때 처음 출현한다는 의미이다. 자아와 함께 세계가 인식의 대상으로 등장한다. 우리는 세계가 우리의 바깥에, 우리와 독립적으로 실재한다고 믿지만, 실은 세계는 우리의 "의식 속에서 탄생"하고, 세계 자체가 의식에 다름 아니다. 따라서 우리 자신과 세계에 대한 모든 앎과 경험, 즉 우리의 삶 전체가 의식에서 생겨나고 의식 안에 있다. 세계와 개인적 자아는 공히 의식의 현현이며, 그것들의 진정한 창조자인 의식이야말로 신의 실체이다. 그러나 궁극의 실재, 곧 빠라마뜨만 혹은 빠라브라만은 이 의식마저 넘어서 있다.

의식이 구성하는 세계는 물라-마야, 곧 '원초적 환幻'이 지배하는 세계이며, 무지의 영역이다. 따라서 이 무지 혹은 환幻을 타파하고 우리의 참된 성품인 진아를 깨달으려면 이 의식 자체를 철저히 규명해야 한다. 그 무지를 깨트리는 수행의 힘은 무지로서 일어난 그 힘(이시) 자체 속에 내재해 있다. 그래서 마하라지는 "내가 있다"는 앎(의식)이 우리의 수행 "밑천"이며 "진아지의 열쇠"라고 선언한다. 우리의 의식이 브라만으로서의 '보편적 의식'에 이르는 출발점이자 그 의식마저 넘어서는 경로인 것이다. 따라서 깨달음을 향한 전통적인 모든 노력과 행법, 예컨대 호흡 수련, 요가, 만트라 염송, 신의 형상에 대한 관상법 등은 모두 의식에서 출발해 의식 이전으로 돌아가는 이 과정으로 수렴된다고 말할 수 있다. 왜냐하면 어떤 관념, 어떤 이해, 어떤 실천도 의식의 범주를 벗어나지 않기 때문이다. 따라서 의식의 다양한 표현들을 대상적으로 추구하기보다, 의식 그 자체를 탐구하는 것이 깨달음의 가장 직접적인 수단이다.

결국 이 책에서 말하는 **마하라지**의 방법론적 근간은 "의식에 대한 명상"인데, 그것은 구체적으로 어떤 것인가? 그것은 "내가 있다"는 느낌을 부단히 붙드는 것, 곧 "다른 어떤 생각도 없이 의식과 함께하는 것"이다. **마하라지**는 의식을 "신의 형상"이자 "빠라마뜨만의 표현"이라고 하면서, "그대의 의식에 주의를 기울이십시오. 그것을 스승으로, 신으로, 브라만으로 명상하십시오"라고 한다. 또한 "그대의 의식을 꽉 붙드십시오", "의식을 의식 자체로써 끌어안아야 합니다"라고도 말한다. 요컨대 몸을 '나'로 여기는 '몸-정체성'을 버리고, 바깥의 대상들에 대한 생각 없이 의식으로만 머무르라는 것이다. **마하라지**는 또한 "신으로서의 그대의 의식을 명상하는 것"을 '**본연요가**'로 정의한다. 그 말은, 이것이 우리의 **참된 성품**에서 자연스럽게 우러나는 최상의 궁극적 행법이라는 뜻이다. 이 **본연요가**에서 필요한 것은 우리가 마음을 침묵시킨 채 의식에 주의를 기울이는 것뿐이다. 그것은 우리가 의식으로 깨어 있으면서, 의식이 무엇인지를 의식으로써 궁구하는 것이며, 본질상 하나의 묵연한 **자각**이다.

별책으로 합본한 『초기의 가르침』은 시기적으로 『무가 일체다』보다 훨씬 앞선 법문인데, 약 4반세기의 간격이 있는 두 텍스트에서 **마하라지**의 핵심 주제는 놀라울 정도로 일관된다. 다만 『초기의 가르침』에서는 '바그완'으로 지칭되는 **크리슈나**의 말씀을 인용하면서 '헌신'에 대해 이야기할 때가 많다. 여기에 나온 **바그완**의 인용문들은 꼭 **크리슈나**가 말한 대로라기보다, '헌신'과 관련된 주제에서는 **크리슈나**의 가르침이 갖는 핵심적 취지가 그러하다는 의미로 이해해야 할 것이다. 왜냐하면 그 인용문들의 전거를 구체적으로 확인하기 어렵기 때문이다. 진인들은 깨달은 모든 존재들이 **하나**로서 함께 거주하는 **심장**, 곧 궁극의 실재에서 가르침을 길어 올리기 때문에, 그것이 누구의 이름을 빌려 설해진다 해도 그 가치와 권위는 동일하다. 그래서 『초기의 가르침』에서는 마하라지가 크리슈나의 가르침을 부각시켜 자신의 논지를 설파하는 방법을 쓰고 있다.

우리는 의식을 가지고 "내가 있다"는 것을 아는데, 우리 자신의 참된 형상을 알기 위해서는 우리가 "헌신으로 충만해야" 한다. 해탈은 "헌신에서 나오기" 때문이다. 그리고 이 헌신은 해탈 이후에도 계속되어야 한다. '헌신'이란 자신의 신 또는 스승에 대한 믿음과 봉사를 뜻하지만, 본질적으로는 "의식에 대한 자각이 참된 헌신"이다. 구도자들에게는 "의식 자체가 가장 위대한 신"이기 때문이다. 마하라지에 따르면 헌신은 "절대자의 힘"이며, "헌신의 힘은 무한한 우주들을 출현시키는 원인"이다. 또한 그것은 다양한 신의 화현들이 출현할 수 있게 한다. 이는 라마와 크리슈나 같은 신들이 세간에 화현하는 것은 구도자들의 헌신 때문이라는 의미이지만, 실은 그 신들 자신이 해탈자로서 무한한 헌신을 가졌기에, 뭇 존재들의 헌신에 부응하여 다양한 형상으로 화현한다고 보아야 할 것이다. 붓다의 천백억 화신과 무수한 보살들도 마찬가지이다. 그들은 절대자로부터 출현하여, 다양한 방편으로 모든 존재들이 해탈을 얻도록 돕는다.

마하라지에 따르면 우리의 실체는 "무無형상이고 불사不死이며 무한하고 광대무변한 원리"이다. 즉, 우리는 본래적으로 단 하나인 진아이며 불변의 실재이다. 이것을 우리의 참된 정체성으로 받아들이고 내면의 의식을 확고히 붙들어 그 근원을 탐구하면, 의식이 우리에게 자신의 모든 진리를 드러내 줄 것이다. 우리의 참된 성품은 영원한 침묵인 무無이며, 그것으로부터 일체가 환幻으로서 현현한다는 깨달음이 일어날 것이다. 그 체험적 지知야말로 참된 지知이다. 달리 어떤 종교적 신앙이나 교의敎義도 필요치 않다. "모든 종교는 전해 들은 말에 기초해 있지만" 진아는 독립해 있기 때문이다. 그 소식을 전하는 마하라지의 말씀들은 실로 모든 철학과 종교를 초월해 있다. 의식에서 출발하여 의식 너머를 가리키는 이 멋진 소식은 우리 모두에게 큰 희망과 기쁨을 줄 것이다.

2023년 5월 29일 옮긴이 씀